Às minhas princesas Carmine e Catherinne.
Aos meus pais.
Aos meus queridos alunos e alunas.

AGRADECIMENTOS

A trajetória deste livro ficará marcada para sempre na minha memória, porque se confunde com a minha própria história de vida. Ela começou bem cedo, muito antes da aprovação para o doutoramento da prestigiada Faculdade de Direito da Universidade do Estado do Rio de Janeiro. É fruto de anos dedicados a uma forma (estranha, confesso) de raciocinar criticamente sobre tudo o que se lança a meu redor. Um produto do constante estado de dúvida, incerteza e inquietude que paira diuturnamente sobre os meus pensamentos. É arranjo produzido por uma mentalidade tão cética quanto pragmática, mas de intensa paixão por ideias e valores. Esta mente contraditória, tortuosa e vacilante – e, não obstante isso, metódica – não teria seguido esse caminho e chegado a este ponto (bastante singelo), sem a contribuição fundamental de uma série de pessoas que são corresponsáveis, em maior ou menor grau, por tudo o que aqui se apresenta.

Lá atrás, é impossível esquecer o principal sermão de minha mãe, repetido à exaustão: "– Antonio Júnior, você será *ninguém* se não se dedicar aos estudos", dizia ela, brava, quando o filho caçula e arteiro preferia dedicar seu tempo – exageradamente – às travessuras e galhofas com os amigos da "rua" ou da escola. Acho que ela nunca soube disso, mas esse adágio me fazia refletir profundamente. Ou ainda: "– a maior alegria da minha vida é ver meu filho lendo um livro com tanta atenção", ofegava ela, orgulhosa, quando, já adolescente, aquele moleque danado se tornava cada vez mais quieto, tímido e reflexivo. É desta época que adquiri o seguinte vício ingênuo e infantil: tudo o que lia, criticava internamente, para, fantasiosamente, formular respostas e teses, no plano dos pensamentos, que resolveria todos os problemas do mundo. Ainda bem que essa fase passaria. A maturidade, inspirando-se na máxima socrática, nos traz a *certeza* de nossa eterna *ignorância*.

Meu pai tinha um jeito particular de educar. Homem de sensibilidade ímpar, somente se permitia conviver com o seu filho em ambiente saudável, alegre e brincalhão. Não perdia uma partida sequer de futebol ou handebol (quase profissional) de seu filho. Era notório que a sua felicidade dependia da vida alvissareira que seu filho levava. Aos meus pais, Antonio e Severina, que permitiram tudo isso, devo tudo.

No meio do caminho, contudo, não havia uma pedra. Nascia uma flor. Um girassol, mais precisamente, que me foi concedido por alguma graça divina ou metafísica, a apontar sempre na direção da luz. Era aquela que me conquistou na adolescência e me conduziu à vida adulta, a dois, através do mais pleno amor. Aquela que nunca deixou de me apoiar em qualquer decisão, incluindo a ousada proposta de enlace matrimonial, seguida, ato contínuo, de uma mudança radical de cidade e de vida. E, também, a que me permitiu – já na reta final do doutoramento – experimentar o milagre da paternidade. À melhor esposa que este mundo poderia me oferecer, Catherinne, também devo tudo. À minha filha, Carmine, ofereço a minha alma.

No contexto acadêmico, por sua vez, são os professores e amigos que deixam a sua marca. Capítulo à parte deve ser dedicado à minha orientadora Prof.a Maria Celina Bodin de Moraes. É uma daquelas pessoas raras, de invejável acervo cultural, com uma impressionante capacidade de identificar problemas e de desconstruir argumentos que faziam parte de sua zona de conforto. Preocupa-se pouco com soluções fechadas ou mágicas, até porque deve imaginar que elas não existem. Estimula-se pelo *problema* e o conduz com maestria. Nunca irei esquecer o dia em que discutimos os pontos centrais desta tese – cujo livro é produto de sua finalização – e como foi simples para ela guiar-me por um caminho seguro. Muito obrigado.

Merecem destaque, em igual proporção, os professores Gustavo Tepedino, Carlos Edison do Rêgo Monteiro Filho, Anderson Schreiber, Gisela Sampaio da Cruz Guedes, Carlos Konder, Daniel Bucar e Heloisa Helena Barboza. Do Prof. Tepedino, verdadeiro *professor*, levo os ensinamentos tocantes e a seriedade com que trata o ambiente sagrado da sala de aula, que reproduzem tudo aquilo que ele representa. Do Prof. Carlos Edison do Rêgo Monteiro Filho, inspiro-me em sua inteligência e simpatia notáveis, destacando-se pelo domínio da metodologia civil-constitucional, pelo fino trato com a Responsabilidade Civil e pela afabilidade com que trata seus pares e alunos. Do Prof. Anderson Schreiber, agradeço pelas espetaculares aulas, que levarei como amuleto dessa já longa passagem pela escola do direito civil-constitucional, caracterizando-se pelo amor ao debate e o apego à precisão conceitual. Da Prof.a Gisela Sampaio da Cruz Guedes, levo a sua incrível habilidade de tornar práticos os problemas teóricos, produzindo ciência com o pé fincado na praxe. Do Prof. Carlos Konder, acomodo em minha memória a sua excepcional aptidão acadêmica, daquelas raras, cuja conduta como professor é referência a mim e a tantos outros colegas. Do Prof. Daniel Bucar, guardo a sua magnanimidade, recordando, sempre, dos tempos em que – ele doutorando, com maturidade de cátedra – concedia-me preciosas lições de Direito e de vida, quando eu ainda era um calouro do mestrado. Da Prof.a Heloisa Helena Barboza, levo as suas lições e reflexões que estão muito além da minha compreensão, desbravando águas nunca dantes navegadas. Agradeço, enfim, a todo o corpo docente e de servidores da Faculdade de Direito da Universidade do Estado do Rio de Janeiro.

Além Rio, não posso deixar de fazer uma menção honrosa àquele que me introduziu, de verdade, no pensamento acadêmico. Obrigado Prof. António Pinto Monteiro, com quem tive o prazer de conviver, ainda na graduação, em Coimbra. Professor essencial à minha tomada de decisão definitiva pela vida acadêmica, dotado de imenso saber jurídico e enorme gentileza em orientar e lapidar um aluno ainda pouco provido dos mais básicos conhecimentos em Direito Civil. Igual gratidão tenho aos professores da Universidade Federal do Piauí, Prof. Francisco Antônio Paes Landim Filho e Prof. Éfren Paulo Porfírio de Sá Lima. Finalmente, ao Prof. Nelson Rosenvald, brilhante referência, pelas preciosas lições dadas em plena Banca de

Doutorado, com a didática e gentileza que lhe são peculiares, cujos escritos sobre a função promocional foram a fonte inaugural de inspiração e a base para a construção de uma amizade genuína.

Aos amigos também devo muito. Reservo um espaço especial de gratidão ao Prof. Eduardo Nunes de Souza, amigo-irmão, não só de idêntica data de nascimento, mas de vida. É muito bom tem um *ídolo* como verdadeiro amigo. Além de possuir uma inteligência incomparável e exercer com excelência o magistério – o que é fonte constante de inspiração –, é aquele que sempre está presente nos momentos difíceis. E, também, nos instantes mais divertidos (não podemos esquecer deles). É uma honra ter estes escritos revisados pela sua auspiciosa mente.

Cada um ao seu modo, agradeço vivamente a oportunidade de conviver com os amigos uerjianos Rodrigo da Guia, Miguel Labouriau, Ivana Coelho, Gabriel Furtado, Raul Murad, Vitor Almeida, Marcos Gonçalves, Vivianne Abílio, Vinícius Pereira, Luiz Eduardo, Luiza Bianchini, Rebeca Garcia, André Nery, Thiago Lins, Fernanda Nunes, Fernanda Paes, Renata Vilela, Paula Moura, Francisco Viégas, Lívia Maia e Raquel Saab. Mais recentemente, à toda a turma de mestrado com quem dividi minhas angústias sobre responsabilidade civil, Cássio Rodrigues, Diego Brainer, Felipe Saldanha, Guilherme Faoro, João Quinelato, Júlia Costa, Marcella Vaz, Marcos de Souza, Maria Proença, Marina Duque e Tayná Bastos, além de todos os outros que em algum momento cruzaram por mim nessa linda jornada.

São com essas breves palavras de gratidão que me coloco como simples produto do afeto de todas essas pessoas, cada uma à sua medida, ajudando-me na perseguição do almejado sonho acadêmico. Muito obrigado!

APRESENTAÇÃO

Recebi com muita alegria e entusiasmo o convite para apresentar o autor e sua obra, intitulada "*Função promocional da responsabilidade civil: um modelo de estímulos à reparação espontânea dos danos*". O autor, Antonio dos Reis Júnior, é um jovem civilista de enorme comprometimento e cuja seriedade de pesquisa transparece em todas as linhas deste e de diversos outros de seus estudos, que oferecem, invariavelmente, contribuições decisivas para a doutrina contemporânea. A presente publicação, em particular, é produto da tese de doutorado em Direito Civil defendida de modo magistral pelo autor em fevereiro de 2019, na Universidade do Estado do Rio de Janeiro, sob minha orientação. Na ocasião, o autor obteve aprovação com grau máximo, isto é, distinção, louvor e recomendação para publicação, em banca composta pelos professores Carlos Edison do Rêgo Monteiro Filho, Gisela Sampaio da Cruz Guedes, Daniel Bucar Cervasio e Nelson Rosenvald, que contribuíram decisivamente, com argutas inquirições, para o sucesso e aperfeiçoamento desta produção intelectual de altíssimo nível, que deve compor a galeria de obras essenciais sobre a difícil matéria da responsabilidade civil em nosso país.

A obra, como o leitor logo perceberá, revela-se muito além de uma proposta refinada sobre a novel função promocional da responsabilidade civil. Apresenta-se como verdadeiro compêndio científico da teoria funcional do chamado direito dos danos. Somos convidados a percorrer, em agradabilíssima leitura, trajetória tanto cronológica quanto lógica da evolução da responsabilidade civil, com vistas a alcançar a profundidade que se revela ao acompanhar o percurso teórico percorrido pelo autor. Com base na dicotomia do sistema sancionatório do fenômeno jurídico, a saber, a dicotomia "sanção negativa – sanção positiva", o autor propõe uma nova forma de pensar e concretizar os valores que fundamentam a responsabilidade civil.

No primeiro capítulo é feito o convite à revisitação da função reparatória-compensatória, tida como centro de referência da dogmática da responsabilidade civil, ponto de partida, no qual o autor identifica a finalidade primária do instituto. Nesta direção, expõe com maestria os fundamentos da resposta reparatória e compensatória aos danos, bem conduzindo-nos pela passagem do modelo de responsabilidade fundado na culpa do ofensor àquele orientado à tutela da vítima.

No capítulo seguinte, com bravura e percuciência, enfrenta as astúcias da chamada função punitiva da responsabilidade civil, incluindo a sua faceta espelhada, representada pela função pedagógica. Com viés marcadamente crítico e sólidos fundamentos bibliográficos, percorre as inconsistências dogmáticas, sem, porém, importar em crítica fácil e genérica ao viés punitivo, cujo caráter, assim defende, a responsabilidade civil pode legitimamente absorver. Não se exime, por outro lado, de indicar o melhor ambiente e os possíveis caminhos para adequação da função punitiva ao ordenamento jurídico brasileiro.

Inaugurando a perspectiva da tutela positiva dos bens juridicamente protegidos pela responsabilidade civil, identifica na função preventiva a primeira a se ocupar, com prioridade, ao controle mais efetivo do comportamento humano. Leciona, com precisão e método, que a finalidade preventiva goza, como as demais, de autonomia suficiente a organizar um sistema de sanções, negativas e positivas, em torno de interesses preventivos dignos de tutela, capazes de atrair deveres específicos a certos agentes. Identifica na responsabilidade civil, em suma, conjunto de respostas capazes de refutar o dano, inclusive no aspecto preventivo.

Finalmente, desperta a doutrina para a existência da chamada função promocional da responsabilidade civil, capaz de orientar o ofensor, após a causação do dano e através de um conjunto de sanções positivas, a repará-lo ou compensá-lo de forma espontânea, atendendo a valores de terceira geração no sistema da responsabilidade civil. Eis o motivo pelo qual nos apresenta a função promocional como a finalidade última da responsabilidade civil, de caráter ético-jurídico, cooperativo, colaborativo e em consonância com a axiologia mais hodierna da dogmática civil. Trata-se de uma tese *"comme il faut"*, original, marcante e de peso, à qual se deve acrescentar o raro elogio de que, a despeito de se revelar de grande contribuição dogmática, apresenta viés prático incomum.

O leitor encontrará na obra os bons frutos da dedicação de seu autor: um estudo com grande potencial para oferecer subsídios preciosos aos estudiosos e operadores que se dispuserem à tarefa, dura e mas igualmente gratificante, de ingressar no desafiador campo da responsabilidade civil, este ainda recente setor da dogmática civilista, em estágio de mais franca construção. As páginas a seguir, promissoras desde suas aspirações iniciais até o resultado final ora trazido ao público, devem influenciar decisivamente esse trabalho de construção nos próximos anos.

Maria Celina Bodin de Moraes

PREFÁCIO

Tenho a honra de prefaciar a obra intitulada: "Função Promocional da Responsabilidade Civil: Estímulos à Reparação Espontânea dos Danos", fruto da publicação do Doutorado em Direito Civil de Antonio dos Reis Júnior, na Universidade do Estado do Rio de Janeiro, sob a orientação da Professora Maria Celina Bodin de Moraes, com conclusão em 2019.

Muito me entusiasmou o convite, justamente por se tratar da elaboração de um prefácio e não de uma apresentação. Não se trata de uma preferência, mas de justa medida. O objetivo de uma apresentação consiste em introduzir elegantemente o autor ao público por parte de alguém que desfrutou de sua proximidade profissional ou pessoal no período anterior à publicação. De fato, a escolha mais acertada foi a de incumbir essa missão a pessoa de sua orientadora, seja pelo fato notório de seu protagonismo no direito civil brasileiro, como pela merecida homenagem à jurista que guiou o doutorando em suas pesquisas e amadurecimento científico. Referindo-se a Professora Maria Celina Bodin de Moraes, bem observa Antonio dos Reis Júnior em seus agradecimentos, trata-se "daquelas pessoas raras, de invejável acervo cultural, com uma impressionante capacidade de identificar problemas e de desconstruir argumentos que faziam parte de sua zona de conforto".

Diferentemente, o prefácio contextualiza o livro conforme o seu impacto no estado da arte. Não se trata de reiterar dados que se encontram ao longo da obra, porém informações que refoguem a ela, contudo auxiliam a sua compreensão. Creio que me sinto apto a este mister, pois o que inicialmente me aproximou do autor foi o tema por ele escolhido, a amizade brotou na sequência, como fruto da admiração intelectual e da pessoa do Antonio que, paulatinamente se descortinou.

"Serendipity" é a palavra que bem descreve essa identificação. Vertida ao português como serendipidade, significa uma feliz descoberta ao acaso, ou a sorte de encontrar algo precioso onde não estávamos procurando. De fato, confesso que a ideia de uma função promocional da responsabilidade civil não veio a minha mente nos primeiros estudos sobre as funções da responsabilidade civil, ao longo do meu pós-doutorado na Roma-Tré em 2011. A final, em maior ou menor grau, tradicionalmente os estudos comparatistas que transcendem a clássica função compensatória, apontam para as funções punitiva, preventiva, precaucional ou restitutória da responsabilidade civil. A função promocional não ingressou na cartografia oficial, nem tampouco na alternativa.

Não obstante tal lacuna, há dez anos a multifuncionalidade da responsabilidade civil já era parte dos meus escritos. Na aurora do século XXI a edificação monofuncional da responsabilidade civil correspondente a um conceito de "direito de danos" já não mais faz sentido. O modelo jurídico da responsabilidade civil é por essência cambiante, extremamente sensível aos influxos econômicos e sociais. A sua trajetória não é linear, um caminho sem volta. A doutrina e a jurisprudência admitem revisitação de pontos de vista contingencialmente superados quando os dados do mercado, dos avanços tecnológicos e, sobretudo, das aspirações éticas de uma coletividade determinem uma reelaboração de certa função da responsabilidade civil, porventura em estado letárgico.

Nas jurisdições do common law há um termo que se ajusta perfeitamente ao clássico sentido civilístico da responsabilidade. Trata-se da "liability", ou seja, a eficácia condenatória de uma sentença como resultado da apuração de um nexo causal entre uma conduta e um dano, acrescida por outros elementos conforme o nexo de imputação concreto, tendo em consideração as peculiaridades de cada jurisdição. A liability é a parte visível do *iceberg*, manifestando-se *ex post* – após a eclosão do dano –, irradiando o princípio da reparação integral.

Tal como se deu historicamente na Europa continental, forjou-se na Inglaterra, Estados Unidos e demais nações do Common law a chamada "compensation culture". A compensação de danos ocupa papel central na teoria da responsabilidade civil. É intuitiva e praticamente axiomática a noção do direito de danos como um setor do direito obrigacional cuja função é a de trasladar os danos da vítima para o agente – seja ele o culpado ou o condutor de uma atividade de risco inerente –, por vezes, para um terceiro responsável (pais, curadores, empregadores) ou para seguros públicos e privados que se encarreguem da tarefa compensatória.

Todavia, a liability não é o epicentro da responsabilidade civil, mas apenas a sua epiderme. Em verdade, trata-se apenas de um last resort para aquilo que se pretende da responsabilidade civil no século XXI, destacadamente na tutela das situações existenciais, uma vez que a definição de regramentos próprios não advém de uma observação ontológica (ser), mas de uma expectativa deontológica (dever-ser) da interação entre inovação e regulação em um ecossistema no qual o risco é inerente às atividades exploradas.

Em julgado paradigmático de 2017, das Seções Unidas da Corte de Cassação Italiana, considerou-se que "deve ser superado o caráter monofuncional da responsabilidade civil, pois lateralmente à preponderante e primária função compensatória se reconhece também uma natureza polifuncional que se projeta em outras dimensões, dentre as quais as principais são a preventiva e a punitiva, que não são ontologicamente incompatíveis com o ordenamento italiano e, sobretudo, respondem a uma exigência de efetividade da tutela jurídica. A condenação ao pagamento de uma soma superior àquela estritamente necessária a restabelecer o status quo ante se configurará somente se houver uma norma ad hoc, cuja fattispecie, preveja o elemento punitivo" (Cassazione Civile, Sezioni Unite., Sentenza 05.07.2017 n. 16601).

A despeito da contínua aceitação da ampliação funcional da responsabilidade civil, havia um dado que me mantinha desconfortável. Mesmo que um dia possamos estabelecer uma harmoniosa convivência entre as funções compensatória, punitiva e precaucional, o fato é que a responsabilidade civil continuará a desempenhar um papel de desestímulo a comportamentos antissociais ou atividades que imponham riscos anormais a uma coletividade. O receio de uma sanção negativa impele o ser humano a adotar condutas cautelosas no sentido de não violar a esfera econômica ou existencial de um terceiro. Desde Roma o "neminem laedere" traduz a eficaz imposição de um dever geral de abstenção.

E por qual razão a responsabilidade civil é e sempre foi assim? A resposta reside no senso comum de moralidade humana. É um fato básico que é mais fácil prejudicar os outros do que beneficiá-los. Nossa responsabilidade é baseada na causalidade, assim, sentimo-nos responsáveis por um resultado, conforme a nossa contribuição ativa para ele. Intuitivamente, cremos que somos muito mais responsáveis pelo mal que causamos por nossos atos do que pelos males cotidianos derivados de nossas omissões. Por isso, todos os deveres morais e obrigações nos impelem a não ofender a incolumidade de terceiros, sem que existam deveres positivos que estimulem os indivíduos ao altruísmo. Tudo isso explica a enorme aversão que temos diante de perdas, sem que haja uma inversa atração pelos ganhos sociais de comportamentos beneméritos, que possam irradiar esperança e solidariedade.

Nas relações obrigacionais a boa-fé objetiva desperta "o melhor de nós", no sentido de converter partes antagonistas em parceiros de um projeto contratual, realçando deveres de cooperação, proteção e informação. O prêmio para os que seguem os "standards" de lealdade e confiança é o adimplemento dos deveres preexistentes. Diferentemente, a responsabilidade civil atua na esfera extracontratual, o mundo das pessoas que são estranhas umas às outras. Quando não há um prévio vínculo entre seres humanos, o que encorajaria alguém a transcender o dever moral e jurídico de não ofender a órbita alheia, a ponto de ser empático e se disponibilizar ao engajamento na cooperação recíproca com pessoas de culturas e nações distintas, ou até mesmo para beneficiar as gerações futuras? Será que o nosso senso de justiça sempre será limitado ao pequeno número de pessoas a quem devotamos a nossa afeição?

Retornando ao "serendipity" em que momento o acaso me guiou a função promocional da responsabilidade civil? Sempre fui um entusiasta do iluminismo britânico, não do francês. São as virtudes sociais, mais do que a razão, que unem as pessoas. A ideia francesa da razão não é disponível às pessoas comuns e não possui nenhum componente moral ou social. Todavia, a benevolência é uma virtude mais modesta do que a razão, mas talvez uma virtude mais humana. Preocupados com o homem em relação à sociedade, os filósofos morais escoceses e ingleses perseguem o "éthos" da valorização do senso comum do certo e do errado e a compaixão como base para uma sociedade humana na qual a pessoa virtuosa é movida pela afeição natural por sua espécie.

Um sintoma desta defasagem ética pode ser percebido no Brasil. Aqui, Adam Smith é identificado como o autor do celebrado livro "A Riqueza das Nações". Porém, em sua terra natal, mais do que economista político, foi notabilizado como filósofo moral. A sua obra de maior estima é a "Teoria dos Sentimentos Morais". Em uma magistral passagem, Smith sublinha que "sensibilizar-se muito pelos outros e pouco por nós mesmos, refrear nosso egoísmo e favorecer nossas afecções benevolentes constitui a perfeição da natureza humana. O homem naturalmente deseja não apenas ser amado, mas ser amável. Ele naturalmente teme não só ser odiado, mas ser odiável. Ele deseja não apenas louvar, mas ser louvável. Nós desejamos tanto ser respeitáveis quanto respeitados. Nós tememos ser tanto desprezíveis quanto sermos desprezados". Enfim, são essas as virtudes "positivas" incitadas pelo senso de solidariedade que Smith elevou sobre aquelas que chamava virtudes "negativas" da justiça.

Aplicando estas premissas à responsabilidade civil, publiquei um singelo texto no livro "O direito civil em movimento" (Salvador, Ed. Juspodivm, 2017) no qual questionei se já não seria hora para a propagação da função promocional, marcada pela técnica do encorajamento e a presença das sanções premiais. A ideia de "encorajamento" está ancorada no pensamento de Norberto Bobbio, que sinaliza que, além de compensar, punir e prevenir danos, a responsabilidade civil deve criteriosamente recompensar a virtude e os comportamentos benevolentes de pessoas naturais e jurídicas. Como Coloca Bobbio: "A técnica de encorajamento é conexa com a predisposição e a atuação das sanções positivas, com função promocional (ou propulsiva), de estímulo a atos inovadores. (...) Ao contrário da sanção negativa, a sanção positiva não é devida. O prêmio pelo mérito não se encontra no nível estrutural da norma, mas psicológico daquele que agirá em busca de recompensa"[1].

A técnica de encorajamento é conexa com a predisposição e a atuação das sanções positivas, com função promocional (ou propulsiva), de estímulo a atos inovadores. Ao contrário da sanção negativa, a sanção positiva não é devida. O prêmio pelo mérito não se encontra no nível estrutural da norma, mas psicológico daquele que agirá em busca da recompensa. Certamente, as sanções positivas surgirão eventualmente no ordenamento, isto por duas razões: (a) o sistema não possui recursos para premiar todo e qualquer comportamento meritório; (b) o direito não pode ser visto como um mínimo ético, mas um máximo ético. Neste sentido, colhe-se a função de incentivar o adimplemento e não o de reagir ao inadimplemento.

O direito não se presta a um papel conservador e inerte de mera proteção de interesses mediante a repressão de atos proibidos, mas preferencialmente o de promover o encontro entre as normas e as necessárias transformações sociais. Na senda da eficácia promocional de direitos fundamentais, é possível fazer do direito privado o locus adequado para que algumas normas sirvam não apenas para tutelar, mas também para provocar efeitos benéficos aos valores da solidariedade e da igualdade material.

No plano funcional, as sanções positivas atuam de maneira a provocar nos indivíduos o exercício de sua autonomia para alterar sua forma de comportamento. Se

---

1. BOBBIO, Norberto. *Sulle sanzioni positive*. VV.AA. Scritti dedicati ad Alessandro Raselli. Milão: Giuffrè, 1971, p. 232.

uma sanção pretende maximizar comportamentos conformes e minimizar comportamentos disformes, deverá se servir do instrumento de socialização, que com técnicas variadas investe o indivíduo na condição de membro participante de uma sociedade e de sua cultura. A socialização – que obviamente se aplica à pessoa jurídica – cria uma disposição para a observância das regras que comandam o grupo. Quando o processo de socialização não funciona para algum indivíduo, em um segundo momento se estabelecerá a técnica de controle social. Quando este processo quer encorajar não apenas comportamentos conforme o direito, mas em "superconformidade", recorrerá às sanções positivas, pela via de prêmios e incentivos.

Estas ideias incipientes – e pretensiosas de certa forma – passaram a fazer todo o sentido quando fui convidado por Antonio dos Reis Júnior a compor a sua banca de doutorado em 26 de fevereiro de 2019, justamente na minha alma mater, a Universidade do Estado do Rio de Janeiro. O cerne de sua tese de doutoramento guarda como premissa a premissa da reparação espontânea dos danos. Dediquei-me com afinco a leitura das 249 páginas do texto encadernado que o autor me enviou pelo correio. Não obstante as pequenas discordâncias – expostas na arguição e brilhantemente respondidas –, a minha preocupação foi diversa. A final, sempre que somos agraciados com um excelente texto, tal como guias diligentes, procuramos apenas tornar o caminho para publicação menos acidentado, oferecendo subsídios para a travessia.

Segundo Antonio dos Reis Júnior, a função promocional da responsabilidade civil é aquela que aperfeiçoa o sistema de proteção da vítima. Calcada na solidariedade e na esteira da máxima efetividade dos direitos, busca-se, afinal, a satisfação eficaz e eficiente do interesse atual da vítima no pós-dano". Não apenas ratificamos a manifestação do autor, como pinçamos três passagens do texto que demonstram ao leitor a visão prospectiva que o trabalho consubstancia.

No item 4.2.4 – intitulado "A função promocional da responsabilidade civil, a máxima efetividade e os confins da transação" – o autor propõe uma ressignificação qualitativa do princípio da reparação integral, na medida em que a função promocional "pressupõe o dano e se orienta para a sua melhor reparação ou compensação". Dessa forma, há uma modelação da restitutio in integro no sentido de reparação eficiente e, portanto, suficiente, que satisfaça os interesses da vítima. Ou seja, incorpora-se a ideia da "obrigação como processo" não apenas ao setor dos contratos pelo adimplemento eficiente, mas também às relações obrigacionais que nascem de condutas ou atividades danosas.

Ainda no item 4.2.4, Antonio dos Reis Júnior autonomiza coerentemente as funções compensatória e promocional da responsabilidade civil, "sendo a função promocional uma finalidade voltada ao controle de comportamentos, não se vincula ela ao cumprimento da obrigação de indenizar de forma integral, orientada à recomposição perfeccionista da lesão... O estímulo a condutas desejadas, ainda que não se alcance a totalidade da finalidade primária (função reparatória-compensatória), voltando os olhos ao bom comportamento humano e inter-relacional, é o ingrediente que compõe a função promocional da responsabilidade civil". Justamente com base neste aporte teórico, "é possível que a vítima se satisfaça sem que se realize a função reparatória-compensatória, em sua integralidade (ou a realize de modo parcial), porque ela decidiu, em conjunto com o agente causador do dano, seguir os estímulos da função promocional".

Já no item 4.3 – A função promocional da responsabilidade civil conforme a natureza da relação jurídica –, o autor não apenas oferece, como desenvolve parâmetros objetivos de solução de conflitos que traduzem a bilateralidade da relação jurídica, levando em consideração a conduta do ofensor pós-dano – no sentido de buscar a reparação espontânea - assim como o comportamento da vítima em cooperar para o alcance de tal desiderato, conforme a variedade da natureza da relação jurídica que os vincula. Adequadamente, vislumbra "caminhos distintos à normativa da reparação espontânea à medida em que (i) o dano ocasionado for de natureza individual e em ambiente relacional paritário; (ii) o dano causado for de natureza individual, estando a vítima em situação de vulnerabilidade (relação não paritária); ou (iii) o dano provocado for de natureza metaindividual".

Para concluir, cumpre-me inserir um reparo. Fiquei sensibilizado quando o autor gentilmente fez referência à minha pessoa em seus agradecimentos, aduzindo que meus "escritos sobre a função promocional foram a fonte inaugural de inspiração e a base para a construção de uma amizade genuína". Entretanto, devo restituir o gesto de delicadeza. Para além do compartilhamento da amizade, este doutoramento me proporcionou duas fontes de satisfação: a primeira, de ordem psíquica, foi o alívio quanto à inexistência de um "Folie à deux" – psicose induzida, na qual os sintomas de uma crença delirante teriam sido por mim transferidos ao Antonio. Em segunda lugar, é uma dádiva testemunhar a lapidação de um mero insight em uma obra sólida e absolutamente original, cuja inovação não serve tão somente ao círculo acadêmico, porém, aponta para importantes atualizações jurisprudenciais e reajustes legislativos que estimulem condutas proativas dos agentes no ambiente pós-dano, como mais uma dimensão do princípio da solidariedade.

Parabenizo Antonio dos Reis Júnior pelo lançamento da obra, merecedora de lugar de destaque nos estudos contemporâneos da responsabilidade civil.

Belo Horizonte, julho de 2021.

Nelson Rosenvald

Pós-Doutor em Direito Civil na Università Roma Tre (IT-2011). Pós-Doutor em Direito Societário na Universidade de Coimbra (PO-2017). Visiting Academic na Oxford University (UK-2016/17). Professor Visitante na Universidade Carlos III (ES-2018). Doutor e Mestre em Direito Civil pela PUC/SP. Procurador de Justiça do Ministério Público de Minas Gerais. Presidente do Instituto Brasileiro de Estudos de Responsabilidade Civil (IBERC). Fellow of the European Law Institute (ELI). Member of the Society of Legal Scholars (UK). Membro do Grupo Iberoamericano de Responsabilidade Civil. Professor do corpo permanente do Doutorado e Mestrado do IDP/DF.

SUMÁRIO

AGRADECIMENTOS V

APRESENTAÇÃO IX

PREFÁCIO XI

INTRODUÇÃO XXI

1. A FUNÇÃO TRADICIONAL DA RESPONSABILIDADE CIVIL EM PERSPECTIVA: A TUTELA REPARATÓRIA-COMPENSATÓRIA DO DANO 1

    1.1 A dinâmica histórico-evolutiva da responsabilidade civil: de preceito civilizatório a corolário da liberdade individual 2

        1.1.1 A contribuição romana e canônica 4

        1.1.2 A liberdade individual como fundamento da responsabilidade civil 6

        1.1.3 O papel da culpa na perspectiva liberal da responsabilidade civil 8

    1.2 Entre a liberdade e a solidariedade: os fundamentos da responsabilidade civil 19

        1.2.1. Avanço econômico, risco, despersonalização e solidariedade: os fundamentos da socialização da responsabilidade civil 20

            1.2.1.1 A "objetivação" da responsabilidade civil: culpa normativa, culpa presumida e responsabilidade objetiva 21

            1.2.1.2 O papel do risco na responsabilidade civil 24

        1.2.2 A solidariedade como fundamento da responsabilidade civil 27

    1.3 A finalidade primária da responsabilidade civil: a tutela reparatória-compensatória 30

        1.3.1 O conceito de dano 31

        1.3.2 O dano patrimonial 38

        1.3.3 A função reparatória-compensatória do dano 43

        1.3.4 O dano extrapatrimonial 46

2. A AMPLIAÇÃO DA TUTELA NEGATIVA: A FUNÇÃO PUNITIVA E PEDAGÓGICA .. 51

    2.1 Os fundamentos da função punitivo-pedagógica da responsabilidade civil 52

        2.1.1 A função punitiva: perspectivas 55

	2.1.1.1	Função punitiva como inspiração dos *punitive damages*	55
	2.1.1.2	A vertente majoritária da função punitiva	58
	2.1.1.3	A pena civil como modelo sancionatório prioritário	61

2.1.2 Críticas à chamada função punitiva da responsabilidade civil 64

2.1.3 A função pedagógica: perspectivas 75

2.1.4 Críticas à chamada função pedagógica da responsabilidade civil 78

2.2 A indenização punitiva na ordem jurídica brasileira 81

2.2.1 O dano coletivo 82

2.2.2 O dano extremo e o dano de repetição 89

3. A FUNÇÃO PREVENTIVA E O HORIZONTE DA TUTELA POSITIVA 93

3.1 A função preventiva da responsabilidade civil 94

3.1.1 A função preventiva e o princípio da precaução 98

3.1.2 O renascimento da culpa 106

3.1.3 A mudança de foco: da lesão causada ao comportamento desejável 110

3.1.4 O problema da responsabilidade sem dano 115

3.2 A lógica da complementaridade entre as funções preventiva e punitiva 119

3.2.1 A absorção do direito penal pela responsabilidade civil: o desvio de finalidade 120

3.2.2 O papel das penas civis e a sua natureza excepcional 125

4. A FUNÇÃO PROMOCIONAL DA RESPONSABILIDADE CIVIL 135

4.1 A função promocional do direito 136

4.2 Por uma função promocional da responsabilidade civil 141

4.2.1 Noção: a necessidade de estímulo à reparação espontânea do dano 141

4.2.2 Distinções entre a função reparatória, preventiva e promocional 148

4.2.3 A positivação do valor da "prioridade da autocomposição dos conflitos": uma contribuição instrumental do Código de Processo Civil (Lei n. 13.105/15) 150

4.2.4 A função promocional da responsabilidade civil, a máxima efetividade e os confins da transação 155

4.2.5 As sanções positivas da função promocional da responsabilidade civil 164

4.3 A função promocional da responsabilidade civil conforme a natureza da relação jurídica 170

4.3.1 A função promocional nos danos individuais e nas relações paritárias 171

4.3.2 A função promocional nos danos individuais nas relações de consumo.... 175

4.3.3 A função promocional nos danos metaindividuais 181

4.4 À guisa de síntese: a função promocional da responsabilidade civil como instrumental à efetiva satisfação dos interesses lesados.. 185

CONCLUSÃO.. 191

REFERÊNCIAS.. 201

INTRODUÇÃO

– "Mas será que não pensaste que ele [o Homem] acabaria questionando e renegando até tua imagem e tua verdade [de Deus] se o *oprimissem* com um *fardo tão terrível* como o *livre-arbítrio*?".[1] O drama da responsabilidade civil é sinal dos tempos contemporâneos porque não se afasta da perturbação central da pessoa moderna: o que fazer com a liberdade – quais interesses patrimoniais e existenciais devem perseguir e quais são dignos de proteção – e como lidar com o peso que ela carrega, notadamente, a responsabilidade.

O pessimismo do "Grande Inquisidor", de Dostoiévski, calcava-se não apenas no temor do abandono da fé, de seus súditos, no cristianismo. Resvalava, também, na crença de que a concessão de liberdade plena às pessoas resultaria, invariavelmente, em sua *infelicidade*. É que o fardo da *responsabilidade* pelo exercício da autonomia seria pesado demais para o "Homem" (*rectius*: pessoa humana), tornando-se inviável o alcance do júbilo e do bem-estar.[2] Entretanto, ao contrário do que imaginava o Inquisidor, foi a *liberdade* que saiu vencedora, por vontade de seus próprios súditos, agora cidadãos. A partir daí, o Estado (de Direito) assumiu para si o *desafio* de provar que a liberdade e a felicidade não são atributos incompatíveis, sendo antes o livre-arbítrio um requisito para granjear a experiência da verdadeira felicidade.

Sucede que, de um lado, já não se sustenta o argumento da *irresponsabilidade*, por soar inverossímil que danos e prejuízos aconteçam por elementos divinos ou metafísicos, respondendo cada um, pessoalmente, pelo exercício de seus atos. Os agentes já não podem, então, viver sem se preocupar com as consequências de seus atos. Por outra via, aos "sujeitos passivos", confirma-se a dificuldade de conviver na sociedade em pleno estado alvissareiro, ante a ameaça constante, em maior intensidade que outrora, de sofrer danos decorrentes de atos e atividades levados a cabo por terceiros. Todos são vítimas em potencial. O transcurso da vida pacata, comunitária e rural para a vida dinâmica, individualista e urbana revelou ainda mais um desafio: como manter uma sociedade livre sem que o livre arbítrio a degenere, como propugnava o Inquisidor.

Todos esses anseios, por diversas razões de ordem teórica e prática, têm sido direcionados à responsabilidade, como o refúgio onde se pode obter respostas e

---

1. Excerto do monumental diálogo promovido entre Ivan e Alieksiêi na passagem de "*O Grande Inquisidor*" de DOSTOIÉVSKI, Fiódor. *Os irmãos Karamázov*. BEZERRA, Paulo (trad.). São Paulo: Ed. 34, 2012, p, 353.
2. Arrogando para si o feito de ter tomado a liberdade dos súditos, porque eles voluntariamente quiseram entregar-lhe, sobeja o Inquisidor: "fica sabendo que hoje, e precisamente hoje, essas pessoas estão mais convictas do que nunca de que são plenamente livres, e entretanto elas mesmas nos trouxeram sua liberdade e a colocaram obedientemente a nossos pés. Mas isso fomos nós que fizemos; era isso, era esse tipo de liberdade que querias?". Respondendo à dúvida de Alieksiêi, sobre o fato de o Inquisidor estar zombando ou ironizando a tentativa do homem de ser livre, respondeu Ivan: "Nem um pouco. Ele está atribuindo justo a si e aos seus o mérito de finalmente terem vencido a liberdade e feito isto com o fim de tornar as pessoas felizes" (op. cit., p. 348).

soluções adequadas para compor todos os interesses envolvidos. Na ordem civil, portanto, cabe à responsabilidade civil estabelecer o equilíbrio perfeito entre a liberdade dos cidadãos – com a seleção dos interesses merecedores de tutela no exercício da autonomia – e a responsabilidade pelos danos ocorridos, de maneira a promover a concretização do livre arbítrio (liberdade existencial e patrimonial) e garantir, ao mesmo tempo, a reparação dos danos causados ou a satisfação plena da vítima. Tudo isso em ambiente adequado a propiciar o *bem-estar* para o exercício de uma vida *digna*, residindo no aperfeiçoamento das relações interpessoais a solução ideal para afastar, de vez, as objeções em torno da conquista definitiva da liberdade e dignidade da pessoa humana (art. 1º, III da CF). É nesse contexto histórico que o instituto da responsabilidade civil assume, cada vez mais, o *protagonismo* do Direito.

A pretensão deste livro – que vem revestida de uma verdadeira proposição teórica – é, com base em todas essas circunstâncias, sob os pilares da metodologia civil-constitucional, investigar as finalidades e funções da responsabilidade civil contemporânea, na ordem jurídico-positiva brasileira. Neste desiderato, o objetivo é, especialmente, propor uma nova função que seja capaz de responder aos anseios que a ordem social espera do instituto.

Em linhas gerais, a pesquisa se concentrará em torno da identificação das principais funções já referenciadas pela doutrina, com destaque para a reparatória-compensatória, punitiva e preventiva da responsabilidade civil, traçando seus fundamentos e suas principais características. A perspectiva adotada tem viés marcadamente crítico, razão pela qual a organização dos argumentos não se imiscuirá da análise das principais objeções a cada uma delas. De igual modo, sem maiores pretensões, não se furtará a apresentar, à medida da evolução das ideias, proposições acerca de cada uma delas. O ponto central da obra, todavia, residirá menos nas propostas de ressignificação das já tradicionais funções, que na concepção de uma novel função que aqui se designará de "função promocional da responsabilidade civil".

Em homenagem à precisão metodológica e com o desiderato de alcançar maior profundidade, salvo momentos pontuais ligados por relação de estrita pertinência com o tema, não se pretende neste trabalho revisitar questões que escapem à delimitação temática das "funções da responsabilidade civil", ressaltando-se que os problemas serão concentrados em torno da responsabilidade extracontratual. Nessa medida, não se tratará, por exemplo, de questões profundas relativas aos elementos da responsabilidade civil, assim como a questões ligadas à especificidade da responsabilidade civil contratual, dentre outras figuras ou pontos paralelos à presente abordagem.

De início, apresenta-se a tradicional função reparatória-compensatória como ligada, intimamente, ao que aqui se designa de *finalidade prim*ária da responsabilidade civil, da qual o instituto não pode se desvincular. Para fundamentar essa tese, a investigação se concentra nos aspectos evolutivos do direito dos danos, em abordagem mais *historicista* que propriamente *histórica*, no sentido de demonstrar o caminho que o instituto vem trilhando ao longo dos séculos – em especial as transformações mais recentes pelas quais a sociedade vem passando. Busca-se, assim, a compressão atual em torno do dano, dos atores envolvidos (sobretudo a pessoa da vítima e o primado das situações jurídicas existenciais) e do papel ressarcitório global da responsabilidade.

Em seguida, passa-se a enfrentar os fundamentos da polêmica função punitiva da responsabilidade civil. De sua origem anglo-saxã aos debates em torno de sua incorporação aos sistemas jurídicos de tradição romano-germânica. As diversas concepções propugnadas pela doutrina e jurisprudência, desde a implementação dos *"punitive damages"* ao reconhecimento de simples viés punitivo, a manifestar-se no momento da quantificação do dano, mormente nas situações que envolvem arbitramento de danos extrapatrimoniais. São apresentadas, também, as pesadas objeções quanto ao reconhecimento de uma função punitiva supostamente já existente no ordenamento jurídico brasileiro, assim como as situações e condições nas quais seria aceitável – e coerente com o sistema – a sua implementação.

Adiante, investiga-se o perfil evolutivo da costumeiramente elogiada função preventiva. Dá-se atenção ao fundamento adequado de sua existência, especialmente em conformidade com a sistemática do direito brasileiro. Faz-se a distinção entre as figuras da prevenção, em sentido estrito, e do aclamado princípio da precaução. Não se descuida de apresentar os pontos de resistência e, especialmente, os desafios à concretização de ambas categorias. São apresentados, também, os argumentos em prol de sua autonomia, especialmente em relação à finalidade punitiva. Discute-se a sua posição de prevalência (ou não) em relação às outras funções e qual o papel que deve seguir, doravante, a finalidade preventiva, em sentido amplo, considerando os instrumentos de efetivação à sua disposição.

Em derradeiro, como degrau seguinte da escala de evolução do instituto, apresenta-se a concepção de função promocional da responsabilidade civil, como representante de sua finalidade última. Delimita-se o seu espaço de atuação, distinguindo-se das demais finalidades e dos demais conceitos já trabalhados sobre a temática. São apresentados os fundamentos, axiológicos e pragmáticos, de sua existência, como também algumas objeções que já se pôde antecipar em torno da nova teleologia. Ao remate, revelam-se os instrumentos para a sua concretização, já postos à disposição das partes envolvidas, assim como a perspectiva de disciplina jurídica das categorias utilizadas, conforme a natureza das relações jurídicas.

Com isso, acredita-se que a conformação global da responsabilidade civil, apoiada na tríplice função preventiva-reparatória-promocional, uma vez aperfeiçoada, é arranjo dotado de aptidão concreta para, no âmbito de seus domínios, mitigar a angústia da pessoa humana contemporânea. Amparados nos valores elementares da dignidade e da solidariedade, são capazes de aperfeiçoar o exercício da liberdade humana, conferindo maior estabilidade, segurança e harmonia social. E mais: uma vez implementados em sua máxima medida, dedicam à pessoa concreta os instrumentos ideais para sepultar, de vez, os argumentos daqueles que um dia ousaram duvidar da capacidade dos homens e mulheres de ditarem o seu próprio destino, de cuidarem uns dos outros e de salvarem-se da autodestruição.

1
A FUNÇÃO TRADICIONAL DA RESPONSABILIDADE CIVIL EM PERSPECTIVA: A TUTELA REPARATÓRIA-COMPENSATÓRIA DO DANO

Os estudos da responsabilidade civil costumam iniciar-se resgatando a memória do preceito romano segundo o qual a ninguém é dada a prerrogativa de causar prejuízo a outrem (*alterum non laedere*, ou, simplesmente, *neminem laedere*).[1] Por essa razão civilizatória, o Estado organiza as suas instituições de modo a estruturar um conjunto de regras que preveem as sanções cabíveis pelo seu descumprimento, sendo elas preferencialmente dotadas de coercibilidade. E mais, busca-se alcançar, a favor da vítima, tanto quanto possível, o retorno ao estado de coisas anterior ao dano, foco no qual se deve apontar a norma jurídica. Estuda-se, portanto, num primeiro momento, os modelos de conduta desejados e, por conseguinte, as consequências pelo descumprimento dos preceitos, fixando-se os elementos ou requisitos para a incidência da responsabilidade. A estrutura dogmática está, finalmente, formatada.[2]

De maneira geral, portanto, a responsabilidade civil tem sido estudada sob uma ótica fundamentalmente estrutural, a descuidar de seus aspectos funcionais, muito em razão da herança conceitualista íntima à doutrina jurídica.[3] Todavia, a perspectiva civil-constitucional, que ora se adota, parte do pressuposto de que a estrutura dos

---

1. "O principal objetivo da ordem jurídica, afirmou o grande San Tiago Dantas, é proteger o lícito e reprimir o ilícito. (...). Fala-se, até, em um dever geral de não prejudicar ninguém, expresso pelo Direito Romano através da máxima *neminem laedere*" (CAVALIERI FILHO, Sérgio. *Programa de responsabilidade civil*. 11. ed. São Paulo: Atlas, 2014, p. 1).
2. É comum, na manualística universitária, inaugurar o estudo da responsabilidade segundo perspectiva analítica-conceitual dos seus *"elementos essenciais"*, tais como "ação ou omissão, culpa ou dolo do agente, relação de causalidade, e o dano experimentado pela vítima" (GONÇALVES, Carlos Roberto. *Responsabilidade civil*. 10. ed. São Paulo: Saraiva, 2007, p. 4 e 33).
3. Sobre a influência do modo de pensar da pandectística e do positivismo científico, indispensável a leitura de Franz WIEACKER (*História do direito privado moderno*. Trad. A. M. B. Hespanha. 3. ed. Lisboa: Fundação Calouste Gulbenkian, 2004, p. 491-524). Como ponto de partida histórico, sabe-se que foi Puchta quem, "com inequívoca determinação, conclamou a ciência jurídica do seu tempo a tomar o caminho de um sistema lógico no estilo de uma 'pirâmide de conceitos', decidindo assim a sua evolução no sentido de uma 'Jurisprudência dos conceitos formal'" (LARENZ, Karl. *Metodologia da ciência do direito*. 7. ed. Lisboa: Fundação Calouste Gulbenkian, 2014, p. 230).

institutos e categorias só pode ser determinada a partir de sua função, a denotar a ideia de que só é possível identificar *como um instituto é*, após revelar-se *para que ele serve*.[4]

É por atendimento a esta premissa metodológica que o estudo analítico da responsabilidade civil só pode vir precedido e acompanhado de sua análise funcional. Contudo, como todo instituto de direito civil, a Responsabilidade Civil representa modelo complexo e dinâmico, inserido dentro do sistema jurídico civil-constitucional, marcado pela pluralidade de fontes e pela multifacetada escala de valores e princípios, resultando em disciplina marcadamente profunda e intrincada, aberta à constante evolução e adaptação aos novos tempos.

1.1 A DINÂMICA HISTÓRICO-EVOLUTIVA DA RESPONSABILIDADE CIVIL: DE PRECEITO CIVILIZATÓRIO A COROLÁRIO DA LIBERDADE INDIVIDUAL

A responsabilidade civil, como todo e qualquer instituto de direito, só pode ser verdadeiramente compreendida se levadas em consideração as circunstâncias nas quais está inserida, em termos de espaço e tempo.[5] Em última análise, não se pode pretender absorver a essência do objeto investigado, mesmo naquilo que se convencionou chamar "Ciência do Direito",[6] sem a consideração de que a disciplina jurídica só pode ser determinada pela conexão simbiótica entre os textos legais e a realidade material, isto é, o fluxo real das relações jurídico-sociais.[7]

Partindo da premissa de que a "norma jurídica" é o resultado da interpretação, com fins aplicativos,[8] entre o conteúdo do texto legal e a relação material que se

---

4. É emblemática a passagem de Pietro PERLINGIERI ao afirmar que "o fato jurídico, como qualquer outra entidade, deve ser estudado nos dois perfis que concorrem para individuar sua natureza: a estrutura (como é) e a função (para que serve). (...) A função do fato determina a estrutura, a qual segue – não precede – a função" (*O direito civil na legalidade constitucional*. Rio de Janeiro: Renovar, 2008, p. 642).
5. A abordagem da historicidade do direito tem contribuição fundamental da vertente da "teoria fenomenológica do direito", que parte da filosofia de Edmund HUSSERL, para quem o mundo do homem é um "mundo histórico". Neste sentido, a contribuição de seu filho Gerhart HUSSERL (*Diritto e tempo*: saggi di filosofia del diritto. Milano: Giuffrè, 1998, p. 21 e ss.).
6. "A Teoria Pura do Direito é uma teoria do Direito positivo. (...). Como teoria, quer única e exclusivamente conhecer o seu próprio objeto. Procura responder a esta questão: o que é e como é o Direito? Mas já não lhe importa a questão de saber como deve ser o Direito, ou como deve ele ser feito. É ciência jurídica e não política do Direito (KELSEN, Hans. *Teoria pura do direito*. São Paulo: Martins Fontes, 2000, p. 1). Numa vertente semelhante, num sentido de apresentar uma teoria científica do direito, Cf. Herbert L. A. HART, para quem o seu objetivo é "fornecer uma teoria sobre o que é o direito, que seja, ao mesmo tempo, geral e descritiva. Geral, no sentido de que não está ligada a nenhum sistema ou cultura jurídica concretos, mas procura dar um relato explicativo e clarificador do direito como instituição social e política complexa, com uma vertente regida por regras (e, nesse sentido, 'normativa')" (*O conceito de direito*. Trad. A. Ribeiro Mendes. 4. ed. Lisboa: Fundação Calouste Gulbenkian, 2005, p. 300-301).
7. Seja consentido remeter a REIS JUNIOR, Antonio dos. A metodologia do direito civil-constitucional e a teoria da interpretação unitária do direito: de Friedrich Müller a Pietro Perlingieri. *Revista do Instituto de Hermenêutica Jurídica*, no prelo.
8. "A complexidade do ordenamento, no momento de sua efetiva realização, isto é, no momento hermenêutico voltado a se realizar como ordenamento do caso concreto, só pode resultar unitária: um conjunto de

apresenta diante do intérprete,[9] tornando a *praxe* (ou o dado concreto) um elemento essencial para a qualificação jurídica, conclui-se que cada instituto de direito terá seu significado moldado pela função a qual ele é destinado a cumprir em determinada localidade, com suas idiossincrasias socioculturais (espaço), e em certo momento histórico, pelo atravessa aquela sociedade (tempo). É em virtude dessa *historicidade* das categorias jurídicas e,[10] portanto, da responsabilidade civil, aliada à percepção de um sistema aberto de valores,[11] que se faz necessário estudá-la de modo a compreender os aspectos históricos relevantes que contribuíram para a conformação de sua função ao longo do tempo, a fim de assimilar a sua verdadeira finalidade na ordem jurídica hodierna, identificar os problemas e desafios atuais, sua estrutura fundamental, bem como aquele núcleo duro de valor que lhe é essencial e que revelará o caminho a ser perseguido com vistas ao seu aperfeiçoamento.[12]

Neste caminho, não é mister empreender maior esforço para mostrar que a responsabilidade civil tem sofrido transformações das mais intensas desde o seu surgimento, como medida do Estado para proteger, de maneira efetiva, certos indivíduos diante da violação de seus interesses, reconhecidos pelo ordenamento de sua época, como legítimos e merecedores de tutela.[13] Tal finalidade genérica, por certo, mantém-se desde então, mas com significado bastante diverso daquele de outrora. O que se apresenta indubitável é a mutabilidade que incidiu sobre (i) a maneira de se pensar o sistema de direito, ao longo do tempo, (ii) os fundamentos do instituto da responsabilidade civil e a construção de sua autonomia; (iii) os bens jurídicos que deveriam ser protegidos, bem como (iv) a forma de tutelá-los, tanto na perspectiva do direito material, como no direito processual.

---

princípios e regras individualizadas pelo juiz que, na totalidade do sistema socionormativo, devidamente se dispõe a aplicar" (PERLINGIERI, Pietro. *O direito civil na legalidade constitucional*, cit., p. 200).

9. Cf., por todos, MÜLLER, Friedrich. *Teoria estruturante do direito*. 3. ed. São Paulo: Ed. RT, 2011. v. I.
10. "Com o transcorrer das experiências históricas, institutos, conceitos, instrumentos, técnicas jurídicas, embora permaneçam nominalmente idênticos, mudam de função, de forma que, por vezes, acabam por servir a objetivos diametralmente opostos àqueles originais" (PERLINGIERI, Pietro. *O direito civil na legalidade constitucional*, cit., p. 141).
11. Conforme ensina Canaris, todo sistema jurídico é dotado de unidade interior, que deve ser determinada pela ordem axiológica ou teleológica de princípios, levando-se em consideração a abertura do sistema, como possibilidade de mutabilidade dos valores ao longo do tempo. Cf. CANARIS, Claus-Wilheim. *Pensamento sistemático e conceito de sistema na ciência do direito*. Lisboa: Fundação Calouste Gulbenkian, 1996, p. 279-289.
12. Já afirmava Karl LARENZ que "se os conceitos procurados hão de ser úteis para o 'sistema interno', não podem ser unicamente conceitos gerais abstratos, que serão, com o progressivo grau de abstracção, cada vez mais desprovidos de conteúdo" (*Metodologia da ciência do direito*, cit., p. 686).
13. Já antecipando, de certo modo, a opção pela tutela do "interesse", marcante a passagem de Rudolf von IHERING, ao criticar a teoria da vontade e a sua abstração: "Seria tão possível esperar mover uma carroça de seu lugar através de uma representação acerca da teoria cinemática, quanto a vontade humana através do imperativo categórico. Este resvala por ela sem deixar vestígios! Fosse a vontade uma potência lógica, então deveria curvar-se diante da coercitividade conceptual. Todavia, ela é um ente muito real, não mobilizável por meio de simples deduções lógicas. Faz-se necessária uma real pressão para pô-la em movimento. Este causador desta pressão real é, para a vontade humana, o interesse" (*A finalidade do direito*. Trad. Heder Hoffmann. Campinas: Bookseller, 2002, t. I. p. 47).

1.1.1 A contribuição romana e canônica

Se os jus historiadores relatam que a responsabilidade civil inaugurada pelos romanos era moldada com a finalidade de impor um conjunto de regras a seus cidadãos (e destinada a protegê-los), de modo a que todos se comportassem com honra e dignidade (*honeste vivere*) e se relacionassem de maneira a não causar lesão a outrem (*alterum non laedere*, ou, simplesmente, *neminem laedere*), dando a cada um o que é seu (*suum cuique tribuere*),[14] sabe-se que a sua estruturação era marcadamente voltada à proteção de certos bens patrimoniais e de algum modo determinados pela experiência pretoriana.[15] Vislumbra-se naquela ordem jurídica precursora do modelo atual (i) a construção de um conjunto de regras a partir da práxis pretoriana (jurisprudencial), que em certo momento se organizou na *lex aquilia*;[16] (ii) sem identificar uma autonomia clara ao instituto, ou um desenvolvimento dogmático elaborado acerca da matéria,[17] mas cujo fundamento se baseava em princípios gerais do direito associados à ideia de justiça, como a máxima aristotélica, absorvida pelos romanos, de que é injusto retirar do outro além do que lhe é devido (πλεονέχτης – pleonektes);[18-19] (iii) tendo

---

14. "Hujus tria funt praecepta, honeste vivere, alterum non laedere, suum cuique tribuere" (LORRY, Francisci. *D. Justiniani imperatoris p.p. augusti institutionum juris civilis*: expositio methodica. Paris: 1757, § 111, p. 36).
15. "Tal é a significação de cada um dos preceitos do Direito: *honeste vivere* é um preceito da Moral, sobre as regras do Direito; o *alterum non laedere* é um preceito que synthetisa todas as obrigações jurídicas, cuja prática se verifica por meio de omissões, e o *suum cuique tribuere*, finalmente, assignala todas as instituições e regras em que transparecem as obrigações positivas" (PINTO JÚNIOR, João José. *Curso elementar de Direito Romano*. Recife: Typographia Economica, 1888, p. 62-63). E segue: "*o alterum non laedere*, segundo Heineccio, consiste na posição de respeito e acatamento" (*op. cit.*, p. 63), "segundo Savigny (...) o *alterum non laedere*, refere se aos direitos originarios ou pessoaes, que consagrarão a segurança, a liberdade, a igualdade da personalidade do indivíduo, agente do direito" (op. cit., p. 64).
16. Costuma-se atribuir à *lex aquilia* a semente para o desenvolvimento da ideia de culpa, por ato evento extracontratual. Daí porque alguns ainda hoje fazem referência à "culpa aquiliana". Entretanto, não há confirmação da exata extensão da "injuria" romana, no *damnum injuria datum*, ou mesmo se ela caracterizaria o elemento culposo da responsabilidade civil. Já ressalta José Carlos MOREIRA ALVES que "em acepção estrita, *iniuria* designa figura particular de delito, que se apresenta quando há ofensa à integridade física ou moral de alguém" (*Direito romano*. v. II. Rio de Janeiro: Forense, 2000, p. 232). De todo modo, é da *lex aquilia* que se extrai expressões famosas como, ilustrativamente, "in lege aquilia, levíssima culp venit" (Ulpiano, pr. 44, "Ad legem Aquilia", IX, II); e "Impunitus es qui sine culpa et dolo malo casu quodam damnum comittit" (Gaio, Institutiones, 111, 211).
17. A dogmática romanista clássica classificava o Direito Romano Privado, segundo o que se apresenta nas *Institutas* e no *Digesto*, basicamente, entre o "direito das pessoas", o "direito das coisas" e as "ações", ainda que tal classificação tenha sofrido severas críticas dos romanistas oitocentistas: "A citada classificação de GAIO, que JUSTINIANO adoptou e que se encontra nas *Institutas* e no *Digesto*, isto é, o texto que considera as matérias do Direito Romano Privado distribuídas em três grandes classes: Direitos das pessoas, Direitos das cousas e Direito das acções, tem sido vivamente criticado pelos romanistas modernos" (PINTO JÚNIOR, João Jose, *Curso elementar de Direito Romano*, cit., p. 236).
18. Tomás de Aquino explica muito bem essas duas formas de ser justo segundo Aristóteles: "o homem justo é tomado de dois modos: primeiramente como uma pessoa obediente às leis, isto é, como aquele que observa as leis; por outro lado, como uma pessoa justa, que deseja ter as graças e as desgraças da fortuna em igual medida. *O igual é oposto a ambos, isto é, ao que é excessivo e ao que é deficiente.* Disto, Aristóteles conclui que o que é justo é dito de acordo com a lei e a igualdade, e o que é injusto, contrário à lei e à igualdade, na medida em que os objetos são conhecidos pelo hábito" (AQUINO, Tomás de. *Commentary on Aristotle's Nicomachean Ethics*. Trad. C. I. Litzinger. McInerny, R. (Org.). Notre Dame: Dumb Ox Books, 1993, p. 282) (tradução livre, grifos nossos).
19. Inexistia, portanto, uma cláusula geral de responsabilidade civil, sendo ausente ainda os conceitos modernos elementares de culpa, ou o desenvolvimento contemporâneo da ideia de risco. A tutela era baseada

como bens juridicamente protegidos aqueles, de cunho patrimonial, cujo desfalque imotivado representava clara violação à isonomia e, por conseguinte, ao direito à não agressão alheia (ou aos bens alheios); (iv) valendo-se, após a *lex poetelia papiria*,[20] que aboliu a responsabilidade de caráter corporal, do patrimônio do devedor para garantir o ressarcimento, eis que essa era a forma de se corrigir a injustiça cometida, com base em modelo processual pautado na *accio* romana.[21]

Essa abordagem geral da responsabilidade civil, que viria a ser consolidada no *Corpus Juris Civilis* de Justiniano, já após a derrocada do Império Romano do Ocidente, ainda perdurou como conjunto de regras por longos séculos. Sobre a base deste corpo de leis e de leituras interpretativas, de extrema relevância histórica, com a incipiente influência dos canonistas, sistematizou-se o papel da culpa e a perspectiva subjetiva como central à problemática da responsabilidade, fundando-se, assim, as bases dogmáticas modernas da disciplina.[22]

A partir de compilação de tamanha grandeza, e com a inserção do modelo medieval das universidades, iniciou-se um movimento que já se poderia qualificar como *doutrina* em torno da responsabilidade civil.[23] Durante todo esse período, a inspiração dogmática ainda era centrada nos pilares religiosos da ação humana e suas consequências, nos aspectos volitivos internos ao agente, em seu âmbito psicológico ou estado anímico, nas suas intenções, desígnios, inclinações. Buscava-se responder, afinal, quem efetivamente agiu culposamente. Sobre a inspiração do *pecado*, a responsabilidade civil se reformulou conforme a *culpabilidade*, e num contexto onde, marcadamente, havia uma separação ainda muito tênue, no âmbito dogmático, entre a lógica da responsabilidade civil e penal.[24]

---

em previsões típicas, seja pela experiência pretoriana, seja pela consolidação das leis (como a *lex aquilia*). Neste sentido, esclarece Genevieve Viney que no Direito Romano há uma "absence d'un principe général de responsabilité pour faute. (...) il n'existait à Rome que des 'délits spéciaux' et non un principe general compareble à celui qu'enonce l'article 1382 du Code civil français" (*Traité de droit civil*: introduction à la responsabilité. Paris: L.G.D.J., 2008, p. 9).

20. Se em Roma o sistema de responsabilidade, marcadamente patrimonial, marcou a história civilizatória ao excluir o modelo de responsabilidade física e corporal pelo não pagamento de dívidas (*lex poetelia papiria* – 326 a.c.), o fundamento do sistema de resposta jurídica ao dano ainda era marcadamente assistemático.

21. "O efeito do inadimplemento da obrigação é que o credor ode constranger o devedor, por meio de uma *actio in personam*, ao pagamento da prestação. O devedor que não cumpre a obrigação será condenado, pelo juiz, ao pagamento do valor em dinheiro da prestação não cumprida" (MARKY, Thomas. *Curso elementar de direito romano*. 8. ed. São Paulo: Saraiva, 1995, p. 111). Vale que lembrar que no Direito Romano, "os conceitos de *ius* e *actio* são inseparáveis, visto que só se pode ter um *ius* enquanto se tem uma *actio* e só existe *actio* quando há um *ius*", de forma que se caracteriza "não pela atribuição de direitos subjetivos, mas pela concessão de *actiones*" (CHAMOUN, Ebert. *Instituições de direito romano*. 3. ed. Rio de Janeiro: Forense, 1957, p. 114).

22. Destaca Franz WIEACKER que o direito canônico foi o responsável por aproximar "a moral penitencial do *forum externum*, fortalecendo a tendência, própria da prática penitencial, para a valorização moral, subjetiva e individual, do comportamento interior mesmo no *forum externum* e, por seu intermédio, também na perspectiva profana do direito. Daqui proveio não apenas a teoria da culpa do direito penal, mas ainda a teoria civilística dos contratos" (*História do direito privado moderno*, cit., p. 76).

23. WIEACKER, Franz. *História do direito privado moderno*, cit., p. 69-77.

24. A separação entre os dois modelos data de tempos desconhecidos, nos primórdios da civilização. Já se afirmou, à guisa de crítica à dicotomia público-privado com base na separação de interesses, que "o direito

1.1.2 A liberdade individual como fundamento da responsabilidade civil

Contudo, é com o advento da doutrina do liberalismo que se rompe, de modo paradigmático, com toda a estrutura de pensamento e organização do antigo regime, especialmente o modo de encarar o direito civil. Com efeito, o iluminismo representou um dos avanços mais importantes e determinantes da dogmática jurídico-política moderna, com grande repercussão na vida da sociedade contemporânea. A matriz de pensamento que se insurgiu em contraposição aos privilégios do Estado Absoluto clamava por um modelo em que fosse reconhecido no indivíduo, através de sua Vontade realizadora, a força motriz para o desenvolvimento das nações.[25] Numa apertada síntese, consagrava-se o valor do livre arbítrio como princípio imanente da vida em comunidade, mas cujo fundamento repousava não mais em conceitos de ordem religiosa, senão, simplesmente, na Razão humana. Se o Homem se torna o centro do Universo, é nele que deve residir a fonte criadora de normas de conduta. E se não há, naturalmente, qualquer distinção entre os homens, na medida em que todos são providos de racionalidade, todos são capazes de agir de modo prudente e conforme a sua Razão, que necessariamente tem aptidão para elaborar padrões de comportamento universalmente aceitos.[26] Um deles, invariavelmente, reflete o mandamento segundo o qual não se deve causar prejuízo a terceiros (*neminem laedere*).[27]

---

penal, geralmente, estabelece normas de conduta dirigidas às pessoas particulares. Protege, por exemplo, a propriedade, a honra, a vida e a liberdade. Esta proteção forma parte essencial das consequências jurídicas que constituem os correspondentes direitos à propriedade, à honra, à vida e à liberdade. Nessa medida, o direito penal é análogo ao direito dos atos ilícitos civis – e a ninguém ocorreu, entretanto, classificar este último como direito público. A única circunstância que tipicamente distingue a pena da indenização de danos e prejuízos é o fato de que a acusação por delitos é tipicamente pública, isto é, uma função oficial de uma autoridade pública" (ROSS, Alf. *Direito e justiça*. Bauru, Edipro, 2003, p. 243). Sabe-se, contudo, que a diferença marcante está não na pessoa que realiza a pretensão (seja ela reparatória ou punitiva), eis que ação penal pode ser de iniciativa privada (queixa) e a ação indenizatória pode ser de iniciativa do Ministério Público (em defesa de direitos difusos, por exemplo). A distinção reside no grau de proteção dos interesses em jogo e, sobretudo, nas funções (diferentes) que cada um persegue, extraindo-se, daí, disciplina jurídica autônoma para cada uma das espécies de sanção (civil ou penal).

25. Em passagem clássica: "o trabalho é a fonte natural da riqueza, o fundo para todos os estoques para exportação; através da parcela que ultrapassa o valor daquilo que uma nação importa, o Estado aumenta sua riqueza e seu poder" (SMITH, Adam. *A riqueza das nações*: investigação sobre sua natureza e suas causas. Trad. João Baraúna. São Paulo: Nova Cultural, 1996, p. 47).
26. Sobre a consagração da isonomia formal entre os Homens, com a queda do Antigo Regime, no sentido de que todos passam a ter aptidão para se tornarem "sujeitos de direito", é emblemático o texto legal original do *Code Civil* francês de 1804, que em seu artigos 7º e 8º, inaugurais ao primeiro capítulo "Do exercício dos direitos civis", consagram: "L'exercice des droits civils est indépendant de la qualité de citoyen, laquelle ne s'acquiert et ne se conserve que conformément à la loi consitucionnelle" (art. 7º) e "Tout français jouira des droits civils" (art. 8º). Em tradução livre: "O exercício dos direitos civis é independente da qualidade de cidadão, que é adquirido e preservado apenas de acordo com a lei constitucional" (art. 7º) e "Todos os franceses gozarão de direitos civis" (art. 8º).
27. No *Code Civil* de 1804, tal regra estava absorvida pelo artigo inaugural do Ato Ilícito: art. 1.382: "Tout fait quelconque de l'homme, qui cause à autri un dommage, oblige celui par la faute duquel il est arrivé, à le reparer". Em tradução livre: "Todo fato do homem que causar dano a outrem, obriga-o por cuja culpa ele carregou, a repará-lo".

Neste aspecto, o raciocínio liberal não inovou. Já se viu que uma das regras de convivência civil (*rectius*: civilizada) mais remotas de que se tem notícia é aquela que determina que as pessoas, em sociedade, devem se conduzir de maneira a não causar prejuízo a outrem.[28] Tal norma de comportamento é quase um pressuposto da vida em sociedade civilizada e organizada. Em verdade, a grande inovação dogmática do iluminismo ocorreu na maneira como encarar a responsabilidade diante do prejuízo, dando-lhe nova roupagem funcional.

Sob a perspectiva das consequências da conduta humana, a *responsabilidade*, como conjunto de normas voltadas à reação coercitiva do Direito diante do ilícito (ou do inadimplemento),[29] consagrou a *liberdade de ação* como seu fundamento.[30] O binômio liberdade-responsabilidade traduz a ideia segundo a qual esta constitui um corolário do princípio natural de que o homem, por ser livre, deve responder pelos seus atos.[31] É a concessão de um contrapeso à balança da justiça, sempre associada à percepção de igualdade.[32] O Estado reconhece e não oprime a liberdade de ação

---

28. A inspiração do modelo atual da responsabilidade civil no clássico mandamento que impõe a todos a não violação ao interesse juridicamente tutelado de terceiros (*alterum non laedere*) está nas linhas centrais de importantes obras, ainda que sob viés crítico, como se vê em RODOTÀ, Stefano. *Il problema della responsabilità civile*. Milano: Giuffrè, 1967, p. 99: "L'esistenza di danni destinati a rimanere estranei alla considerazione giuridica può essere rilevata per criticare l'uso enfatico della formula dall'alterum non laedere, richiamando alla realtà dei casi in cui un soggeto sopporta le conseguenze dannose della attività altrui". Ainda em doutrina italiana, essencial a contribuição de Salvatore PUGLIATTI, que realiza profundo estudo analítico (*Alterum non laedere*. In: *Enciclopedia del diritto*. v. 2. Milano: Giuffrè, 1958). Entre as passagens brasileiras, cf. por todos, DIAS, José de Aguiar. *Da responsabilidade civil*. v. 1. 10. ed. Rio de Janeiro: Forense, 1995; COUTO E SILVA, Clóvis do. *Principes fondamentaux de la responsabilité civile en droit brésilien et comparé*: cours fait à la Faculté de droit et sciences politiques de St. Maur (Paris XII). Paris: Mimeo, 1988; PEREIRA, Caio Mário da Silva. *Responsabilidade civil*. 9. ed. Rio de Janeiro: Forense, 1999; CHAVES, Antonio. *Tratado de direito civil*: responsabilidade civil. São Paulo: Ed. RT, 1985, v. 3; CAVALIERI FILHO, Sérgio. *Programa de responsabilidade civil*. 11. ed. São Paulo: Atlas, 2014; LYRA, Afrânio. *Responsabilidade civil*. Salvador: Editora Bahia, 1977; PONTES DE MIRANDA, Francisco Cavalcanti. *Tratado de direito privado*. 3. ed. São Paulo: Ed. RT, 1984, t. LIII e LIV; SERPA LOPES, Miguel Maria de. *Curso de direito civil*: fontes acontratuais das obrigações – responsabilidade civil. v. 5. Rio de Janeiro: Freitas Bastos, 1995; BODIN DE MORAES, Maria Celina. A constitucionalização do direito civil e seus efeitos sobre a responsabilidade civil. *Revista Direito, Estado e Sociedade*, Rio de Janeiro, n. 29, 2006; MONTEIRO FILHO, Carlos Edison do Rego. *Responsabilidade civil contratual e extracontratual*: contrastes e convergências no direito civil contemporâneo. Rio de Janeiro: Ed. Processo, 2016; e SCHREIBER, Anderson. *Novos paradigmas da responsabilidade civil*: da erosão dos filtros da reparação à diluição dos danos. 4. ed. São Paulo: Atlas, 2012.
29. "Fica-nos a ideia de que as garantias hão de redundar em esquemas de Direito destinados a assegurar determinadas situações jurídicas. Como sabemos ser este o papel da sanção, podemos definir a garantia jurídica como toda a sanção ou grupos de sanções institucionalizados. Deste modo, a própria responsabilidade civil, globalmente considerada, é uma garantia das situações genericamente cobertas" (MENEZES CORDEIRO, António Manuel. *Tratado de direito civil português*. Coimbra: Almedina, 2010, v. II, t. IV, p. 501).
30. "Comunque si intenda profilarlo, si può essere certe che alla base del concetto di responsabilità sta l'idea di libertà, sì che tra i due termini è presupposto un certo rapporto" (PUGLIATTI, Salvatore. *Responsabilità civile*. II. Milano: Giuffrè, 1968, p. 17).
31. Sobre este ponto, indispensável a leitura de Massimo FRANZONI, sem olvidar que o sentido de liberdade, como fundamento da responsabilidade civil (culposa), era puramente patrimonial, como tutela do direito de propriedade (*Trattato della responsabilità civile: l'illecito*. 2. ed. Milano: Giuffrè, 2010, v. I, p. 867-871).
32. "Une civilisation avancée, et qui craint la décadence, tend instinctivement à assurer autant que possible son équilibre; et la réparation des préjudices causés est une manière de le rétablir" (SAVATIER, René. *Traité de la responsabilité civile em droit français*. Tome I. Paris: LGDJ, 1939, p. 1).

humana, que lhe é natural e imanente, mas impõe que cada um (individualmente) responda por suas próprias condutas. Suprime-se, em absoluto, as técnicas punitivas místicas, de certa maneira fundada em noções predeterministas. Admite-se a liberdade do homem por argumentos racionais-individuais, não mais por concepções teológicas. Estabelece-se, enfim, a responsabilidade como atributo, ou corolário, do exercício da liberdade, porém, ainda, notadamente, em âmbito voluntarista e individual.[33]

Tal elaboração sofisticada, contudo, sofreu os abalos naturais que a força do tempo e do desenvolvimento das relações sociais imprimem sobre os institutos de direito, ainda que a chegada dos tempos atuais tenha revelado, numa velocidade avassaladora, toda sorte de problemas antes inimagináveis. A derrocada do papel da culpa, a ascensão das atividades de risco, a indecisão sobre a conotação do nexo causal, a redefinição hermenêutica do ilícito e a amplificação do significado de dano, aliada à sua expansão sobre a coletividade, formam um contexto propício à atual crise paradigmática do modelo de responsabilidade civil, com a consequente redefinição de suas funções e, por conseguinte, de seus instrumentos de atuação, conferindo remodelação de seu perfil estrutural.[34]

1.1.3 O papel da culpa na perspectiva liberal da responsabilidade civil

Muito caro aos estudiosos do direito canônico, o perfil do agente causador do dano, mormente a análise de sua conduta, sempre foi muito relevante para a imputação do dever de indenizar. É de intuição moral que aquele causador intencional (também aquele imprudente, negligente ou imperito) do prejuízo *mereça* sofrer determinada sanção jurídica. De outro lado, não se costuma negar que o verdadeiro escopo da responsabilidade civil sempre foi *reparar* a vítima de certo dano sofrido, razão pela qual a averiguação da existência da lesão – e os contornos do conceito de dano – nunca foi desprezada pelos intérpretes e aplicadores do direito. Trata-se de sua finalidade primária. Em igual medida, sempre presente a preocupação de determinar o liame entre o agente que se comporta de certa maneira, comissiva ou omissiva, e a ocorrência do dano propriamente dito. Apresenta-se, assim, os chamados elementos, ou requisitos, da responsabilidade civil.[35]

---

33. Não à toa, é nesse período que mais se desenvolve a dogmática da responsabilidade contratual, na medida em que o contrato representava a categoria mais iluminada em termos de liberdade e autonomia. Neste aspecto, ROPPO, Enzo. *O contrato*. Trad. Ana Coimbra e Januário Gomes. Coimbra: Almedina, 2009, p. 29-52.
34. Por uma leitura abrangente acerca da crise paradigmática da responsabilidade civil, Cf. BODIN DE MORAES, Maria Celina. A constitucionalização do direito civil e seus efeitos sobre a responsabilidade civil, cit., p. 233-258; e SCHREIBER, Anderson. *Novos paradigmas da responsabilidade civil*, cit., 2012.
35. Sem olvidar que a classificação dos elementos, ou requisitos, da responsabilidade civil pode variar de autor para autor, costuma-se indicar que não há responsabilidade civil sem dano, nexo causal e conduta ilícita, podendo esta derivar, ou não, da culpa, a depender da modalidade de responsabilidade civil. Esta investigação rejeita a proposição de uma análise meramente estrutural, a descuidar das funções que a responsabilidade civil persegue, em conexão com as idiossincrasias do caso concreto. É por essa razão

A estruturação do pensamento jurídico moderno em torno da *vontade* é uma grande conquista iluminista. Assim, justifica-se o Poder do Estado não por uma concessão divina, mas pela expressão de *vontade*, do querer, da maioria da população.[36] Fundamenta-se a justeza de um contrato não em razão do ritual procedimental realizado, mas diante do *acordo de vontades*, do consentimento.[37] Determina-se aqueles que podem agir, somente por si, na ordem civil, não por sua casta, origem ou título, mas pela simples verificação da capacidade de exercitar a própria *vontade* (capacidade de fato ou de exercício). Atribui-se patrimônio a alguém apenas se esta pessoa expressou a sua *vontade* em recebê-lo, razão pela qual é preciso, em regra, dar consentimento inclusive na doação, como também se faz necessário aceitar a herança.[38] Casa-se apenas diante de acordo livre de *vontades*. Rejeita-se eficácia a negócios nos quais não se obteve a livre expressão da *vontade*, ou, ao menos, permite-se que os interessados os repudiem.[39] Com esses simples exemplos, dentre tantos outros, percebe-se que a dogmática moderna foi construída sob os pilares da vontade humana, como fonte qualificada de direito, de forte inspiração jusnaturalista.

Mais uma vez, a consagração do papel central da vontade não é criação liberal. Em verdade, a ideia de *vontade* e *livre arbítrio* foi desenvolvida na filosofia e teologia medieval, chegando paulatinamente aos teóricos do estado.[40] Coube à filosofia iluminista, no entanto, apresentar novo fundamento à existência de uma ideia de liberdade, não mais pautada nos ditames religiosos. Ainda que no terreno da filosofia moral, é marcante a obra de Immanuel Kant, para quem a *vontade* exerce o papel elementar de representação da Razão na pessoa humana, sendo ela fonte criadora de normas de conduta que se pretendem universais, as quais o seu titular, de modo autônomo, *deve* segui-las.[41] Com inspiração marcante nesta ideia, os juristas absorveram a *vontade*

---

que não se pode negar a possibilidade de responsabilidade sem ilícito, sem liame causal definido, como a já consagrada previsão de responsabilidade sem culpa. Inevitável, de fato, apenas a existência do dano, como pressuposto inexorável do dever de indenizar. Sobre a responsabilidade sem ilícito, por todos, Cf. CRUZ, Gisela Sampaio da. As excludentes de ilicitude no Código Civil de 2002. In: Gustavo Tepedino. (Org.). *A parte geral no novo Código Civil*. Rio de Janeiro: Renovar, 2002, p. 387-415. Quanto à possibilidade de responsabilização sem nexo definido, dentre tantos outros, Cf. MULHOLLAND, Caitlin Sampaio. *A responsabilidade civil por presunção de causalidade*. Rio de Janeiro, GZ Editora, 2010.

36. Marcante, a contribuição de Jean-Jacques ROSSEAU, especialmente em torno do "pacto social" (*O contrato social*. São Paulo: RCM, 2002, p. 23-36).
37. Famosa a expressão latina *"qui dit contractuel dit juste"*, segundo a qual dizer "contratual" equivale a dizer "justo" (ROPPO, Enzo. *O contrato*, cit., p. 35).
38. Código Civil. Artigos 539 e 1.804.
39. Código Civil. Artigos 1.535, 107, 171, II.
40. Dentre os precursores do direito natural, de onde partiria o desenvolvimento mais apurado dos conceitos de vontade humana, direito subjetivo e de propriedade, Cf. GROCIUS, Hugo. *The Rights of war and peace, including the Law of Nature and of Nations* (1625). Trad. A. Campbell. New York: M. Walter Dunne, 1901; e PUFENDORF, Samuel. *Of the law of nature and nations* (1672). London: J. Walthoe et. al., 1729.
41. Aqui, KANT relaciona claramente a autonomia (da vontade) à capacidade intrínseca de todo homem de tornar-se legislador universal e agir conforme suas próprias leis, dentro de um contexto que ele denominou de reino dos fins. "Via-se o homem ligado a leis por seu dever, mas não passava pela cabeça de ninguém que ele estaria submetido apenas à sua legislação própria, embora universal, e que ele só estaria obrigado a agir em conformidade com sua vontade própria, mas legislando universalmente, segundo o <seu> fim

como dogma de representação da moral e da justiça, e passaram a estruturar o direito moderno a partir desse conceito. Eis por que a vontade, para muitos, é considerada verdadeira fonte autônoma de direito (autonomia), atribuindo-se ao "querer" humano qualificação jurídica essencial. Consagra-se, assim, a conduta humana como ponto máximo de análise de juridicidade, sobre a qual se deve imputar certa sanção jurídica em caso de desconformidade com os mandamentos consagrados pelo Direito, momento no qual o *positivismo* assume o lugar da *razão* ou da *natureza* como fundamento jusfilosófico do sistema.

Neste contexto, em que se concentrou na *Vontade* o busílis do Direito,[42] não é difícil imaginar que, no âmbito da responsabilidade civil, a análise do comportamento do ofensor (*rectius*: da atuação de sua vontade na produção das consequências de sua conduta) se revelou essencial à imputação do dever de indenizar.[43] A exigência do nexo psicológico entre a conduta do agente e o dano produzido na esfera jurídica da vítima traduzia o fator preliminar de observação acerca do dever de indenizar.[44] Eis a razão pela qual a responsabilidade civil, não raro, apresentava-se como medida de exceção, diante da costumeira dificuldade de comprovação da culpa.[45]

---

natural. [...] Chamarei, portanto, esse princípio de princípio da autonomia da vontade, por oposição a qualquer outro, que, por isso, incluo na heteronomia". Continua: "O conceito de todo ser racional que tem de se considerar como legislando universalmente mediante todas as máximas de sua vontade, a fim de ajuizar a partir desse ponto de vista a si mesmo e suas ações, conduz a um <outro> conceito muito fecundo apenso a ele, a saber, o <conceito> de um reino dos fins" (KANT, Immanuel. *Fundamentação da metafísica dos costumes*. Trad. Guido Antônio de Almeida. São Paulo: Barcarola, 2009, p. 257-258).

42. Importante, ainda, destacar que a marcha do voluntarismo veio acompanhada da tríade "individualismo", "patrimonialismo" e "abstração", elementos pouco a pouco superados pela inserção gradativa dos valores da "solidariedade", "dignidade" e da proteção integral da "pessoa" concreta, como destacam Luiz Edson FACHIN e Carlos Eduardo PIANOVSKI em "A dignidade da pessoa humana no direito contemporâneo: uma contribuição à crítica da raiz dogmática do neopositivismo constitucionalista. *Revista Trimestral de Direito Civil*. v. 35. Rio de Janeiro: Padma, jul.-set. 2008, p. 101-119.
43. "Na teoria subjetiva, a ideia de culpa é central. A obrigação de reparar ou de ressarcir o dano se nutre da voluntariedade do ato, como elemento primário e fundamento moral da responsabilidade" (SERPA LOPES, Miguel Maria de. *Curso de direito civil*. Rio de Janeiro: Freitas Bastos, 2000, v. 1, p. 551). Na doutrina tradicional, a noção de culpa apresenta aspecto quase simbiótico com a ideia de ilícito, como se vê em passagem clássica de Marcel PLANIOL: "la faute est *un manquement à une obligation préexistante*, dont la loi ordonne la réparation qund il a causé un *dommage à autrui*. L'idée de faute prise en elle-même est donc extrêmement simples, et elle est dans une *relation nécessaire avec l'idée d'obligation*: une personne ne peut pas être en faute, si elle n'était tenue de rien avant l'acte qu'on lui reproche" (*Traité élémentaire de droit civil*: conforme au programme officiel des facultes de droit. 9. ed. Paris: LGDJ, 1923, t. II, p. 281) (grifos do autor).
44. "Para que o fato possa ser imputado, é necessário que o imputável tenha agido com culpa, que haja certo nexo psicológico entre o fato e a vontade do agente" (ANTUNES VARELA, João de Matos. *Das obrigações em geral*. 8. ed. Coimbra: Almedina, 1998, p. 575).
45. Neste sentido, a célebre passagem de Henry DE PAGE, para quem "a irresponsabilidade é regra, a responsabilidade a exceção" (*Traité élémentaire de droit civil belge*. Bruxelles: Émile Bruylant, 1948, n. 933). Observa, ainda, Sérgio Cavalieri Filho: "A vítima de um dano só poderá pleitear ressarcimento de alguém se conseguir provar que esse alguém agiu com culpa; caso contrário, terá que conformar-se com a sua má sorte e sozinha suportar o prejuízo" (*Programa de responsabilidade civil*. 11. ed. São Paulo: Atlas, 2014, p. 43).

De fato, a chamada *responsabilidade subjetiva*, a qual demanda a consideração da presença da *culpa* do agente ofensor, como pressuposto do dever de indenizar, consagrou-se como modelo clássico geral, por razões lógicas: se a liberdade do indivíduo é o fundamento da responsabilidade, a ele só pode ser imputado o dever de indenizar se causou o dano a partir de um comportamento reprovável, adotado de maneira livre e consciente (conduta culposa). Se decidiu mover sua Vontade pelo caminho espinhoso da conduta ilícita ou antijurídica, ou pelo inadimplemento, torna-se merecedor da atribuição do dever de indenizar. É que o agente agiu de modo censurável, devendo, assim, sofrer os efeitos da imputação legal. Por outro lado, se a sua conduta se manteve digna, ou se o agente não inclinou sua Vontade para o evento danoso, malgrado tenha ele ocorrido, não deve responder, sob pena de cometimento de uma injustiça ainda maior: a responsabilização de alguém que agiu honradamente, ou por um ato não livre de conduta.

Como se pode notar, a associação da culpa à moral é inexorável.[46] Mesmo porque o sistema liberal de pensamento, sobre o qual se baseou o direito civil clássico, teve origem na filosofia moral, que buscava a justificação do agir humano a partir das normas de conduta produzidas pela Vontade, fonte ordenadora da Razão. O agir concreto (ser), então, deve seguir os padrões de conduta determinados pelas leis (dever-ser), que na razão prática devem ser universalmente aceitas.[47] No direito moderno, ao menos no sistema romano-germânico, absorvido pela lógica do *positivismo*, o sujeito de direito deve agir, concretamente (ser), de modo a seguir, conscientemente, as normas de comportamento editadas pelas regras formais (dever--ser), ordenadas tanto pela Vontade individual (contrato), quanto, e especialmente, pela Vontade Coletiva (lei), fruto do empenho do legislador (processo legislativo), que representa as vontades dos cidadãos, regras estas que contém em seu conteúdo cláusulas gerais de conteúdo moral.[48] Se viola a lei, ou o contrato, deve responder se o fez culposamente.

Não por acaso esse é o critério central para a imputação da responsabilidade no art. 1.382 do *Code Civil* francês de 1804, cujo teor, em tradução livre, aponta que: "Todo fato do homem que causar dano a outrem, *obriga-o por cuja culpa ele carregou,*

---

46. "La faute est reconnue globalement par une sorte l'evidence morale" (CARBONNIER, Jean. *Droit civil*. t. 2. Paris: PUF, 2017, p. 2294).
47. "A necessidade prática de agir segundo esse princípio, isto é, o dever, não assenta absolutamente em sentimentos, impulsos e inclinações, mas meramente na relação dos seres racionais uns com os outros, na qual a vontade de um ser racional tem de ser considerada ao mesmo tempo como legislante, porque, de outro modo, não poderia pensá-los com fins em si mesmos. A razão refere, portanto, toda máxima da vontade enquanto legislando universalmente a toda outra vontade e também a toda ação para consigo mesmo, e isso, aliás, não por causa de qualquer outro motivo prático e vantagem futura, mas em virtude da ideia de dignidade de um ser racional que não obedece a nenhuma outra lei senão àquela que ele dá ao mesmo tempo a si mesmo" (KANT, Immanuel. *Fundamentação da metafísica dos costumes*, cit., p. 263-264).
48. A culpa não é o único elemento jurídico do direito civil a carregar alta carga de conteúdo moral. Assim também o fazem os conceitos de boa-fé subjetiva e, especialmente, dos bons costumes. Este, aliás, serve de parâmetro para a caracterização do exercício abusivo de direitos, nos moldes do art. 187 do Código Civil.

a repará-lo". Percebe-se, assim, que a obrigação de reparar é determinada pela extensão da culpabilidade, que se apresenta, portanto, como limite da responsabilidade, em circunstância na qual a contribuição comportamental do agente, com maior ou menor intensidade, é o fator fundamental de imputação. Dada tamanha importância ao modelo de responsabilidade subjetiva, cabe, afinal, compreender o significado da *culpa* e o itinerário para a sua investigação, conforme a concepção adotada.

Em seu sentido mais puro, porque ligado às origens de sua concepção, a *culpa*, em sentido amplo (*lato sensu*), é o componente comportamental do agente causador do dano que integra a sua esfera subjetiva, psicológica, anímica, com relação ao ato por ele praticado. De maneira ainda mais analítica, cuida-se de traço psicológico necessariamente ligado ao grau de consciência do agente acerca de sua conduta e das consequências que ela pode gerar na esfera jurídica de terceiros. Daí a tradicional classificação da conduta culposa, que pode ser praticada mediante *dolo* ou *simples culpa* (culpa sem sentido estrito).[49] Portanto, deveria responder o agente que causar dano a outrem de modo intencional ou, simplesmente, porque agiu com negligência, imprudência ou imperícia.[50]

No entanto, como se pôde inferir da leitura do texto do Código Civil francês, a obrigação de reparar era intimamente conectada à extensão da culpabilidade do agente, pois este respondia pelos danos causados "por cuja culpa ele carregou". Por essa razão, a taxonomia da culpa, ou a metodologia da categorização de suas variáveis (delito ou quase delito,[51] dolo e culpa em sentido estrito, com suas diversas

---

49. São numerosas as correntes que buscam identificar o real significado do dolo e da culpa em sentido estrito. Para uma vertente, ultrassubjetiva, porque imerge profundamente no estado anímico, o dolo representaria a intenção do agente de causar o dano. Para outra corrente, que parece mais acertada, na medida em que busca a qualificação do fato buscando menos pelos efeitos visados e mais por sua causa, para a caracterização da conduta dolosa basta que ela seja praticada por quem tem plena consciência de sua própria conduta e dos riscos que ela gera a terceiros, assumindo-os deliberadamente. De modo geral, já prescrevia Friedrich Carl von SAVIGNY que "Elles se distinguent des autres obligations en ce qu'elles peuvent toujours être rattachées à une intention contraire au droit, qui peut consister, ou dans la volonté de commettre une violation du droit (dolus) ou dans le défaut de la diligence (culpa), exigée dans toute opération juridique" (*Le droit des obligations*. Trad. C. Cérardim; P. Jozon. 2. ed. Paris: Ernest Thorin, 1873, p. 463).
50. Destaca André TUNC que a negligência (como também a imprudência) atrai uma série de comportamentos pelos quais o agente aceita deliberadamente sério risco de causar dano a outrem: "dans la negligence, l'acte intentionnel est exclu, mais l'éventail de conduites répréhensibles va de l'acceptation délibérée d'un risque grave de dommage pour autrui à la simple erreur que nous venons d'évoquer" (*La responsabilité civile*. 2. ed. Paris: Economica, 1989, p. 111). Indicando alguma diferença de grau entre a "*faute*" ou "*fait*" e a noção de negligência e imprudência, Cf. LE TOURNEAU, Philippe. *La responsabilité civile*. 2. ed. Paris: Dalloz, 1976, p. 4.
51. A distinção entre delito e quase-delito no direito civil remonta aos clássicos franceses, que classificavam o ilícito extracontratual entre o ato intencional (delito) ou involuntário (quase delito). No fundo é a bipartição entre ato doloso ou meramente culposo: "la faute est l'inexécution d'un devoir que l'agent pouvait connaître et observer. S'il le connaissait effectivement et l'a délibérément violé, il y a délit civil, ou, en matière de contrat, dol contractuel. Si la violation du devoir, tout en pouvant être connue et évitée a été involontaire, il y faute simples; et, eu dehors des matières contractuelles, on l'appelle quasi-délit" (SAVATIER, René. *Traité de la responsabilité civile*, cit., p. 5). Mas como ressalta Salvatore PUGLIATTI, "la distinzione è puramente scolastica e non può ricondursi ad apprezzabili conseguenze, di fronte alla estesa

subdivisões: dolo direto, dolo indireto, dolo eventual, culpa consciente, culpa gravíssima, grave, média, leve, levíssima e etc.), semeou por muito tempo a criatividade dos juristas, no afã de apresentar a melhor classificação para os chamados "graus de culpa", fundamentais para a fixação do dever de indenizar.[52]

Decerto que, com o passar do tempo, a dogmática civil dedicou menos esforço no estudo analítico do dolo, dada a quantidade mínima de casos em que o agente responderia somente por uma atividade dolosa.[53] Ao contrário do direito penal, em que o agente normalmente responde apenas por dolo,[54] salvo expressa previsão legal de um "tipo penal culposo", na maior parte dos casos de responsabilidade civil subjetiva, o sujeito responde por simples culpa, fazendo com que o seu estudo seja mais relevante, na medida em que representa a fronteira do dever de indenizar. Numa sentença, no direito civil, não há dúvida da culpabilidade daquele que age com dolo, mostrando-se maior a dificuldade em averiguar se repousa a responsabilidade naquele que agiu com simples culpa, especialmente sendo ela de grau leve ou levíssimo.[55]

O primeiro desafio para essa concepção clássica de culpa, de forte viés subjetivo,[56] relaciona-se à prova. Tradicionalmente, recai sobre o autor da ação o ônus

---

formulazione secondo cui 'qualunque fatto doloso o colposo che ha commesso il fatto a risarcire il danno'" (*I fatti giuridici*. Milano: Giuffrè, 1996, p. 13).

52. Aqueles que admitem a relevância maior da distinção dos graus de culpa o fazem quando defendem a sua utilização como critério para a quantificação do dano, em postura que aqui se discorda. No ordenamento brasileiro, o art. 944, caput, impõe que a indenização se mede pela *extensão do dano*. Mesmo a sua exceção, constante no parágrafo único, faz induzir que seja importante diferenciar culpa grave, de média, leve ou levíssima. No direito português, posto também não haja previsão legal quanto à gradação da culpa, os autores habitaram-se a defender a o critério gradativo em razão da sua relevância para apuração do dever de indenizar nas hipótese de coautoria do dano e para fins de quantificação, por haver lastro legal no Código Civil português: "Embora a lei actual não considere, em princípio, estes graus de culpa, verificaremos que eles relevam no âmbito da responsabilidade extracontratual para efeito de fixação do montante da indemnização, quando existam vários responsáveis ou se apure a conculpabilidade do lesado (arts. 497º, n. 2, 506º, n. 2, 507º, n. 2, e 570º, n. 1). O grau de culpa do agente interessa igualmente para a determinação do quantitativo da indemnização, nos termos do art. 494º, ainda há pouco referido" (ALMEIDA COSTA, Mário Júlio de. *Direito das obrigações*. 12. ed. Coimbra: Almedina, 2011, p. 555).
53. Destaque-se que até hoje sobrevivem situações em que a responsabilidade se restringe aos casos em que o agente causador do dano age dolosamente, especialmente na responsabilidade contratual. Veja-se, por exemplo, o art. 392, primeira parte, do CC, que limita a responsabilidade do contratante que não se favorece de contrato gratuito à conduta dolosa, enquanto o favorecido pode responder por simples culpa: "Nos contratos benéficos, responde por simples culpa o contratante, a quem o contrato aproveite, e por dolo aquele a quem não favoreça (...)". Também o art. 400, primeira parte, do CC, que restringe a responsabilidade do devedor, pela conservação da coisa, à conduta dolosa, nas hipóteses em que o credor está em mora: "A mora do credor subtrai o devedor isento de dolo à responsabilidade pela conservação da coisa (...)".
54. É cediço que, em regra, os crimes são puníveis apenas se praticados de maneira dolosa (intencional). A previsão de crimes culposos, como medida de exceção, precisa constar expressamente no tipo. Acerca da distinção entre o ilícito civil e o ilícito penal, especialmente sobre o aspecto subjetivo da conduta, Cf., por todos, BRUNETI, Giovanni. *Il delitto civile*. Firenze: B. Seeber, 1906.
55. O caso mais ilustrativo do esforço doutrinário, que alcançou a jurisprudência do Superior Tribunal de Justiça, reside no critério definido pelo verbete de Súmula n. 145, para os casos de transporte desinteressado: "No transporte desinteressado, de simples cortesia, o transportador só será civilmente responsável por danos causados ao transportado quando incorrer em dolo ou culpa grave".
56. Desde já, chama-se a atenção para que não se confunda a responsabilidade subjetiva, com a ideia de culpa subjetiva. Aquela é o modelo que representa a cláusula geral da responsabilidade que exige como pressu-

da prova dos fatos constitutivos de seu direito.[57] E, nesta circunstância, não raro a exigência da vítima comprovar o estado anímico do agente causador do dano, naquele evento danoso, representa barreira instransponível, no que se convencionou denominar "prova diabólica".[58] Se o agente não produzir prova contra si mesmo é quase impossível a vítima demonstrar, numa perspectiva psicológica (*quid* psíquico), que o causador do dano tinha "intenção" ou "consciência sobre sua conduta e os riscos que ela gerava" no momento do evento danoso.

O segundo desafio repousa na dificuldade prática de qualificação do comportamento do agente, que integra o fato jurídico causador do dano. Percebe-se que dentro das categorizações dos graus de culpa, provoca-se ampla margem de insegurança jurídica, no sentido do alto nível de sua imprevisibilidade,[59] mercê do problema relacionado ao princípio da legalidade, que representa o terceiro desafio desta concepção.[60] É que não há na legislação qualquer indicador que aponte para a existência de graus de culpa, como relevantes para a identificação do dever de indenizar, pelo que se conclui restar uma única contribuição de aplicação real da concepção clássica para os tempos hodiernos, com o devido lastro legal, apesar de não ser isenta de críticas: o significado do agir culposo a partir da representação da conduta negligente, imprudente ou imperita.[61]

---

posto a análise da conduta culposa do agente. Esta é uma vertente conceitual da culpa propriamente dita, uma forma de se compreender o seu significado e o seu alcance. Neste ponto, pode-se mesmo falar de uma culpa objetiva, como se verá infra.

57. Essa era a redação do art. 333 do CPC/73, mantida no art. 373 do CPC/15.
58. Destaca José de Aguiar DIAS que a "vítima tem à sua disposição todos os meios de prova, pois não há, em relação à matéria, limitação alguma. Se, porém, fosse obrigada a provar, sempre e sempre, a culpa do responsável, raramente seria bem-sucedida na sua pretensão de obter o ressarcimento" (*Da responsabilidade civil*, cit., p. 110).
59. "Preocupações com a consciência moral da lesão a direito alheio, com a previsibilidade do dano e com a reprovabilidade moral da conduta praticada esmoreceram diante das dificuldades de concreta demonstração destes aspectos" (SCHREIBER, Anderson. *Novos paradigmas da responsabilidade civil*, cit., p. 34).
60. Para este autor, a legislação evidencia a irrelevância dos graus de culpa ao destacar que "*Ainda que a inexecução resulte de dolo do devedor, as perdas e danos só incluem os prejuízos efetivos e os lucros cessantes por efeito dela direto e imediato*, sem prejuízo do disposto na lei processual" (art. 403 do CC). Discussão mais profunda é aquela acerca do parágrafo único do art. 944, que dispõe: "Se houver excessiva desproporção entre a gravidade da culpa e o dano, poderá o juiz reduzir, equitativamente, a indenização". Em perspectiva crítica, sustentando tratar-se de um problema de proximidade do nexo, e não de grau de culpa, em seu sentido técnico, confira, por todos, a importante contribuição de Carlos Edison do Rêgo MONTEIRO FILHO (Artigo 944 do Código Civil: o problema da mitigação do princípio da reparação integral. *Revista da Procuradoria Geral do Estado do Rio de Janeiro*, v. 63, p. 69-94, Rio de Janeiro, 2008).
61. Deixa-se de se apurar a reprovabilidade da conduta, em sentido moral, para averiguar se houve o adequado emprego da diligência média, segundo os padrões da sociedade em certo contexto de espaço-tempo, inserindo a conduta como diligente ou negligente/imprudente/imperita. Neste sentido, destaca Massimo BIANCA que "il soggetto che tiene un comportamento non conforme ai canoni obiettivi della diligenza è in colpa anche se abbia fatto del suo meglio per evitare il danno, senza riuscirvi a causa della sua inettitudine personale (imperizia, manaza del normale grado di intelligenza, età avanzata, ecc.) od economica" (*Diritto civile*, cit., p. 157). No direito brasileiro, é emblemático o teor do art. 186 do Código Civil: "Aquele que, por ação ou omissão voluntária, *negligência ou imprudência*, violar direito e causar dano a outrem, ainda que exclusivamente moral, comete ato ilícito". Apesar de não haver referência à imperícia no art. 186 do Código Civil, ela está presente nos artigos 617 e 951 do mesmo diploma legal.

Cientes de tais problemas, uma das primeiras notas de evolução da dogmática e da jurisprudência acerca do significado e alcance da culpa veio com a criação das hipóteses de "presunção de culpa", invertendo-se o *onus probandi* no processo ao agente apontado como causador do dano, passando a recair sobre ele o ônus de demonstrar que não agiu culposamente naquele evento danoso.[62] Concomitantemente, maior esforço, então, seria de comprovar que a sua conduta não teria sido negligente, imprudente ou imperita. Ou, a *contrario sensu*, que ele teria efetivamente cumprido com o agir prudente e diligente.

O reforço da concepção de culpa associada ao trinômio negligência, imprudência e imperícia, com a percepção da dificuldade prática em adotar-se um modelo de culpa subjetiva (psíquica), conectada a um maior clamor pela eficácia do modelo de responsabilidade civil, passando-se a utilizar, paulatinamente, o expediente da "culpa presumida", encontrou nas concepções objetivas o espaço ideal de desenvolvimento e aperfeiçoamento. É que se fez necessário apresentar critérios mais seguros de interpretação para a identificação, no caso concreto, de um agir negligente, ou imprudente, ou imperito. Se na origem a doutrina buscava ingressar no estado anímico do agente (*quid* psíquico), investigando o grau *de consciência de sua conduta* e dos riscos que ela impunha a direito alheio – extraindo-se daí as noções de *previsibilidade* –,[63] tornando tal conduta *reprovável* moralmente, passou-se a identificar a conduta negligente ou imprudente como aquela desajustada a um modelo de comportamento que deveria ser seguido pelo agente.

Inaugurou-se, assim, a fase da objetivação da culpa, que não pode ser confundida com a objetivação da responsabilidade, na medida em que nesta a própria análise da culpa é dispensada.[64] Talvez para evitar confusões, parte considerável da doutrina tem preferido chamar tal modelo de *culpa normativa*,[65] residindo neste designativo

---

62. Acerca do caminho trilhado entre a doutrina da "presunção da culpa" e a "responsabilidade sem culpa", cf. por todos, TRIMARCHI, Pietro. *Rischio e responsabilità oggetiva*. Milano: Giuffrè, 1961, p. 11-23.
63. A previsibilidade sempre esteve associada à noção de culpa, mesmo em seu sentido mais subjetivo. É que o comportamento desejado e esperado deveria corresponder àquele em conformidade com as regras de boa convivência, segundo o entendimento moral predominante. Seria, assim, reprovável, uma conduta que causasse prejuízo a outros, por intenção deliberada ou desleixo inaceitável, como também fora do padrão de previsibilidade daquela sociedade. Contudo, costuma-se também a associar o critério da previsibilidade a outros elementos da responsabilidade, como o nexo causal, enquanto integrante do conceito subjetivo de caso fortuito, que rompe o liame causa e isenta o sujeito imputado do dever de indenizar. Num sentido mais objetivo, entretanto, como aquele adotado pelo parágrafo único do art. 393 do Código Civil, para a caracterização do caso fortuito ou força maior, basta a ocorrência de fato necessário, cujos efeitos eram inevitáveis.
64. Acerca da responsabilidade objetiva, cf. capítulo 1.2.1, infra.
65. Conforme sintetiza Anderson SCHREIBER, "a culpa passou a ser entendida como "o erro de conduta", apreciado não em concreto, com base nas condições e na capacidade do próprio agente que se pretendia responsável, mas em abstrato, isto é, em uma objetiva comparação com um modelo geral de comportamento. A apreciação em abstrato do comportamento do agente, imune aos aspectos anímicos do sujeito, justifica a expressão *culpa objetiva*, sem confundi-la com responsabilidade objetiva, que prescinde da culpa. Para evitar confusões, contudo, parte da doutrina passou a reservar a tal concepção a denominação de *culpa normativa*" (*Novos paradigmas da responsabilidade civil*. 4. ed. São Paulo: Atlas, 2012, p. 35).

a sua expressão mais conhecida. Em sua formulação mais tradicional, age culposamente (em sentido normativo) o agente que se comporta em desconformidade com o modelo geral e abstrato de conduta, incidente sobre aquela *fattispecie*.[66] Passa-se a considerar a conduta culposa como aquela que não se enquadra na moldura abstrata de comportamento, que não se encaixa no padrão geral de atuação.

Adotada majoritariamente pela doutrina e jurisprudência nos tempos atuais, essa corrente traz consigo alguns critérios para se identificar o modelo abstrato de comportamento (comportamento *standard*). Inicialmente, buscou-se inspiração na baliza romana do *bonus pater famílias* (bom pai de família), semelhante ao *reasonable person* (pessoa razoável) do direito anglo-saxão, que representa o homem médio, padrão, prudente, de diligência razoável.[67] O intérprete e aplicador do direito, desconsiderando os aspectos volitivos internos do agente, atendo-se às circunstâncias externas do evento, formula o itinerário comportamental que conduziria o homem médio naquelas circunstâncias, consideradas objetivamente, extraindo daí o modelo abstrato, ao qual o agente concreto deve agir em respectiva correspondência ou mesmo superá-la.[68] Deixando de alcançar a diligência mínima do homem abstrato, identifica-se o desvio de conduta, que se revela como negligente, se houve desídia; imprudente, em caso de atuação exagerada, estabanada, descuidada; ou imperita, se não empregou a técnica devida, como aplicaria o homem-padrão.[69]

Tal concepção é a mais aceita atualmente. Dela se extrai a vantagem de eliminar o problema da prova, bem como estabelece a desnecessidade do intérprete de

---

66. Destaca Alvino LIMA, que na operação da culpa normativa "devemos fazer abstração das circunstâncias internas do agente, isto é, do seu estado da alma, hábitos, caráter, ou, numa palavra, das circunstâncias de ordem intelectual, para atendermos tão somente]ás circunstâncias externas, de ordem física, como sejam as de tempo, de lugar e influência do meio social" (*Culpa e risco*. São Paulo: Ed. RT, 1960, p. 68).
67. No direito continental, em perspectiva contemporânea, resume Adolfo DI MAJO: "In tal modo la valutazione circa la sussistenza della colpa scaturisce da un confronto tra contegno effettivamente tenuto ed un 'modello ideale di rifirimento'. Tale modello è constituito dalle norme di diritto positivo – la cui violazione comporta, secondo una qualificazione diffusa, 'colpa in senso oggettivo' – o dalle regole di prudenza, quali 'doveri extracontrattualli non scritti' che confluiscono a determinare lo standard di diligenza" (*Diritto civile*, cit., p. 68-69). No direito anglo-saxão, importante o apontamento de Richard POSNER ao explicar que nem sempre a fórmula do "reasonable man" é aplicável: "consistent with this point, when differences in capacity to avoid accidents are ascertainable at low cost the courts do recognize exceptions to (or subclasses of) the reasonable-person rule. For example, blind people are not held to as high a standard of care as sighted ones, although within the class of blind people a uniform standard of care is imposed" (*Economic analyses of law*. 7. ed. New York: Aspen Publishers, 2007, p. 171).
68. A culpa passa, assim, a representar um "modelo ideal de referência" (MONATERI, Pier Giuseppe. *La responsabilità civile*. Torino: UTET, 1998, p 75). "Tale modello è constituito dalle norme di diritto positivo – la cui violazione comporta, secondo una qualificazione diffusa, 'colpa in senso oggetivo' – o dalle regole di prudenza, quali 'doveri extracontrattualli non scritti' che confluiscono a determinare lo standard di diligenza" (RUFFOLO, Ugo. Colpa e responsabilità. In: LIPARI, Nicolò; RESCIGNO, Pietro (Coord.). *Diritto civile*, cit., p. 68-69).
69. A tendência é abandonar o critério da imperícia, porque normalmente já abrangido pela negligência ou imprudência. Assim parece ter caminhado o legislador ao fazer referência expressa apenas ao agir imprudente ou negligente, conforme o art. 186 do Código Civil: "Aquele que, por ação ou omissão voluntária, *negligência ou imprudência*, violar direito e causar dano a outrem, ainda que exclusivamente moral, comete ato ilícito" (grifos nossos).

investigar o âmbito psicológico do agente, evidenciando um claro rompimento com o conteúdo moralista que lhe era inerente – superando-se o paradigma anterior –,[70] ainda que permaneça a essência da filosofia moral abstrata. De qualquer maneira, já se pode imaginar que tal corrente não transita imune às críticas.

A primeira delas, que não tem a ver com o método abstrato em si, mas ao modelo do "homem médio" adotado, reside no ataque à aparente neutralidade do *bonus pater familias*, cujo padrão dele extraído representa, em última análise, o modelo do julgador, envolto de sua carga de experiências pessoais, culturais, sociais e econômicas, muitas vezes diametralmente opostas à da pessoa julgada.[71] Volta-se, então, ao problema da subjetividade na identificação do homem médio (este sim, um dado objetivo), identificando no modelo abstrato o padrão da consciência do juiz.[72] Mais: o julgador, ainda que envidasse o maior esforço para alcançar a neutralidade e imergir na realidade do agente julgado, para daí extrair o modelo ideal abstrato àquele, não teria êxito em seus desígnios, diante da impossibilidade de conhecer certos nichos, inalcançáveis e incognoscíveis àqueles que não o integram. Nestas hipóteses, a solução ideal seria construir um modelo abstrato de comportamento fragmentado,[73] mediante a absorção de parâmetros externos de análise, notadamente para os casos que envolvem realidades particulares, que fogem do ordinário, valendo-se, assim, do importante auxílio do *amicus curiae*.[74]

---

70. É um marco de evolução da responsabilidade civil a passagem da análise concreta para uma análise abstrata da culpa, com elementos mais técnicos e mais distantes de alta carga de moralismo. Para compreender tal evolução, que passa por Jean Domat até chegar em Georges Ripert, é indispensável a leitura de VINEY, Geneviève. *Traité de droit civil*: introduction à la responsabilité. In: GHESTIN, Jacques (Coord.). 3. ed. Paris: LGDJ, 2008, p. 11-45.
71. Emblemáticas as passagens de Patrick ATIYAH, ao apontar que será culpado um motorista que estiver fazendo o seu melhor, ainda que abaixo da régua de comportamento traçada pelo modelo abstrato do "homem razoável": "*although the law only requires reasonable care, it is no defence for a driver to say that he was doing his best. His best may simply not be good enough.*" (*The damages lottery*. Oxford: Hart Publishing, 1997, p. 5). Como também de Massimo BIANCA: "i soggetto che tiene un comportamento non conforme ai canoni obiettivi della diligenza è in colpa anche se abbia fatto del suo meglio per evitare il danno, senza riuscirvi a causa della sua inettitudine personale (imperizia, mancanza del normale grado di intelligenza, etá avanzatta, ecc.) o economica". A crítica é ainda bastante incisiva em Giovanna VISINTINI, para quem "è argomento sistematico e formalistico quello di suggerire il coordinamento con la disciplina della responsabilità contrattuale e il sostenere la costanza terminologica della nozione legislativa di colpa e quindi l'accoglimento della parte del legislatore di un unico paradigma: quello del diligens parte familias" (*Trattado breve della responsabilità civile*. Padova: CEDAM, 1990, p. 35).
72. "*the reasonable man represents little more than subjective viewpoint of a particular judge*" (CONAGHAN, Joanne; MANSELL, Wade. *The wrongs of tort*. London: Pluto, 1999, p. 53).
73. Contundente da crítica de Gezá MARTON ao critério abstrato do "bom pai de família", chamando a atenção para o fato de que apenas se pode extrair a conduta prudente quando inserido o agente na realidade concreta do fenômeno danoso, com todas as circunstanciais e variáveis: "Or, un bon père de famile, un homme prudent, s'il veut méritrt ce mom, doit agir selon les circonstances qui se présentent et qui selon le cas lui imposent ou interdisent une certaine manière d'agir. La façon d'agir du bon père de famile n'est donc jamais une chose stable et invariable, elle est, au contraire, soumise à des variations continuelles, suivant les ciconstances surgissantes" (*Les fondements de la responsabilité civile*. Paris: Recueil Sirey, 1938, p. 102). No direito brasileiro, remete-se à síntese de SCHREIBER, Anderson. *Novos paradigmas da responsabilidade civil*, cit., p. 41-43.
74. A propósito, a Lei n. 13.105/15 (Código de Processo Civil) passou a prever expressamente a possibilidade de o juiz ou relator, "considerando a relevância da matéria, a especificidade do tema objeto da demanda

A segunda crítica, formulada nesta investigação, possui um fundamento metodológico, de cunho hermenêutico. Ao adotar um modelo abstrato de comportamento, conformando uma *fattispecie* abstrata judicial, para depois observar se o agente se conduziu em conformidade com o padrão estabelecido, está-se diante de mais um método que se vale de raciocínio meramente subsuntivo para a solução de controvérsias.[75] Eis por que a aplicação da culpa normativa, se se pretende adaptada à realidade normativa do Direito Civil inserida na legalidade constitucional, só pode ser concebida se o momento interpretativo e aplicativo representar-se como realidade unitária, sem a lógica dúplice e segregada da subsunção, designadamente porque desconsidera as circunstâncias externas de modelos fragmentados de conduta, bem como os valores constitucionais que podem influenciar a conformação do comportamento-padrão naquele caso concreto.[76] Não se pode conceber a formatação de um modelo neutro de conduta. A abstração não pressupõe neutralidade. Numa operação unitária, o intérprete deve iniciar o itinerário hermenêutico com a consideração da realidade concreta que se apresenta, com as peculiaridades que ela pode revelar, sem se ater apenas ao evento danoso imediato e fotografado, para, com apoio na totalidade dos valores do ordenamento, cujo vértice se encontra na Constituição, estabelecer o comportamento abstrato padrão, verificando, assim, se o agente causador do dano agiu em conformidade, de modo a evidenciar a sua conduta diligente, ou simplesmente isenta de culpa.[77]

---

ou a repercussão social da controvérsia", por decisão irrecorrível, "solicitar ou admitir a participação de pessoa natural ou jurídica, órgão ou entidade especializada, com representatividade adequada" (art. 138, *caput*). Neste caso, "caberá ao juiz ou ao relator, na decisão que solicitar ou admitir a intervenção, definir os poderes do *amicus curiae*" (art. 138, §2º).

75. A hermenêutica contemporânea (a qual se inclui a metodologia do direito civil-constitucional com a chamada teoria unitária da interpretação) não convive de modo acrítico com a técnica da subsunção. Por subsunção entende-se o procedimento de recondução do caso concreto à *fattispecie* abstrata prevista pela norma como operação puramente lógico formal. Na aplicação da aplicação da culpa normativa, ao magistrado seria dado realizar dois juízos: o primeiro definir o modelo abstrato de conduta (*fattispecie* abstrata) para, só após, proceder o juízo de "subsunção", isto é, analisar se a *fattispecie* concreta se encaixou naquela abstrata, conduzindo-a ao agir em conformidade com o direito.

76. Como bem acentua Pietro PERLINGIERI, "a ideologia da subsunção permitiu mascarar como escolhas neutras, necessariamente impostas pela lógica, as escolhas interpretativas do jurista, desresponsabilizando a doutrina" (*Profili del diritto civile*. 3 ed. Napoli: ESI, 1994, p. 66). Para o autor, em verdade, "*o ordenamento vive nos fatos concretos que historicamente o realizam*", portanto, é "do confronto fato-norma [que] se individua o significado jurídico a ser atribuído àquele fato concreto e o ordenamento assume um significado real, sem perder sua intrínseca função de 'ordenar'. (...) A teoria da interpretação (entendida como unidade de interpretação e qualificação) supera a contraposição entre fattispecie abstrata e fattispecie concreta, e almeja a máxima valorização das particularidades do fato. Isto, não mediante um procedimento mecânico de subsunção em rígidos (e não completamente correspondentes) esquemas legislativos, mas individuando a normativa mais compatível com os interesses e os valores em jogo" (PERLINGIERI, Pietro. *O direito civil na legalidade constitucional*, cit., p. 657-658).

77. "Qualificação é determinação da relevância jurídica do fato, isto é, determinação da normativa. Para esta contribuem a superação do esquema da subsunção e a consideração que a integração dos efeitos não é somente algo posterior à qualificação, mas um seu momento essencial" (PERLINGIERI, Pietro. *O direito civil na legalidade constitucional*, cit., p. 658).

É neste estágio que se encontra o elemento culposo da responsabilidade, restrito à cláusula geral da responsabilidade subjetiva, que remanesce na ordem civil, com apoio no regramento contido nos artigos 186 e 927, *caput*, do Código Civil, mesmo que se traduza, como se verá, em hipóteses práticas cada mais isoladas.[78] Se no início da era contemporânea a culpa era a pedra de torque da responsabilidade civil, constituindo o centro gravitacional do dever de indenizar, o surgimento e a expansão da responsabilidade objetiva, em grande parte fundada no risco, deslocou a culpa à periferia, em termos quantitativos, ainda que qualitativamente resguarde a sua relevância para a resolução de casos relevantes de responsabilidade civil.[79] O grande impacto em torno do movimento estabelecido de abandono da culpa reside em três aspectos cruciais: (i) a consciência em torno da consolidação da sociedade do risco e a sua repercussão sobre os fundamentos da responsabilidade; (ii) a atenção voltada mais à vítima que ao agente causador do dano; (iii) o retorno ao aspecto do dano – e a sua necessidade de reparação – como finalidade precípua da responsabilidade.

1.2 ENTRE A LIBERDADE E A SOLIDARIEDADE: OS FUNDAMENTOS DA RESPONSABILIDADE CIVIL

É indubitável que os países de tradição romano-germânica experimentaram prosperidade econômica inimaginável, num curto intervalo de tempo, representado em pouco mais de dois séculos. A sociedade hodierna, modelada sobre as bases da produção e do consumo de massa (e das tecnologias disruptivas), acostumou-se a extrair deste ambiente de avanço econômico as benesses do progresso, rejeitando a adoção de um modelo normativo reativo que elimine ou seja, ao menos, tendente a abolir a livre iniciativa.[80] Porém, não se ignora que a sociedade organizada por tais valores de liberdade e autonomia é capaz de gerar iniquidades concretas e, no que respeita ao problema aqui delimitado, de potencializar a causação de danos a terceiros, na medida em que as técnicas de produção e consumo de massa – e as novas tecnologias –, dada a velocidade em que se impõem e os meios utilizados,

---

78. Destaque não apenas a cláusula geral da responsabilidade objetiva pelas atividades de risco (art. 927, parágrafo único do Código Civil), mas, sobretudo, a responsabilidade pelo fato do produto ou do serviço, no âmbito do Direito do Consumidor (artigos 12 a 14 da Lei 8.078/90), à medida em que, quantitativamente, a maior parte dos casos concretos, levados ao judiciário, envolvem relações de consumo. Para ilustrar, confira relatório estatístico do Tribunal de Justiça do Rio de Janeiro do ano de 2017(http://www.tjrj.jus.br/documents/10136/4045891/estatisticas-gerais.pdf?=v01), onde foram distribuídos 3.112 processos às (já extintas) Câmara Cíveis Especializadas em Relação de Consumo, contra 5.039 processos às Câmaras Cíveis Não Especializadas, que agregam relações de direito civil, em geral, como todas as relações de direito público (direito constitucional, administrativo, tributário, previdenciário etc.).
79. Destaque-se, sem pretensão de exaurimento, mesmo porque se trata de uma cláusula geral de responsabilidade subjetiva, a importância da responsabilidade subjetiva dos profissionais liberais (art. 14, § 4º da Lei n. 8.078/90), como também boa parte das questões que envolvem acidentes de trânsito em geral, bem como os relevantes casos de responsabilidade civil contratual em relações paritárias.
80. No Brasil, como se sabe, nos termos do art. 1º, IV, da CF, são considerados fundamentos estruturantes da República Federativa "os valores sociais do trabalho e da *livre iniciativa*", constituindo-se como cláusula pétrea, nos moldes do art. 60, §4º, da CF.

maximizam os riscos de sua realização (lesões a direito alheio).[81] Daí a necessidade de se enfrentar a nova realidade fenomenológica, dentro da qual o modelo de responsabilidade liberal já não responde aos problemas contemporâneos.

1.2.1. Avanço econômico, risco, despersonalização e solidariedade: os fundamentos da socialização da responsabilidade civil

O ocaso da culpa representa um dos grandes paradoxos do modelo de responsabilidade civil contemporâneo. Se a consagração do Direito Civil moderno, inspirado pelas luzes do iluminismo, servia-se, ao fim e ao cabo, para garantir a liberdade e igualdade dos sujeitos da ação jurídica, em sentido patrimonial, fomentando e assegurando a criação, expansão e a circulação de riquezas, no âmbito material, pode-se dizer que um dos objetivos centrais do sistema de direito privado foi alcançado: as sociedades livres que o integraram e o adotaram obtiveram grande avanço econômico e efetiva prosperidade.[82] O sucesso do capitalismo, contudo, antes de consagrar seu modelo tradicional e seus próprios dogmas elementares, pelo contrário, demandou profunda reformulação em suas premissas e princípios basilares, os quais se incluem a revisitação do papel da culpa como fundamento da responsabilidade civil. Se foi necessário alterar as bases de compreensão dos princípios da autonomia privada, da força obrigatória, do consensualismo e da relatividade dos efeitos do contrato, para adaptá-los aos novos tempos, com a inserção de outros princípios que com eles dialogam, tais como a boa-fé objetiva, a função social da propriedade e do contrato, o equilíbrio das prestações, a conservação do negócio, dentre outros,[83] o mesmo fenômeno ocorreu com a responsabilidade civil. Neste caso, reconheceu-se na atividade de risco, e em sua socialização, importante variável a atrair modelo de tutela do dano fundado em novos valores – solidariedade –, mais apoiado na vítima, com a criação de instrumentos de controle e prevenção na atividade produtiva.[84]

---

81. De modo pioneiro, sugerindo que a responsabilidade civil deve reconstruir suas bases com fundamento no risco, para além do fundamento da culpa, Raymond SALEILLES, que inicia sua obra observando os julgados recentes de sua década (1890) e realizando a seguinte provocação: "La vie moderne, plus que jamais, est une question de risques. Done, on agit. Un accident se produit, il faut forcément que quelqu'un en supporte les suites. Il faut que ce soit ou l'anteur du fait ou sa victime. La question n'est pas d'inflinger une peine, mais de savoir qui doit supporter le dommage, de celui qui l'a causé ou de celui qui l'a subi. Le point de vue pénal est hors de cause, le point de vue social est seul en jeu. Ce n'est plus à proprement parler une question de responsabilité, mais une question de risques: qui doit les supporter?" (*Les accidents de travail et la responsabilité civile*: essai d'une théorie objective de la responsabilitá délictuelle. Paris: Librairie Nouvelle de Droit et de Jurisprudence, 1897, p. 5).
82. Não se está com isso desconsiderando os novos os problemas que o "progresso" devolveu à sociedade. A questão dos impactos sociais do avanço econômico das sociedades civilizadas é tema que não é objeto desta investigação. De todo modo, para uma boa compreensão dos aspectos jurídicos da desigualdade material, indica-se, mais uma vez, a leitura de ROPPO, Enzo. *O contrato*, cit., passim. Marcante, também, a obra de RODOTÀ, Stefano. *Il terrible diritto: studi sulla proprietà privata e i beni comuni*. Bologna: Il Mulino, 1981.
83. Para uma abordagem ampla das transformações pelas quais o direito privado tem passado ao longo de sua trajetória contemporânea, essencial recorrer a FACHIN, Luiz Edson. *Teoria crítica do direito civil*: à luz do novo código civil brasileiro. 3. ed. Rio de Janeiro: Renovar, 2012, p. 27-189.
84. Em relação à função preventiva da responsabilidade civil, cf. capítulo 3, infra.

1.2.1.1 A "objetivação" da responsabilidade civil: culpa normativa, culpa presumida e responsabilidade objetiva

Com efeito, é lugar comum na manualística de responsabilidade civil rememorar o choque paradigmático que marcou a passagem do modelo de imputação do dever de indenizar apoiado na culpa para aquele calcado no risco. A revolução industrial e tecnológica, marcada pela produção e o consumo de massa, acompanhado do crescimento desenfreado da oferta de serviços de consumo, com demanda cada vez mais abrangente, teve consequências imediatas, dentre as quais, designadamente: (i) expansão do dano, no sentido qualitativo e quantitativo,[85] por força da maior exposição ao risco inerente às atividades industriais, comerciais ou tecnológicas;[86] (ii) multiplicação das hipóteses de dano pessoal, físico e/ou psíquico;[87] (iii) maior atenção ao interesse lesado, titularizado na pessoa na vítima, como decorrência da situação danosa representativa da nova *normalidade*, isto é, não mais como fato excepcional;[88] (iv) elaboração e aperfeiçoamento de novo arcabouço teórico com escopo central de otimizar a reparação do dano.

A construção de um novo modelo de responsabilidade, que se respalda na estrutura designada comumente de *responsabilidade objetiva*, que retira a necessidade de comprovar a presença da culpa do agente causador do dano, elimina um dos principais

---

85. Com uma abordagem ampla e fortemente ancorada em pesquisas jurisprudenciais, Geneviève VINEY realiza importante contribuição para as reflexões sobre os confins da expansão dos danos, especialmente aqueles de natureza extrapatrimonial. Neste sentido, cf. VINEY, Geneviève. *Traité de droit civil*: les conditions de la responsabilité. 3. ed. Paris: LDGJ, 2006, p. 15-116. É marcante, ainda, o diagnóstico de que a jurisprudência francesa tem aceitado, sem maiores dificuldades ("com bastante liberalismo"), os chamados novos danos: "la jurisprudence a donc manifesté beaucoup de libéralisme dans la définition des intérêts dont l'atteinte est susceptible de justifier une action en responsabilité civile" (*Traité de droit civil*: les conditions de la responsabilité, cit., p. 73).
86. Cf., por todos, André TUNC, que sintetiza bem as condições pelas quais a responsabilidade objetiva se impôs, em *La responsabilité civil*, cit., p. 22-32. No direito brasileiro, dentre muitos, SILVA, Wilson Melo da. *Responsabilidade sem culpa e socialização do risco*. Belo Horizonte: Ed. Bernardo Alvares, 1962.
87. Tal abordagem é especialmente tratada pelos autores italianos, cuja expansão das hipóteses de responsabilidade civil extrapatrimonial foi construída através da noção de dano injusto e desassociada na rígida noção legal de dano moral, com bem sintetiza Massimo BIANCA: ""In corrispondenza ai diversi valori della persona si distinguono varie ipotesi di danno non patrimoniale, rientranti pur sempre nell'unitaria nozione di danno non patrimoniale (lesione di interessi non economici): il danno all'onore, il danno all'integrità familiare, ecc. Particolare rilevanza ha il danno all'integrità psicofisica e alla salute, detto danno biologico. Particolare rilevanza ha assunto anche il danno esistenziale. Accanto al danno non patrimoniale consistente nella lesione degli interessi della persona costituzionalmente tutelati si è conservata la tradizionale figura del danno morale soggetivo, autonomamemte risarcibile nei soli casi previsti dalla legge" (*Diritto civile*: la responsabilità civile, cit., p. 191-192).
88. É como base no fato de que se tornou "normal" a ocorrência de danos na sociedade hodierna é que se começou a questionar a "eficácia dissuasiva" do modelo tradicional de responsabilidade civil, o que gerou não apenas a diminuição do papel da culpa, no sentido de ampliar a proteção à vítima, mas também deu origem aos questionamentos em torno do "papel normativo da culpa" e a necessidade de desenvolver outras funções à responsabilidade civil (preventiva e/ou punitiva). Para uma maior noção sobre tal contexto, remete-se a VINEY, Geneviève. *Traité de droit civil*: introduction à la responsabilité, cit., p. 76-107. Entre nós, Alvino LIMA destaca que o acidente se tornou quase uma "condição da atividade", na medida em que os prováveis danos já estão incluídos na previsão orçamentária das empresas (*Culpa e risco*, cit., p. 198).

obstáculos tradicionais da responsabilidade civil, facilitando e maximizando o acesso da vítima ao crédito oriundo do dever de indenizar. Para que o agente apontado como responsável pelo dano seja obrigado a reparar, basta, assim, a comprovação do dano e do nexo de causalidade objetiva, que liga o interesse lesado àquele que lhe deu causa. Pouco importa, assim, as condições psicológicas ou anímicas do agente. Responde o causador do dano mesmo sem o ter querido, sem o ter pensado ou cogitado. Esta responsabilidade não implica nenhum juízo de valor sobre as ações do responsável.[89] Representa, por esta arte, no entendimento deste autor, o *primeiro ato*, tecnicamente elaborado,[90] que fortalece a *função reparatória da responsabilidade civil*.

Costuma-se atribuir a Raymond Saleilles o êxito de defender, com rigor técnico e de modo sistemático, a substituição do critério de imputação do dever de indenizar.[91] Ao invés da avaliação do comportamento do ofensor, a simples causalidade objetivamente considerada deveria ser capaz de obrigar o agente "causador do dano" a reparar o desfalque sofrido pela vítima. E tal mudança seria atribuída à percepção de que o móvel da responsabilidade civil na sociedade moderna não mais residiria na busca pela identificação do comportamento lesivo reprovável do ofensor (culpa), mas na exposição das vítimas a atividades cada vez mais arriscadas, como nas relações de trabalho e nos serviços de transporte.[92]

Decerto que a responsabilidade objetiva, em si mesma, não é produto do fenômeno recente da chamada *sociedade de risco*,[93] existindo mesmo em hipóteses

---

89. "La responsabilité fondée sur le risque est une responsabilité objective, causale: elle a son siège dans le rapport de causalité objective qui remonte du dommage à celui qui l'a causé. Peu importe dans quelles conditions psychologiques il l'a causé: sans l'avoir voulu, sans l'avoir pensé, sans avoir pu l'empêcher. Cette responsabilité n'implique aucun jugement de valeur sur les actes du responsable. Il suffit que le dommage se rattache matériellement à ces actes, car celui qui exerce une activité doit en assumer les risques" (CARBONNIER, Jean. *Droit civil*, cit., p. 2257).
90. Em verdade, preliminar à consagração da responsabilidade objetiva era o chamado "modelo de presunção de culpa" (*responsabilitè pour faute présumée*), originalmente positivado para as hipóteses de responsabilidade por culpa *in vigilando, in elegendo, in contrahendo* (que, posteriormente, seriam caracterizadas como modelo de responsabilidade objetiva indireta, como previsto nos art. 932 e 933 do Código Civil brasileiro). Tais situações foram ampliadas, com influência direta da jurisprudência, levando à positivação de sistemas de *culpa presumida* para certos tipos de relações jurídicas, como ocorreu, no Brasil, com o paradigmático Decreto-lei 2.681/1912. Nele se prevê que, nos acidentes ferroviários "será sempre presumida a culpa" (Art. 1º) e contra esta presunção seria admitida apenas prova que, em verdade, demonstrariam a inexistência de nexo causal (Art. 1º, §§1º a 7º). Como percebeu Philippe LE TOURNEAU, no sistema de presunção de culpa a demonstração da ausência de falha é inoperante. Era o prenúncio da responsabilidade objetiva: "Certes, le système de présomption de responsabilité, dans lequel la démonstration de l'absence de faute est inopérante, connaît une extension cancéreuse" (*La responsabilité civile*, cit., p. 16).
91. *Les accidents de travail et la responsabilité civile*: essai d'une théorie objective de la responsabilitá délictuelle. Paris: Ed. Arthur Rousseau, 1897.
92. Na mesma direção, a contribuição igualmente relevante de Louis JOSSERAND, para quem "pedant trois quarts de siècle [XIX] on se contenta de cette conception qui cependant, à raison de ses exigences, n'assurait pas toujours à la victime la réparation du préjudice souffert: ses lacunes, ses injustices ne devaient être mises en pleine lumière que par les progrès de l'industrie et de l'activité humaine" (*De la responsabilité du fait des choses inanimées*. Paris: Ed. Arthur Rousseau, 1897, p. 6-7).
93. Preconiza Ulrich BECK que "a categoria da sociedade de risco tematiza o processo de questionamento das ideias centrais para o contrato de risco, a possibilidade de controle e a possibilidade de compensação de

clássicas já estabelecidas no Direito Romano e presentes até hoje na ordem positiva brasileira, como a responsabilidade do dono de edifício ou construção pela sua ruína,[94] ou do habitante de prédio pelos objetos que dele caírem ou que forem lançados de lugar indevido,[95] ou do dono ou detentor de animal que causar dano a outrem.[96] A ruptura com o modelo da responsabilidade subjetiva clássico também não importou abandono da culpa.[97] Em verdade, a revolução paradigmática foi representada, em alguns ordenamentos, pelo aumento exponencial das hipóteses específicas de responsabilidade objetiva, para cada nicho de atuação das chamadas atividades de risco, ou pela consolidação de uma cláusula geral de presunção de culpa,[98] ou, efetivamente, por uma cláusula geral de responsabilidade objetiva, tal como ocorreu na ordem jurídica brasileira, com o advento do Código Civil de 2002.[99]

A objetivação da responsabilidade civil, portanto, apresenta múltiplos caminhos, cujo percurso é atravessado de forma lenta e gradual: por um lado, pela via da (i) a objetivação da culpa (culpa normativa); por outro, mediante a (ii) a multiplicação das hipóteses de culpa presumida, ou com o estabelecimento de uma cláusula geral de presunção de culpa, com fundamento na teoria do risco; enfim, (iii) a consolidação de um modelo de responsabilidade independente da culpa, também apoiado no risco, como sói ocorrer com o modelo brasileiro consagrado no art. 927, parágrafo único, do Código Civil.

---

incertezas e perigos fabricados industrialmente" (*Weltrisikogesellschaft: auf der Suche nach der verlorenen Sicherheit*. Frankfurt am Main: Suhrkamp, 2007, p. 26). No original: "Die Kategorie der Risikogesellschaft thematisiert den Prozess der Hinterfragung der für den Risikovertrag zentralen Ideen, die Möglichkeit der Kontrolle und die Möglichkeit des Ausgleichs von industriell hergestellten Unsicherheiten und Gefahren".

94. Código Civil. Art. 937. O dono de edifício ou construção responde pelos danos que resultarem de sua ruína, se esta provier de falta de reparos, cuja necessidade fosse manifesta.

95. Código Civil. Art. 938. Aquele que habitar prédio, ou parte dele, responde pelo dano proveniente das coisas que dele caírem ou forem lançadas em lugar indevido.

96. Código Civil. Art. 936. O dono, ou detentor, do animal ressarcirá o dano por este causado, se não provar culpa da vítima ou força maior.

97. Afinal, ainda se mantém uma cláusula geral de responsabilidade subjetiva disposta no art. 186 e art. 927, *caput*, do Código Civil brasileiro. Ademais, como se verá a culpa tem ressurgido com papel renovado, especialmente entre aqueles que defendem o reconhecimento de uma função punitiva à responsabilidade civil, como também entre aqueles que lutam pelo aperfeiçoamento da função preventiva. Cf., para tanto, capítulos 2 e 3, *infra*. Acerca do "declínio do papel atribuído à culpa subjetiva, indispensável a leitura de VINEY, Geneviève. *Le déclin de la responsabilité individuelle*. Paris: LGDJ, 1965. Destaca-se, outrossim, a ponderação realizada por Paul RICOUER, ao criticar o chamado processo exagerado de "*desculpabilização*" (Le concept de responsabilité: essai d'analyse sémantique. *Le juste*. Paris: Ed. Esprit, 1992, p. 58).

98. Confira-se, a propósito, o direito italiano e português, que preveem em seus Códigos Civis, respectivamente, que "*Chiunque cagiona danno ad altri nello svolgimento di un'attività pericolosa, per sua natura o per la natura dei mezzi adoperati, è tenuto al risarcimento, se non prova di avere adottato tutte le misure idonee a evitare il danno*" (art. 2.050) e "Quem causar danos a outrem no exercício de uma actividade, perigosa por sua própria natureza ou pela natureza dos meios utilizados, é obrigado a repará-los, excepto se mostrar que empregou todas as providências exigidas pelas circunstâncias com o fim de os prevenir" (art. 493, n. 2).

99. Código Civil. Art. 927. Parágrafo único. Haverá obrigação de reparar o dano, independentemente de culpa, nos casos especificados em lei, ou quando a atividade normalmente desenvolvida pelo autor do dano implicar, por sua natureza, risco para os direitos de outrem.

1.2.1.2 O papel do risco na responsabilidade civil

Nesta nova realidade, em que a vítima passa a adquirir maiores instrumentos para a satisfação de seus interesses lesados, especialmente por via de uma ação na qual não terá o ônus de provar a culpa do agente ofensor, o desafio para a obtenção da indenização perseguida se volta para a percepção da atividade que, de fato, apresenta-se arriscada, apta a atrair a incidência da cláusula geral da responsabilidade objetiva. Daí o esforço da doutrina em buscar a correta qualificação do evento danoso, conforme a ideia ou a concepção de risco adotada pelo enunciado normativo ao qual se busca a tutela.[100] Neste caso, pretende-se obter o real sentido e alcance do disposto no parágrafo único do art. 927 do Código Civil, segundo o qual "haverá obrigação de reparar o dano, independentemente de culpa, nos casos especificados em lei, ou quando a atividade normalmente desenvolvida pelo autor do dano implicar, por sua natureza, risco para os direitos de outrem".

Parece razoável compreender que o sentido da cláusula geral de responsabilidade objetiva no Brasil se volta à tutela da pessoa em face das atividades que, em seu curso e desenvolvimento, ofereça, por relação de inerência (por sua natureza), risco à esfera jurídica alheia. Ou seja, a atividade (ou serviço), em si mesma, é tão perigosa (atividades nucleares, de produção de energia elétrica, hídrica etc., de material bélico, de exploração de recursos naturais ou minerais, dentre outros), que aquele que a desenvolve deve responder pelos danos causados independentemente da aferição da culpabilidade de seu comportamento.[101]

Afasta-se, assim, as chamadas "teorias do risco" que buscam associar a norma a outros fatores externos à natureza, em si, da atividade prestada,[102] como aquela que justifica a incidência da responsabilidade objetiva quando o fornecedor do serviço aufere lucro sobre a atividade explorada (teoria do risco-proveito),[103] ou aquela que

---

100. A doutrina tem proposto diversos conceitos ou "teorias do risco" que seriam mais adequadas ao tratamento da matéria, segundo critérios do mais variados. Como ressalta Alberto TRIMARCHI, o desafio é alcançar um modelo que supere as objeções mais comuns (como ao fato de ser um modelo antieconômico e prejudicial à inovação) e capaz de pôr uma pá de cal nas incertezas. Em suas palavras: "lo studio della funzione della responsabilità per rischio oltre a costituire – come si è detto – un momento necessario nel procedimento di interpretazione e costruzione del diritto vigente, può giovare a vincere certe resistenze psicologiche dovute alla diffidenza verso un principio nel quale talvolta si è voluto ravvisare un residuo storico di concezione primitive, che si considera talvolta come antieconomico e tale da scoraggiare attività feconde, e, in ogni caso, di malagevole applicazione a causa dell'incertezza dei suoi contorni" (*Rischio e responsabilità oggetiva*, cit., p. 9).
101. Esse senso de dever em prol da vítima é que acabou por marcar o modelo da culpa como "reacionário" (*réactionnaire*), como destaca Léon DUGUIT (*Les transformations du droit privé*. Paris: Librairie Félix Alcan, 1912, p. 137-146).
102. É que, como se nota da redação do art. 927, parágrafo único, do Código Civil, o legislador preferiu adotar a chamada teoria do "risco-criado" ou "risco de atividade", no sentido de que toda pessoa que exerce atividade, perigoso em hipótese, deve assumir a responsabilidade pelos eventuais danos causados. É a descrição de Jean CARBONNIER, para que o *"risque d'activité"* se aplica a *"toute personne qui déploie une activité, dangereuse par hypothèse, doit en assumer les dégâts"* (Droit civil, cit., p. 2263).
103. Baseado nas máximas *ubi emolumentum ibi onus* e *ubi commoda ibi et incommoda*, no sentido de que aquele que tira proveito ou vantagem do fato causador do dano é quem deve reparar a vítima, essa é a tese majo-

restringe a responsabilidade independente de prova da culpa aos fornecedores que se constituem pelo modelo de sociedade empresária (teoria do risco-empresa),[104] ou aos empregadores pelos acidentes causados a seus empregados (teoria do risco-profissional).[105] Rejeita-se, por oportuno, e pelas mesmas razões, isto é, por estarem desassociadas do conteúdo normativo do art. 927, parágrafo único, do Código Civil, as teorias mais abrangentes, que intentam expandir a responsabilidade objetiva a toda e qualquer hipótese em que o dano seja valorado socialmente como algo a ser reparado, independentemente de culpa (ou mesmo de nexo causal), como a chamada teoria do risco integral.[106]

Aqui cabe uma observação curiosa em torno da consagração da cláusula geral da responsabilidade objetiva no Brasil. A despeito de adotar expressamente o modelo de responsabilidade independente da culpa, para os danos causados como consequência de *atividade*, por sua natureza, *considerada perigosa*, ao filiar-se a esta premissa para o dever de indenizar, o legislador não deixou de levar em conta, mais uma vez, o *comportamento do ofensor* como fator crucial para a imputação da responsabilidade. Explica-se: ao limitar a responsabilidade objetiva àqueles que produzem atividades de alto risco, consideradas como perigosas em sua essência, no fundo, e ainda que de modo inconsciente, o legislador levou em consideração que o agente causador

---

ritariamente aceita pelos teóricos do Direito do Consumidor, como se vê em MIRAGEM, Bruno. *Curso de Direito do Consumidor*. 7. ed. São Paulo: Ed. RT, 2018, p. 121-122. Fale-se, também, em "risco-qualidade", para identificação da responsabilidade pelo vício do produto ou serviço (Cf. MARQUES, Claudia Lima. *Contratos no Código de Defesa do Consumidor*. 5. ed. São Paulo: Ed. RT, 2005, p. 1148-1151; e BENJAMIN, Antonio Herman. *Comentários ao Código de Defesa do Consumidor*. São Paulo: Saraiva, 1991, p. 38-43). A crítica que se faz a teoria do risco-proveito recai sobre a dificuldade em definir a ideia de proveito, se puramente econômica ou se abrange outras formas de vantagem auferida. Destaca ainda Caio Mário da Silva PEREIRA que "a responsabilidade ficaria restrita aos comerciantes ou industriais, o que lhe retiraria o valor de fundamento da responsabilidade civil porque restringiria sua aplicação a determinadas classes, uma vez que somente seriam responsáveis aqueles que tiram proveito da exploração da atividade" (*Responsabilidade civil*, cit., p. 282).

104. A teoria do risco-empresa é razoavelmente aceita na Itália, em virtude de interpretações amparadas em textos legais, como destaca Alberto TRIMARCHI: "E' allora che si sviluppa il principio di una responsabilità oggettiva per i danni cagionati dal fatto dei dipendenti e per quelli cagionati dalle macchine, considerati, gli uni e gli altri, come parte del rischio di impresa" (*Rischio e responsabilità oggettiva*, cit., p. 12).

105. Bastante restrita é a teoria do risco profissional, segundo a qual haveria dever de indenizar "sempre que o dano seja decorrente da atividade ou profissão do lesado" (SALLES, Raquel Bellini. *A cláusula geral de responsabilidade civil objetiva*. Rio de Janeiro: Lumen Juris, 2011, p. 70). A síntese das teorias pode ser apurada, também, em ROCHFELD, Judith. *Les grandes notions du droit privé*. Paris: PUF, 2001, p. 490-496.

106. Com maior desenvolvimento no âmbito do direito administrativo e ambiental, a teoria do risco integral preconiza o pagamento pelos danos causados, ainda que pela via de atos regulares (CRETTELA JÚNIOR, José. *Tratado de direito administrativo*. Rio de Janeiro: Forense, 1972, p. 69). Segundo Hely Lopes MEIRELLES, "para essa fórmula radical, a Administração ficaria obrigada a indenizar todo e qualquer dano suportado por terceiros, ainda que resultante de culpa ou dolo da vítima" (*Direito administrativo brasileiro*. São Paulo: Malheiros, 1999, p. 568). Apesar de amplamente rejeitada pela doutrina tradicional do direito civil e administrativo, passou a ser amplamente aceita na responsabilidade ambiental, como no emblemático caso julgado pelo Superior Tribunal de Justiça (REsp. 1.374.284/MG, j. 25.10.2017), representativo de controvérsia, pela sistemática dos Recursos Repetitivos, que fixou a tese de que "a responsabilidade por dano ambiental é objetiva, informada pela teoria do risco integral, sendo o nexo de causalidade o fator aglutinante que permite que o risco se integre na unidade do ato".

do dano deve responder por ter optado exercer tal atividade, sabendo, portanto, do risco que ela gera à esfera jurídica de terceiros, considerando a sua potencialidade lesiva. É como se a sua culpa fosse presumida pela simples escolha em realizar aquela atividade altamente arriscada, o que não pode acontecer com pessoas ou empresas que não operam tais serviços, mas que, ainda assim, causam danos a terceiros.[107] Neste caso, a culpa remanesce, na forma da cláusula geral de responsabilidade subjetiva (art. 186 c/c art. 927, *caput*, do Código Civil).

De uma maneira ou de outra, é importante estabelecer o verdadeiro papel do *risco* na conformação da responsabilidade civil contemporânea, para além do lugar comum de admiti-lo como premissa fática que alterou as relações jurídicas a partir da Segunda Revolução Industrial, ou como variável que demanda alteração do fundamento da responsabilidade objetiva.[108] É necessário investigar a sua relevância sob o prisma das funções da responsabilidade civil.

Em primeiro lugar, não se nega que a vida contemporânea, conectada à realidade industrial e pós-industrial (tecnológica, informática, robótica, digital etc.) carrega consigo uma maior exposição a riscos, no sentido de uma maior probabilidade de causar lesões a interesses legítimos e merecedores de tutela de terceiros. Por sua vez, também não se refuta a tese de que o risco é o pressuposto da cláusula geral da responsabilidade objetiva, consagrada no art. 927, parágrafo único, do Código Civil. No entanto, tal percepção acaba por limitar a análise macro dos efeitos de sua incidência sobre a responsabilidade civil como um todo, que redundará numa compreensão mais abrangente do perfil funcional do direito dos danos.

No que concerne à relevância da identificação do risco nas sociedades atuais e sua contribuição para a responsabilidade civil na identificação de sua disciplina jurídica, alguns aspectos devem ser levantados para a reflexão:

(i) o fato de viver-se numa sociedade do risco, em termos gerais e sob qualquer ótica relacional, significa tomar consciência de que a todo e qualquer instante poderá haver violação de um interesse juridicamente protegido, seja em razão de um inadimplemento (responsabilidade contratual), seja pela ocorrência de um fato jurídico danoso, alheio a uma prévia relação entre as partes (responsabilidade extracontratual);

(ii) assim como dar-se conta de que as situações lesivas terão aumento exponencial, tanto em termos quantitativos (expansão numérica dos danos), como qualitativos (descoberta de "novos" danos), quanto maior for o progresso tecnológico da sociedade;

---

107. Daí a semelhança com os modelos italiano e português, que elegeram a atividade de risco inerente, com alto potencial lesivo, como aquela que gerará uma *presunção de culpa* ao agente ofensor. A diferença é que no Brasil se adotou expressamente a responsabilidade objetiva, independente de culpa, ainda que um dos motivos para a sua inserção seja, de uma maneira ou de outra, a previsibilidade do dano na perspectiva do ofensor, o que não deixa de tangenciar a ideia de um juízo de valor sobre o comportamento do agente (culpa).

108. Ainda neste contexto, remete-se aos escritos de GOMES, Orlando. *Responsabilidade civil*. BRITO, Edvaldo (atualizador). Rio de Janeiro: Forense, 2011, p. 85-89.

(iii) a essa tomada de consciência a sociedade organizada reage, no âmbito do sistema jurídico, de um lado, mediante a facilitação dos meios para a obtenção da reparação, representando a guinada da responsabilidade civil no amparo à vítima;

(iv) mas sem descuidar de observar o comportamento dos agentes potencialmente ofensores, ainda que sob o subterfúgio de proteger as esferas jurídicas de terceiros, atraindo um novo olhar em torno do causador do dano: não mais buscando a "falha" ou o "desvio" comportamental que o torna "culpado" pela lesão ocorrida/consolidada, mas analisando o comportamento prévio do ofensor, no sentido de observar quais as medidas que ele tomou ou deveria ter implementado para evitar o dano, ou a sua multiplicação.

(v) por outro lado, se interpretado em sentido estrito, ou em âmbito puramente técnico-normativo (art. 927, parágrafo único, do CC), o risco é apenas aquele fator incidente sobre determinadas atividades que, em sua essência, são naturalmente perigosas, o que significa dizer que todas as outras atividades das quais não se extrai a elevada periculosidade imanente estariam fora da classificação de "atividade de risco", representando atividades relativamente seguras, ou simplesmente "não arriscadas".

(vi) eis o primeiro paradoxo do risco: interpretado como fundamento na forma da lei (art. 927, parágrafo único, do CC), consagra uma cláusula geral de responsabilidade objetiva que, apesar de representar conteúdo aberto, fluido e variante, por excelência, revela-se restritiva pelo critério da periculosidade inerente à atividade. Isto é, as situações lesivas comuns da vida prática, que atraem a incidência do Código Civil, ainda representariam, de modo majoritário, hipóteses de responsabilidade subjetiva, porque os bens adquiridos e as atividades comuns do dia a dia não representariam, em sua maioria, atividade *naturalmente* arriscadas, de alto nível de periculosidade.

(vii) o segundo paradoxo do risco é que, sendo ele tratado como pressuposto da cláusula geral de responsabilidade objetiva, no âmbito das atividades naturalmente perigosas, deixa de ser relevante para os casos típicos, previstos em lei (como na Lei n. 8.078/90), nos quais o agente ofensor responde independentemente de culpa, o que, por sinal, representa a ampla maioria das hipóteses concretas. Em outras palavras, a maior parte dos casos práticos que atraem o modelo da responsabilidade objetiva são fundamentados em escolhas legislativas específicas para aquela relação jurídica ou para aquele evento danoso delineado previamente, sendo rarefeitos os casos nos quais incide a responsabilidade objetiva com fulcro no art. 927, parágrafo único, do Código Civil, o que denota a baixa importância prática da análise do risco nos eventos danosos.

(viii) o terceiro paradoxo do risco é aquele relacionado à perspectiva de cuidado e controle sobre o comportamento do agente potencialmente ofensor do dano, em atividades qualificadas como arriscadas, o que, de certo modo, como se verá, tangencia à ideia da culpa, ainda que sob outra vertente (não mais no momento patológico do dano), mas ainda assim associada à ideia de reprovabilidade e desejo de enquadramento do agente a certos modelos ou padrões de conduta ditos "preventivos".

Crê-se, assim que tais questões terão relevância na identificação dos valores que norteiam a responsabilidade civil e que, por conseguinte, auxiliarão na identificação das funções (finalidades) a se perseguir no direito dos danos e, especialmente, nos desafios de sua implementação.

1.2.2 A solidariedade como fundamento da responsabilidade civil

Quando se perquire o fundamento da responsabilidade civil se busca revelar a razão jurídica-positiva com base na qual um sujeito pode ser declarado responsável por um dano provocado.[109] Como se viu, à percepção da dura realidade da sociedade de risco, respondem os ordenamentos jurídicos contemporâneos com instrumentos que visam otimizar o modelo de responsabilidade civil, conferindo maior efetividade e proteção à pessoa da vítima, como uma resposta a esquema apoiado primordialmente na culpa, isto é, no juízo de reprovabilidade da conduta do ofensor, a partir da adoção de conduta livre e consciente. A previsão de uma cláusula geral de responsabilidade objetiva, que prescinde da análise do pressuposto subjetivo da culpa, ou mesmo a "objetivação" do critério da culpa, pela adoção da chamada "culpa normativa", são uns desses modelos, embora a resposta ao chamamento da efetividade não se restrinja a eles.[110]

Foi-se além. Passou-se a argumentar que a consideração da pessoa da vítima, por dano causado no ambiente da sociedade de risco, reclamava a superação do modelo individualista de responsabilidade civil, calcado no binômio liberdade--responsabilidade, que restringe o acesso à obtenção da reparação do dano, pela dificuldade probatória que impõe o requisito da culpa, para um esquema solidário de responsabilidade civil,[111] onde se potencializa a garantia da reparação do dano à vítima, ainda que por meio da socialização das perdas.

A despeito de revelar uma nova roupagem ao instituto, com viés marcadamente inovador e solidário, pesam contra o paradigma da socialização da responsabilidade civil fortes argumentos que ainda se faz mister maior esforço para refutá-los. Receia-se que a adoção de seguros obrigatórios para todo e qualquer dano que a pessoa vier a sofrer na esfera extracontratual, ou mesmo de uma espécie de garantia social do estado (semelhante ao sistema de seguridade social), antes de refletir uma escolha mais justa, porque garante a reparação à vítima, pode representar uma iniquidade à toda a sociedade que necessitará suportar os custos de eventos danosos praticados por terceiros.[112] Ademais, fugindo ao argumento meramente econômico-comutativo, repousaria sobre entidades garantidoras (seguros, fundos especiais etc.) o dever de

---

109. "Quando si parla di "fondamento" della responsabilità si intende avere riguardo alle ragioni giuridico-positive in base alle quali un soggetto può essere dichiarato responsabile per un danno provocato" (DI MAJO, Adolfo. Discorso generale sulla responsabilità civile. In: LIPARI, Nicolò; RESCIGNO, Pietro (Coord.). *Diritto civile*. Milano: Giuffrè, 2009, v. IV, t. III, p. 18).
110. Entre aqueles que defendem a ideia de "socialização do direito", como uma consequência inerente à convivência do homem em sociedade e como um dos pressupostos da responsabilidade objetiva, como novo modelo geral a ser alcançado, remete-se, por todos, a Wilson Melo da SILVA (*Responsabilidade sem culpa e socialização do risco*, cit., p. 239-352).
111. "A teoria da responsabilidade civil vai abandonando progressivamente seu esquema básico voluntarista, para ser pensada como um problema de justa distribuição dos efeitos danosos" (LORENZETTI, Ricardo Luis. *Fundamentos do direito privado*. São Paulo: Editora RT, 1998, p. 83). Entre aqueles que buscam fundamentar a responsabilidade civil no princípio da solidariedade, veja-se, por todos, RODOTÀ, Stéfano. *Il problema della responsabilità civile*, cit., passim. Na França, VINEY, Geneviève. *Le declin de la responsabilità individuelle*. Paris: LGDJ, 1965.
112. Contra tal objeção, os partidários da socialização das perdas argumentam que o viés sancionatório e de vinculação causal necessária estaria resguardada pela via do direito de regresso. Com outros argumentos a favor, confira, por todos, VINEY, Geneviève. *Le déclin de la responsabilité individuelle*, cit., n. 461.

reparar a vítima, perdendo-se por completo a relevância jurídica da pessoa ou do agente causador do dano na apuração do dever de indenizar.[113] Apresentar-se-ia ao mundo mais um passo decisivo para a despersonalização das relações jurídicas, fenômeno ao qual a realidade tecnológica-virtual já avança a passos largos.[114] Por fim, a absorção completa dos custos de reparação com a contratação de seguros, ou pela via de um sistema social-estatal de reparação, reduziria sobremaneira o estímulo a adoção de condutas preventivas.[115]

Sucede que a pessoa humana representa o vértice do ordenamento jurídico. Afronta a sua dignidade qualquer interpretação que visar retirar-lhe o atributo de representar-se como um fim em si mesmo, sempre que por vias diretas ou indiretas buscar-se tratá-la como meio, instrumento, coisa, ou um simples custo. A redução da pessoa a objeto, números, ainda que com o subterfúgio de a favorecer, sendo ela a vítima, não deixa de representar um padrão ético-jurídico que deve ser questionado dentro do conteúdo da busca pela finalidade global da responsabilidade civil.[116]

De um modo ou de outro, é certo que na ordem jurídica positiva brasileira, os fundamentos da responsabilidade civil correspondem aos valores da *liberdade* e *solidariedade*, apresentando-se como princípios aplicados numa lógica de complementariedade, e não de exclusão.[117] Não se trata de afirmar que a liberdade encontra o limite na solidariedade, e vice-versa. São ambos valores que constituem a razão pela qual certos sujeitos são obrigados a indenizar, bem como informam a causa pela qual a obrigação de reparar deve ser realizada de determinada forma. Como desafio a ser enfrentado neste trabalho, é preciso redefinir, numa perspectiva mais acurada ao modelo civil-constitucional, outras funções que emanam do valor da solidariedade e, concomitantemente, possam comunicar-se com outros valores de igual índole constitucional. No entanto, a ressignificação da amplitude do princípio da solidariedade

---

113. Como se verá, esse é o caminho oposto do que se pretende aqui defender em prol de uma função promocional da responsabilidade civil. A esse respeito, cf. capítulo 4, infra.
114. Para uma crítica profunda ao sinal dos novos tempos, indispensável a remissão a RODOTÀ, Stefano. *Solidarietà*: un'utopia necessaria. Roma-Bari: Laterza, 2014.
115. Acerca da função preventiva, cf. capítulo 3, infra.
116. "A única constante a ser seguida encontra-se na prevalência da tutela da pessoa humana, princípio previsto no art. 1º, III, da Constituição Federal, considerada a sua dignidade como o valor precípuo do ordenamento, configurando-se como 'a própria finalidade-função do direito'. O princípio da proteção da pessoa humana, determinado constitucionalmente, gerou no sistema particular da responsabilidade civil a sistemática extensão da tutela da pessoa da vítima, em detrimento do objetivo anterior de punição do responsável" (BODIN DE MORAES, Maria Celina. A constitucionalização do direito civil e seus efeitos sobre a responsabilidade civil. In: *Na medida da pessoa humana*: estudos de direito civil-constitucional. Rio de Janeiro: Renovar, 2010, p. 323).
117. É o que exige a máxima efetividade dos princípios e valores do ordenamento jurídico. Neste ponto, destaca Luiz Roberto BARROSO que "a perspectiva da efetividade da Lei maior conduz a alguns pressupostos, que assim se resumem: (1) as normas constitucionais devem estruturar-se e ordenar-se de forma tal que possibilitem a pronta identificação da posição jurídica em que investem os jurisdicionados; (2) tais posições jurídicas devem ser resguardadas por instrumentos de tutela adequados aptos à sua realização prática" (A efetividade das normas constitucionais revisitada. *Revista de Direito Administrativo*, v. 193, jul.-set. 1994, p. 36).

como fundamento da responsabilidade – e da revelação de uma noção função, aqui designada de promocional – depende da perquirição do conteúdo de uma *finalidade última* do instituto.[118] Mas, como questão ainda anterior e mais elementar a essa, é necessário compreender, primeiro, as bases que constituem a solidez da chamada finalidade primária da responsabilidade, que informará o conteúdo da conhecida função reparatória/compensatória.

1.3 A FINALIDADE PRIMÁRIA DA RESPONSABILIDADE CIVIL: A TUTELA REPARATÓRIA-COMPENSATÓRIA

Preliminarmente, explica-se o que se busca revelar, em termos semânticos, com a expressão cunhada neste trabalho, designada de *finalidade primária da responsabilidade civil*.[119] A conotação adequada que se deve atribuir a este escopo diz respeito tanto a uma lógica de fundamentação do instituto, na taxonomia das finalidades atribuídas ao modelo de responsabilidade adotado, quanto a um viés material, que exprime a profundidade de seu conteúdo. Defende-se, por esta ideia, que o desiderato reparatório/compensatório representa a função mais elementar da responsabilidade civil, resultado da compreensão da finalidade primária do instituto. Essa conclusão se define, por um lado, porque a reparação/compensação do dano é a finalidade "primeira", originária e genealógica do instituto, a partir da qual se desenvolveu a disciplina e com relação a qual não pode dela desvincular-se.[120] Como também, em outra perspectiva, porque representa o conteúdo básico, elementar e de sustentação de todo o instituto. Não há responsabilidade civil sem que se busque reparar ou compensar determinado dano identificado na esfera jurídica de um determinado titular de um centro de interesses, merecedor de tutela jurídica.[121]

---

118. Sobre tais fundamentos básicos a partir do qual se apresentará a função promocional da responsabilidade civil, cf. capítulo 4, *infra*.
119. "Quase unanimidade parece haver quanto ao reconhecimento de uma finalidade ressarcitória ao instituto. De outro modo não poderia deixar de ser. Na verdade, a responsabilidade civil é pensada como um mecanismo que visa tornar *indemne* aquele que, por uma acção ilícita e culposa de outrem, sofreu um dano" (BARBOSA, Mafalda Miranda. Reflexões em torno da responsabilidade civil: teleologia e teleonomologia em debate. *Boletim da Faculdade de Direito da Universidade de Coimbra*, v. 81, Coimbra: FDUC, 2005, p. 514).
120. Mesmo entre aqueles que defendem o empoderamento da função preventiva, como André TUNC, reconhece-se que a função reparatória-compensatória é o primeiro problema – e, portanto, a finalidade primeira – da responsabilidade civil: "en cas de dommage accidentel, le châtiment de l'auteur du dommage ou le rétablissement de l'ordre social ne peuvent pas être des fins légitimes. Le premier problème est d'assurer 'indemnisation de la victime. La prévention présent aussi une grande importance sociale, mais elle ne peut être obtenue par la simple obligation de l'auteur du dommage de verser *une indemnité, d'autant moins que l'auteur effectif du dommage est rarement celui qui verse l'indemnité*" (*La responsabilité civile*, cit., p. 133-134). Em sentido contrário, em que a função reparatória seria apenas "terciária", atrás das funções punitiva e preventiva, Cf. ROCHFELD, Judith. *Les grandes notions du droit privé*, cit., p. 488-489).
121. É comum afirmar que a função primária de uma relação jurídica de direito privado é garantir, de um lado, a perseguição da realização dos direitos, ou do adimplemento, e, de outro, a efetividade de um remédio que assegure a reparação (tutela ressarcitória), em face da violação da esfera de interesses juridicamente protegidos. Em outras palavras: "la valutazione sub specie damni è valutazione immanente ad un sistema

Sabendo-se que a função primária de todo sistema de responsabilidade é a busca pela obtenção de uma reparação/compensação dos danos sofridos, é de rigor que se identifique, por via de consequência, (i) *o que* se deve reparar, notadamente o conceito e a abrangência do *dano*; e (ii) *como* se deve repará-lo ou compensá-lo, apresentando-se os seus instrumentos de efetivação.

1.3.1 O conceito de dano

É lugar comum que se "conceitue" o dano como a violação de um direito subjetivo.[122] Ou como a lesão a bem juridicamente protegido pelo ordenamento.[123] Ou mesmo como um prejuízo materialmente verificável ou moralmente aferível, tratando-se a questão da reparação como mero efeito possível, se o desfalque for injusto, ou simplesmente indenizável.[124] Na perspectiva deste trabalho, o conceito mais adequado é aquele que designa como dano a lesão a interesse juridicamente tutelado.[125]

A rigor, a doutrina que estigmatiza o dano como ofensa a direito subjetivo tem como fator limitador a restrição do conceito a apenas uma espécie de situação jurídica subjetiva violada. Fruto do individualismo voluntarista oitocentista,

---

di tutela privatistico, la cui funzione primaria non è solo quella di garantire, nei limite del possibile, la realizzazione dei diritti e l'adempimento degli obblighi (attraverso forme di tutela c.d. specifica) ma di apprestare 'rimedi' (apunto: quello risarcitorio) diretti a riparare le conseguenze (sul piano patrimoniale o non patrimoniale) delle anzidetti lesioni" (DI MAJO, Adolfo. Discorso generale sulla responsabilità civile. In: LIPARI, Nicolò; RESCIGNO, Pietro (Coord.). *Diritto civile*. Milano: Giuffrè, 2009, v. IV. t. III, p. 49-50).

122. "(...) como a obrigação moral de não causar prejuízo existe para o próximo, a vítima é titular de dum direito à reparação e é um direito subjetivo que figura no seu patrimônio e que pode transmitir em certas condições. Existe de fato 'um poder próprio da vontade humana'; é o poder de exigir o cumprimento do dever moral da reparação" (RIPERT, Georges. *A regra moral nas obrigações civis*. Trad. Osório de Oliveira. Campinas: Bookseller, 2000, p. 239).

123. "Dano é a lesão sofrida por uma pessoa no seu patrimônio ou a sua integridade física, constituindo, pois, uma lesão causada a um bem jurídico, que pode ser material ou imaterial" (WALD, Arnoldo. *Curso de direito civil brasileiro*: introdução e parte geral. São Paulo: Ed. RT, 1989, p. 407).

124. "Dano é a lesão a um bem jurídico. Mais propriamente, *é o prejuízo decorrente de uma lesão a um bem jurídico*, do que nasce uma obrigação de indenizar. (...). Em sentido amplo, é a diminuição ou subtração de um bem jurídico de valor patrimonial ou moral" (AMARAL, Francisco. *Direito civil*: introdução. 7. ed. Rio de Janeiro: Renovar, 2008, p. 559) (grifos nossos).

125. A noção de dano como violação a interesse juridicamente protegido é atribuída a Francesco CARNELUTTI, em sua clássica obra em que aponta as diferenças essenciais entre o "dano" e o "crime" (*Il danno e il reato*. Padova: CEDAM, 1926, p. 13 e ss.). A tal fórmula "carneluttiana" sobreveio críticas posteriores, na medida em que a ideia de interesse juridicamente (legalmente) protegido, no sentido positivo, posicionava a ideia de dano em "*presidio di una concezione tipizzante e sanzionatoria dei fatti illeciti*" (BUSNELLI, Francesco. *La parabola della responsabilità civile*. *Rivista Critica del Diritto Privato*, v. 4, Bologna: Il Mulino, dez.-1988, p. 653). Contudo, a noção de dano injusto, com marcante contribuição de Stefano RODOTÀ (*Il problema della responsabilità civile*, cit., passim), conferiu a abertura necessária ao conceito, de modo a reconhecer o dano como cláusula geral, e não como mero pressuposto fático legal. Assim é que o dano é lesão a interesse juridicamente protegido, a servir-se "*come strumento il più adatto a regolare una realtà in continuo e crescente dinamismo, lasciando libero il giudice di apprezzare le modalità delle fattispecie concrete e di svolgere un ruolo creativo nella costruzione di una seria aperta di fatti illeciti*" (VISINTINI, Giovanna. *Trattato breve della responsabilità civile*, cit., p. 433).

acreditava-se que a relação jurídica se bastava na vinculação entre dever jurídico e direito subjetivo, representando este conceito como a posição ativa sobre a qual se concentrava o "poder da vontade".[126] Uma vez malferida a "livre vontade" do sujeito, na esfera de intangibilidade individual, e marcadamente de cunho patrimonial, verificado estava o dano, seja no contexto do inadimplemento, seja na ambiência da responsabilidade extracontratual. Como se pode notar, tal definição não comporta a completude do fenômeno danoso, que supera o âmbito individual, voluntarista e patrimonial.[127]

Por sua vez, parece também deficiente o conceito segundo o qual o dano se verifica pela lesão a bem juridicamente protegido pelo ordenamento. De um lado, faz-se necessário perquirir sobre qual conceito de bem se está a adotar. No âmbito restritivo, considerando-se "bem" como aquilo que pode ser objeto de relação jurídica, seja ele material ou imaterial, o conceito se apresenta frágil por não incluir como dano a lesão à esfera jurídica existencial da pessoa humana, que não pode qualificada como bem, ou mero objeto de relação jurídica.[128] No viés amplo, considerando-se a noção de bem como "bem jurídico", ou seja, "tudo aquilo que o direito considere relevante para a sua tutela",[129] a definição peca por sua extensa generalidade, correndo-se o risco de qualificar-se como dano a lesão a qualquer "bem jurídico", ainda que sem um núcleo de interesse a ele conectado, vale dizer, mesmo que tal bem não esteja vinculado a um determinado centro de interesses que possa atuar, de modo útil, a seu favor.[130]

---

126. É conhecida a formulação do direito subjetivo como poder ou senhorio da vontade, cujo expoente pode ser encontrado em Karl Friedrich Von SAVIGNY (*Sistema del diritto romano attuale*, I, Torino: Unione Tipografico, 1886, p. 336 e ss.). Numa perspectiva crítica, cf. Pietro PERLINGIERI (*O direito civil na legalidade constitucional*, cit., p. 674).
127. Como já se afirmou, a complexidade do fenômeno danoso é tamanha, que não pode se restringir à violação de esfera individual de determinado sujeito de direito (veja-se, v.g., os chamados danos difusos e coletivos), como também não pode se restringir à afronta do poder da vontade, na medida em que são muitas as circunstâncias nas quais há dano sem que se afete o exercício de direitos que dependam da expressão da vontade (como, p. ex., os danos causados aos incapazes, que não possuem "vontade" qualificada para exercer, por si sós, determinados os atos da vida civil). Por fim, com a amplitude cada vez mais alargada dos danos extrapatrimoniais, torna-se obsoleta uma perspectiva conceitual cuja fonte é marcadamente patrimonial.
128. Por uma ampla análise da dogmática crítica à noção de pessoa como objeto de direito subjetivo, enfrentando as objeções de Roubier, Unger, Dabin, Savigny, Thon, Von Tuhr, Enneccerus, Zitelmann, Crome, Iellinek, Ravà, Simoncelli, entre outros, especialmente no que tange ao reconhecimento dos direitos da personalidade (que aqui não se refuta, por óbvio), cf., por todos, FERRARA, Francesco. *Trattato di diritto civile italiano*: dottrine generale. v. 1. Roma: Athenaeum, 1921, p. 395 e ss. Em doutrina brasileira, remete-se a TEPEDINO, Gustavo. A tutela da personalidade no ordenamento civil-constitucional brasileiro. *Temas de Direito Civil*. Rio de Janeiro: Renovar, 2008, t. I. p. 25-33.
129. LÔBO, Paulo. *Direito civil*: parte geral. São Paulo: Saraiva, 2017, p. 212.
130. São precisas as palavras de Clóvis do Couto e SILVA, para quem "a concepção de dano era, tradicionalmente, uma noção naturalística, vale dizer, considerava-se o dano que um bem determinado sofreu. É preciso levar em consideração o fato de o dano a bem determinado ser também dano ao patrimônio. Esta distinção não parece ter nenhuma implicação com as soluções práticas" (O conceito de dano no direito brasileiro e comparado (1991). *Doutrinas essenciais*: obrigações e contratos. São Paulo: Ed. RT, 2011, v. II, p. 1100).

Insuficiente também é o conceito de dano como prejuízo materialmente verificável, ou moralmente aferível.[131] Ainda que inspirado no clássico "princípio da diferença",[132] dano só haveria se comprovado o desfalque concreto no patrimônio da vítima (para os casos de danos patrimoniais), ou comprovado o abalo efetivo na esfera da "moralidade" do ofendido (nas hipóteses de danos morais), de maneira que a medida da reparação deveria seguir a extensão, ou a profundidade, da lesão. Não obstante a atratividade de tal conceito, também não apresenta a melhor técnica, eis que é possível e viável a imputação do dever de indenizar *in re ipsa*, isto é, sem que se exija a "prova dos efeitos do dano", sendo estes presumidos pela simples ocorrência do ilícito.[133]

Num outro viés de abordagem, conquanto tal perspectiva tenha atraído adeptos de grande envergadura, é preciso acuidade técnica para destacar, no direito brasileiro, a noção de que o dano é a lesão (a bem jurídico, direito subjetivo, interesse jurídico

---

131. Em última análise, aqueles que consideram o dano como a mera verificação concreta de seus efeitos acabam por restringir à análise a apenas um dos aspectos do fenômeno, restringindo-se a uma visão consequencialista e desprendendo-se da necessária noção de causa. Leciona Adriano DE CUPIS que "esaminato il concetto giuridico del danno, nonché il suo contenuto, possiamo accingerci allo studio degli effetti giuridici del danno medesimo", mas adverte que *"non si può studiare alcun effetto se di esso non si connosce la causa"* (*Il danno*: teoria generale della responsabilità civile. Milano: Giuffrè, 1966, v. I, p. 3).

132. Quando se põe o problema da quantificação do dano, costuma-se falar não mais em "dano injusto", mas em "dano ressarcível" (*danno risarcibile*), como expressão que assume significado de prejuízo valorado em termos econômicos: "l'espressione assume il significato di pregiudizio valutabile in termini economici e tale da comprendere le perdite patrimoniali, i mancati guadagni, le sofferenze morali patite dalla vittima dell'illecito e altro ancora" (VISINTINI, Giovanna. *Trattato breve della responsabilità civile*, cit., p. 631). Quando o problema é restrito aos danos patrimoniais, apoia-se, em regra, no chamado princípio da diferença, que se fundamenta no princípio da reparação integral, sendo derivativo da fórmula *compensatio lucri cum damno*, segundo o qual se deve restituir aquele valor que a vítima teria se o dano não houvesse sido causado, como a diferença entre o valor atual e aquele que ela teria em hipótese situação não danosa: "sulla base di questo principio può esse interessante ricordare che, da tempo risalente, si è fatto derivare l'istituto della compensatio lucri cum damno, nel senso che, dovendo la reintegrazione del patrimonio leso corrispondere alla differenza tra il valore artuale e quello che poteva essere se non fosse stato commesso l'inadempimento patrimoniale eventualmente acquisito in conseguenza del fatto illecito o dell'inadempimento" (idem, ibidem, p. 636).

133. A propósito, a ideia de dano *in re ipsa* já está consolidada na jurisprudência do Superior Tribunal de Justiça, no sentido de que se dispensa a comprovação do prejuízo efetivo ao interesse juridicamente protegido e violado no caso concreto: "A jurisprudência do Superior Tribunal de Justiça consolidou-se no sentido de que os danos morais em virtude de violação do direito à imagem decorrem de seu simples uso indevido, sendo prescindível, em casos tais, a comprovação da existência de prejuízo efetivo à honra ou ao bom nome do titular daquele direito, pois o dano é *in re ipsa* (Súmula 403/STJ)" (REsp 1177785/PR, Rel. Min. Ricardo Villas Bôas Cueva, j. 03.12.2018); "O merecimento à indenização é ínsito à própria condição de vítima de violência doméstica e familiar. O dano, pois, é '*in re ipsa*'" (REsp n. 1675874/RS (Recurso Repetitivo), Rel. Min. Rogerio Cruz, j. 28/02/2018); "O dano moral coletivo é aferível *in re ipsa*, dispensando, portanto, a demonstração de prejuízos concretos, mas somente se configura se houver grave ofensa à moralidade pública, causando lesão a valores fundamentais da sociedade e transbordando da justiça e da tolerabilidade" (AgInt no AREsp 100405/GO, Rel. Min. Raul Araújo, j. 16.10.2018), dentre tantos outros exemplos. Por outro lado, há situações que, ao reverso, a Corte Superior rejeita a dispensa da prova do prejuízo efetivamente causado como, ilustrativamente: "A jurisprudência desta Corte é pacífica quanto à inexistência de dano moral *in re ipsa* quando há mera cobrança indevida de valores" (AgInt no REsp n. 1685959/RO, Rel. Min. Marco Buzzi, j. 04.10.2018); e "Para a pessoa jurídica, "o dano moral é fenômeno distinto daquele relacionado à pessoa natural. Não se aceita, assim, o dano moral em si mesmo, isto é, como uma decorrência intrínseca à existência de ato ilícito. Necessidade de demonstração do prejuízo extrapatrimonial" (REsp 1.497.313/PI, Rel. Min. Nancy Andrighi, j. 07.02.2017).

etc.) que se configura como *injusta*.¹³⁴ De fato, em sede de direito comparado, especialmente o direito italiano, é lugar comum que se conceitue o dano, para fins de imputação do dever de indenizar, como "dano injusto".¹³⁵ E assim o faz a doutrina porque o texto legal do Código Civil italiano faz expressa referência ao dano injusto como pressuposto do dever de indenizar, deixando claro que nem todo dano é relevante para atrair o modelo da responsabilidade civil, mas apenas aqueles que se qualificarem como "injustos". Daí o empenho da doutrina italiana em conferir adequada interpretação a tal conceito jurídico indeterminado, essencial para a qualificação jurídica do fato danoso indenizável. Lá, o esforço é pela ampliação das hipóteses de danos indenizáveis, naturalmente restritas pela exigência da "injustiça" da lesão.¹³⁶

Entretanto, não há no ordenamento jurídico brasileiro qualquer referência à "injustiça" do dano como um fator limitador da responsabilidade civil.¹³⁷ Não se constitui a injustiça do dano, neste aspecto, um filtro ao dever de indenizar. Porém, numa abordagem bem específica, a utilização do conceito de injustiça do dano (ou simplesmente dano indenizável) pode ser útil para a compreensão do conceito de dano que aqui se propõe.

Explica-se. A ordem jurídica brasileira, interpretada de modo positivo, aparenta que basta a comprovação da lesão à esfera patrimonial da vítima, ou à sua esfera existencial (a uma de suas potencialidades, extraídas da cláusula geral de tutela da pessoa humana), ou mesmo um interesse difuso, coletivo ou individual homogêneo, para que se qualifique um dano. Nesta perspectiva, portanto, a ofensa que não se inclua dentro de tais perspectivas – já bastante amplas – sequer poderia ser qualificada como dano.¹³⁸ Isso porque, legalmente, não existe, para nós, o elemento legal-positivo de

---

134. O problema se põe porque não há no direito brasileiro qualquer menção legislativa que o dano indenizável é "somente" aquele injusto (posição restritiva), ou que será indenizado todo e qualquer dano que se qualificar como injusto (posição expansiva).
135. A querela vem do direito italiano, onde consta no art. 2.043 do Código Civil que "qualunque fatto doloso o colposo, che cagiona ad altri un *danno ingiusto*, obbliga colui che ha commesso il fatto a risarcire il danno" (grifos nossos). O dispositivo é muito semelhante ao art. 186 do Código Civil brasileiro, com o detalhe de que aqui não se faz referência à qualidade da "injustiça" do dano. Na Itália, prevaleceu a concepção de que é a "injustiça" do dano que o caracteriza como verdadeira "cláusula geral", fugindo ao modelo da tipicidade do direito tedesco. Neste sentido, Cf. RODOTÀ, Stefano. *Il problema della responsabilità civile*, cit., p. 139; BUSNELLI, Francesco, La parabola della responsabilità civile. *Rivista Critica del Diritto Privato*, cit., p. 67; ALPA, Guido. *La responsabilitá civile*: parte generale. Torino: UTET, 2010, p. 358 e ss.; CASTRONOVO, Carlo. *La nuova responsabilitá civile*. 3. ed. Milano: Giuffrè, 2006, p. 3-273, entre tantos outros. Em sentido contrário, DI MARTINI, Demetrio. *I fatti produttivi di danno risarsibile*. Padova: CEDAM, 1983, p. 155.
136. Cf., por todos, Emanuela NAVARRETA, para quem "la sua storia segna (dano injusto), l'evoluzione dell'illecito aquiliano da confini limitati e ristretti ad ambiti sempre più estesi sino all'affermazione, a sessant-anni dalla codificazione, della risarcibilità degli interessi legittimi" (Il danno ingiusto. In: LIPARI, Nicolò; RESCIGNO, Pietro (Coord.). *Diritto civile*, Milano: Giuffrè, 2009, v. IV, t. III. p. 138).
137. Na redação do art. 186: "aquele que, por ação ou omissão voluntária, negligência ou imprudência, violar direito e causar dano a outrem, ainda que exclusivamente moral, comete ato ilícito", não consta a referência à injustiça do dano, não havendo mais discussões no âmbito da doutrina nacional em apontar esse dispositivo como fundamento de uma cláusula geral de responsabilidade subjetiva.
138. Veja-se que na ordem civil brasileira a cláusula geral prevista no art. 186 do Código Civil é naturalmente ainda mais aberta que na ordem civil italiana. A reforma do Código Civil de 1942, na Itália, buscou impor

dano justo. Nestes casos, simplesmente, não há dano. Eis por que aqui a referência a "dano injusto" pode parecer, de certo modo, uma tautologia. Isso não implica dizer que todo dano é indenizável. Para o direito brasileiro, como se demonstrará, o dano será indenizável quando a ofensa por ele representada merecer tutela maior que o exercício da posição jurídica do ofensor, na circunstância do evento. Aqui pode residir a utilidade da noção de "injustiça" do dano. Não como um fator qualificador abstrato, mas como uma característica que se extrai da composição dos interesses em jogo, no caso concreto.

O artigo 186 do Código Civil preceitua o seguinte: "aquele que, por ação ou omissão voluntária, negligência ou imprudência, violar direito e causar dano a outrem, ainda que exclusivamente moral, comete ato ilícito". Pelo texto legal, que deve ser interpretado de maneira sistemática, em consideração da complexidade e unidade do ordenamento, dentro da legalidade constitucional, pode se extrair duas conclusões, para além das discussões em torno da culpa. A primeira delas é relativa à exigência de que, para constituir-se o dever de indenizar, basta que o agente ofensor cause, ilicitamente (por ação contrária a certo interesse juridicamente protegido), *dano* à esfera jurídica alheia.[139] Inexiste exigência legal, em abstrato, como visto, de que tal dano seja injusto ou qualificado de modo especial.

Por outro lado, apresenta-se o debate acerca da dependência da existência do dano como elemento integrante do ilícito. Numa interpretação sistemática, aqui defende-se que o ato ilícito depende da violação de direito alheio (*rectius*: interesse alheio), de modo tal que a conduta ilícita "normalmente" conduz à ocorrência de um dano, ainda que não necessariamente.[140] Tanto é verdade que o próprio art. 187

---

controle social sobre a qualificação do dano, como a interferência de fatores metajurídicos na qualificação (BETTI, Emilio. *Teoria generale del negozio giuridico*. Torino: UTET, 1952, p. 41). Ocorre que, após o marco teórico de Stefano RODOTÀ, na década de sessenta, o dano injusto passou a ser interpretado como cláusula geral fundada na solidariedade, com aptidão para abarcar os chamados "novos danos": "chiarito definitivamente che i criteri di collegamento non possono costituire il fondamento della responsbilità, è possibile approfondire tanto il valore e la funzione della circoscrizione dell'operatività della clausola generale a mezzo di essi realizzata, quanto il significato proprio del limite della solidarietà" (*Il problema della responsabilità civile*, cit., p. 183).

139. É que o dano é o pressuposto mais elementar da responsabilidade civil. "De fato, quando se trata do direito da responsabilidade civil, usualmente se pontua: se não há dano, não há o que indenizar" (BODIN DE MORAES, Maria Celina. *Danos à pessoa humana*: uma releitura civil-constitucional dos danos morais. 2. ed. Rio de Janeiro: Ed. Processo, 2017, p. 144).

140. Tradicionalmente, fala-se do elemento objetivo do ilícito, que consiste na violação de um dever ou obrigação, traduzindo-se na diferença entre a conduta exigida e a efetivamente implementada pelo agente, e um elemento subjetivo, chamado de culpabilidade, por alguns, ou imputabilidade, por outros, que expressa a aptidão psicológica do agente para compreender o escopo da autonomia (VINEY, Geneviève. *Traité de droit civil*: les conditions de la responsabilité, cit., p. 366-367). No original, "À l'élément 'objectif' qui consiste dans la violation d'un devoir ou d'une obligation juridique et se traduit par un écart entre la conduite requise par le respect de ce devoir et celle que l'auteur du dommage, s'ajouterait donc un élément subjectif bastisé culpabilité par les uns, imputabilité par les autres et expriment l'aptitude psychologique de l'agent à comprendre la portée de l'autonomie, ni même l'existence de ces deux composantes de la faute n'ont été épargnés par les controverses que l'évolution récente du droit positif n'a fait qu'exacerber". Na opinião do autor desta investigação, o ilícito é verificado apenas pelo elemento objetivo, não sendo a culpa elemento

do Código Civil prevê que "também comete ato ilícito o titular de um direito que, ao exercê-lo, excede manifestamente os limites impostos pelo seu fim econômico ou social, pela boa-fé ou pelos bons costumes", não exigindo para a verificação do abuso do direito a existência de um dano a ele correspondente. Portanto, há ilícito sem dano (o que, por certo, afasta o dever de indenizar), assim como há dano sem ilícito, como prevê, por exemplo, o art. 188, I, do Código Civil, que isenta o agente causador do dano do dever de indenizar, quando ele agir em "exercício regular de um direito reconhecido".[141]

Mais adequado, assim, é o conceito de dano que remete à lesão a *interesse* juridicamente tutelado,[142] ainda que a sua "indenizabilidade" se sujeite à ponderação em face da tutela do interesse lesivo.[143] Contrapostos, prevalecerá aquele que o ordenamento jurídico unitário conferir maior relevância, considerando as circunstâncias do caso concreto.[144] Daí a noção que se pode utilizar, no direito brasileiro, como dano injusto.

Com efeito, tal noção não é isenta de críticas, que podem ser sintetizadas na (i) ausência de previsão legal de expressa referência ao interesse como componente da noção de dano; na (ii) multiplicidade de acepções em torno da definição de interesse; e no (iii) viés historicamente conectado às situações jurídicas patrimoniais.

Com relação à primeira objeção, melhor sorte não se destina a ela, na medida em que a definição de categorias e institutos normalmente prescindem da expressa

---

integrante, nem mesmo o dano, que pode ocorrer tanto por ato lícito, quanto por ato ilícito. Por sua vez, é possível que um ilícito não gere dano ressarcível. Como é cediço, aquele que exerce o direito de propriedade em contrariedade à sua finalidade econômica e social, ao manter terreno em meio à paisagem urbana sem qualquer destinação econômica concreta, para fins puramente especulativos, atua em abuso do direito (art. 187 do Código Civil), cometendo ato ilícito ao manter propriedade inútil. Contudo, a tal ilícito não se vislumbra, *per* si, danos individuais ou coletivos dignos de reparação por ação indenizatória. Neste caso, o ordenamento prevê sanções diversas para fazer cessar a ilicitude amparada no art. 187 do Código Civil.

141. CRUZ, Gisela Sampaio da. As excludentes de ilicitude no Código Civil de 2002. In: TEPEDINO, Gustavo (Org.). *A parte geral no novo Código Civil*. Rio de Janeiro: Renovar, 2002, p. 387-415.

142. Francesco GALGANO já assinalava que o dano injusto é a "lesão a interesse alheio, merecedor de proteção segundo o ordenamento jurídico" (*Diritto privato*. Padova: CEDAM, 2006, p. 366, tradução livre). No mesmo sentido, Massimo BIANCA: "il danno può essere inteso come evento lesivo, ossia il risultato materiale o giuridico in cui si concreta le lesione di un interesse giuridicamente apprezzabile" (*Diritto civile*, cit., p. 123).

143. O interesse é definido pela tradição como "tensão do indivíduo para com um bem" (interesse subjetivo) ou como "exigência de bens e valores a realizar" (interesse objetivo). Veja a síntese das perspectivas subjetiva e objetiva em PERLINGIERI, Pietro. *O direito civil na legalidade constitucional*, cit., p. 117, nota 143.

144. "O princípio [da proporcionalidade] tem relevância, também em sede hermenêutica e argumentativa, como aplicação proporcionada da norma e tem um alcance amplo e transversal, de maneira a evitar desproporção premiadoras ou punitivas. A proporcionalidade, portanto, insere-se em um processo de transformação do princípio da legalidade, da conformidade com o direito, como expressão de uma ordem geral do ordenamento fundado na busca constante de uma mediação entre exigências de certeza do direito e de justiça substancial" (PERLINGIERI, Pietro. *O direito civil na legalidade constitucional*, cit., p. 415-416).

referência do texto legal. Em verdade, os conceitos devem ser apreendidos a partir do contexto global do dado normativo, mediante análise funcional do objeto investigado. É pela absorção de sua finalidade prático-social, atribuída pelo ordenamento jurídico, que se extrai o conceito adequado da categoria. Sendo assim, tanto é falha a crítica sobre suposta ausência de recepção expressa do Código Civil em torno do conceito de interesse, como sói ocorrer com tantas outras categorias que não são "conceituadas" pelos textos legais, quanto não subsiste a ideia de que o ordenamento jurídico ignorou a chamada "teoria do interesse".[145]

Não obstante inexista expressa menção, no Código Civil, ao dano como lesão a interesse juridicamente protegido, certo é que a mesma legislação admite, em diversas passagens, a adoção do "interesse legítimo" como critério definidor da disciplina jurídica de determinadas relações jurídicas.[146] Aliás, em raciocínio que se aproxima ao da responsabilidade civil, o legislador previu que "pelo contrato de seguro, o segurador se obriga, mediante o pagamento do prêmio, a garantir *interesse legítimo* do segurado" (art. 757 do Código Civil), o que denota a absorção da teoria do interesse pelo legislador nacional.[147]

Naquilo que concerne à segunda objeção, também não se deve estimular o abandono de certo conceito pelo simples fato de haver uma multiplicidade de acepções em torno dele. Não é raro, em doutrina, que sobre certos conceitos paire amplo dissenso dogmático em torno de sua definição, ou dos contornos de seu conteúdo. De fato, há aqueles que definem o interesse como "tensão do indivíduo para com um bem" (concepção subjetiva), que se reflete, em alguma medida, como uma dimensão de "poder".[148] Contudo, entende-se que é mais adequada a noção de interesse como "exigência de bens e valores a realizar" (concepção objetiva/normativa), que desagua na noção de existência de um "fim humano tipificável e juridicamente tutelável".[149]

---

145. Veja-se, por exemplo, no Código Civil brasileiro, o disposto nos artigos 117 e 199, que versam sobre a representação, no art. 553 que trata do contrato de doação, no art. 632 no contrato de depósito, no art. 653 relativo ao contrato de mandato, no art. 757 e seguintes do contrato de seguro, no art. 861 e seguintes da gestão de negócios, nos artigos 1.228 e 1.229 acerca do direito de propriedade, dentre tantos outros.
146. A exemplo da disciplina que determina os confins da propriedade do solo, no art. 1.229 do Código Civil: "A propriedade do solo abrange a do espaço aéreo e subsolo correspondentes, em altura e profundidade úteis ao seu exercício, não podendo o proprietário opor-se a atividades que sejam realizadas, por terceiros, a uma altura ou profundidade tais, que não tenha ele *interesse legítimo* em impedi-las" (grifos nossos).
147. Código Civil. Art. 757. Pelo contrato de seguro, o segurador se obriga, mediante o pagamento do prêmio, a garantir *interesse legítimo* do segurado, relativo a pessoa ou a coisa, contra riscos predeterminados (grifos nossos).
148. DONATI, Benvenuto. *Interesse ed attività giuridica*: contributo alla teoria filosofica del diritto come fenomeno. Bologna: , 1909, p. 111 e NICOLÒ, Rosario. *Istituzione di diritto privato*. Milano: Giuffrè, 1962, v. 1, p. 9 e ss.
149. BETTI, Emilio. Interesse: teoria generale. *Novissimo Digesto Italiano*. Torino: UTET, 1962, v. VIII, p. 839 e PUGLIATTI, Salvatore. *Il trasferimento delle situazioni soggettive*. Milano: Giuffrè, 1964, p. 66.

Desta noção se extrai que o interesse integra a esfera jurídica daqueles que são titulares de situações jurídicas subjetivas, porque na relação jurídica se exige que certo titular persiga determinada *finalidade* protegida pelo ordenamento jurídico. Trabalhar com a noção de interesse, portanto, é absorver um conceito teleológico e funcional, que pressupõe a possibilidade de obtenção de resultados úteis, quando do seu exercício.[150]

Porém, ao contrário do que supõe a terceira objeção, a concepção de interesse não é restrita ao âmbito de proteção das situações jurídicas subjetivas patrimoniais, estendendo-se, igualmente, para a esfera jurídica existencial, de onde os bens e valores a realizar-se – reconhecidos pelo direito – possuem natureza marcadamente peculiar, seguindo lógica distinta das relações patrimoniais.[151] A propósito, apresentam-se como interesses prevalentes quando postos em contraposição àqueles puramente patrimoniais, sendo estes instrumentais àqueles, impondo-se, assim, o cumprimento de um escopo de harmonização.[152]

Desta arte, infere-se que o conceito de dano que melhor se adequa ao direito civil positivo brasileiro é aquele que o identifica como lesão a interesse juridicamente protegido, seja ele ordem patrimonial ou extrapatrimonial.

1.3.2 O dano patrimonial

O dano de natureza patrimonial representa a lesão a interesse vinculado à situação jurídica subjetiva que pode ser valorada economicamente.[153] Como é cediço, a esfera patrimonial é conferida a toda e qualquer pessoa que detenha personalidade jurídica, caracterizando-se como o complexo de relações jurídicas, dotadas de valor econômico.[154] É a lesão a interesse patrimonial, merecedor de tutela jurídica, cujo

---

150. A própria legislação civil trabalha com a utilidade da prestação como critério essencial, por exemplo, para a manutenção do vínculo jurídico contratual em situação de inadimplemento, convertendo-se este em definitivo e irrecuperável, apenas após a constatação da perda da utilidade da prestação. É o que se extrai no art. 395, parágrafo único, do Código Civil: "Se a prestação, devido à mora, *se tornar inútil ao credor*, este poderá enjeitá-la, e exigir a satisfação das perdas e danos". Nesta direção, cf. ALVIM, Agostinho. *Da inexecução das obrigações e suas consequências*. São Paulo: Saraiva, 1949, p. 7-15, ASSIS, Araken de. *Resolução do contrato por inadimplemento*. 5. ed. São Paulo: Ed. RT, 2013, p. 101; e seja consentido remeter também a REIS JÚNIOR, Antonio dos. *A promessa de compra e venda de imóveis*: os efeitos do inadimplemento em perspectiva civil-constitucional. São Paulo: Almedina, 2018, p. 97-102.
151. A receptação da ideia de interesse existencial veio com a contribuição fundamental da jurisprudência dos valores sobre a jurisprudência dos interesses, realizando "a funcionalização das situações patrimoniais àquelas existenciais, reconhecendo a estas últimas, em uma concretização dos princípios constitucionais, uma indiscutida preeminência" (PERLINGIERI, Pietro. *O direito civil na legalidade constitucional*, cit., p. 119).
152. PERLINGIERI, Pietro. *La personalità umana nell'ordinamento giuridico*. Camerino: Jovene, 1972, p. 20 e ss., 74 e 150 e ss.
153. "Um dano é patrimonial quando a situação vantajosa prejudicada tenha natureza econômica" (MENEZES CORDEIRO, António. *Tratado de direito civil português*. Coimbra: Almedina, 2010, v. II, t. III, p. 513.
154. Código Civil. Art. 91. "Constitui universalidade de direito o complexo de relações jurídicas, de uma pessoa, dotadas de valor econômico". Sobre a natureza jurídica do patrimônio como universalidade de direito, cf. TELLES, Inocêncio Galvão. *Das universalidades*. Lisboa: Minerva, 1940, passim; e OLIVA, Milena Donato.

desfalque recai sobre o ativo do acervo, que representa o dano patrimonial, comumente designado de dano material.[155]

Sabe-se que, historicamente, a responsabilidade civil erigiu suas bases em torno da ideia de dano material, proveniente de um evento cujo resultado se poderia aferir *materialmente*, como algo tangível e calculável. Deste modo, o agente causador tem o dever de repará-lo, se cumpridos os requisitos legais, seja pelo valor do bem efetivamente danificado, seja pela *diferença* entre a situação patrimonial anterior e aquela atual, após o desfalque efetivamente apurado; ou mesmo pela a *diferença* entre a situação consolidada da perda patrimonial e o que hipoteticamente o ofendido teria, caso o dano não houvesse ocorrido.[156]

De uma maneira ou de outra, tornou-se famosa a bipartição, que remota ao direito romano,[157] entre as modalidades de dano patrimonial, que pode se manifestar sob a forma de danos emergentes (aquilo que efetivamente se perdeu) ou lucros cessantes (aquilo que a vítima razoavelmente deixou de auferir),[158] como prevê o art. 402 do Código Civil.[159] É desta noção patrimonial que emanam, outrossim, ex-

---

O patrimônio no direito civil brasileiro. In: TEPEDINO, Gustavo (Coord.). *O Código Civil na perspectiva civil-constitucional*. Rio de Janeiro: Renovar, 2013, p. 199-203.

155. A ideia é que todo dano, ainda que patrimonial, deve representar a violação a interesse juridicamente protegido e digno de tutela jurídica (a noção italiana de dano injusto). Eis a razão pela qual o mero desfalque "puramente patrimonial" (*pure economic loss*) não gera, por si só, o direito à indenização. A respeito do "*danno meramente patrimoniale*", Cf. DI MAJO, Adolfo. *Discorso generale sulla responsabilità civile*, cit., p. 27-32; e CASTRONOVO, Carlo. *La nuova responsabilità civile*, cit., p. 179). No direito anglo-saxão, o tema é de extrema relevância, desde o precedente "*Spartan Steel & Alloys Ltd v Martin & Co (Contractors) Ltd.*", julgado pela *Court of Appeal* na Inglaterra, em 1973 [QB 27].

156. Pelo primeiro critério adotado, defende-se, simplesmente, que o ressarcimento deve corresponder ao dano concreto, isto é, ao bem em si subtraído da esfera jurídica da vítima, na medida de sua extensão, seja pela reparação *in natura*, seja pelo valor a ele correspondente, que deve ser reintegrado ao patrimônio do ofendido. Pelo segundo, adotando a chamada "teoria da diferença", deve corresponder ao resultado da operação de subtração do valor do patrimônio preexistente no momento imediatamente anterior ao dano em relação ao saldo final, com o desfalque por ele causado. Há ainda a ideia de que, como corolário do princípio da diferença, o quantum indenizatório seja determinado pela diferença entre o valor real do patrimônio, após a lesão, e o seu valor hipotético se a lesão não tivesse ocorrido. Para a primeira corrente, costuma-se atribuir o conceito de dano concreto, ao passo em que, pela segunda via, fala-se de reparação de um dano abstrato. Para uma leitura abrangente sobre tais critérios, em língua portuguesa, Cf. GOMES DA SILVA, Manuel. *O dever de prestar e o dever de indemnizar*, v. 1. Lisboa: Tip. Ramos, 1944, p. 126-127; CASTRO MENDES, João de. *Do conceito jurídico de prejuízo*. Lisboa: Jornal do Fôro, 1953, *passim*; e PESSOA JORGE, Fernando. *Ensaio sobre os pressupostos da responsabilidade civil*. Coimbra: Almedina, 1995, passim.

157. Remete-se a Paulo a distinção, encontrada na expressão "(...) *quantum mihi abest quantumque lucrari potui* (...)" (DE CUPIS, Adriano. *Il danno*: teoria generale della responsabilità civile, cit., p. 257).

158. Fala-se ainda em "dano real e dano de cálculo". O primeiro seria o "prejuízo correspondente às efectivas vantagens que foram desviadas do seu destinatário jurídico", enquanto o segundo se traduziria como a "expressão monetária do dano real" (MENEZES CORDEIRO, António. *Tratado de direito civil português*, cit., p. 513). Com a mesma ideia, mas com designações distintas (dano real vs dano patrimonial), Cf. ANTUNES VARELA, João. *Das obrigações em geral*. Coimbra: Almedina, 2000, v. I, p. 598).

159. Código Civil. Art. 402. Salvo as exceções expressamente previstas em lei, as perdas e danos devidas ao credor abrangem, além do que ele efetivamente perdeu, o que razoavelmente deixou de lucrar.

pressões sinônimas, como "prejuízo" e "perdas", que refletem a ideia de diminuição ou supressão de uma situação patrimonial.[160]

Por sua vez, como resultado dessa operação lógica – de que o dano material representa desfalque efetivo e apurável, na esfera jurídica patrimonial da vítima – rejeita-se a possibilidade de indenização de danos hipotéticos, devendo apresentar-se como lesão atual e consolidada, mesmo em se tratando de apuração de responsabilidade pelo pagamento de lucros cessantes.[161] Com efeito, é indubitável que os danos emergentes se mostrem de mais fácil constatação, por serem "danos positivos", verificáveis pela efetiva e imediata diminuição ativo patrimonial da vítima. Contudo, como os lucros cessantes representam desfalque em potência,[162] poder-se-ia imaginar que também é possível imputar ao agente causador do dano o dever de indenizar danos hipotéticos. Não é o que ocorre com relação àquilo que razoavelmente a vítima deixou de auferir. Neste caso, o dano sobre a pessoa deve ser atual e comprovado, projetando-se para o futuro apenas o que ela deixou de lucrar, diante da retirada da vítima da possibilidade de exercer a atividade que habitualmente exercia, subtraindo-lhe o proveito que normalmente obteria.[163]

Neste contexto, não se cogitaria, *tradicionalmente*, invocar, ao instituto da responsabilidade, algo distinto de um mecanismo que não correspondesse a um modelo de tutela negativa. Explica-se: o papel do direito, no âmbito da responsabilidade, repousaria sobre um esquema, ou arranjo normativo, necessariamente reativo.[164] Segue-se o raciocínio de que, em não havendo responsabilidade sem dano (atual e pré-existente), para que se invoque a aplicação do instituto – cuja função primária é a imputação de um dever de indenizar, como expressão do viés reparatório – é mister que o prejuízo já esteja consolidado. Assim, não caberia ao direito dos danos perseguir qualquer valor específico, por via de uma tutela positiva, eis que a sua natureza corresponderia à correção das lesões já experimentadas pela vítima, o retorno ao estado de coisas anterior (*status quo ante*), finalidade possível de ser alcançada quando se restringe a análise do fenômeno ao mero déficit patrimonial

---

160. Não à toa, mesmo teóricos de peso, como António Menezes Cordeiro, apesar de fazer referência expressa, em momento posterior, ao dano como "lesão de interesses juridicamente tutelados pelo Direito", conceitua o dano como "supressão ou diminuição de uma situação favorável, reconhecida e protegida pelo Direito". Com efeito, apesar de tratar-se de noção ampla, que pode incluir, com certo esforço, os interesses existenciais, é indubitável que tal conceito se aproxima mais das relações patrimoniais (*Tratado de direito civil português*, cit., p. 511-512).
161. Cf., por todos, GUEDES, Gisela Sampaio da Cruz. *Lucros cessantes*: do bom senso ao postulado normativo da razoabilidade. São Paulo: Ed. RT, 2011, passim.
162. "(...) a perda do ganho esperável, a frustração da expectativa de lucro ou a diminuição potencial do patrimônio" (CAVALIERI FILHO, Sérgio. *Programa de responsabilidade civil*, cit., p. 72).
163. PLANIOL, Marcel. *Traité élémentaire de droit civil*, cit., p. 89. No sentido de exigir uma "probabilidade objetiva" que resulte do curso normal das coisas e das circunstâncias do caso concreto, como requisito para o dever de indenizar os lucros cessantes, cf. DIAS, José de Aguiar. *Da responsabilidade civil*. 10. ed. Rio de Janeiro: Forense, 1995, v. II, p. 720-721.
164. Sobre o caráter reativo ínsito à responsabilidade civil, remete-se a MAIORCA, Carlo. *I fondamenti della responsabilità*. Milano: Giuffrè, 1990, p. 66-72.

causado pela prática da conduta ilícita.[165] Os instrumentos criados para o momento pretérito ao dano estariam ligados ao direito das obrigações, não à responsabilidade civil, cuja função precípua e para a qual foi instituída não pode deixar de ser aquela que persegue a reparação dos prejuízos.[166]

Em paralelo, como se costuma verificar a extensão do dano material tanto pelo valor do bem, ou do conjunto dos bens, desfalcado do patrimônio da vítima, quanto pela diferença do valor do ativo no momento imediatamente anterior à lesão, em comparação ao estado atual do acervo patrimonial da vítima (ou pelo que hipoteticamente o ofendido teria, ante a inexistência do dano), é natural que o cálculo seja "monetarizado" e posto em valores pecuniários. Abre-se, assim, o caminho para que as pretensões normalmente movidas pelos ofendidos e a execução das indenizações sejam direcionadas à percepção de uma reparação prioritariamente pecuniária. Vale dizer, a praxe consolidou a regra segundo a qual, no modelo reativo de tutela negativa da responsabilidade civil, a reparação dos danos materiais, especialmente porque se referem a prejuízos calculados monetariamente, deve ser realizada pela forma de pagamento de valor pecuniário ao ofendido.

Sucede que tal realidade, não raro, apresenta verdadeiro contrassenso, na ordem de prioridade, quando se admite o pagamento em dinheiro como fator predominante sobre a reparação *in natura*. Via de regra, pela função reparatória, decorrente da finalidade primária da responsabilidade civil, deve-se buscar, sempre que possível, o retorno ao estado de coisas anterior, ou seja, a mesma composição patrimonial que havia outrora no acervo da vítima. Logo, a prioridade deveria ser, sempre que possível, a busca pela reparação *in natura*.[167]

Contudo, não se deve fechar os olhos para a realidade, considerando-se, mormente, a influência que a praxe deve exercer sobre os conceitos jurídicos, em sua historicidade. De certa maneira, já é tempo de propor uma ressignificação à ideia de retorno ao *status quo ante*, seja porque, de fato, ele não existe, na materialidade da vida – o que sempre leva ao encalço do retorno a situação *semelhante* à anterior –, seja porque o dinamismo das relações jurídicas pode alterar, em sua complexidade,

---

165. É o padrão identificado por Geneviève VINEY ao delinear a trajetória evolutiva da responsabilidade civil até os tempos recentes, em que somente a partir do século XX surgiram as primeiras preocupações em torno de aspectos preventivos autônomos (*Traité de droit civil*: introduction à la responsabilité, cit., p. 7-158).
166. É a tradicional cisão do direito obrigacional em débito (*schuld*) e responsabilidade (*haftung*), sendo aquele o âmbito das prestações primárias, e este o espectro dos deveres secundários, acionados apenas em caso de ilícito ou inadimplemento (dever de indenizar ou responder com o próprio patrimônio). Por todos, MARTINS-COSTA, Judith. *Comentários ao Novo Código Civil*. In: TEIXEIRA, Sálvio de Figueiredo (Coord.). Rio de Janeiro: Forense, 2003, v. 5, p. 18.
167. A ideia de que qualquer outra forma de reparação, que não a pecuniária, encontraria obstáculos jurídicos e práticos para a sua implementação, advogando pela "*inutilité de la réparation en nature*", já pode ser vista em RIPERT, Lucienne. *La réparation du préjudice dans la responsabilité délictuelle*. Paris: Dalloz, 1933, n. 21. Contudo, é cada vez mais aceita na jurisprudência a possibilidade de condenação em prestações de fazer, como aspectos que visam a reparação integral, como destaca VINEY, Geneviève. *Traité de droit civil*: la responsabilité – effects. Paris, LGDJ, 1988, p. 24-77.

a ordem de interesse do ofendido sobre o bem desfalcado, podendo merecer maior tutela a busca pelo novo interesse da vítima, que também sofreu com as vicissitudes que o dano pode causar.

Eis a razão pela qual seja o momento de direcionar a função reparatória da responsabilidade civil não mais à perseguição abstrata e fantasiosa do "retorno ao estado de coisas anterior", mas antes à simples busca pela *reparação integral do dano*,[168] que envolve critérios não somente quantitativos, mas sobretudo qualitativos. Isto é, deve-se apurar, na perspectiva do interesse do credor (vítima, nas hipóteses de responsabilidade extracontratual), qual a modalidade de restituição lhe é mais apropriada, de maneira a alcançar o maior índice de satisfação, tanto melhor quando em harmonia com os princípios constitucionais da solidariedade (art. 3º, I), eficiência (art. 126, parágrafo único) e da celeridade (art. 5º, LXXVIII).

À primeira vista, por uma questão natural, o pagamento da indenização com a restituição material da coisa subtraída, pela mesma espécie, qualidade e quantidade, apresenta-se como modelo perfeito de reparação.[169] Contudo, nem sempre, no momento futuro, aquela coisa, agora restituída, terá a mesma utilidade de outrora para o ofendido. É fácil imaginar hipótese na qual a própria vítima, se não houvesse ocorrido o dano, já teria negociado a alienação do bem, para aquisição de outro, ou para alocação do recuso obtido em utilidade diversa, por uma série de circunstâncias, como evitar a perda patrimonial pela desvalorização da coisa pelo transcurso do tempo (*v.g.*, o caso dos automóveis).[170] Por outro lado, é possível vislumbrar que uma vítima satisfaça plenamente o seu interesse com o pagamento de indenização *in natura* com bens ou serviços diversos daqueles que foram objeto de desfalque, ainda que não representem valor econômico idêntico àquele subtraído. E, claro, é factível que o interesse da vítima sobre o bem específico subtraído se esvaia com o decorrer do tempo, sem que se vislumbre, em contrapartida, a obtenção de resultado útil pela exploração de qualquer outro bem que pudesse ser prestado *in natura*, atraindo, destarte, no caso concreto, a prevalência da restituição em pecúnia, por representar a unidade de valor sobre todos os bens.

---

168. Discorrendo longamente sobre as vantagens e problemas relacionados ao chamado "princípio da reparação integral", remete-se a DE CUPIS, Adriano. *Il danno*, cit., p. 211-285. Por sua vez, Giovanna VISINTINI é clara ao restringir a aplicação do princípio da reparação integral aos danos patrimoniais (*Trattato breve della responsabilità civile*, cit., p. 635).
169. Para maior profundidade em torno do "princípio da diferença" e de sua suposta proximidade com a perfeição, em razão de sua dimensão matemática, remete-se a Hans HATTENHAUER, que traduz o conceito original de Friedrich MOMMSEN em: *Conceptos fundamentales del derecho civil*. Barcelona: Ariel, 1987, p. 104: "la expressión id quod interest hace referencia a una equivalencia, o ajuste, que es precisamente la que sirve de base al concepto de interés. Por interés en sentido jurídico entendemos, concretamente, la diferencia entre el monto del patrimonio de una persona en uno momento dado y el que tendría se no haberse producido la irrupción de un determinado suceso dañoso".
170. É que a relação jurídica é sempre complexa e dinâmica, sujeita a uma série de vicissitudes que se amoldam no transcorrer do espaço e tempo. Nesta direção, PERLINGIERI, Pietro. *O direito civil na legalidade constitucional*, cit., p. 734-736; COUTO E SILVA, Clóvis do. *A obrigação como um processo*. Rio de Janeiro: Ed. FGV, 2006, passim.

Esta multiplicidade de situações possíveis é apenas uma representação da razão pela qual se deve colocar sobre o problema da medida da extensão do dano – e de seu ressarcimento integral – as luzes, mesmo em se tratando de dano de natureza patrimonial, do critério qualitativo do interesse lesado como norteador da medida adequada de reparação. Sem embargo da redundância, trata-se de trazer à função reparatória método funcional de resolução das controvérsias, capaz de revelar duas consequências relevantíssimas para o presente trabalho: (i) na consagrada tutela negativa, a ampliação da gama de possibilidades com vistas ao alcance da reparação integral, interpretada de modo qualitativo; (ii) a possibilidade de abertura de uma nova frente de tutela, de ordem positiva, com a utilização de mecanismos de promoção de certos valores do ordenamento, no âmbito do dever de reparar/compensar os danos, que, como se verá no capítulo derradeiro desta investigação, representará nova função que se deve reconhecer à responsabilidade civil, designada de função promocional, como modelo que visa estimular a reparação espontânea dos danos. Antes disso, contudo, ainda é preciso enfrentar outros problemas ligados à clássica tutela negativa, formatada para o cumprimento da função reparatória, agora com relação aos danos de natureza extrapatrimonial.

1.3.3 A função reparatória-compensatória do dano

Costuma-se salientar que a função reparatória, já amiúde destacada, encontra perfeita sintonia com as relações jurídicas patrimoniais.[171] A explicação é que em se tratando de dano que afeta interesse que pode ser valorado economicamente – e, portanto, calculado matematicamente – é possível identificar, com precisão, a sua exata extensão, de maneira a contabilizar o montante devido.[172] Haveria *equivalência* entre o dano sofrido e aquilo que deve ser indenizado (tornado indene). Normalmente contabilizado em valor pecuniário, a *indenização* seria capaz de, efetivamente, *reparar* a lesão sofrida, por completo, traduzindo-se numa representação viável e verdadeira da ideia de retorno ao estado de coisas anterior. Em suma, a reparação do dano é o efeito que teria a aptidão de recolocar a parte lesada na situação em que se encontrava no instante pretérito à ofensa sofrida, sabendo-se que o "retorno ao *status quo ante*" não pode ser realizado no plano naturalístico, mas na exata medida

---

171. NAVARRETA, Emanuele. *Il danno ingiusto*, cit., p. 158-160, ainda que afirme absolutamente aplicável aos interesses extrapatrimoniais, sendo a noção de dano injusto o baricentro entre a distinção sistemática entre a responsabilidade civil patrimonial e extrapatrimonial. Mais assertivo é Orlando GOMES, para quem "observe-se, porém, que esse dano [moral] não é propriamente indenizável, visto como indenização significa eliminação do prejuízo e das consequências, o que não é possível quando se trata de dano extrapatrimonial" (*Responsabilidade civil*, cit., p. 76).
172. Como salienta Massimo FRANZONI, "qualora da un sinistro la vittima consegua una perdita e riceva un vantaggio, tra queste opposte conseguenze economiche dovrebbe operarsi una compensazione: il risultato di questa costituisce il danno risarcibile, seconda la regola della compensatio lucri cum damno. In efetti, ove tale compensazione non fosse attuata, verrebbe meno la funzione riequilibratrice del risarcimento, poiché il danneggiato si ritroverebbe in una situazione più favorevole rispetto a quella anteriore all'illecito" (*Trattato della responsabilità civile: il danno risarcibile*. 2. ed. Milano: Giuffrè, 2010, v. II, p. 38).

patrimonial, de equivalência, como corolário da isonomia.[173] Por esse caminho, a medida reparatória, seguindo o raciocínio de Pitágoras,[174] alcançaria o genuíno reequilíbrio perdido por ocasião do ato ilícito.[175]

Logo, se pela via do mundo da natureza é impossível que uma ação de correção promovida pelo agente ofensor possa alcançar, plenamente, o retorno às circunstâncias anteriores, o mesmo não se pode dizer quando se eleva a perspectiva do interesse tutelado ao padrão pecuniário, isto é, à monetarização do patrimônio.[176] De fato, se o acervo patrimonial de Carmine, no instante pretérito ao dano, era de R$100.000,00, reduzindo-se a 95.000,00 após a lesão, é plenamente alcançável o retorno ao estado de coisas anterior, pela reparação de R$5.000,00, devidamente atualizado à época do pagamento. Trata-se de tutelar um dano de valor sempre estimável.

Eis a razão pela qual vigorou por muito tempo a compreensão generalizada de que seria inviável a reparação daquele que sofreu uma lesão à sua esfera existencial. A reparação pecuniária representa conteúdo de ordem patrimonial, estimável economicamente, enquanto a lesão a interesse existencial atinge atributo necessariamente inestimável, fora do comércio jurídico. Não haveria a *equivalência* necessária ao conceito-dogma da indenização, como aquela parcela patrimonial que repara, conserta, devolve, na exata *medida*, o prejuízo sofrido. Como o interesse existencial não pode ser medido, não haveria como ser ele absorvido pela categoria da responsabilidade civil. Ademais, para alguns, seria também imoral estabelecer um preço para a dor.[177]

A fase negacionista foi superada quando os pretensos argumentos lógicos acima abordados se mostraram verdadeiro sofisma, na medida em que a indenização se notabiliza como resposta do ordenamento, como sanção negativa, à prática de ilícito que viola interesse juridicamente protegido. Não se pode exigir que seja ela pecuniária, nem que represente exata medida do dano, no sentido matemático, ao ponto de tornar incontestável a sua estimação. A indenização pode ser prestada *in natura*, com conteúdo existencial (não patrimonial), como, ilustrativamente,

---

173. Como o patrimônio é definido como universalidade de direito, que se encerra num complexo de relações jurídicas, que podem ser aferidas economicamente (art. 91 do Código Civil), a versatilidade e a fluidez de seu conteúdo torna possível o retorno aritmético ao estado de coisas anterior, quando reduzido a números.
174. Atribui-se a Pitágoras de Samos o sofisma segundo o qual "todas as coisas são números" (Os pensadores. v. 1. São Paulo: Nova Cultural, 1999, p. 7).
175. Como destaca Carlo MAIORCA: "La 'risposta' (e la responsabilità, intesa come attuazione della 'risposta all'offesa', e intesa, altresì, come la 'macchina comunitaria' a ciò ordinata) è un comportamento (diciamo più specificamente: un 'rito') volto alla riparazione dell'offesa, cioè alla restaurazione dell'equilibrio turbato" (*I fondamenti della responsabilità*, cit., p. 67).
176. Ao se referir às tradicionais funções da responsabilidade civil, Guido ALPA ressalta que nunca será possível, com o instituto, obter a integral repristinação do chamado *status quo ante*. O autor, aliás, parece preferir a designação *compensação* para exprimir a resposta do ordenamento tanto aos danos patrimoniais quanto aos danos morais, destacando que a ideia de reparação retrata um modelo abstratamente racional, dificilmente exequível na realidade (*Responsabilità civile e danno*: lineamenti e questioni. Milano: Il Mulino, 1991, p. 55). Na mesma direção, cf. TRIMARCHI, Pietro. *Rischio e responsabilità oggetiva*. Milano: Giuffrè, 1961, p. 16; e TUNC, Andre. *La responsabilité civile*. 2. ed. Paris: Economica, 1989, p. 133 e ss.
177. Como bem destaca CAVALIERI FILHO, Sérgio. *Programa de responsabilidade civil*, cit., p. 102.

o "direito de resposta, proporcional ao agravo" (art. 5º, V da CF), que nasce pela violação à imagem ou honra, diante do exercício abusivo da liberdade de expressão. Por sua vez, mesmo os interesses patrimoniais podem ser de difícil estimação, ainda que aceitos pelo ordenamento jurídico, a exemplo dos lucros cessantes.[178] Logo, não é o fato de ser inestimável que tornará aquele interesse à margem de tutela jurídica.

A sua finalidade é tornar indene a lesão sofrida, para que o ofendido seja compensado pelo desfalque sofrido, seja ele patrimonial ou não. Consagra-se, então, a ideia de que a função da responsabilidade civil, especialmente se tratar de reparação de dano moral, deve ser compensatória, circunstância na qual o lesado receberá, como indenização, um benefício que substituirá aquele outro, mas que tem o condão de o satisfazer integralmente.[179]

No âmago da chamada função reparatória (ou ressarcitória), costuma-se salientar a perseguição pelo retorno ao estado de coisas anterior, que a aproxima da tutela dos interesses patrimoniais. Já na essência da denominada função compensatória, busca-se atenuar, ainda que de maneira indireta, as consequências da lesão de ordem existencial.[180] Sem embargo, é certo que em ambas reside a *função comum*, como resposta negativa do ordenamento, de viés sancionatório, de atribuir vantagem ao lesado, de maneira que ele possa alcançar nível potencialmente semelhante de satisfação ao que ele teria se o dano não houvesse ocorrido. É por essa razão que, não obstante a autonomia conceitual comumente atribuída a cada uma dessas funções, aqui são tratadas como equivalentes (função reparatória-compensatória).

---

178. "Com efeito, em se tratando de lucros cessantes, torna-se impossível comprovar, com tamanha certeza e precisão, o quanto a vítima deixou de auferir em razão do evento danoso. Afinal, o ganho que se teria obtido, não fosse o evento danoso, sequer chegou a se concretizar, já que o ciclo do dano não se concluiu. Assim, se os lucros cessantes representam uma diminuição 'potencial' do patrimônio da vítima, não se pode, simplesmente, situá-los no passado, como aquilo que se deixou de lucrar. É exatamente por isso que não se exige, na apreciação dos lucros cessantes, a mesma certeza que se demanda na avaliação dos danos emergentes" (CRUZ, Gisela Sampaio da. *O problema do nexo causal na responsabilidade civil*. Rio de Janeiro: Renovar, 2005, p. 316, nota 543).
179. MENEZES CORDEIRO, António. *Tratado de direito civil português*, cit., p. 514-515.
180. A rigor, como critério de quantificação dos danos extrapatrimoniais, não é possível desvincular-se da ideia de *equidade*, como já prevê o art. 953, parágrafo único do Código Civil: "Se o ofendido não puder provar prejuízo material, caberá ao juiz fixar, equitativamente, o valor da indenização, na conformidade das circunstâncias do caso". No mesmo sentido, por todos, a doutrina destaca que "*la determinazione del quantum del danno non patrimoniale è stata sempre effettuata in base a criteri equitativi*, non avendo la funzione di reintegrare il patrimonio del danneggiato mediante il risarcimento in forma specifica o attraverso l'equivalente pecuniario. La considerazione specifica di tutte le voci di danno è sostituita, nel caso di danno non patrimoniale, dalla valutazione di tutte le concrete circostanze del caso di specie, in modo da adeguare l'indennità alla fattispecie, *rispettando le esigenze di una correlazione tra la gravità del fatto e l'ammontare dell'indennizzo*" (ALPA, Guido; BESSONE, Mario; CARBONE, Vicenzo. Atipicità dell'illecito: diritti della personalità e danno morale. v. II. Milano: Giuffrè, 1993, p. 360-361). O debate maior se firma quando se busca apurar a "gravidade do fato" para além da intensidade do dano sofrido pela vítima, adicionando também aspectos de reprovabilidade da conduta do ofensor, em suposto viés punitivo do dano extrapatrimonial. Quanto a este debate, cf. infra, capítulo 2.

1.3.4 O dano extrapatrimonial

A Constituição de 1988, a Lei n. 8.078/90 (Código de Defesa do Consumidor) e o Código Civil de 2002, dentre outros diplomas legais, acompanhando o desenvolvimento da jurisprudência, consagraram a reparabilidade do dano extrapatrimonial, ao lado da possibilidade de sua cumulação com os danos de natureza patrimonial,[181] assim como sedimentaram as suas nomenclaturas: para os danos de natureza patrimonial, designam-se os *danos materiais*. Para aqueles que representam interesses não patrimoniais violados, chamam-se *danos morais*. Nesta investigação, entende-se que a expressão mais adequada é a de *danos patrimoniais*, quando se quer fazer referência aos danos materiais, assim como *danos extrapatrimoniais* ou *danos existenciais*, em preferência dos chamados danos morais.[182]

A adoção de nomenclatura distinta daquela utilizada pelo próprio legislador não é fruto de mero raciocínio conceitualista ou axiomático. Em verdade, apenas intende a escolha do signo (da palavra) cujo feixe de significado exprime de modo mais adequado o conteúdo normativo previsto pelo próprio direito positivo. É que o *dano material* não se limita a lesão de interesses que se apresentem material ou substancialmente tangíveis (bens corpóreos). Assim como dano moral não representa, necessariamente, a ofensa à moral, o "estado de ânimo" ou a "psiquê" de certo indivíduo ou coletividade.[183] Ao revés, ilustra o dano material qualquer lesão que afete interesse de natureza patrimonial, ainda que o ativo do acervo atingido pela conduta do ofensor não seja materialmente tangível (direitos, ações, pretensões, bens incorpóreos, interesses economicamente aferíveis), bem como representa dano moral qualquer ofensa à cláusula geral de tutela da pessoa humana, conquanto possa manter-se inabalável a moral ou a psiquê do ofendido (à exemplo do dano à integridade corporal, à proteção de certos dados pessoais, à inviolabilidade da identidade genética etc., diante dos quais não necessariamente o ofendido sofre abalo de ordem

---

181. Constituição Federal. Art. 5º. V – é assegurado o direito de resposta, proporcional ao agravo, além da indenização por dano material, moral ou à imagem; X – são invioláveis a intimidade, a vida privada, a honra e a imagem das pessoas, assegurado o direito a indenização pelo dano material ou moral decorrente de sua violação. Lei n. 8.078/90. Art. 6º. VI – a efetiva prevenção e reparação de danos patrimoniais e morais, individuais, coletivos e difusos; VII – o acesso aos órgãos judiciários e administrativos com vistas à prevenção ou reparação de danos patrimoniais e morais, individuais, coletivos ou difusos, assegurada a proteção Jurídica, administrativa e técnica aos necessitados. Código Civil. Art. 186. Aquele que, por ação ou omissão voluntária, negligência ou imprudência, violar direito e causar dano a outrem, ainda que exclusivamente moral, comete ato ilícito.
182. Nas relações de trabalho, a Lei n. 13.467/2017, que implementou ampla reforma à Consolidação das Leis Trabalhistas (CLT), a propósito, passou a prever no Título II-A da referida Consolidação, com a denominação "Do dano extrapatrimonial", em seu art. 223-B, que "causa dano de natureza extrapatrimonial a ação ou omissão que ofenda a esfera moral ou existencial da pessoa física ou jurídica, as quais são as titulares exclusivas do direito à reparação".
183. A propósito, destaca Luis DÍEZ-PICAZO que "no es lo más grave la trivialización que se produce de este enormemente difícil concepto, sino la deformación que es consecuencia de ello, de manera que si era comprensible que nunca hubiéramos tenido una idea especialmente clara de qué debe entenderse por «daño moral», esa idea es hoy menos clara que nunca" (*El escândalo del daño moral*. Pamplona: Thomson-Cívitas, 2008, p. 13).

psicológica). De uma forma ou de outra, o que importa é saber que o direito brasileiro não diferencia tais modalidades entre si (danos materiais vs danos patrimoniais ou danos morais vs danos extrapatrimoniais). Um não é espécie do outro. Devem ser tratados como sinônimos.

Por outro lado, é necessário delinear o conteúdo do que se nomeia, nesta seara, de danos extrapatrimoniais.[184] Entende-se que, no contexto sistemático do direito civil, interpretado à luz da Constituição, dano extrapatrimonial ou existencial será aquele que representar lesão a interesse conectado à cláusula geral de tutela da pessoa humana, cujo fundamento reside no princípio da dignidade da pessoa humana, previsto no art. 1º, III, da CF. Tal noção, por determinação legal, também pode se estender à pessoa jurídica, no que couber (art. 52 do Código Civil).[185]

Inicialmente, refuta-se a ideia, muito comum entre os precursores da defesa da reparabilidade do dano extrapatrimonial, segundo a qual o dano moral é "qualquer sofrimento humano que não é causado por uma perda pecuniária".[186] A par dos elogios merecidos em defesa da tutela do aludido dano, revela-se muito vazia a fórmula residual de conceituação, no sentido de que dano moral é aquele que não é material.[187]

Por conseguinte, não parece adequada a ideia de que o dano extrapatrimonial (ou simplesmente moral) é aquele que resulta na dor, sofrimento, angústia, ou outras lamúrias. Tais expressões são despiciendas. Correspondem a meros efeitos possíveis, mas não necessários do dano existencial. O dano dito moral é a lesão a interesse existencial juridicamente protegido, cuja ocorrência pode gerar sofrimento psicológico ao lesado, ou não. Por outro lado, não se nega que a lesão à esfera psíquica da pessoa pode representar, em si, dano existencial, eis que afetada à saúde/sanidade da pessoa e, portanto, à sua esfera existencial digna de tutela. Afirma-se, apenas, que as reações sentimentais ou psicológicas não são requisito para a qualificação do dano, expressando-se normalmente como efeito da lesão.[188]

---

184. "A primeira grande dificuldade que se enfrenta no estudo do dano moral dá-se logo em tema de sua conceituação. Embora em princípio cada um tenha em seu espírito alguma noção do que seja esta espécie de dano, mormente em virtude das características que naturalmente exsurgem quando do cotejo com os danos materiais, torna-se indispensável sua definição precisa, capaz de oferecer ao intérprete orientação segura, ponto de partida sólido para a elucidação dos conflitos próprios da vida social" (MONTEIRO FILHO, Carlos Edison do Rêgo. *Elementos de responsabilidade civil por dano moral*. Rio de Janeiro: Renovar, 2000, p. 36).
185. Para uma análise abrangente, indispensável a leitura de BODIN DE MORAES, Maria Celina. *Danos à pessoa humana*, cit., p. 57-192.
186. SAVATIER, René. *Traité de la Responsabilité Civile*. v. II. Paris: LGDJ, 1951, n. 525.
187. "O fundamento da reparabilidade pelo dano moral está em que, a par do patrimônio em sentido técnico, o indivíduo é titular de direitos integrantes de sua personalidade, não podendo conformar-se a ordem jurídica em que sejam impunemente atingidos" (PEREIRA, Caio Mário da Silva. Responsabilidade civil, cit., p. 54). Em crítica à chamada "operação conceitual negativa", cf. MONTEIRO FILHO, Carlos Edison do Rêgo. *Elementos de responsabilidade civil por dano moral*, cit., p. 36-37.
188. Como representação ilustre dessa respeitável posição doutrinária, veja-se, por todos, José de Aguiar Dias, para quem "o dano moral é o efeito não patrimonial da lesão de direito e não a própria lesão, abstratamente

Também não parece adequada a corrente que qualifica o dano moral como violação a direito da personalidade. É que não obstante se adote a tese da não taxatividade dos direitos da personalidade (direito ao próprio corpo, ao nome, à imagem, à honra, à privacidade etc.), a limitação da esfera existencial a um raciocínio tendencialmente subsuntivo, que normalmente conduz ao tipo, não parece o mais adequado.[189] Mais razoável que a busca por "novos direitos da personalidade", para amparar a realidade dos "novos danos", seria a compreensão que toda e qualquer expressão da personalidade humana, que merece tutela na ordem jurídica, em determinado contexto de espaço e tempo, integra a cláusula geral de proteção da pessoa e, portanto, ampara-se no princípio da dignidade. Do valor da dignidade humana se extrai a prevalência dos interesses existenciais sobre os patrimoniais.

Portanto, em se verificando lesão a interesse existencial juridicamente protegido,[190] merecedor de tutela nas circunstâncias do caso concreto, não raro em ambiente de sopesamento dos valores e interesses que iluminam a ordem jurídica (interesse lesivo *versus* interesse lesado), resta presente o dano moral (ou extrapatrimonial). No procedimento de qualificação da *fattispecie* concreta, o dano moral pressupõe a identificação de lesão a interesse extrapatrimonial, tanto numa perspectiva abstrata, quanto em consideração do choque dos interesses contrapostos no caso concreto. Neste itinerário, a operação interpretativa é unitária e incindível, ainda que didaticamente se possa delinear que se analisa, em primeiro lugar, se o fato, ou a ação de

---

considerada. O conceito de dano é único, e corresponde a lesão de direitos. Os efeitos da injúria podem ser patrimoniais ou não, e acarretam, assim, a divisão dos danos em patrimoniais e não patrimoniais. Os efeitos não patrimoniais da injúria constituem os danos não patrimoniais", e segue: "dano moral (...) é a reação psicológica à injúria, são as dores físicas e morais que o homem experimenta em face da lesão" (*Da responsabilidade civil*, cit., p. 861-865). Note-se que o autor tem consciência do conceito técnico de dano, como violação a interesse juridicamente protegido. Ocorre que opta, intencionalmente, pela definição de que dano moral é o efeito da lesão, e não a violação do interesse em si. É essa perspectiva que aqui não se concorda, não só porque os efeitos da lesão extrapatrimonial são inalcançáveis ao intérprete e aplicador do direito (daí o esforço da construção da presunção do dano, ou dano *in re ipsa*), como torna a análise do dever de reparação uma operação deveras contingente. Quer-se dizer que a qualificação do dano, como efeito da lesão, dependerá da fortitude pessoal, psicológica, corporal, moral, abalável ou não, da vítima, reduzindo a operação de qualificação à prova do real sofrimento da vítima, e conferindo ao agente ofensor a oportunidade de isentar-se do dever de indenizar, caso comprove que ofendeu pessoa que não se abalou com a prática do ilícito. Não parece essa a sistemática adotada pelo direito positivo brasileiro, mais voltada à apuração abstrata da lesão a interesse juridicamente protegido, ainda que se leve em conta as circunstâncias do caso e a valoração concreta da pessoa da vítima, para apuração do *quantum* indenizatório.

189. Não é necessário muito esforço para identificar que a realidade jurisprudencial admite a existência de danos morais que não se confundem com qualquer espécie de direito da personalidade, ainda que à margem daqueles previstos expressamente pela legislação. Ilustrativamente, veja-se a hipótese de dano moral *in re ipsa* pela perda de ente querido (AgRg no AREsp n. 398.302/RJ, Rel. Min. Ricardo Villas Boas Cueva, j. 22.10.2013), ou pela *via crucis* percorrida pelo consumidor para obter uma resilição contratual a que tinha direito ("teoria da perda do tempo útil ou do desvio produtivo") (REsp n. 1.634.851/RJ, Rel. Min. Nancy Andrighi, j. 12.09.2017), dentre tantos outros casos.

190. Importante salientar que a legislação civil permite, *mutatis mutandis*, que a pessoa jurídica sofra "dano moral", como dispõe o art. 52 do Código Civil: "aplica-se às pessoas jurídicas, no que couber, a proteção dos direitos da personalidade", e o verbete de súmula n. 227, do Superior Tribunal de Justiça: "a pessoa jurídica pode sofrer dano moral".

certo agente, tem o condão de violar interesse extrapatrimonial da pessoa, numa perspectiva abstrata, no sentido de que a ordem jurídica positiva confere proteção; e, em outro plano, concomitante e complementar, se as características das circunstâncias do fato evidenciam choque com outros interesses, também abstratamente dignos de tutela, a impor a ponderação entre eles, de sorte a extrair desta operação a qualificação adequada do fenômeno danoso.[191]

Em síntese, não se trata de afirmar que existe dano extrapatrimonial pela mera avaliação abstrata mediante a qual se vislumbra a lesão a interesse juridicamente protegido ou, em outras palavras, pela mera violação da lei, como resultado automático decorrente da prática de ato ilícito.[192] É preciso cotejá-lo com as circunstâncias do caso concreto, em observância ao grau de proteção do interesse lesivo, que pode mesmo superar o primeiro, configurando situação de *inexistência de dano*.[193]

Não se comunga da tese segundo a qual o dano moral é efeito reflexo do ilícito, no sentido de que a mera violação de uma norma legal causa, *per si*, dano patrimonial ou extrapatrimonial. Em verdade, tanto o dano pode ocorrer mesmo sem a prática do ilícito – inclusive com a possibilidade de o ordenamento impor o dever de reparação –, como pode ocorrer que um ilícito não cause dano a esfera jurídica alheia. Nem a perspectiva puramente abstrata parece a mais adequada, nem aquela que exige a *prova do prejuízo* (do sofrimento, dor ou outras lamúrias), como elemento concreto do dano.[194] Como já se afirmou, trata-se de mero efeito, possível e não certo, do dano. Advoga-se, portanto, a tese de que o dano moral é aquele que representa a lesão a interesse juridicamente protegido que, sopesado com toda a sorte de interesses que envolvem o caso concreto, prevalece no sentido de uma proteção digna de tutela. Possui como uma de suas características fundamentais o fato de ser, essencialmente, *indenizável*.

É que como a finalidade primária da responsabilidade civil é a obtenção da reparação da lesão sofrida pela vítima, confere aparência de disfuncionalidade – e inocuidade – qualquer noção que revela a possibilidade de existir um dano não indenizável. Ou, simplesmente, um dano justo. Tais conceitos, com todas as vênias às

---

191. "Interpretação e qualificação do fato são aspectos de um processo cognitivo unitário orientado para a reconstrução daquilo que ocorreu em uma perspectiva dinâmica, voltada para a sua fase de realização (...). Trata-se de construir a resposta, em termos de disciplina, que o ordenamento globalmente considerado dá à exigência de tutela que o fato manifesta" (PERLINGIERI, Pietro. *O direito civil na legalidade constitucional*, cit., p. 651-652).
192. Não é possível, assim, tal como pretendiam os teóricos do positivismo formalista, efetuar a qualificação do fato somente por operações silogísticas abstratas. Há "identidade substancial" entre a interpretação da lei e a interpretação do fato" (PUGLIATTI, Salvatore. *Istituzioni di diritto civile*. 2. ed. Milano: Giuffrè, 1935, v. III, p. 230.
193. Na dogmática brasileira, acerca da ponderação entre interesse lesivo e interesse lesado, cf. SCHREIBER, Anderson. *Novos paradigmas da responsabilidade civil*, cit., p. 141-184.
194. Na doutrina italiana, a discussão versa em torno da aceitação da distinção entre "dano evento" e "dano consequência", bem sintetizada em DI MAJO, Adolfo. *Discorso generale sulla responsabilitá civile*, cit., p. 41-42.

relevantes contribuições doutrinárias acerca da matéria, não parece conectar-se ao âmago do instituto, fugindo ao seu objetivo primordial: a função reparatória. Aquilo que se convencionou chamar de "mero aborrecimento" não pode ser qualificado como "dano justo" ou "dano não indenizável", simplesmente porque não há dano, no sentido normativo.

Em suma, o dano extrapatrimonial, conceituado sob um ponto de vista funcional, deve ser necessariamente indenizável e injusto, por representar violação a interesse existencial juridicamente protegido, tanto abstratamente, quanto concretamente, após o sopesamento com os demais interesses envolvidos na espécie, revelando-se merecedor de tutela. O valor a ser promovido, neste caso, é aquele que impõe uma resposta do ordenamento no sentido da busca pela sua reparação, ainda que possa haver outros fatores que impeçam a ocorrência efeito.[195]

Sintetiza-se, assim, a clássica função reparatória-compensatória, que representa modo de reação negativa do ordenamento (tutela negativa), como resposta no sentido de buscar a recomposição ou o reequilíbrio de uma posição jurídica desfalcada, ou abalada, pelo exercício de uma situação jurídica subjetiva cujo interesse não se deve resguardar (interesse lesivo), em apoio ao interesse lesado do ofendido. As categorias que compõem a função reparatória-compensatória (dano indenizável ou injusto, o interesse juridicamente protegido, o interesse patrimonial e existencial, os mecanismos de reparação, pecuniária e não pecuniária), são, portanto, instrumentais ao alcance de sua finalidade, que é primária ao instituto da responsabilidade civil, compondo seu núcleo essencial, não podendo desta se descolar.

Sucede que a doutrina tem defendido a tese, muito bem acolhida pela jurisprudência, tanto em âmbito nacional, como no direito estrangeiro, que, ao lado da função reparatória-compensatória, a responsabilidade civil persegue também uma função punitiva e uma função preventiva. É o que se analisará nos capítulos *infra*.

---

195. Está a mencionar, aqui, os demais elementos da responsabilidade civil, como o nexo de causalidade (que pressupõe alguma contribuição de comportamento do ofensor), nos casos de responsabilidade objetiva, e, em acréscimo, a culpa, para as hipóteses de responsabilidade subjetiva.

2
A AMPLIAÇÃO DA TUTELA NEGATIVA: A FUNÇÃO PUNITIVA E PEDAGÓGICA

A dogmática oitocentista dos países de cultura romano-germânica sedimentou uma ideia de direito marcadamente calcada na separação entre direito público e direito privado.[1] A famosa dicotomia, comemorada pela doutrina de outrora como um avanço científico no modo de compreender o Direito, contribuiu para o estabelecimento de uma cisão de intencionalidades na estrutura do ordenamento jurídico: a grosso modo, caberia ao direito privado mediar os interesses intersubjetivos, entre os particulares, conforme os pilares da liberdade (autonomia) e da igualdade formal, enquanto ao direito público se reservaria o monopólio do controle social, com base no interesse público, pelo qual se fundamenta o poder de punir.[2] Não se cogitava, portanto, nos idos do século XIX, atribuir à responsabilidade civil, cujo escopo se restringe ao âmbito privado, uma função punitiva.

Sucede que a expansão das atividades de risco e o aumento quantitativo e qualitativo dos eventos danosos, como já outrora mencionados, ascenderam a faísca do ímpeto repressivo, ao lado de todas as consequências já aludidas. Como reações quase concomitantes, o modelo tradicional de culpa entrou em colapso, exigindo uma remodelação para os novos tempos (culpa presumida, normativa etc.), necessitando conviver com a sua total prescindibilidade em algumas hipóteses (de responsabilidade objetiva);[3] a identificação do nexo causal se tornou um dos problemas mais difíceis da dogmática contemporânea, com amplo dissenso conceitual e funcional;[4] a "descoberta" periódica de "novos danos", merecedores de tutela na ordem jurídica, é realidade inegável, que atrai constante debate em tornos dos limites da responsabilidade civil.[5]

---

1. Sob viés crítico, indispensável a leitura de GIORGIANNI, Michelle. O direito privado e as suas atuais fronteiras (1961). Trad. DE CICCO, Maria Cristina. *Revista dos Tribunais*, n. 747, 1998, passim.
2. "A separação entre pena e indenização foi, assim, uma consequência dessa mentalidade, e bem se justificava, tendo em vista os objetivos a serem alcançados: era, então, imprescindível retirar da indenização qualquer conotação punitiva; a pena dirá respeito ao Estado e a reparação, mediante a indenização, exclusivamente ao cidadão" (BODIN DE MORAES, Maria Celina. *Danos à pessoa humana*, cit., p. 202).
3. Sobre este ponto, cf. supra, capítulo 1.2.1.
4. Cf. TEPEDINO, Gustavo. Notas sobre o nexo de Causalidade. *Temas de Direito Civil*. Rio de Janeiro, Renovar, 2006, t. II; CRUZ, Gisela Sampaio da. *O problema do nexo causal na responsabilidade civil*. Rio de Janeiro: Renovar, 2005; e, mais recentemente, SOUZA, Eduardo Nunes de. Em defesa do nexo causal: culpa, imputação e causalidade na responsabilidade civil. In: SOUZA, Eduardo Nunes de; SILVA, Rodrigo da Guia (Coord.). *Controvérsias atuais em responsabilidade civil*. São Paulo: Almedina, 2018, p. 33-102.
5. Acerca dos confins da responsabilidade civil na realidade de expansão dos danos, dentre tantos outros, Cf. RODOTÀ, Stefano. Modelli e funzioni della responsabilità civile. *Rivista Critica di Diritto Privato*.

Tais fatores, entre outros, reúnem-se funcionalmente em torno da obsessão de remodelar o instituto de maneira a servir-se de instrumento para a *tutela efetiva da vítima*.[6] E, neste viés, não tardou o surgimento da corrente de pensamento que defende a atribuição de uma função punitiva à responsabilidade civil, como consequência natural da reação enérgica do ordenamento à prática de condutas que causam danos a terceiros.[7] Tratar-se-ia de reconhecer na responsabilidade civil uma função que se apresentaria inelutável e inexorável, ante a necessidade de refutar incisivamente a prática de atos valorados como inaceitáveis no convívio social, erigindo o interesse violado nas relações privadas a categoria de proteção máxima do ordenamento, a merecer a mais grave tutela sancionatória prevista na ordem jurídica.[8]

2.1 OS FUNDAMENTOS DA FUNÇÃO PUNITIVO-PEDAGÓGICA DA RESPONSABILIDADE CIVIL

Se a responsabilidade tinha por fundamento a liberdade, isto é, a atuação voluntária do agente, a regra de imputação a ela subjacente só poderia associar-se ao juízo que se deveria fazer sobre o comportamento do autor da ação. Eis a razão pela qual a culpa formava o núcleo essencial do direito dos danos, assim como não se poderia cogitar a responsabilização de alguém que não participou ou contribuiu para o desenrolar dos fatos que culminaram no evento danoso.[9] Culpa e nexo, assim, como pressupostos muito próximos e de utilidade semelhante (servir-se de filtro para evitar a imputação de responsabilidade àquele que não agiu voluntariamente e de modo determinante à ocorrência do dano), encerravam, ao lado da existência do

---

v. 3. Napoli: Jovene, 1984, p. 595-607; RESCIGNO, Pietro. *Manuale del diritto privato italiano*. Napoli: Jovene, p. 644 e ss.; e ALPA, Guido; BESSONE, Mario. *La responsabilità civile*. Milano: Giuffrè, 1980, v. II, p. 309-338.

6. A tutela efetiva dos danos, como se verá infra (cap. 4), representa uma superação do chamado princípio da reparação integral. Em última análise, "o princípio da reparação integral ou plena, ou da equivalência entre os prejuízos e a indenização, conforme já aludido, busca colocar o lesado, na medida do possível, em uma situação equivalente à que se encontrava antes de ocorrer o fato danoso" (SANSEVERINO, Paulo de Tarso Vieira. *Princípio da reparação integral*. São Paulo: Saraiva, 2010, p. 48). Sabe-se, contudo, que desde há muito tempo o princípio da reparação sofre uma série de limitações, como destaca MONTEIRO FILHO, Carlos Edison do Rêgo. Limites ao princípio da reparação integral no direito brasileiro. *Civilistica.com*. Rio de Janeiro, a. 7, n. 1, 2018. Disponível em: http://civilistica.com/wp-content/uploads/2018/05/Monteiro-Filho-civilistica.com-a.7.n.1.2018.pdf. Acesso em: 25 set. 2018.

7. Na tradição europeia continental, a obra de maior impacto era pós-codificação (marcada pela cisão entre direito civil e direito penal), embora não tenha sido a pioneira, é a de Boris STARCK, que ficou famosa por duas contribuições marcantes na dogmática da responsabilidade civil: a defesa de que o direito dos danos tem (i) função de garantia (e não simplesmente restitutória); e (ii) função punitiva, mediante a imposição de penas privadas (*Essai d'une théorie générale de la responsabilité civile considérée en sa double fonction de garantie et de peine privée*. Paris: Rodstein, 1947).

8. MAZEAUD, Henri; MAZEAUD, Leon. *Traité théorique et pratique de la responsabilité civile délictuelle et contractuelle*. Paris: Recueil Sirey, t. I, n. 11, p. 9).

9. "Quoi qu'il en soit, la théorie actuelle du droit français ne peut faire de doute: 'pas de responsabilité sans faute'. La faute peut être définie, d'une façon générale, l'action de faillir, de manquer à un devoir" (WILLEMS, Jos. *Essai sur la responsabilité civile*. Paris: A. Fontemoing, 1896, p. 28).

dano, provenientes de um ilícito, os pressupostos tradicionais da responsabilidade civil de viés exclusivamente reparatório.[10]

Com a ressignificação da responsabilidade civil, consoante exposto amiúde, como modelo tendente à ampliação da eficácia de sua finalidade primária,[11] de viés reparatório/compensatório (*rectius*: função reparatória), no sentido de conferir à vítima um tratamento preferencial, a dar concretude na satisfação do interesse lesado, verificou-se multiplicidade de redefinições que lograram subtrair da apuração do fenômeno danoso a relevância de uma análise valorativa sobre a conduta do agente ofensor.[12]

De um lado, o aumento exponencial das hipóteses de responsabilidade objetiva. De outro, a releitura sobre a própria definição de culpa, nas hipóteses de responsabilidade subjetiva, no sentido da construção de um conceito de culpa normativa, retirando-lhe o conteúdo voluntarista. Outrossim, o cerco realizado sobre as excludentes de causalidade, limitando o seu alcance (fortuito interno, causalidade alternativa, presumida, probabilística etc.). A nova responsabilidade civil mantém o foco na vítima, com preocupação cada vez menor quanto à qualidade ou às características do comportamento do ofensor, ou, simplesmente, da conduta daquele que deverá indenizar, ainda que não tenha necessariamente causado o dano.[13]

É a obstinação desenfreada em direcionar a responsabilidade para a *tutela integral da vítima*, especialmente no que tange aos danos extrapatrimoniais, o primeiro fundamento da chamada "função punitiva".[14] Aqui já se apresenta a questão da

---

10. "*Le trait du code civil en cette matière sur lequel il importe surtout d'insister, sauf à en préciser mieux plus tard le caractère et la portée, c'est que la responsabilité délictuelle y a pour base fondamentale la notion de faute, c'est-à-dire d'acte coupable, illicite. D'où la double conséquence suivante: 1. Quinconque se plaint d'avoir été lésé par le fait d'autrui doit nécessairement prouver, pour avoir droit à réparation, que ce fait a constitué une faute de la part de son auteur. 2. L'auteur du fait dommageable doit échapper à la responsabilité de ce préjudice. S'it démontre que ce dommage ne lui est pas imputable à faute*" (COLIN, Ambroise; CAPITANT, Henri. *Cours élémentaire de droit civil français*. Paris: Librairie Dalloz, 1915, t. II, p. 355).
11. Já antecipava Maria Celina BODIN DE MORAES que "em atendimento à função promocional do direito, o princípio da democracia impõe a máxima eficácia ao texto constitucional, expressão mais sincera das profundas aspirações de transformação social" (*A constitucionalização do direito civil e seus efeitos sobre a responsabilidade civil*, cit., p. 320).
12. "*Dinanzi a questa scelta – che ha ampliato le ipotesi di responsabilità per fatto altrui e che ha preso in considerazione la posizione ricoperta della persona, per riferirle eventi lesivi di posizioni soggetive altrui – si è sviluppata una tendenza vòlta ad affermare l'esistenza di una pluralità di criteri di imputazione della responsabilità civile*" (PERLINGIERI, Pietro. *Manuale di diritto civile*, cit., p. 898). Entre nós, veja-se os apontamentos de NORONHA, Fernando. *Direito das obrigações*. São Paulo: Saraiva, 2003, v. 1, p. 542).
13. Ver, por todos, SCHREIBER, Anderson. As novas tendências da responsabilidade civil brasileira. *Revista Trimestral de Direito Civil*, v. 22, Rio de Janeiro: Padma, abr./jun., 2005.
14. "A teoria [da pena privada de Hugueney e Starck] tornou-se, de fato, útil quando se percebeu a necessidade de buscar fundamentos com maior poder de adesão para fortalecer a ideia da reparação do dano moral" (...). "Daí resulta o entendimento de que a reparação do dano moral tem também um caráter de pena: é uma justa punição que deve reverter em favor da vítima" (BODIN DE MORAES, Maria Celina. *Danos à pessoa humana*, cit., p. 220-221). A propósito, no sentido de que não cabe qualquer modalidade de "indenização" de danos extrapatrimoniais, sejam eles pecuniários ou *in natura*, sendo a única solução a imputação de pena civil, Cf. DUPICHOT, Jacques. *Des préjudices réfléchis nés de l'atteinte à l'avie ou à l'intégrité corporelle*. Paris: LGDJ, 1969.

necessidade de compreensão do real conteúdo do chamado "*princípio da reparação integral*", de modo a saber se alcança um outro patamar de *proteção integral* da vítima, para além de sua *reparação integral*.[15]

Por outro lado, a fim de sustentar dogmaticamente a imputação de uma *pena* ao agente ofensor, revela-se como segundo fundamento da denominada "função punitiva" o reconhecimento de que a indenização deve responder a um chamado que visa atender a um *interesse público*, juridicamente relevante em grau máximo.[16] Este corresponderia à necessidade de *reprimir* incisivamente certas condutas lesivas, porque inaceitáveis no convívio social,[17] o que, por via de consequência, auxiliaria o sujeito ofensor a compreender o nível de reprovabilidade de seu comportamento, evitando, pois, a sua repetição em situações futuras. Daí a referência à existência, em paralelo, de uma função chamada "pedagógica".[18] Inaugura-se, assim, uma nova forma de tutela negativa do dano: não apenas a sanção negativa correspondente à reação do direito ao dano, no sentido de buscar a sua reparação, mas também como sanção negativa, de natureza notadamente expiatória, valer dizer, simplesmente punitiva.

---

15. Quando Giovanna Visintini deixa claro que a aplicação do princípio da reparação integral se limita aos danos patrimoniais (*Trattato breve della responsabilità civile*, cit., p. 635), quer, em verdade, expor que a satisfação plena da pessoa humana (no sentido existencial) dificilmente se coaduna com a ideia de reparação pecuniária como forma de reequilibrar a relação jurídica abalada pelo dano não patrimonial. Está-se a falar em necessidade de ampliação e efetivação das hipóteses de reparação não pecuniária, a superar a ideia de *reparação* para a noção de *satisfação*. Neste ponto, destaca Geneviève VINEY que "l'évolution des idées sur la responsabilité civile a fait apparaître d'autres perspectives qui conduisent à assigner également à cette institution des objectifs nettement distincts de la réparation, même entendue le plus largement possible. On peut déceler à cet égard trois orientations essentielles qui se sont d'ailleurs manifestées de façon très inégale dans les différents systèmes juridiques actuellement en vigueur, la responsabilité civile étant parfois utilisée désormais soit comme un moyen de pénaliser les comportements nuisibles (1), soit comme un procédé destiné à prévenir la réalisation d'un dommage qui menace de se produire (2), *soit même afin d'obtenir l'éxecution des obligations ou, plus largement, le rétablissement de la légalité*" (*Traité de droit civil*: la responsabilité – effetcs, cit., p. 4-5) (grifos nossos).
16. Não à toa é na Lei 7.347/85, que regula a ação civil pública, que se prevê a única hipótese de indenização com caráter próximo ao de *pena civil*. A ação civil pública, como se sabe, é instrumento de tutela de interesses públicos, cujo rol de pessoas como legitimidade ativa para propor a ação é restrito taxativamente, sendo vedado o seu manejo por pessoas naturais. Não pode um indivíduo pretender, por si só, obter reconhecimento de direito que sobre ele recai forte interesse público. Tal fundamento é lembrado em VINEY, Geneviève. *Traité de droit civil*: la responsabilité – effetcs, cit., p. 9).
17. Como a finalidade essencial da função punitiva é a *repressão*, no sentido de punir, repreender, castigar o autor da ofensa, a discussão se volta sobre as condições em que o agente *merece* ser punido. Discute-se apenas em casos intencionais, ou também em culpa grave ou grosseira (*faute lourde*). Sobre os fundamentos para a repressão civil, pela via das penas privadas (peine privée), e as condições para a sua implementação, essencial a obra de CARVAL, Suzanne. *La responsabilité civile dans sa fonction de peine privée*. Paris: LGDJ, 1995, p. 327-284. Em termos gerais, "o ordenamento não pode mostrar-se indiferente em relação à violação de direitos e ao fenômeno de fatos que causam graves prejuízos de ordem econômica e social aos sujeitos" (SCOGNAMIGLIO, Claudio. Danno morale e funzione deterrente della responsabilità civile. *Responsabilità civile e previdenza*, v. 72, n 12, Milano: Giuffrè, jul./dez. 2007, p. 2773).
18. Em linhas gerais, o que a doutrina brasileira costuma apontar sobre a *"função pedagógica"* é que se deve imputar certo dever de indenizar de tal modo que obrigue o agente a reparar o dano causado e, ao mesmo tempo, possa "coibir a prática de outros atos danosos, não só pela mesma pessoa como sobretudo por quaisquer outras" (NORONHA, Fernando. *Direito das obrigações*, cit., p. 441). Trata-se, em outras palavras, da conhecida função dissuasória (*deterrence*), que recebe amplo destaque na doutrina estrangeira e está intimamente ligada à função punitiva, como se verá *infra*.

Paradoxalmente, não são raras as vozes que atribuem à indenização uma natureza dúplice, tanto no sentido de representar uma obrigação de viés reparatório-compensatório, como também correspondente a uma sanção punitiva.[19] Também já é possível encontrar adeptos de uma teoria que pretende conferir à indenização natureza essencialmente punitiva, em preferência àquela reparatória-compensatória.[20] Após a exposição das perspectivas adotadas em torno da função punitiva, explicar-se-á onde reside o paradoxo da atribuição de uma função punitiva à responsabilidade civil.

2.1.1 A função punitiva: perspectivas

Costuma-se iniciar a exposição da chamada função punitiva com uma explanação, ainda que breve, do instituto de direito comparado (*Common Law*) que inspirou parte da doutrina nacional a reconhecer a existência de uma nova finalidade à responsabilidade civil: os *punitive damages*.[21] Traduzidos por alguns como "danos punitivos", tratam-se, em verdade, de *indenizações punitivas*.[22] Estas, por definição, representam indenizações "concedidas ao autor da ação (vítima) como modo de punir o réu".[23] Mas as referências à chamada função punitiva não se restringe a tal figura, havendo uma multiplicidade de perspectivas que ora se buscará sistematizar.

2.1.1.1 *Função punitiva como inspiração dos* punitive damages

No direito norte-americano, onde a sua implementação ocorreu com mais vigor que nos países integrantes da *Commonwealth*,[24] conquanto cada estado possua

---

19. É a responsabilidade civil no sentido orientada para a reparação do dano, mas, sobretudo, para a repreensão de condutas, como medida de satisfação global do ofendido. Nesta direção, cf. GALLO, Paolo. *Pene private e responsabilità civile*. Milano: Giuffrè, 1996, p. 39.
20. O tema da alternativa do direito civil ao fracasso do direito penal foi inaugurado nos debates do Centro Internacional de Criminologia de Montreal e da Universidade de Paris X, no ano de 1984, como relata a obra de Jacqueline Bernat de Celis, fruto das discussões travadas nos anos anteriores (La question des 'alternatives'. *Revue de science criminelle et de droit pénal comparée*. Paris: Sirey, 1986, v. 4, p. 309-317). Na década seguinte, o tema já é sistematizado por Suzanne CARVAL: "al'heure où les juristes, s'émouvant de ce que le droit pénal 'a tendance à s'insinuer partout, à devenir le simple sanctionnauteur de la violation de normes civiles, commerciales ou administratives', cherchent à discerner quelles pourraient être les alternatives à la justice pénale" (La responsabilité civile..., cit., p. 233).
21. Também conhecidos como "*exemplary damages*", como expressamente é nomeada a seção das indenizações punitivas no Código Civil do Estado da Califórnia. Lá constam seus requisitos e sua função no §3294: "In an action for the breach of an obligation not arising from contract, where the defendant has been guilty of oppression, fraud, or malice, the plaintiff, in addition of the actual damages, may recover damages for the sake of the example and by way punishing the defendant".
22. BODIN DE MORAES, Maria Celina. *Danos à pessoa humana*, cit., p. 228.
23. "*Punitive damages are, by definition, damages given to the plaintiff as a way of punishing the defendant*" (COOPER, Robert; ULEN, Thomas. *Law & Economics*. 5. ed. Boston: Pearson, 2008, p. 394).
24. Em sentido contrário à expansividade das indenizações punitivas na experiência norte-americana, é importante destacar que mesmo na Inglaterra, o berço dos *punitive damages*, a sua utilização foi paulatinamente reduzida a poucas hipóteses, como a privação de direitos fundamentais de um cidadão por parte do Estado, ou pelo enriquecimento culposo de um agente, ou nos casos expressamente delimitados pela lei,

legislação própria para definir as condições mediante as quais as indenizações punitivas devem ser concedidas, de acordo com a fórmula tradicional, a indenização punitiva deve ser concedida quando o comportamento do réu foi de má-fé, coativo, exagerado, deliberado ou fraudulento.[25] Além de servir, essencialmente, para punir o ofensor, possui também uma finalidade de "prevenção geral" (comum às sanções negativas de conteúdo punitivo), eis que a sua implementação deve ter o poder de tornar "exemplar" a todos aqueles agentes potencialmente ofensores, para que não se comportem de forma semelhante.[26] Possui, portanto, de modo ambivalente, um caráter dissuasório (*deterrence*).[27]

É importante salientar que as indenizações punitivas são autônomas e não se confundem com as indenizações restitutórias-compensatórias (*compensatory damages*), ainda que normalmente as acompanhe. O agente ofensor é claramente condenado a pagar dois tipos de indenizações, a compensatória e a punitiva, cada qual com um valor bem definido e distinto.[28] A propósito, dada a sua função punitiva que pretende mostrar-se "exemplar", a indenização punitiva tem valor sempre superior à compensatória.[29] Não raro, aliás, a indenização punitiva representa um valor múltiplo que supera em dois dígitos o montante definido à indenização compensatória. Exige-se apenas que seja um valor "razoável" e que o réu tenha "capacidade de pagar", não obstante a doutrina consinta que tais critérios são absolutamente rasos e não apresentam qualquer contribuição para a segurança jurídica.[30]

Em termos procedimentais, salta aos olhos a distância entre os modelos anglo-saxão e europeu continental/latino-americano. Ainda que cada estado tenha flexibilidade para aceitar, ou não, as demandas que pleiteiam indenizações punitivas, assim como a limitação, ou não, do valor arbitrado nesta seara,[31] é comum que

---

como restou definido nos precedentes Rookes vs Barnard [1964] AC 1129; e Kuddus vs Chief Constable of Leicestershire Constabulary [2001] UKHL 29. Cf., à guisa de síntese, BODIN DE MORAES, Maria Celina. *Danos à pessoa humana*, cit., p. 229.

25. "According to the usual formulation, punitive damages can be awarded when the defendant's behavior is malicious, oppressive, gross, willful and wanton, or fraudulent" (COOPER, Robert; ULEN, Thomas. Law & Economics, p. 75).
26. Acerca da construção da ideia de função preventiva, e sua suposta autonomia, cf. infra, capítulo 3.
27. "*The traditional view is that punitive awards serve deterrent and retributive goals*" (SUNSTEIN, Cass; KAHNEMAN, Daniel; SCHKADE, David. Assessing punitive damages (with notes on cognition and valuation in law). *Yale Law Journal*, v. 107, may. 1998, p. 2081).
28. Vale ressaltar a observação de Winfield e Jolowicz, para quem a responsabilidade civil – por possuir, ao seu entender, caráter secundário –, anuncia como possíveis funções autônomas a reparação da vítima, a punição do ofensor, assim como a prevenção geral e especial, apaziguando, por via de consequência, a pessoa lesada (*Tort*. 18. ed. London: Sweet & Maxwell, 2010, p. 1-2).
29. "The level of liability imposed on them when they are found liable needs to exceed compensatory damages so that, on average, they will pay for the harm that they cause. This excess liability can be labeled 'punitive damages', and failure to impose it would result in inadequate deterrence" (POLINSKY, Mitchell; SHAVELL, Steven. Punitive damages: an economic analysis. *Harvard Law Review*, v. 111, n. 4, Cambridge, feb. 1998, p. 874).
30. Cf. COOPER, Robert; ULEN, Thomas. Law & Economics, cit., notas 9.6 e 9.8.
31. Como ressalta Maria Celina Bodin de Moraes, "dos 50 Estados norte-americanos, 46 admitem a aplicação de danos punitivos. As exceções são Massachusetts, Louisiana, Nebraska e New Hampshire, e o território

se atribua ao júri popular a função de definir a condenação autônoma, sob o viés punitivo, a par daquela de cunho compensatório, bem como arbitrar o valor devido pelo agente ofensor.[32] Neste caso, trata-se de montante que o juiz e os Tribunais podem controlar, caso verifiquem assimetria excessiva, ainda que tal modificação conserve o caráter punitivo e em valor necessariamente superior àquele atribuído pela função reparatória-compensatória.[33]

Na experiência norte-americana, especialmente entre as décadas de 1970 e 1990, verificou-se aumento exponencial de casos em que o júri constatava a necessidade de imputar a responsabilidade pelo pagamento de indenização punitiva, com forte apelo pelo arbitramento de valores vultosos que normalmente causam espécie em qualquer leitor desavisado acostumado ao modelo jurídico exógeno à tradição anglo-saxã. Como reação natural, também se verificou uma adaptação mercadológica consolidada pelos escritórios de advocacia, aperfeiçoando as técnicas de captação de causas verdadeiramente lucrativas.[34]

Posto em linhas gerais o instituto da "indenização punitiva", tal como é aplicado no direito norte-americano, não é preciso maior esforço para concluir pela sua completa e absoluta incompatibilidade com o sistema jurídica brasileiro.[35] O ordenamento nacional absorve modelo de responsabilidade inspirado no *Civil Law*, não havendo qualquer amparo legal para a sua aplicação em solo local. Inexiste, repita-se, compatibilidade lógico-sistemática, mínima ao ponto de admiti-lo por recepção implícita na ordem jurídica nacional.[36]

---

de Puerto Rico. Em diversos estados, porém, os danos punitivos não são incluídos em contratos de seguro" (*Danos à pessoa humana...*, cit., p. 232).

32. Como ressalta Izhak England, em análise crítica acerca do poder do júri na definição das indenizações punitivas, "*the jury is considered as a collective morality of a community. Hence, a jury's 'outrage' is a collective, 'public' emotion, the legitimate response to the violation of internalized, not external, rules of conduct. 'Because the rules of deference and demeanor are communally developed and inculcated into the psyche of each individual as part of the socialization process, published rules are unnecessary. Indeed, the 'vagueness' of the doctrine simply enables a jury to administer individualized justice'. However, even this alternative and, in my view, rather naïve and illusory justification of punitive damages is only a very partial explanation of the actual practices*" (*The philosophy of Tort Law*. Aldershot: Dartmouth, 1993, p. 148).
33. Tal possibilidade ocorre, especialmente, quando se verifica o seu arbitramento "excessivo", de modo a violar a cláusula do devido processo legal, em seu sentido substancial: "*such awards are unconstitutional, as violations of the Due Process Clause of the Fifth Amendment and the Fourteenth Amendment in its substantive dimension, when they are grossly excessive*" (SUNSTEIN, Cass; KAHNEMAN, Daniel; SCHKADE, David. Assessing punitive damages (with notes on cognition and valuation in law), cit., p. 2087).
34. Para um panorama jurisprudencial norte-americano, indispensável a leitura de SUNSTEIN, Cass; KAHNEMAN, Daniel; SCHKADE, David. Assessing punitive damages (with notes on cognition and valuation in law), cit., p. 2071-2153. Na literatura brasileira, remete-se, mais uma vez, a BODIN DE MORAES, Maria Celina. *Danos à pessoa humana*, cit., n. 4.5, p. 228-252.
35. Para exposição das críticas à sua adoção, de maneira mais criteriosa, cf. infra, capítulo 2.1.2.
36. "O instituto dos *punitive damages* constitui-se, em sistemas jurídicos como o nosso, numa figura anômala, intermediária entre o direito civil e o direito penal, pois que tem o objetivo precípuo de punir o agente ofensor, embora o faça através de uma pena pecuniária que deve ser paga à vítima. Tal caráter aflitivo, aplicado indiscriminadamente a toda e qualquer reparação de danos extrapatrimoniais, coloca em risco princípios fundamentais de sistemas jurídicos que têm na lei a sua fonte normativa, na medida em que se passa a aceitar a ideia, extravagante à nossa tradição, de que a reparação não se constitui mais como o

2.1.1.2 A vertente majoritária da função punitiva

Em outra direção, vale destacar que parcela respeitável da doutrina defende que a responsabilidade atende a uma função punitiva que não se confunde com a incorporação do instituto dos *punitive damages*. Cuidar-se-ia de mera constatação no sentido de que o ordenamento jurídico já atribui à responsabilidade civil uma função punitiva concomitante à reparatória. Ainda que dependa da ocorrência do dano (como lesão a interesse juridicamente protegido), eis por que não se trata de mera imposição de pena civil independente, a função punitiva seria reconhecida ao permitir que, *no momento do arbitramento da indenização*, o valor corresponda a montante não equivalente à exata medida de sua extensão, seja porque o agente se conduziu de modo tão reprovável ao ponto de merecer uma sanção maior que àquela atrelada à recomposição das perdas, seja porque a quantificação nunca poderá alcançar equivalência com a profundidade do dano, sendo este de natureza extrapatrimonial.

Argumenta-se, de antemão, ser inegável que o próprio direito positivo permite a redução do *quantum* indenizatório, por juízo de equidade, em razão da desproporção entre o grau da culpa e a intensidade do dano causado.[37] Isso seria a prova de que o princípio da diferença e o princípio da reparação integral não são absolutos. Conviveriam eles com outros interesses igualmente dignos de tutela, como aquele relacionado à justeza de uma reação forte – e de caráter de penalidade – a um dano gerado por uma conduta extremamente desprezível no seio da comunidade. Ou, simplesmente, o interesse, *per si*, de proteger a ordem jurídica.[38] Ou, ainda, como aquele que impõe a punição do ofensor como um alento à vítima, apaziguando os seus ânimos e absorvendo um ideal de justiça, especialmente porque há danos, ditos extrapatrimoniais, que não são passíveis de apuração matemática, sendo simplesmente incalculáveis.[39]

Conformam-se, assim, ao menos três correntes de pensamento em prol da existência de uma função punitiva à responsabilidade civil: (i) uma de ordem ética,

---

fim último da responsabilidade civil" (BODIN DE MORAES, Maria Celina, *Punitive damages* em sistemas civilistas: problemas e perspectivas. *Na medida da pessoa humana*: estudos de direito civil-constitucional. Rio de Janeiro: Renovar, 2010, p. 374).

37. Art. 944, parágrafo único, do CC: "Se houver excessiva desproporção entre a gravidade da culpa e o dano, poderá o juiz reduzir, equitativamente, a indenização".
38. É a posição de Vincenzo Zeno-Zencovich, para quem, em tradução livre, "não é possível limitar a função do ordenamento àquela de mero garante da intangibilidade e da *restitutio in integrum* de algumas posições jurídicas atingidas, pois para além dos interesses dos particulares, o ordenamento visa tutelar um interesse próprio: o respeito pelas próprias normas que impõe" (Il problema della pena privata nell'ordinamento italiano: un approccio comparatistico ai "punitive damages" di "common law". *Rivista Giurisprudenza Italiana*. Torino: UTET, 1985, p. 16).
39. Como bem sintetiza Massimo FRANZONI: "al mutare della nozione di 'danno risarcibile', corrispondentemente cambia anche il ruolo del risarcimento inteso quale strumento per rimediare al pregiudizio ormai non più cancellabile. In ciò si spiega la funzione repressiva del risarcimento nei confronti del danno, poiché il primo è rivolto a colmare una perdita già prodottasi per la vitima" (*Trattato della responsabilitá civile*: il danno risarcibile, cit., p. 701).

a rejeitar de modo contundente condutas extremamente reprováveis e desprezíveis; (ii) outra que busca um olhar sistemático do direito, como ordem que tutela um interesse próprio: o respeito pelas regras que impõe; e (iii) outra relacionado à natureza dos danos extrapatrimoniais, cuja reparação só pode ocorrer pela via da imposição de sanções civis de caráter punitivo.

1. No primeiro sentido, diz-se que se busca superar um modelo meramente conceitualista ou puramente dogmático, com base no qual aqueles que defendem a exclusividade da função reparatória estariam presos. Ainda que *lógica* a conclusão de que só haverá *indenização* com a prévia ocorrência de *dano*, ou que o efeito do dano só pode ser a indenização *stricto sensu* (torná-lo indene), tal operação conceitual nem sempre encontra sustentáculo na realidade concreta, que revela novo sentido ao direito, levando-se em conta a eticidade que lhe é inerente. Disso se extrai que a relação interpessoal pressupõe uma matriz de deveres comportamentais essenciais às relações humanas, que devem servir de base à responsabilidade civil, de ordem a impor sanções punitivas pelo descumprimento de tais preceitos.[40]

Normalmente se defende, nesta seara, que ditas penalidades se justificariam em situações excepcionais, que se exige resposta enérgica da ordem jurídica à prática de condutas demasiadamente reprováveis. Percebe-se, assim, que por esta corrente, haveria dano no qual a função punitiva não incidiria, ao passo em que haveria hipóteses de lesão que atrairiam a necessidade de tornar mais intenso o momento da quantificação da indenização, aumentando o valor a ser pago a favor da vítima como forma de punição a certos comportamentos lesivos inaceitáveis.

2. Afirma-se, também, que uma interpretação sistemática do direito é capaz de superar o mero conceitualismo, rompendo-se com a teoria de que o direito privado funciona como mero expediente de reintegração da condição de igualdade dos particulares, que foi abalada pela prática do ilícito danoso. É possível admitir, deste modo, que não se pode limitar a função do ordenamento àquela de mero garantidor da intangibilidade das esferas jurídicas individuais e da *restitutio in integrum* de algumas posições jurídicas atingidas. Para além dos interesses privados, o ordenamento jurídico visa tutelar um interesse próprio: o respeito pelas normas que impõe.[41]

Trata-se de adotar a função punitiva em contemplação ao interesse de autopreservação do direito como um todo, na medida em que não sobreviveria diante de "múltiplas e frequentes violações".[42] Neste caso, não se vislumbra utilidade em

---

40. Trata-se de reconhecer, pelo instrumento da pena civil, um "papel normativo" (*rôle normatif*) à responsabilidade civil, "manifestée sous la forme d'une incitation à éviter les comportements socialement nuisiblis" (VINEY, Geneviève. *Traité de droit civil*: introduction à la responsabilité, cit., p. 86).
41. "É o interesse do ordenamento pela sua própria auto-conservação e auto-tutela" (GOMES, Júlio. Uma função punitiva para a responsabilidade civil e uma função reparatória para a responsabilidade penal. *Revista de Direito e Economia*, v. 15, p. 112. Coimbra: Ed. Universidade de Coimbra, 1989).
42. "O que aqui está em causa é um interesse na sua auto-conservação, dado que não conseguiria subsistir quando confrontado com múltiplas e frequentes violações" (BARBOSA, Mafalda Miranda. *Reflexões em torno da responsabilidade civil*, cit., p. 560).

diferenciar grau das condutas lesivas como critério para determinar se a função punitiva incidirá no caso concreto, na medida em que qualquer lesão à ordem jurídica se mostra inaceitável, atraindo a necessidade de se majorar o valor da indenização, como fator de punição ante à prática da conduta ilícita. Esta operação faria parte, por certo, de toda e qualquer hipótese de reparação civil. A dita função punitiva seria inerente ao modelo de responsabilidade, em si mesmo considerado.

3. Aduz-se, finalmente, como última corrente relevante, que há danos de ordem extrapatrimonial que são inelutavelmente irreparáveis, motivo pelo qual o modelo de reparação de lesões desta natureza impõe a necessidade não só de preveni-las de modo eficaz, como também de punir o agente que perpetrou a ofensa ao interesse juridicamente protegido.[43] É que a medida de compensação não se baseia na teoria da diferença ou na verificação da materialidade do efeito que a lesão pode ter causado na vítima, mas tão somente no juízo de equidade que existe por um chamado ético da ordem civil. Compensar a vítima, satisfazendo os seus anseios em face do ofensor, seria medida de natureza, evidentemente, punitiva, acolhida pelo ordenamento. Só assim seria possível alcançar a paz social para este tipo muito específico de lesão (extrapatrimonial, ou os chamados danos morais).[44]

Neste viés, não se trataria de admitir *punitive damages* (indenização autônoma punitiva) apenas aos casos de compensação de danos não patrimoniais, nem de adotar figuras afins como os *aggravated damages* (indenização pelo agravamento causado no sentimento de dignidade da própria vítima).[45] Esta corrente defende que a admissão

---

43. Aliás, esse é um dos principais fundamentos da tese de Boris Starck, que marcou a sua geração, em defesa da pena privada: a de que "a reparação do dano moral encontra na ideia de pena privada seu fundamento natural": "après avoir souligné avec toute la force désirable que la notion de peine privée est inséparable de l'idée de faute chez l'auteur du dommage, n'est-il pas étonnant de voir l'auteur ranger parmi les manifestations les plus écidentes de l'idée de paine privée le phénomène de la réparation du préjudice moral? A ce sujet, la méprise est générale. Tous les auteurs, même ceux qui n'accordent pas à la peine privée la place que lui fait M. Hugueney, même ceux qui en principe y sont hostiles, semblent concéder que la réparation du préjudice moral trouve dans l'idée de peine privée son fondement naturel" (*Essai d'une théorie générale de la responsabilité civile...*, cit., p. 390).
44. Resume Mafalda Miranda Barbosa: "Se até aqui tínhamos defendido que a responsabilidade civil cumpre essencialmente uma função ressarcitória, à qual, pela matriz ética que a informa enquanto instituto juridicamente cunhado, se aliava uma função sancionatória ou punitiva em sentido amplo, a partir do momento em que passamos a ponderar os danos não patrimoniais e a sua ressarcibilidade, percebemos que, pela impossibilidade prática de reparação, o chamamento à responsabilidade do agente apenas pode operar por via do apaziguamento do lesado. E para que este ocorra – e nesse sentido se fale de uma reparação – há que se fazer funcionar uma ideia de punição em sentido estrito. Dito de forma ainda mais directa, enquanto no caso dos danos patrimoniais, o sentido do direito – assente na dialéctica liberdade *versus* responsabilidade – se cumpre mediante um puro mecanismo reintegrador, no tocante aos danos não patrimoniais, a reafirmação da pessoalidade só é pensável (ou seja, a responsabilização no seu sentido mais puro) se e quando o lesado se encontrar totalmente apaziguado. E isso só é viável com a entrada em cena de uma ideia estrita de punição, ainda que intrinsecamente associada à ideia de reparação" (*Reflexões em torno da responsabilidade civil*, cit., p. 569-570). No sentido de buscar a "paz social", evitando o "desejo de vingança", Cf. VON TUHR, Andreas. *Partie générale du Code fédéral des obligations*. Trad. DE TORRENTÉ, Maurice. Laudanne: Vaney-Burnier, 1930, v. I, § 106.
45. Assim eles foram definidos, por Lord DIPLOCK, no precedente Broome v. Cassell and Co. [1972], AC 1027, 1126D. Ou ainda, "os danos resultantes do impacto do ânimo ou intenção do agente sobre os sentimentos de dignidade e amor-próprio do lesado" (GOMES, Júlio. *Uma função punitiva...*, cit., p. 107-108).

de uma função punitiva ao problema da reparação dos danos extrapatrimoniais não implica aceitação da figura dos *punitive damages*, que exigiria uma previsão legal explícita, por tratar-se de modelo de sistemática própria, da qual não se pode deduzir do sistema atual.⁴⁶ Por sua vez, a possibilidade de majoração dos danos pela via dos *aggravated damages* não está ligada à função punitiva, mas ainda àquela de cunho reparatório.⁴⁷ Trata-se apenas de admitir que, no ambiente da quantificação dos danos ditos morais, cujo resultado se alcança pela equidade – e não pela aritmética –, é invariável que a compensação da lesão só se completa com a satisfação do interesse do lesado, também no sentido de presenciar o arbitramento da indenização como forma de punição ao seu ofensor. Essa é a corrente que representa maior simbiose entre a função reparatória e punitiva, sendo ambas partes integrantes do todo, ainda que apenas para os casos de reparação dos danos não patrimoniais.⁴⁸

Comum a todas as correntes é possível notar o argumento de que o ordenamento civil autorizaria a adoção de uma perspectiva punitiva na responsabilidade, porque interpretando-o globalmente, percebe-se que ele cumpre a escopos punitivos. Assim se revela quando se notam diversas figuras onde se estabelecem penas de natureza civil, ou a simples previsibilidade da aposição de cláusula penal nas relações contratuais. Por esse conjunto de fatores, o ambiente punitivo na ordem civil já estaria conformado, com apoio na lei.⁴⁹

Com inspiração neste desiderato punitivo, em sentido amplo, atribuído à ordem civil enquanto face integrante do fenômeno considerado enquanto Direito, apresentam-se, por fim, os defensores de uma visão que se pretende disruptiva e revolucionária. Trata-se daqueles que advogam a tese da substituição total do modelo reparatório pelo modelo punitivo.

2.1.1.3 *A pena civil como modelo sancionatório prioritário*

Cogita-se, ainda, como terceira corrente de pensamento, não apenas a admissão da indenização punitiva como categoria autônoma da responsabilidade civil,

---

46. "(...) se é legítima uma leitura dos dados que afirme o carácter sancionatório do instituto – ou mesmo um sentido punitivo em termos muito amplos, que se confunda, afinal, com a ideia de sanção –, já não se afigura pertinente tentar extrapolar estas conclusões para, a partir delas, proclamar uma finalidade retributiva alicerçadora da figura dos danos punitivos. Até porque estes, dogmaticamente, e pelos motivos expendidos anteriormente, não se afiguram viáveis no quadro do nosso ordenamento jurídico. São motivos processuais, constitucionais e civilistas que presidem a essa oposição de base" (BARBOSA, Malfada Miranda. *Reflexões em torno da responsabilidade civil*, cit., p. 598-599).
47. Como a finalidade dos "aggravated damages" é compensar "la víctima de la angustia mental (mental distress) originada por las circunstancias en que fue causado el daño o por el comportamiento subsiguiente del dañador" (CODERCH, Pablo Salvador. Punitive damages. Anuario de la Facultad de Derecho de la Universidad Autónoma de Madrid, v. 4, Madrid, 2000, p. 143), trata-se de figura ainda mais próxima do viés reparador que do escopo punitivo.
48. BARBOSA, Malfada Miranda. *Reflexões em torno da responsabilidade civil*, cit., p. 565-570; MENEZES CORDEIRO, António. *Tratado de direito civil português*, v. II, t. III, cit., p. 419.
49. BARBOSA, Malfada Miranda. *Reflexões em torno da responsabilidade civil*, cit., p. 595-599.

mas como modelo prioritário, porque afeta interesses sociais ou supraindividuais.[50] Defende-se, nesta ótica, que a pena civil (ou a sanção punitiva) é instrumento mais eficaz e de maior relevância porque representa o caráter ético da responsabilidade civil, que supera a técnica da reparação para alcançar a técnica do controle sobre comportamentos.[51] Admite-se, assim, a possibilidade de inexistência de pretensão reparatória, ainda que presente a pretensão punitiva civil. Vale dizer, a sentença condenatória pode imputar pena civil ao agente ofensor, sem que reconheça a existência de dano a reparar ou compensar.[52]

Por conseguinte, compreende-se que a pena civil não pode confundir-se com um elemento interno da indenização de danos extrapatrimoniais, eis que reclama tutela independente. É possível estar presente tanto em concomitância com danos patrimoniais, como em situação de violação a interesses extrapatrimoniais, ou, repita-se, inclusive sem qualquer presença de dano indenizável.[53] É resposta à prática de ato ilícito extremamente reprovável pela ordem jurídica, o que atrai a necessidade de se apurar o grau de rejeição social da conduta perpetrada pelo agente. Em última análise, chega-se a postular pela substituição do modelo de direito penal pelo modelo exclusivo de pena civil, como reação às condutas graves e tidas como inaceitáveis pela ordem jurídico-social.[54]

Com as vênias que toda elaboração doutrinária fundamentada merece, não há que se projetar, tomando em consideração o ordenamento jurídico vigente, um modelo de responsabilidade civil que atenda exclusivamente a uma função punitiva, desassociada em absoluto da finalidade primária de cunho reparatório, ou simplesmente em substituição a esta. A adoção de um arquétipo de sanção civil negativa exclusivamente punitivo, pela via das chamadas *penas civis*, em substituição à função reparatória, é inexoravelmente inaceitável.

---

50. Por todos, VINEY, Geneviève. *Le déclin de la responsabilité individuelle*, cit., passim.
51. Já é o sinal claro de admissão da função punitiva com o viés marcadamente preventivo. Acerca da simbiose punição-prevenção, remete-se ao capítulo 3.2, infra.
52. Em doutrina brasileira, é Nelson Rosenvald o autor que defende claramente a autonomia da pena civil em relação à reparação, inclusive para os danos de natureza patrimonial, de maneira a tornar-se possível que o autor da ação mova pretensão exclusivamente punitiva, abrindo mão do pleito reparatório: "nada impede que o autor da demanda ingresse com uma pretensão restrita à condenação pecuniária pela pena civil, sem que tenha sofrido qualquer espécie de lesão patrimonial" (*As funções da responsabilidade civil*: a reparação e a pena civil. 3. ed. São Paulo: Saraiva, 2017, p. 231).
53. Como ressalta Suzanne CARVAL, o essencial ao admitir a pena civil, como instrumento da função punitiva, é compreender que o seu regime não necessariamente atende à lógica reparatória, sendo por vezes contrária a ela: "l'essentiel de la tâche consiste donc à concilier, au sein du régime de la peine privée, les exigences parfois contraires de la théorie utilitariste et du principe de rétribuition" (*La responsabilité civile sans fonction de paine privée*, cit., p. 327).
54. É também a solução proposta por PADOVANI, Tullio. *L'utopia punitiva*: il problema delle alternative alla detenzione nella sua dimensione storica. Milano: Giuffrè, 1981, p. 259; e, mais recentemente, TELLA, María José Falcón; TELLA, Fernando Falcón. *Fondamento e finalità della sanzione*: diritto di punire. Milano: Giuffrè, 2008, p. 108 e ss.

Primeiro porque se partiria da premissa segundo a qual é possível haver responsabilidade sem dano, hipótese que o legislador brasileiro nunca tencionou.[55] Ademais, significaria atrair para o direito civil, cujos interesses privados costumam sobressair-se, malgrado em constante comunicação com os interesses sociais, um modelo de sanção punitiva marcadamente de interesse público prevalecente. Enfim, representaria uma invenção engenhosa de sanção punitiva sem os pressupostos e as características inerentes à imposição de uma pena, designadamente: (i) a *reserva legal*, não só para a especificação da conduta ilícita (*tipicidade*) a qual, uma vez praticada, corresponderia à penalidade, como para a definição dos contornos e limites da própria pena civil, em si mesma considerada (*determinação e taxatividade*);[56] (ii) a *culpabilidade*, que deveria ser exigida mesmo nos casos de responsabilidade objetiva;[57] (iii) a *pessoalidade*, na medida em que a pena não pode ultrapassar a pessoa do ofensor (*intransferibilidade*), situação que vai de encontro à tendência de securitização dos riscos;[58] e, não menos importante, (iv) o *interesse público* subjacente à tutela do bem jurídico violado, que normalmente tem o condão de atingir, em certa medida, toda a comunidade (daí a ideia da pena cumprir função de *prevenção geral*).[59]

É fato que tal corrente não encontra adeptos fervorosos na doutrina brasileira, tornando-se comum a ressalva da necessidade de "previsão legal".[60] De maior relevância, indubitavelmente, é a segunda vertente supracitada, em razão da grande aceitação por parte da doutrina brasileira – e também da doutrina europeia continental – de uma função cuja finalidade persegue, ao lado da função reparatória, e concomitantemente a ela, a punição do agente ofensor para casos específicos (especialmente nos danos extrapatrimoniais), e normalmente porque seria a única maneira de compensar integralmente a vítima. Neste caso, faz-se necessário apresentar as objeções que convenceram este autor a, em regra, rejeitá-la.

---

55. A ideia de responsabilidade sem dano é uma contradição em termos, não apenas no sentido lógico, mas especialmente no sentido normativo atribuído pelo sistema civil-constitucional brasileiro. A questão será aprofundada no capítulo 3.1.4.
56. O princípio da legalidade é lembrado mesmo entre aqueles que defendem a implementação de um sistema punitivo civil alternativo, pela via das penas privadas. É o que já se vê, na doutrina francesa, em CARVAL, Suzanne. *La responsabilité civile sans fonction de paine privée*, cit., p. 224-227; também na doutrina alemã, EBERT, Ina. *Pönale Element im deutschen Privatrecht* : von der Renaissance des Privatstrafe im deutschen Recht. Tübingen: Mohr Siebeck, 2004, p. 313; na dogmática portuguesa, BARBOSA, Mafalda Miranda. *Reflexões em torno da responsabilidade civil...*, cit., p. 574-576; como também na italiana (ainda que restrita às hipóteses de repressão ao perigo de dano), DE CUPIS, Adriano. *Il danno*, cit., p. 28-35 e, de modo mais abrangente, BENAZZO, Paolo. *Le 'pene civili' nel diritto privato d'impresa*. Milano: Giuffrè, 2005, p. 271; inglesa, CANE, Peter. *Tort law and economic interests*. 2. ed. Oxford: Claredon Press, 1996, p. 302; e brasileira, ROSENVALD, Nelson. *As funções da responsabilidade civil*, cit., p. 261-272.
57. "(...) la notion de peine privée est inséparable de l'idée de faute l'auteur du dommage" (STARCK, Boris. *Essai d'une théorie générale de la responsabilité civile...*, cit., p. 390).
58. "*la pena non può colpire soggeto diverso dall'autore di tale violazione. Trattasi del principio della c.d.* personalità della pena" (DE CUPIS, Adriano. *Il danno*, cit., p. 30-31). No mesmo sentido, FERRINI, Contardo. Delitti e quasi-delitti. *Digesto Italiano*. Torino: UTET, 1926, p. 741-742.
59. CARNELUTTI, Francesco. *Il danno e il reato*, cit., p. 114-115.
60. BODIN DE MORAES, Maria Celina. *Danos à pessoa humana*, cit., p. 260.

2.1.2 Críticas à chamada função punitiva da responsabilidade civil

Qualquer sistema penal (em sentido amplo) que se pretenda justo e democrático deve atender a algumas garantias mínimas. A *culpabilidade*, como pressuposto para a imputabilidade penal, é uma delas.[61] A ordem jurídica positiva brasileira não admite, a rigor, imputação de pena sem que seja apurada a culpabilidade do agente, isto é, o grau de consciência acerca de sua própria conduta e dos efeitos que ela pode gerar.[62] É por essa análise que se extrai o quão reprovável é o comportamento daquele que ofendeu determinado bem juridicamente protegido. A pena está ligada, assim, à necessidade de se eliminar as condutas mais desabonadoras e desprezíveis que os sujeitos podem praticar no seio social, o que pressupõe que será prevista, preferencialmente, apenas nos casos de dolo,[63] constituindo-se absolutamente excepcional a imputação de pena a condutas meramente culposas.[64]

Em seu sentido axiológico, como questão de fundo, entende-se que a fixação de uma *pena* a determinada pessoa – como sanção máxima do ordenamento – só se justifica porque, ao lado da necessidade inelutável de dar resposta à lesão consciente (e normalmente dolosa) de determinado agente a certo bem juridicamente protegido (medida de repressão), serviria ela, também, como elemento dissuasório à prática de condutas semelhantes.[65] Este aspecto estaria direcionado tanto ao próprio agente (prevenção especial), como também aos membros da comunidade (prevenção geral), extraindo-se, desta conotação, o busílis da chamada *função pedagógica*, que será analisada no capítulo seguinte.

Certo é que a imputação de *pena* é efeito umbilicalmente ligado à análise de *culpabilidade* da conduta do agente, que se constitui como um de seus pressupostos irrenunciáveis. Sem culpa não há pena (*nulla poena sine culpa*).[66] Eis a razão

---

61. Por todos, VINEY, Geneviève. *Traité de droit civil*: la responsabilité – effets, cit., p. 8-9.
62. O raciocínio é pueril: se a finalidade da punição é a prevenção geral e especial, no sentido de que todos os membros da sociedade, bem como o próprio agente, sintam-se dissuadidos a praticar conduta semelhante, é necessário que o ato tenha sido praticado conscientemente e com um grau de intencionalidade ou displicência altamente reprovável. Neste sentido, cf. POLINSKY, Mitchell; SHAVELL, Steven. Punitive damages: an economic analysis. *Harvard Law Review*. v. 111, n. 4, Cambridge: Harvard Law Review Association, feb.-1998, p. 905-910.
63. SUNSTEIN, Cass; KAHNEMAN, Daniel; SCHKADE, David. *Assessing punitive damages*..., cit., p. 2083; e THANH-BOURGEAIS, Nguyen. Contribution à l'étude de la faute contractuelle: la faute dolosive et sa place actuelle dans la gamme des fautes. *Revue Trimestrielle de Droit Civil*. Paris: Dalloz, 1973, p. 496.
64. No direito penal brasileiro, sabe-se que a imputação culposa de pena é hipótese excepcional, sendo necessário constar expressamente no tipo a possibilidade de responsabilidade por simples culpa. É que "a culpa é a forma mais atenuada do elemento psicológico-normativo da culpabilidade (...). Esse grau atenuado no momento psíquico nos fatos culposos faz que a sua punibilidade só seja admitida por exceção, isto é, só ocorra em relação àqueles crimes para os quais a lei prevê a punibilidade a esse título" (BRUNO, Aníbal. *Direito penal*: parte geral. Rio de Janeiro: Forense, 2005, t. II, p. 51).
65. STOLL, Hans. Penal purposes in the law of torts. *The American Journal Comparative Law*, v. 18, issue 1, London: Oxford, University Press, jan. 1970, p. 3.
66. "Para que haja pena, mister se torna, para cada caso, um texto legal expresso que a comine e um delito que a justifique, ou seja, '*nulla poena sine lege*'" (SILVA, Wilson Melo da. *O dano moral e a sua reparação*, cit., p. 573.

pela qual os adeptos da absorção da *função punitiva à responsabilidade civil* – independentemente da vertente adotada – invocam, como fenômeno inexorável, o renascimento da culpa como elemento essencial e de extrema relevância para a responsabilidade civil dos tempos hodiernos.[67] Neste ponto, não é irrelevante a doutrina estrangeira que demonstra forte apego à culpa, ainda que apresentada sob nova roupagem.[68]

Tudo isso, reitera-se, num ambiente em que se verifica o ocaso da culpa, a flexibilização do nexo causal, a expansão dos danos indenizáveis e a sua respectiva socialização. Ventos que sopram, todos, a favor e em direção da retomada do *dano* (e de sua reparação), como elemento principal do fenômeno, que é definido em composição com as condições pessoais da vítima, atriz protagonista. Em termos atuais, os fatos revelam que, a rigor, a análise da conduta do agente lesivo, ou simplesmente do responsável, é fator meramente coadjuvante, ou mesmo de figuração.

Em outras palavras, se o objetivo do direito dos danos é, também, punir o agente imputado, é decorrência lógica de tal finalidade que se averigue a sua conduta, para saber o quão reprovável se revelou, como delineamento do próprio dever de indenizar, bem assim para determinar o valor da "indenização", em sua vertente punitiva.[69] Ou, simplesmente, para a determinação da *pena civil* a ser aplicada.

Sucede que tal operação remete o intérprete e aplicador do direito, necessariamente, a um juízo de adequação da conduta que muito se aproxima da culpa *lato sensu*, o que representaria um renascimento avassalador do aspecto subjetivo na responsabilidade civil, cada vez mais dominado por hipóteses de responsabilidade objetiva. Nestes casos, parece que a tese da existência de função punitiva à responsabilidade civil, se realizada uma adequada reflexão em torno de seus pressupostos, quando aplicada aos casos de responsabilidade objetiva, pode representar, simplesmente, um oximoro.[70] Ou simplesmente se deve assumir que a função punitiva só estará presente nas hipóteses de responsabilidade subjetiva.

Ademais, no que respeita precisamente aos adeptos da primeira corrente, que defendem a existência de uma função punitiva à responsabilidade civil, ante a pos-

---

67. A importância da culpa na função punitiva é destacada por todos. Entre tantos, STARCK, Boris. . *Essai d'une théorie générale de la responsabilité civile...*, cit., p. 390; STOLL, Hans. *Penal purposes in the law of torts*, cit., p. 20; ROCHFELD, Judith. *Les grandes notions du droit privé*, cit., p. 488-489; PONZANELLI, Giulio. I punitive damages nell'esperienza nordamericana. *Rivista di Diritto Civile*, v. 29, Padova: CEDAM, 1983, p. 439.
68. CARVAL, Suzanne. *La responsabilité civile dans sa fonction de peine privée*, cit., p. 330-336.
69. Ciente disso, o Superior Tribunal de Justiça tem adotado, com certa tranquilidade, o entendimento segundo o qual "a quantificação do dano extrapatrimonial deve levar em consideração parâmetros como a capacidade econômica dos ofensores, as condições pessoais das vítimas e o caráter pedagógico e sancionatório da indenização, critérios cuja valoração requer o exame do conjunto fático-probatório" (Superior Tribunal de Justiça, T3, REsp n. 1677957/PR, Rel. Min. Ricardo Villas Bôas Cueva, j. 24.04.2018).
70. Como bem sentencia Massimo BIANCA, ao criticar a elaboração de Boris STARCK: "da um canto (lo Starck), oggettivizza la responsabilità, qualificata in termine di 'garanzia', dall'altro, ne ravvisa un compito di pena privata quale sanzione della colpa del danneggiante" (*Diritto civile*: la responsabilità. Milano: Giuffrè, 1994, p. 543).

sibilidade de admitir-se figura semelhante aos *punitive damages*, reafirma-se a sua completa incompatibilidade com o sistema jurídico brasileiro.

É, no mínimo, surpreendente entender que a responsabilidade civil brasileira atende, ao lado de sua função primária, a uma finalidade punitiva, nos moldes semelhantes aos chamados *punitive damages* do direito norte-americano, especialmente após o veto do art. 16 do Código de Defesa do Consumidor.[71-72] A surpresa se dá não tanto pelo móvel que estimula tal vertente – possivelmente a tentativa de implementar, ainda que inconscientemente, um modelo de *tutela integral da vítima* –, mas pela ausência total de compatibilidade da figura estrangeira ao ordenamento jurídico brasileiro, já evidenciada no itinerário do processo legislativo.

De fato, a referida "indenização punitiva", muitos defendem, teria o condão de (i) dissuadir o ofensor de eventual reiteração da conduta lesiva, revelando-se, em igual sentido, uma função pedagógica,[73] (ii) sancionar adequadamente – de modo integral – uma conduta extremamente reprovável pelo ordenamento jurídico;[74] (iii) mitigar os efeitos do cenário jurisprudencial, que mantém relativamente baixos os valores das reparações de danos morais;[75] e (iv) consolidar, assim, um modelo de tutela integral da vítima.[76]

---

71. O artigo contemplava a única hipótese em que o legislador tentou incluir uma modalidade de pena privada, próxima à figura dos *punitives damages*, para os casos de danos causados por produto ou serviço de "alta periculosidade", ou por "grave imprudência, negligência ou imperícia do fornecedor", casos em que a "multa civil" seria calculada de acordo com "a gravidade e a proporção do dano, bem como a situação econômica do responsável". Mesmo com o veto, são muitos os que, a despeito da ausência de previsão legal, defendem a função punitiva à responsabilidade civil, em maior ou menor grau. Dentre eles, vozes como a de Caio Mário da Silva Pereira, Silvio Rodrigues, Sergio Cavalieri Filho, José Carlos Moreira Alves, Carlos Edison do Rêgo Monteiro Filho, Teresa Ancona Lopez, Carlos Alberto Bittar, Nélson Rosenvald, dentre outros. Sempre se mostraram incomodados com a adoção de uma função punitiva à responsabilidade civil autores como José de Aguiar Dias, Francisco Cavalcanti Pontes de Miranda, Wilson Melo da Silva, Orlando Gomes, Anderson Schreiber, dentre outros, como se vê em Bodin de Moraes, Maria Celina. *Danos à pessoa humana*, cit., p. 218, nota 428.
72. Refuta-se, de antemão, aqueles que defendem a tese de uma função autônoma punitiva à responsabilidade civil, absolutamente dissociada da finalidade reparatória, ou mesmo substitutiva a esta. Se a responsabilidade civil admitisse uma função exclusivamente punitiva, era de admitir a sua aplicação em caso de tentativa de lesão ou de lesão frustrada, bem como ser oficiosa a respectiva ação, como bem ressalta Pessoa JORGE (*Ensaio sobre os pressupostos da responsabilidade civil*. Coimbra: Almedina, 1999, p. 50).
73. Como já ressaltava um dos pioneiros em defesa da teoria da "pena privada", STARCK, Boris. *Essai d'une théorie générale de la responsabilité civile...*, cit., p. 361 e ss. Como também por STOLL, Hans. Penal purposes in the Law of Tort, cit., p. 3: "namely, that private law should promote, besides compensation and restoration, the independently significant purpose of controlling unlawful conduct".
74. Tal argumento, aliás, seria evidenciado nas indenizações dos chamados "danos morais": "a indenização do dano moral tem um inequívoco sabor de pena, de represália pelo mal injusto" (PORTO, Mário Moacyr. *Temas de responsabilidade civil*. São Paulo: Ed. RT, 1989, p. 33).
75. Este raciocínio, ainda que desprovido do mesmo nível de juridicidade dos demais, eis que pautado num simples inconformismo empírico a respeito dos valores normalmente arbitrados para fins de compensação dos danos morais, também tem a sua relevância, sendo indicado por Anderson SCHREIBER. *Novos paradigmas da responsabilidade civil*, cit., p. 209: "os equivocadamente chamados 'danos punitivos' encontram, por toda parte, defensores, que apregoam seu caráter dissuasivo da conduta lesiva e sua necessidade diante de um cenário jurisprudencial que mantém relativamente baixos os valores das reparações de danos morais".
76. Como destaca Hans Stoll, em seu amplo estudo de direito comparado, a tendência é o estabelecimento de um modelo de reparação *vis-à-vis* à ideia de *satisfação* plena da vítima: "comparison of the different forms

Ocorre que a defesa da função punitiva, com tais características, inspirando-se numa complexa categoria estrangeira que obedece a uma lógica própria e já bastante problemática em sua origem,[77] não encontra qualquer amparo na moldura da responsabilidade civil brasileira, considerada em sua globalidade, circunstância na qual é inevitável a oposição de algumas objeções à sua adoção.

Em primeiro lugar, não há qualquer previsão legal de algo ao menos similar aos *punitives damages* na legislação vigente, o que viola o princípio da legalidade (ou tipicidade) em matéria de previsão de pena (*nulla poena sine lege*);[78] em segundo, a sua importação, à brasileira, no sentido de servir-se de critério para majorar, de modo ofuscado, o valor do *quantum debeatur*, viola não apenas a função primária da responsabilidade, mas causa também insegurança jurídica, tornando o montante a ser arbitrado uma variável absolutamente imprevisível e de difícil controle pela parte interessada, diante da ausência de identificação da parcela do valor que coube à título de reparação ou compensação, daquela que se arbitrou como pena pecuniária privada; terceiro, mesmo nos países da *Common Law*, a função da responsabilidade civil é essencialmente reparadora, sendo absolutamente excepcional a atribuição adicional de "indenização punitiva";[79] quarto, considerar que a responsabilidade civil extracontratual, como um todo (ou mesmo apenas para os casos de danos extrapatrimoniais), atende a uma função punitiva implica assumir que um juízo de valor sobre o comportamento do ofensor terá sempre relevância para a definição do dever de "indenizar" (ou seria mais correto o termo 'pagar a pena'?), como também para determinar o seu conteúdo ou valor.[80]

Com apoio nessas razões, defende-se, aqui, a completa rejeição da categoria da "indenização punitiva" (*punitive damages*), aos moldes formatados pelo direito comparado, por incompatibilidade sistemática.

Por sua vez, em número maior estão aqueles que entendem haver uma *função punitiva à responsabilidade civil*, em conexão com a função reparatória e dela de-

---

of liability in Swiss, Turkish, and German law, in Norwegian law, and in common law jurisdictions justifies the conclusion that there is no contradiction in principle between a special award of 'satisfaction' in orden to mollify the victim and a private fine. Both are aspects of the same principle of liability" (*Penal purposes in the law of tort*, cit., p. 13).

77. Cf., por todos, SUNSTEIN, Cass; KAHNEMAN, Daniel; SCHKADE, David. Assessing punitive damages (with notes on cognition and valuation in law), cit., passim. E, mais atualmente, POLINSKY, Mitchell; SHAVELL, Steven. *Punitive damages*: an economic analysis, cit., p. 869-962.

78. "Para que haja pena, mister se torna, em cada caso, um texto legal expresso que comine e um delito que a justifique, ou seja, '*nulla poena sine lege*'. Para que haja dano basta a simples infringência da ampla regra do '*neminem laedere*' (SILVA, Wilson Melo da. *O dano moral e a sua reparação*, cit., p. 573).

79. Como bem ressalta Sofia Leite BORGES (*Os punitive damages*: as funções punitiva e preventiva da responsabilidade civil. Lisboa: [s.n.], 2000, p. 12).

80. "il faut admettre, par conséquent, que l'ouevre préventive de la peine privée a pour limites nécessaires les exigences du principe de rétribuition, ce qui signifie, essentiellement, qu'elle doit être proportionnée au dégré de gravité de la faute commise" (CARVAL, Suzanne. *La responsabilité civile dans sa fonction de peine privée*, cit., p. 354-355).

pendente, no sentido de atuar *no momento do arbitramento da indenização*.[81] Neste caso, haveria espaço para tal função, como explicado *supra*, pela simples constatação fática de que nem sempre o valor da indenização corresponde ao montante que seria equivalente à exata medida da extensão do dano (art. 944, parágrafo único, do CC); ou, notadamente, porque, por vezes, é necessário arbitrar valor indenizatório superior àquele que corresponde tão somente ao prejuízo verificado, nas hipóteses em que o agente se conduziu de modo tão reprovável ao ponto de merecer tal sanção; ou, simplesmente, porque a quantificação do dano nunca poderá alcançar equivalência com a sua extensão, como sói ocorrer com os danos de natureza extrapatrimonial.[82]

Na mesma direção, crê-se que o ordenamento jurídico positivo, interpretado em sua totalidade, não admite a existência de uma função punitiva à responsabilidade civil restrita ao âmbito da quantificação dos danos.

É que apesar da previsão legal excepcional da possibilidade de redução do *quantum debeatur*, ante a verificação da desproporcionalidade entre uma larga extensão do dano e um grau mínimo da culpa (art. 944, parágrafo único do CC), tal faculdade dada ao julgador se limita ao fator redutivo do valor a ser arbitrado.[83] Não se pode deduzir que a norma excepcional para redução do montante da indenização permita, pela via oposta, a majoração do dano em hipóteses de extensão mínima do dano e contraposição com um grau extremo de culpa.[84] A literalidade do texto não admite essa conclusão, assim como não se compatibiliza com o sistema de valores previsto na ordem jurídica, que, num viés garantista, preocupa-se antes em assegurar

---

81. É a maioria da doutrina brasileira que que defende um "duplo" ou "triplo" caráter à responsabilidade, mas sempre pressupondo a existência do dano indenizável, sem conferir *autonomia* de pena civil à função punitiva. É a função punitiva como parte integrante do dever de indenizar. Neste sentido, entre tantos outros: Essa corrente é aceita por parte considerável da doutrina especializada brasileira. Entre tantos outros, Cf. PEREIRA, Caio Mário da Silva. *Responsabilidade civil*, cit., p. 317; CAVARIERI FILHO, Sérgio. *Programa de responsabilidade civil*, cit., p. 79; BITTAR, Carlos Alberto. *Reparação civil por danos morais*. São Paulo: Ed. RT, 1993, p. 233; CAHALI, Yussef Said. *Dano moral*. São Paulo: Ed. Ed. RT, 1998, p. 175; LISBOA, Roberto Senise. *Responsabilidade civil nas relações de consumo*. São Paulo: Ed. RT, 2001, p. 112; REIS, Clayton. *Avaliação do dano moral*. 3. ed. Rio de Janeiro: Forense, 2000, p. 273.
82. Como bem destacam Gustavo TEPEDINO e Anderson SCHREIBER, em análise da realidade jurisprudencial brasileira, não se pode afirmar "que a responsabilidade civil por dano moral seja, entre nós, atribuído caráter exclusivamente compensatório, já que o caráter punitivo aflora nos critérios de quantificação" (As penas privadas no direito brasileiro. In: SARMENTO, Daniel; GALDINO, Flavio. *Direitos fundamentais*: estudos em homenagem Ricardo Lobo Torres. Rio de Janeiro: Renovar, p. 520).
83. Em sentido contrário, ainda que se referindo apenas o caput do artigo 944 do Código Civil, o Enunciado de doutrina n. 379, aprovado pelo Conselho da Justiça Federal, por ocasião da Quarta Jornada de Direito Civil: "O art. 944, *caput*, do Código Civil não afasta a possibilidade de se reconhecer a função punitiva ou pedagógica da responsabilidade civil".
84. Fazendo alerta à "natureza excepcional do parágrafo", Carlos Edison do Rêgo Monteiro Filho destaca que "a literalidade clara [do artigo] não permite entrever espaço para autorização de interpretação *a contrario sensu*, ou seja, a majoração da indenização por motivo de dolo ou culpa grave não se coaduna com o teor do parágrafo único do art. 944" (*O artigo 944 do Código Civil*: o problema da mitigação do princípio da reparação integral, cit., p. 765 e 770).

medidas pelas quais o agente ofensor poderá se valer para reduzir ou isentar-se de sua responsabilidade.[85]

Segundo este raciocínio, aliás, cumpre salientar que o ímpeto "penalista" ainda não se desvinculou, em termos sistemáticos, de seu caráter tipificador e taxativo.[86] Eis a primeira razão pela qual também não merece prosperar o argumento de que certas condutas, de tão graves, merecem, *per si*, de um acréscimo no valor da indenização, dado o caráter punitivo que esta deve carregar consigo. Não obstante o problema dogmático da confusão entre a indenização e a pena, diante da miscelânea defendida no momento do arbitramento, a falta total de previsão legal dos valores que podem ser acrescentados pelo "viés punitivo" da indenização, nessas hipóteses, deslegitima a sua aplicação.[87] Não há sequer parâmetro ou escala a ser seguida (por exemplo, a permissão de acrescer até "x%" o valor da indenização, como medida punitiva). Ademais, retorna-se à discussão em torno do aspecto volitivo e subjetivo da conduta do agente, que necessitaria ser analisada em toda e qualquer hipótese, em raciocínio que vai de encontro à expansão das hipóteses de responsabilidade objetiva.[88] Por fim, aqueles que aceitam e aplicam esta vertente sequer esclarecem qual parcela do valor foi acrescentada a título de punição.

Tais argumentos, ademais, causam espécie porque se retorna ao estado primitivo da indenização como representação de uma sanção negativa única da ordem jurídica, de caráter ambivalente (reparação e punição), como resposta à lesão causada a interesse juridicamente protegido.[89] Tal interesse violado é, agora, alçado ao âmbito de proteção tanto em sua esfera privada, quanto na sua faceta pública. Confere-se

---

85. O que destaca, também, SCHREIBER, Anderson. *Novos paradigmas da responsabilidade civil*, cit., p. 45. A título de curiosidade, tramita no Congresso Nacional brasileiro, pela via do Projeto de Lei 6.960/2002, proposta de acréscimo de novo parágrafo (§ 2º), cuja redação permitiria a inserção da majoração punitiva na ordem civil brasileira: "*a reparação do dano moral deve constituir-se em compensação ao lesado e adequado desestímulo ao lesante*".
86. Com efeito, não só para cumprir à máxima *nulla poena sine lege*, como também para evitar o arbitramento flagrantemente desproporcional da indenização punitiva (pena civil), Suzanne Carval defende que o montante da pena seja predeterminado em lei, ainda que fixando o valor mínimo e máximo (*La responsabilité civile dans sa fonction de peine privée*, cit., p. 355-361).
87. É o destaque eloquente da obra de referência de Maria Celina Bodin de Moraes, aduzindo, ainda, que "em sede civil, não se colocam à disposição do ofensor as garantias substanciais e processuais – como, por exemplo, a maior acuidade quanto ao ônus da prova – tradicionalmente prescritas ao imputado no juízo criminal" (*Danos à pessoa humana*, cit., p. 260).
88. Acrescente-se, ainda, os demais aspectos que visam a pessoa do ofensor como critério de quantificação, notadamente a sua *condição econômica*. O Superior Tribunal de Justiça costuma apontar que "A quantificação do dano extrapatrimonial deve levar em consideração parâmetros como a capacidade econômica dos ofensores, as condições pessoais das vítimas e o caráter pedagógico e sancionatório da indenização, critérios cuja valoração requer o exame do conjunto fático-probatório" (Agravo Interno no Agravo em Recurso Especial n. 1.249.098/SP, Rel. Min. Ricardo Villas Bôas Cueva, j. 19.06.2018).
89. Como relembra Geneviève VINEY, é o estado primitivo no qual não há distinção clara entre responsabilidade civil e penal: "Il est certain, d'abord, que, si le droit romain a bien connu la distinction entre 'délits publics' et 'délits privés', il n'a jamais complètement disntingué la peine de la réparation (et, par conséquent, la responsabilité civile de la responsabilité pénale)" (*Traité de droit civil*: introduction à la responsabilité, cit., p. 8).

à indenização uma carga de interesse público que reclama por uma tutela especial, que se apresenta na clássica função punitiva do direito.

Trata-se de verdadeiro pandemônio jurídico, dedicado à consolidação da insegurança jurídica em matéria tão sensível em matéria de previsibilidade. Em última análise, serve, inclusive, como obstáculo à perseguição mais eficaz da finalidade primária da responsabilidade civil, designadamente a reparação-compensação dos danos sofridos, agindo de modo oposto à função-mor do direito dos danos (função reparatória). E, ao contrário do que se alega, nos moldes propostos por essa vertente, pouco contribui para a alteração do comportamento do agente ou para prevenção dos danos, em aspectos gerais.[90]

No que tange à posição daqueles que entendem haver uma função punitiva na responsabilidade civil como um chamado *ético*, cuja ordem jurídica admite e persevera, crê-se que tal argumento não é suficiente para a defesa da aludida função. Sabe-se que a ordem jurídica como um todo funciona à base de previsão de normas jurídicas, que usualmente são acompanhadas de medidas que visam garantir a sua eficácia. Tais medidas são chamadas de sanções.[91] A previsão de uma sanção jurídica serve, assim, para oferecer resposta a comportamentos não desejáveis, extraindo-se, daí, o sentido ético do direito, como um todo. O direito existe, fundamentalmente, para regular comportamentos humanos.[92] Nem por isso é essencialmente punitivo. Sanção não é pena, sendo esta espécie daquela, com características próprias que aqui já foram destacadas.[93] Neste ponto, a legislação brasileira não estabeleceu penas civis, no âmbito da responsabilidade civil.

Isso não significa afirmar que na ambiência do direito dos danos o aspecto ético seja irrelevante. Pelo contrário, além de já estar presente em toda e qualquer norma jurídica, a responsabilidade civil ainda possui sentido ético específico, que pretende atuar sobre o comportamento das partes, mas não de forma desvinculada ao dano. Sendo este o elemento central, não se pode concluir por uma função que opera sobre comportamentos alheios à sua existência.[94]

Noutra direção, também não apresentam argumento suficiente para a existência de uma função punitiva à responsabilidade civil aqueles que invocam espécie de

---

90. Sobre o ocaso da função pedagógica, cf. capítulo 2.1.2, infra.
91. "Na medida em que o ato de coação estatuído pela ordem jurídica surge como reação contra a conduta de um indivíduo pela mesma ordem jurídica especificada, este ato coativo tem o caráter de uma sanção e a conduta humana contra a qual ele é dirigido tem o caráter de conduta proibida – quer dizer, é o contrário daquela conduta que deve ser considerada como prescrita ou conforme ao Direito, conduta através da qual será evitada a sanção" (KELSEN, Hans. *Teoria pura do direito*, cit., p. 37).
92. "Em última análise, o sistema jurídico é a tentativa de reconduzir o conjunto da justiça, com referência a uma forma determinada de vida social, a uma soma de princípios racionais" (CANARIS, Claus-Wilhelm. *Pensamento sistemático e conceito de sistema na ciência do direito*, cit., p. 14).
93. Para uma análise ainda mais profunda, ampliando a noção de sanção em sua perspectiva positiva, cf. capítulo 4.1.
94. Sobre o sentido ético que se entende mais adequado à responsabilidade civil, Cf. capítulo 4, infra.

"autotutela" do ordenamento. Ou, simplesmente, que o viés punitivo se revela pela tutela que a ordem jurídica faz de seu próprio interesse, a saber: o respeito pelas regras que ele mesmo impõe. Neste caso, as críticas se assemelham à anterior. Não há qualquer elemento que evidencie estar o ordenamento fadado ao fracasso, ou à anomia, ante a multiplicidade de danos que ocorrem no cotidiano. Ademais, ainda que assim o fosse, não seria suficiente para concluir pela natureza punitiva implícita ao instituto. Mais uma vez, não há como fugir à garantia da reserva legal.[95]

Enfim, acredita-se, também, que não assiste razão àqueles que entendem haver uma função punitiva na responsabilidade civil, especialmente no que tange à tutela dos interesses extrapatrimoniais. Não são poucos os respeitáveis autores que defendem esta vertente particular da função punitiva, isto é, que ela existe, e é prevista no ordenamento, pelo simples fato da admissibilidade da compensação dos danos "morais".[96]

Neste caso, entendem que certos tipos de danos extrapatrimoniais são "irreparáveis", por natureza. Ademais, sustentam que os danos extrapatrimoniais, por serem majoritariamente indenizados pela via pecuniária, e sendo eles desprovidos de determinação precisa, restando inviável a averiguação de sua exata extensão (no sentido matemático), só podem ser fixados levando-se em consideração o comportamento do ofensor – o grau de lesividade da conduta. Isto porque, nestes casos, é a punição do ofensor o único fator capaz de apaziguar o lesado (sendo este o escopo da responsabilidade nas hipóteses de danos não patrimoniais).[97]

Sucede que, *prima facie*, não se pode admitir que uma função exista em razão da "natureza" de certas lesões (danos morais), inexoravelmente "irreparáveis". Como aqui já se afirmou, não são as estruturas dogmáticas, os axiomas, ou conceitos jurídicos, que definem a função dos institutos, quando se interpreta o direito

---

95. Como assevera Philippe LE TOURNEAU, "Le domaine des infractions pénales est limité (...). Les magistrats doivent s'en tenir à l'énumération légale, en vertu du principe de la légalité des penes et de la règle nullum crimen, nulla poena, sine lege" (*La responsabilité civile*, cit., p. 31). Ao contrário da imputação penal, a aticicidade do ilícito civil é admitida na medida em que persegue sua função reparatória e calcada na ideia de dano, como violação a interesse juridicamente protegido (FERRARI, Franco. *Atipicità dell'illecito civile*: una comparazione. Milano: Giuffrè, 1992, passim.

96. Interessante a construção de parte da doutrina italiana que reconhece o dano extrapatrimonial (*danno non patrimonial* ou *extracontrattuale*) como aquele que viola interesse juridicamente protegido pela lei, ainda de modo atípico (atipicidade), sendo ele distinto do chamado "dano moral" (*danno morale*), onde só aqui se reserva o problema de reconhecer uma função diversa da reparatória, de viés punitivo: "Ache con riguardo al danno morale si era posto il problema se riconoscere alla responsabilità civile una valenza diversa da quella compensativa, perché satisfattoria di altri interessi del danneggiato o comunque sanzionatoria nei riguardi del responsabile" (DI MAJO, Adolfo. *Dicorso generale sulla responsabilità civile*, cit., p. 44). No mesmo sentido, SALVI, Cesare. Risarcimento del danno extracontrattuale e 'pena privata'. In: BUSNELI, Francesco; SCALFI, Gianguido (Coord.). *Le pene private*. 2. ed. Milano: Giuffrè, 2005, p. 304.

97. "Se o dano verdadeiramente não deixa de existir, a compensação funciona antes de mais, no cumprimento daquele ideal de justiça, como uma forma de chamar à responsabilidade o lesante, impedindo que ele fique impune. É ainda e sempre a afirmação do sentido ético da responsabilidade civil – e nos termos por nós explicitados do carácter sancionatório do instituto – que é chamada a operar" (BARBOSA, Mafalda Miranda. *Reflexões em torno da responsabilidade civil*, cit., p. 568).

na legalidade constitucional. As finalidades da responsabilidade civil devem ser extraídas do contexto global do ordenamento – complexo, porém unitário e sistemático –, considerando-se a hierarquia das fontes e valores. Identificando-se as funções, revelam-se as estruturas. E não o inverso. Daí a pouca importância, ora empreendida, para a distinção dos conceitos de "reparação" e "compensação", pois, em última instância, devem perseguir finalidades comuns: a indenização dos danos sofridos pela vítima.[98]

Falar em função punitiva, defendendo-a como existente na ordem jurídica positiva, exige um esforço maior de justificação, com apoio na normatividade. Sabe-se que a reparação (ou compensação) pecuniária não é a via de mão única, dentre os instrumentos reparatórios, não se podendo olvidar das chamadas "reparações *in natura*", ou mesmo pela via de prestações equivalentes, que tenham o condão de satisfazer o lesado de modo semelhante àquelas. Outrossim, já se demonstrou que a "pena" tem características peculiares que se distanciam da "indenização". Defender um "viés punitivo" apenas em certo momento da complexidade do fenômeno danoso, como no itinerário da quantificação, não parece de maior rigor. Aliás, até mesmo partidários da adoção de uma função punitiva à responsabilidade civil criticam tal ótica restrita, pois a colocariam em posição subordinada à função reparatória.[99] No entanto, é comum a referência à fundamentação da teleologia da responsabilidade civil como instituto que busca uma integração entre a "satisfação do lesado" e a "punição do ofensor".[100]

Embora sejam respeitáveis os partidários desta corrente, aqui se defende que tal concepção não encontra amparo no ordenamento jurídico vigente. Os textos legais de referência, no que concerne ao problema da quantificação dos danos, remetem-se ora à sua *extensão* (art. 944, *caput*, do CC), ora à *fixação equitativa*, "na conformidade com as *circunstâncias do caso*" (art. 953, parágrafo único, do CC). Em nenhum momento parecem critérios direcionados a imprimir sanção pelo grau de reprovabilidade da conduta do agente. O conjunto de valores do ordenamento impede, também, que se interprete por uma função punitiva sem que haja reserva legal. Enfim, seria incongruente para sua incidência nas hipóteses de responsabilidade objetiva. A função punitiva pressupõe a análise da culpa, como critério determinante para a sua implementação.

Em verdade, apesar da grande quantidade de adeptos, esta corrente contribui para a desordem jurisprudencial, apresentando-se a responsabilidade civil com

---

98. Refuta-se, assim, o conceito de que "compensação" dos danos não representa modalidade de indenização, mas de atribuição patrimonial de simples viés punitivo. Neste sentido, cf. JOURDAIN, Patrice. *Les principes de la responsabilité civile*. 4. ed. Paris: Dalloz, 1998, p. 133; e BODIN DE MORAES, Maria Celina. *Danos à pessoa humana*, cit., p. 268-269.
99. BARBOSA, Mafalda Miranda. *Reflexões em torno da responsabilidade civil*, cit., p. 569.
100. KERN, Bernd-Rüdinger. A função satisfativa na indenização do dano pessoal: um elemento penal na satisfação do dano. *Revista de Direito do Consumidor*, n. 33, São Paulo: Ed. RT, 2000, p. 9-32.

diversas funções que atuariam no mesmo momento (reparatória, punitiva, pedagógica etc.), em verdadeira miscelânea de finalidades e critérios que mais confundem e instauram um ambiente de insegurança jurídica, que, de fato, alcançam os seus objetivos. Não é sem razão que se tornou comum sustentar que, para definir a quantificação do dano não patrimonial, deve-se levar em conta a "gravidade do fato em si, culpabilidade do agente, culpa concorrente da vítima, condição econômica das partes".[101] Isso não se reflete em indenizações de grande aporte pecuniário (como normalmente ocorre nas chamadas indenizações punitivas), como também não servem para cumprir com o aspecto dissuasório que toda punibilidade carrega.[102]

Deve-se ter em mente que a satisfação do lesado, ao sofrer dano à sua esfera não patrimonial, não é medida pelo grau de apaziguamento de seu inconformismo, mas simplesmente pela atribuição patrimonial justa e equitativa que ele deve perceber (art. 953, parágrafo único, do CC). Essa é a essência da responsabilidade civil. Toda e qualquer função punitiva que se queira atribuir, por apresentar-se excepcional, ainda que legítima, precisa ser previamente prevista em lei.

Adiante – e derradeiramente –, uma solução mais robusta, dado o rigor científico na apresentação da solução, é aquela que prevê a possibilidade de estabelecer *penas civis*, em determinados casos, como aspecto independente da indenização e, portanto, da própria existência do dano.[103]

Essa corrente tem a vantagem de reconhecer que uma função punitiva não pode apresentar-se em *confusão* com a função reparatória. Não podem ser funções interconectadas, que se interpenetram, num contexto simbiótico de intencionalidades. Como perseguem interesses demasiadamente distintos, devem apresentar-se, também, autônomas e em conformidade com uma lógica própria. A superação "qualitativa" da dicotomia direito público-direito privado não implica reconhecimento de identidade de desideratos nos distintos nichos do direito. Revela-se apenas que atendem a um comando comum de unidade sistemática e axiológica. Contudo, seguem essencialmente distintas as funções da pena e indenização.

Entretanto, essa vertente padece do mal comum à adoção de toda e qualquer função punitiva: a necessidade de basear-se em texto legal previamente estabelecido (princípio da legalidade, tipicidade e reserva legal). A ausência de interesse do legis-

---

101. Ilustrativamente, estes foram alguns dos critérios, aparentemente enunciativos, apresentados por ocasião do julgamento do Recurso Especial n. 1473393/SP, em acordão da lavra do Min. Luís Felipe Salomão, julgado pela Quarta Turma do Superior Tribunal de Justiça, em 04.10.2016.
102. Como já aponta a doutrina da análise econômica do direito, a eficácia do caráter dissuasório da responsabilidade está intimamente associada à capacidade de impor ao agente um custo maior de reparação do que teria se envidasse os esforços de prevenção. É necessário que a relação custo-benefício da prevenção seja superior à assunção dos riscos. Se houver certa previsibilidade de custos judiciais sobre as indenizações é caminho natural que apenas se internalize tal custo, que deveria, em tese, qualificar-se como uma externalidade da atividade econômica. Cf. CALABRESI, Guido. Some thoughts on risk distribution and the law of torts. *Yale Law Journal*, n. 70, New Haven: Yale University Press, 1961, p. 501.
103. GALLO, Paolo. *Pene private e responsabilità civile*, cit., p. 175 e ss.

lador em adotá-la frustra os planos de sua aplicabilidade prática. No mais, apresenta certo exagero ao indicar que os instrumentos das penas civis, autônomos em relação à indenização, deveriam paulatinamente substituir o sistema penal comum.[104] Ou que as penas civis poderiam existir apesar da ausência de dano, como puro instrumento de sanção que se abstrai à apuração da existência da lesão.[105] Afora todas essas razões, poderiam somar-se a outras, tais como a estranheza que causa a imputação de uma pena que serve apenas à satisfação de interesse privado, eis que o destinatário do valor pecuniário seria o sujeito que titulariza o interesse violado, e não a coletividade.[106] Ou a incongruência daqueles que argumentam que a função punitiva se justifica quando o agente que realiza o ilícito lucra com a prática da conduta.[107]

Não obstante todas essas críticas, o fato é que para qualquer das correntes acima defendidas, nada impede que o legislador preveja certas hipóteses nas quais se adicionará a função punitiva à responsabilidade civil, diante de determinadas circunstâncias. Costuma-se aludir a certos casos muito excepcionais que, dado o alto grau de reprovabilidade social do comportamento do responsável, ou simplesmente porque a extensão ou reiteração do dano se apresenta muito intensa, torna-se imperiosa uma resposta punitiva da ordem jurídica.[108] Apenas não se pode admitir,

---

104. "La fonction punitive de la responsabilitè civile est, on vient de le voir, largement mise en oeuvre pour assurer la protection des attributs de la personnalité. A peine dissimulée sous le masque de la réparation du dommage, elle vient sanctionner la violation des normes de conduite, faisant une fin de ce qui n'est en principe qu'un moyen. Prompte et parfois rigoureuse, la condamantion civile est, non seulement, devenue indispensable – peut-on raisonnablement imaginer de le remplacer par un recours massif à la sanction penale? –, mais s'affirme comme une sanction dont les qualités lui permette de concurrer ouvertement la sanction pénale" (CARVAL, Suzanne. *La responsabilité civile dans sa fonction de paine privée*. Paris: LGDJ, 1995, p. 43) (grifos nossos).
105. Ora, se dano é a lesão a interesse juridicamente protegido, não razão para identificar a ocorrência de lesão sem dano. Trata-se de uma tautologia. A verdade é que se busca resgatar antiga discussão em torno da imputação de responsabilidade pela simples ocorrência do ilícito (aspecto objetivo), ainda que não se verifique o dano na esfera jurídica individual de alguém, ou no âmbito metaindividual. Na Itália, é a discussão corrente em torno da possibilidade de indenização do chamado "dano-evento", que retrata o momento abstrato da lesão, dissociado do "dano-consequência", representativo da concreta agressão na esfera jurídica de alguém. Em maneira mais profunda, remete-se a DI MAJO, Adolfo. *Discorso generale sulla responsabilità civile*, cit., p. 45-46.
106. Esse é um problema reconhecido por Suzanne CARVAL, que recomenda a destinação dos valores pecuniários da pena a fundos de compensação (*La responsabilité civile dans sa fonction de peine privée*, cit., p. 362-366).
107. A questão da *compensatio lucri cum damno*, na compressão deste autor está intimamente ligada ao problema da reparação dos danos (finalidade primária da responsabilidade civil). Neste sentido, Cf., entre tantos, SCOGNAMIGLIO, Renato. In tema do 'compensatio lucri cum damno'. Il foro italiano. Roma: Società Editrice Il Foro Italiano, v. LXXV, 1952; CARBONE, Vincenzo. La compensatio lucri cum damno tra ambito del danno risarcibile e rapporto di causalità. *Danno e responsabilità*, n. 4, 1996; e FRANZONI, Massimo. *Trattato della responsabilità civile*, v. II, cit., p. 38 e ss.
108. Como cogita RODOTÀ, Stefano. *Entrevista à Revista Trimestral de Direito Civil*, RTDC, v. 3, n. 11, jul./set. 2002, p. 291: "Os *punitive damages* são um problema. Para mim, em certas situações os *punitive damages* têm uma razão de ser. Principalmente, por exemplo, em situações de danos coletivos nas quais é difícil identificar aqueles que tenham efetivamente sofrido o dano para fins de ressarcimento; ou então as situações nas quais a cifra determinada para a reparação do dano, após ser dividida por todos os que sofreram o dano, torna-se um valor insignificante para cada um destes, sendo que se fosse estabelecido um ressarcimento adequado a todos estes, o montante total a ser pago subiria a ponto de ter efeitos econômicos devastadores para quem o paga. De outro lado, há situações nas quais ao dano podem corresponder sanções diversas do

como argumento de afirmação, que a função punitiva é aceita no ordenamento pela simples observação da realidade jurisprudencial,[109] seja porque não há voz uníssona nos tribunais, seja porque carecedora de fundamentação científica.

Certo é que, apesar disso, ao menos no contexto atual, ainda não há qualquer previsão legal nesse sentido, não se podendo extrair da axiologia do direito civil, interpretado à luz da Constituição, que a responsabilidade civil atenda, por essência, a uma função punitiva, ainda que secundária.[110]

2.1.3 A função pedagógica: perspectivas

Diz-se que a responsabilidade civil deve perseguir, igualmente, uma função pedagógica, no sentido de que apresentar-se como modelo que, uma vez incidente, sirva de *lição* ao agente causador do dano, de maneira a fazê-lo aprender com seus próprios erros, evitando a reiteração da conduta anterior.[111] Trata-se do caráter exemplar da responsabilidade civil,[112] que deve orientar o comportamentos dos agentes de maneira a, em alguma medida, diminuir as chances de repetição do dano causado.[113]

É notável que a chamada "função pedagógica" está em par de sintonia com a já aludida "função punitiva". Não raro, a propósito, faz-se referência a uma só função "punitivo-pedagógica". Em sua perspectiva dissuasória, costuma-se

---

ressarcimento, como por exemplo a de restabelecer a situação ambiental anterior ao momento do dano, em caso de dano ambiental; ou mesmo a intervenção dos *punitive damages*, que podem ser destinados a finalidades como modificar a situação daqueles prejudicados pela atividade danosa, desde que usados com uma certa inteligência".

109. Em sentido contrário: "Tal caráter punitivo, que se pretende justificar, dentre outros fundamentos, na dissuasão de condutas ilícitas e antissociais por meio da aplicação de uma sanção de cunho civil ao ofensor, apesar de não ter expressa previsão legislativa no Brasil, parece decorrer da construção jurisprudencial dos tribunais pátrios, que muitas vezes assumem explicitamente tal opção" (VENTURI, Thaís Goveia Pascoaloto. *Responsabilidade civil preventiva*: a proteção contra a violação dos direitos e a tutela inibitória material. São Paulo: Malheiros, 2014, p. 344).

110. Aqui não se concorda com aqueles que encontram a "função punitiva" na axiologia do sistema jurídico, pela identificação de um sentido ético de comportamento humano em sociedade, extraído através da lógica punitiva, ainda que para certos casos, como defende Mafalda Miranda BARBOSA (Reflexões em torno da responsabilidade civil: teleologia e teleonomologia em debate. *Boletim da Faculdade de Direito da Universidade de Coimbra*. n. 81. Coimbra: Ed. Coimbra, 2005, p. 550-595). Esta é sempre medida de exceção, extrema, e que traz consigo a necessidade de previsão prévia e expressa de suas consequências, assim como a inelutável necessidade de se debruçar sobre a conduta do ofensor, exercício que vai na contramão da tendência (positivada) de objetivação da responsabilidade civil no Brasil.

111. É a chamada função pedagógica ou educativa, reproduzida em diversos ordenamentos, como constatou o estudo de direito comparado de Hans Stoll: ""the following observations constitute an attempt to discover, by comparing different legal systems, the extent to which the objectives of punishment and 'satisfaction', deterrence and education of the tortfeasor remain operative in modern tort law" (*Penal purposes in the law of tort*, cit., p. 3).

112. Como bem discorre Judith Martins-Costa e Mariana Souza Pargendler: "as razões para a volta do caráter exemplar da responsabilidade civil não são difíceis de explicar, resultando, na maior parte dos casos, da própria insuficiência das respostas oferecidas pela responsabilidade civil como mecanismo puramente ressarcitório (...)" (Usos e abusos da função punitiva (*punitive damages* e o direito brasileiro). *Revista CEJ*, n. 28, Brasília, jan./mar. 2005, p. 21).

113. ALPA, Guido; BESSONE, Mario. *La responsabilità civile*, v. II, cit., p. 171-188.

evidenciar também uma outra função, que logo será tratada, chamada de "função preventiva".[114] Isto é, diz-se que este conjunto de funções servem a um duplo objetivo: (i) reativo, ao punir o agente causador do dano; e (ii) preventivo, como instrumento de dissuasão de comportamentos antissociais (daí o caráter de exemplaridade).[115]

Logo, representa o aspecto da dissuasão (*deterrence*) comum a toda e qualquer imposição de pena, razão pela qual cumpriria uma "missão inibidora", para a proteção dos interesses juridicamente tutelados e, conjuntamente, para a satisfação dos interesses lesados.[116] Denotaria, assim, faceta de *desestímulo* pelo simples fato da imposição da pena, traduzindo-se na primeira manifestação do aspecto preventivo da responsabilidade civil.[117]

Defende-se, por outra via, em particular ponto de vista (econômico), que a função pedagógica, ou simplesmente dissuasória, subdivide-se em duas perspectivas: uma geral e outra especial.

A rigor, a possibilidade de imputar determinada pena, pelo descumprimento de certa conduta elencada como socialmente relevante, teria o condão de gerar nas pessoas um efeito inibitório em prospectiva. Esta função genérica representaria o efeito que a perspectiva de ter que pagar uma indenização punitiva terá no comportamento das partes situadas no futuro (não apenas no comportamento do réu em questão).[118] Por sua vez, a função pedagógica especial (ou dissuasão específica) traduziria o efeito que a imposição de uma sanção sobre uma parte terá sobre o comportamento futuro deste mesmo agente ofensor.[119]

Como se pode atestar, trata-se das vertentes que representam, no direito penal, os aspectos da "prevenção geral" e "prevenção especial", que seriam naturais a toda e

---

114. "(...) há todo um domínio em que a pena privada é insubstituível: é o dos comportamentos antissociais que não são suficientemente graves ou facilmente perceptíveis (*saisissables*) para merecerem ser qualificados como delitos, mas que a responsabilidade civil clássica é impotente para desempenhar um papel dissuasor" (TUNC, André. La pena privata nel diritto francese. In: SCALFI, Gianguido. *Le pene private*. Milano: Giuffrè, 1985, p. 356) (tradução livre).
115. "(...) pode-se observar que a função punitivo-pedagógica tem como objetivo desempenhar duplo papel: o de punir o agente causador do dano e, ainda, ser instrumento de dissuasão de comportamentos antissociais, tendo caráter de exemplaridade e, consequentemente, preventivo" (VENTURI, Thaís Goveia Pascoaloto. *Responsabilidade civil preventiva*, cit., p. 347). Na mesma direção, Cf. MARTINS-COSTA, Judith; PARGENDLER, Mariana Souza. Usos e abusos da função punitiva..., cit., p. 16.
116. "(...) não deixa a pena, pois, de cumprir missão inibidora, realizando a defesa dos bens referidos e, quando aplicada, a satisfação dos interesses lesados" (BITTAR, Carlos Alberto. *Reparação civil por danos morais*. 2. ed. São Paulo: Ed. RT, 1993, p. 112).
117. ROCHFELD, Judith. *Les grandes notions du droit privé*, cit., p. 489.
118. "By deterrence, we mean what is often called general deterrence, namely, the effect that the prospect of having to pay damages will have on the behavior of similarly situated parties in the future (not just on the behavior of the defendant at hand" (POLINSKY, Mitchell; SHAVELL, Steven. *Punitive damages*: an economic analysis, cit., p. 877).
119. "General deterrence may be contrasted with specific deterrence, which is the effect that the imposition of a sanction on a party will have on that party's future behavior" (BENTHAM, Jeremy. Principles of penal law. *The works of Jeremy Bentham*. London: John Boring Ed., 1962, p. 396).

qualquer pena imposta pelo descumprimento do comando de conduta legal. Ou seja, a chamada função pedagógica (*deterrence*) apresenta reflexos tanto na vertente punitiva da responsabilidade (porque seria desta decorrente), quanto naquela associada à prevenção dos danos.

Neste aspecto, é famosa a construção dos teóricos da "*Law and Economics*" segundo a qual a função pedagógica, de viés preventivo (*deterrence*), deve ser fundada em fatos econômicos, como condição para que se alcance a finalidade intimidativa desejada perante a população. Isto significa, basicamente, que o ofensor precisa sentir na pele que não vale a pena exceder os custos sociais sobre os benefícios comunitários, na medida em que será duramente penalizado.[120] Daí a necessidade de, em alguns casos, imputar-se uma pena adicional (*punitive damages*), na medida em que apenas a sua inserção seria capaz de alcançar a "curva ótima" de dissuasão para a prática de novas condutas ofensivas ao seio social.[121]

Por uma perspectiva, o objetivo da indenização punitiva seria a restauração da dissuasão no mercado (uma vez que se tornou perdida pela simples imputação das indenizações compensatórias, incapazes de gerarem efeitos preventivos gerais), forçando uma transação econômica dentro do próprio mercado a que ela pertence.[122] Noutra, a principal função dos danos punitivos é aumentar a dissuasão em vista de valores sociais não monetizáveis.[123] De uma forma ou de outra, é fato que a possibilidade de sofrer condenação ao pagamento de indenização punitiva representa fator de externalidade que deve ser "internalizado" pelos agentes econômicos, de maneira a evitar que o custo total das trocas econômicas (incluindo aquele socialmente relevante e por vezes incalculável) supere os benefícios que delas se deve extrair. É esse receio real quanto à possiblidade de ruína financeira

---

120. Ressalta-se, ainda, que tal função só pode atingir seu objetivo se for possível identificar o ofensor, pois, caso contrário, o verdadeiro causador do dano continuará a praticar as condutas danosas, em que os custos sociais excedem os benefícios: "*With respect to the goal of deterrence, there is a simple and standard economic argument for punitive damages: Compensatory damages work well for deterrence if and only if it is easy to identify the injurer, bring suit, and collect full damages. Under these conditions, the wrongdoer faces liability for the full social costs of the wrong. Thus there is no need for additional damages if the probability of detection and successful suit for compensation is 100%. But sometimes it is difficult to identify the injurer, perhaps because the tort has occurred surreptitiously. In such cases, compensatory damages will not provide adequate deterrence, since wrongdoers will be able to continue to engage in conduct where the social costs exceed the social benefits. Punitive damages are necessary to pick up the slack for undetected wrongdoers*" (SUNSTEIN, Cass; KAHNEMAN, Daniel; SCHKADE, David. *Assessing punitive damages*, cit., p. 2082).
121. "In other words, assuming the deterring objective of ordinary damages, why the addiction of punitive ones? The answer given by the partisans of economic analysis is that compensating the plaintiff's actual damage does not always achieve optimal deterrence, in view of the imperfections of the tort liability system" (ENGLARD, Izhak. *The philosophy of tort law*, cit., p. 146).
122. POSNER, Richard. *Economic analysis of law*. 3. ed. Boston: LBC, 1986, p. 191-201.
123. CALABRESI, Guido. *The costs of accidents*. New Haven: Yale University Press, 1970, p. 95-103.

que estimularia os agentes a não cometerem atos dolosos (ou gravemente culposos) perante a sociedade.[124-125]

Em síntese, seja qual a perspectiva adotada, o ponto comum entre elas é que a função pedagógica, ou dissuasória, da responsabilidade está intimamente ligada ao fator punitivo da sanção a ser aplicada ao sujeito responsável, assim como a uma ideia ainda abstrata de prevenção.[126]

2.1.4 Críticas à chamada função pedagógica da responsabilidade civil

Compreende-se que as intenções da doutrina são verdadeiramente louváveis, especialmente quando se pretende atribuir uma *função pedagógica* à responsabilidade civil. Com efeito, a perspectiva do Direito como instrumento de controle social sobre os comportamentos humanos é debate central da Teoria do Direito, e não apenas uma discussão restrita ao escopo da responsabilidade civil.[127] Não se nega, portanto, que uma das finalidades do direito, enquanto direito, é produzir normas de conduta, que sejam aceitas pela comunidade a que pertence. É a força normativa heterônoma do Estado, que se complementa e dialoga com o espaço de autonomia dos indivíduos, dentro de um Estado Democrático de Direito.[128] Por outro lado, busca-se criar medidas que evitem a transgressão à ordem jurídica posta, como forma de tornar a sociedade bem ordenada, pacífica e segura.

---

124. Vale a pena reproduzir a síntese de Teresa Ancona LOPES, para quem "os institutos anglo-americanos dos *punitive damages* e da *deterrence* não se confundem, pois o primeiro é fundamentado na conduta do causador do dano para a elevação da garantia indenizatória e o segundo na relação riscos, custos econômicos e mecanismo de mercado, ou seja, pode ficar muito caro manter atividades perigosas" (*Princípio da precaução e evolução da responsabilidade civil*. São Paulo: Quartier Latin, 2010, p. 86).
125. De todo modo, importante ressaltar a própria compreensão de Guido Calabresi, que assume a impropriedade de admitir-se uma visão unilateral do direito, em especial da responsabilidade civil (criticando a própria visão unilateral da análise econômica do direito): "Law, and particularly tort law, serves definable human goals. Often these goals are multidimensional, and too often, those who view tort law in a goal-oriented way move quickly to a single, simple goal – whether it be economic efficiency, furthering loss spreading or anything else – and, having examined tort doctrines and cases on that basis, are properly attacked for being reductionists. The thesis of this chapter is that the pursuit of one-dimensional goals in tort law is fraught with such risks. Generally speaking, courts are unlikely to be reductionist. Judges derive law from many sources. The problem arises from the ever-increasing incursions by federal courts into the tort process, and is worsened when the incursion is by the Supreme Court" (CALABRESI, Guido. The complexity of torts – the case of punitive damages. In: MADDEN, M. Stuart (Coord.). *Exploring tort law*. Cambridge: Cambridge University Press, 2005, p. 333-334 (para bibliografia final: p. 333-351).
126. Não à toa, costuma-se fazer referência conjunta às funções, como se representasse um fenômeno unitário, como se vê na expressão cunhada por Thaís Goveia Pascoaloto Venturi "função punitivo-pedagógica exemplar" (*Responsabilidade civil preventiva*, cit., p. 217). São poucos aqueles que apesar de defender a função preventiva, tem cuidados com relação ao aspecto punitivo ou pedagógico, como se observa em André TUNC: "si la prévention des conduits anti-sociales est en elle-même une fonction parfaitement légitime de la responsabilité civile, elle n'est cependant qu'une fonction parmi d'autres qui s'en rapprochent et doivent maintenant recevoir quelque attention. La réforme ou la rééducation du fautif mérite d'être mentionnée, mais seulement avec prudence, comme un des objectifs de la responsabilité civile" (*La responsabilité civil*, cit., p. 140)
127. KELSEN, Hans. *Teoria pura do direito*, cit., p. 33-65.
128. PERLINGIERI, Pietro. *O direito civil na legalidade constitucional*, cit., p. 170-229.

É desta noção elementar de direito que se extrai o aspecto pedagógico que as penas revelariam, *per si*. Sucede que o receio de sofrer as consequências previstas pelo ordenamento não é medida coercitiva abstrata restrita apenas à pena, enquanto modalidade específica de sanção. Em verdade – e abstratamente –, toda e qualquer *sanção jurídica negativa*, prevista como resposta reativa da ordem jurídica contra comportamentos indesejáveis, carregam consigo as características de servir-se como instrumento de prevenção, neste sentido bem específico, geral, abstrato e abrangente: incutir, no imaginário do agente, o receio/medo de agir em desconformidade com a lei e, assim, sofrer as consequências impostas pelo Estado. Cuida-se, portanto, de efeito não exclusivo das penalidades, mas de qualquer sanção negativa (e aqui se incluem as indenizações, de viés exclusivamente reparatório).[129]

Contudo, mesmo na Teoria do Direito já se discute se a sanção jurídica realmente cumpre esse papel. Em outras palavras, questiona-se se o verdadeiro móvel que estimula as pessoas a prestar obediência às regras jurídicas reside, de fato, no receio acerca das consequências do descumprimento.[130] Desconfia-se, assim, da efetividade da chamada "prevenção geral". A aplicação de sanções ordinárias a terceiros não serviria de desestímulo real, efetivo e determinante à adoção de comportamentos íntegros. Debate-se, inclusive, se a aplicação de penas (a sanção jurídica mais rígida) cumpre, por si só, com a finalidade de evitar a reincidência (prevenção especial). Enfim, indaga-se se, efetivamente, sofrer imposição de pena *ensina* o agente a não mais cometer aquele tipo de infração.[131]

Não obstante as colocações quase céticas em torno da eficácia dos instrumentos jurídicos sancionatórios negativos ordinários, no sentido de conduzir o comportamento das partes ao estado ideal de sociabilidade, decerto que tais finalidades não seriam exclusivas da responsabilidade civil, mas de todo e qualquer modelo sancionatório do direito. Mas, como a identificação de uma função à responsabilidade civil não pressupõe que tal finalidade se restrinja ao seu campo de atuação, é necessário que se aprofunde a análise crítica em torno desta aludida função.

---

129. Como já destaca José de Aguiar DIAS, ao reconhecer apenas um *efeito punitivo* na obrigação de indenizar, sem, no entanto, identificar fundamento, dentro do sistema da responsabilidade civil, capaz de justificar a majoração do valor a ser pago pelo responsável: "Para o sistema de responsabilidade civil que esposamos, a prevenção e repressão do ato ilícito resulta da indenização em si, sendo-lhe indiferente a graduação do montante da indenização. Mesmo os ricos sofrem um corretivo moral enérgico, que conduz à prevenção e repressão do ato ilícito praticado, quando lhes é imposta a obrigação de reparar o dano sofrido por outrem" (*Da responsabilidade civil*, cit., p. 735). Em última análise, estava a reconhecer que o simples fato da indenização causa efeitos negativos sancionatórios que já seriam suficientes para que qualquer pessoa evite, em sede de prevenção geral, causar danos a esfera jurídica de outrem.
130. No âmbito da filosofia, é famosa a resposta de David HUME ao questionamento da razão pela qual o homem segue regras: pelo simples hábito, pois "o hábito é um outro princípio, que me determina a esperar o mesmo para o futuro" (*Investigações sobre o entendimento humano e sobre os princípios da moral*. Trad. J. O. A. Marques. São Paulo: Ed. Unesp, 2004, p. 297).
131. "Que la responsabilité civile soit un instrument de dissuasion des comportements anti-sociaux nuisibles à la société, la plupart des auteurs l'admettent sur un plan três général, mais ils s'interrogent sur l'efficacité réele de cette fonction" (VINEY, Geneviève. *Traité de droit civil*: introduction à la responsabilité, cit., p. 87).

Parte-se, então, a apontamento crítico que se relaciona a uma questão metodológica de difícil resolução: como atribuir *autonomia* a uma função que só se apresenta como produto da atuação de outra função? Tratar-se-ia de uma função da função? Explica-se: existiria, efetivamente, uma função *autônoma* pedagógica à responsabilidade civil, que objetivasse atingir o escopo educacional e dissuasório geral? Ou tal finalidade, em verdade, não representaria apenas um efeito possível da previsão legal de sanções negativas, ante o descumprimento de certos preceitos normativos?

A este autor parece evidente que a suposta *função pedagógica*, caso ela exista, nada mais é que mero *efeito* do instrumento sancionatório da responsabilidade, existindo em menor grau quando conectada apenas à função reparatória-compensatória, e em maior grau quando implementado sistema de sanções punitivas (penas privadas), que geram desequilíbrio – ao causador do dano – no cálculo reativo ao evento lesivo. Sendo assim, não merece a qualificação de função (ao menos sob um aspecto de autonomia).[132]

É de difícil aceitação a tese de que a reparação do dano, segundo o princípio da reparação integral (*restitutio ad integrum*), imponha um aspecto dissuasório distinto daquele comum a todo espécie de sanção jurídica (prevenção geral). Eis a razão pela qual se costuma cogitar de tal função, apenas, quando se atribui à responsabilidade um viés punitivo. Um acréscimo de "sanção" (pena) em virtude da conduta que se quer reprovar a ponto de tornar-se exemplar a todo o seio da sociedade.[133] Neste caso, portanto, revela-se como mero efeito da sanção penal.

Por outro lado, na perspectiva daquele que *pecou* – o agente causador do dano – não se pode concluir que a responsabilidade civil, pelo viés exclusivamente reparatório, tem finalidade própria e independente de "educá-lo", de modo a evitar novas lesões a terceiros (prevenção especial).[134] É que não há, a rigor, desequilíbrio na atuação da sanção reparatória. O agente não chega a "pagar um preço" pela sua conduta, mas apenas pelo dano que cometeu, e a ele limitado. Logo, pouco importa se o seu comportamento foi levemente desleixado ou claramente intencional, terá que restituir o prejuízo, em regra, a partir de sua extensão (art. 944 do Código Civil), e não pelo grau de sua culpa. Se a reação da ordem jurídica, neste caso, não se volta contra o comportamento do agente, ocupando-se apenas de reequilibrar os

---

132. A propósito, são inúmeras as referências à expressão conjunta "*função punitivo-pedagógica*", como se vê, por todos, em VENTURI, Thaís Goveia Pascoaloto. *Responsabilidade civil preventiva*, cit., p. 72 e *passim*.
133. A doutrina da análise econômica do direito sustenta que é o aumento do valor do custo da indenização que é capaz de elevar o escopo dissuasório da responsabilidade civil ao seu ponto "ótimo": "third possible rationale for punitive damages is that sometimes compensatory damages may be lower than they should be, particularly where it is especially costly for courts to calculate compensatory damages. If compensatory awards are systematically low, and if calculation costs are high, the amount awarded for punitive damages may move the legal system closer to optimal deterrence" (SUNSTEIN, Cass; KAHNEMAN, Daniel; SCHKADE, David. *Assessing punitive damages*, cit., p. 2083).
134. Como sustenta a tese de Guido CALABRESI, em torno da eficácia da "*specific deterrence*" (*The costs of the accidents*, cit., p. 68-69).

interesses jurídicos violados, em termos objetivos, não pode tal sanção produzir efeito relevante sobre a conduta do sujeito, num sentido prospectivo.

Ainda assim, mesmo no sentido individual, voltado ao agente ofensor (prevenção especial), tal efeito estaria, também, mais ligado a modelo de responsabilidade que admite as sanções punitivas, especialmente voltadas a condutas seriamente repugnadas pelo ordenamento, como aquelas produzidas de forma dolosa ou em alto grau de displicência (culpa grave).[135] Faz-se, necessário, destarte, admitir a *função punitiva*, para aceitar como efeito dela a possibilidade de *instruir* o agente lesivo, através da imposição da pena, a não mais repetir comportamento de tal natureza.

Como gêmeas siamesas, as funções punitiva e pedagógica (ou, simplesmente, função punitivo-pedagógica), em linhas gerais, padecem das críticas já apontadas nos capítulos anteriores.

2.2 A INDENIZAÇÃO PUNITIVA NA ORDEM JURÍDICA BRASILEIRA

Já se afirmou, nesta investigação, que o ordenamento jurídico brasileiro não incorporou, de modo generalizado, o modelo de sanções punitivas (ou indenizações punitivas). Reafirma-se, aqui, a validade de tal assertiva, deixando-se claro que todas as tentativas de implementação de um sistema punitivo geral ao direito dos danos alcançaram formidável fracasso.[136] Pelo conjunto dos argumentos já expostos *supra*, inexiste, no atual estado da arte do direito civil brasileiro, uma função punitivo-pedagógica reconhecida, pelo sistema normativo, à responsabilidade civil, considerada em perspectiva global.[137] Daí porque, se há uma "teoria geral da responsabilidade civil brasileira", ela não pode afirmar, por ora, a existência das aludidas funções.[138]

Isso não implica reconhecer que em certos nichos do ordenamento, nos quais se denota a tutela de certos interesses muito específicos – normalmente, interesses socialmente relevantes –, não existam instrumentos de tutela que carregam consigo

---

135. É o padrão que se extrai do conjunto dos países de tradição anglo-saxã que adotam os *punitive damages*. Nesta perspectiva, ainda que sob viés crítico, cf. ENGLARD, Izhak. *The philosophy of tort law*, cit., p. 148-149.
136. De modo mais eloquente, o veto ao art. 16 do Código de Defesa do Consumidor, cuja redação aprovada pelo Congresso Nacional, e rejeitada pelo então Presidente da República, era a seguinte: "Se comprovada a alta periculosidade do produto ou do serviço que provocou o dano, ou grave imprudência, negligência ou imperícia do fornecedor, será devida multa civil de até um milhão de vezes o Bônus do Tesouro Nacional – BTN, ou índice equivalente que venha substituí-lo, na ação proposta por qualquer dos legitimados à defesa do consumidor em juízo, a critério do juiz, de acordo com a gravidade e proporção do dano, bem como a situação econômica do responsável". Acrescente-se, ainda, o engavetamento do Projeto de Lei 6.960/2002, que pretende acrescentar o § 2º ao art. 944 do Código Civil.
137. BODIN DE MORAES, Maria Celina. *Danos à pessoa humana*, cit., p. 258-264.
138. É inesquecível a pesada crítica de Francisco Cavalcanti Pontes de Miranda, para quem: "a teoria da responsabilidade civil pela reparação dos danos não há que se basear no propósito de sancionar, de punir, as culpas, a despeito de se não atribuir direito à indenização por parte da vítima culpada. O fundamento, no direito contemporâneo, está no princípio de que o dano sofrido tem que ser reparado, se possível. A restituição é que se tem por fito, afastando qualquer antigo elemento de vingança" (*Tratado de direito civil*. São Paulo: Borsoi, 1968, t. 22, p. 183). Salienta-se que Boris STARCK atacou a objeção da vingança pessoal em sua obra em defesa pena privada (*Essai d'une théorie générale de la responsabilité civile...*, cit., p. 371-373).

características bem próximas das chamadas indenizações punitivas. Neste campo, pode-se aprofundar o debate em torno da existência, ainda que remota, de espaços de aplicação de uma função punitiva peculiarmente perseguida pela ordem jurídica.

2.2.1   O dano coletivo

Diz-se que o dano extrapatrimonial pode ser individual ou coletivo.[139] Aquele é comumente chamado de dano moral, sobretudo em razão da fundamentação empregada pela doutrina clássica com relação a sua origem, tradicionalmente ligada à violação à integridade moral das vítimas, cujo dano seja capaz de gerar-lhes dor, sofrimento, angústia, dentre outras lamúrias.[140] Já o dano coletivo é construção contemporânea engenhosa por meio da qual seria possível identificar a violação de interesses metaindividuais, difusos ou coletivos, igualmente merecedores de tutela.[141] Neste contexto, não tardou a criar-se a figura do dano moral coletivo.

Em sua origem, o chamado "dano moral coletivo" procurou ancorar-se na superação da percepção de dano moral como dor psíquica, necessariamente vinculada a uma pessoa humana, para alcançar também qualquer "abalo no patrimônio moral de uma coletividade".[142] Tal conotação, por evidente, não logrou avanço isento de críticas,

---

139. A classificação apresentada, excluindo a denominação "dano moral coletivo", encontra ressonância na doutrina de CARVALHO, Luiz Gustavo Grandinetti Castanho de. Responsabilidade por dano não patrimonial a interesse difuso (dano moral coletivo). *Revista da Emerj*, v. 3, n. 9, p. 24-31, 2000; e BESSA, Leonardo Roscoe. Dano moral coletivo. *Revista da EMERJ*, v. 10, n. 40, p. 247-283, Rio de Janeiro, 2007, na medida em que, para este autor, "assiste razão à doutrina citada no sentido de que seria melhor falar em dano extrapatrimonial". Veja, também, RAMOS, André de Carvalho. A ação civil pública e o dano moral coletivo. *Revista de Direito do Consumidor*, São Paulo, n. 25, p. 82, jan./mar., 1988; MEDEIROS NETO, Xisto Tiago. *Dano Moral Coletivo*. São Paulo: LRT, 2004, p. 136-137; e BITTAR FILHO, Carlos Alberto. Dano moral coletivo no atual contexto brasileiro. *Revista de Direito do Consumidor*, São Paulo, n. 12, p. 55, out./dez., 1994.
140. É, como já se viu, a posição segundo a qual "só deve ser reputado como dano moral a dor, vexame, sofrimento ou humilhação que, fugindo à normalidade, interfira intensamente no comportamento psicológico do indivíduo, causando-lhe aflição, angústia e desequilíbrio em seu bem-estar" (CAVALIERI FILHO, Sérgio. *Programa de responsabilidade civil*, cit., p. 98).
141. No que respeita à caracterização dos interesses metaindividuais, Rodolfo de Camargo MANCUSO afirma que o interesse coletivo é aquele interesse aglutinado, coeso (*Interesses difusos: conceito e legitimação para agir*. São Paulo: Ed. RT, 1997, p. 52). Segundo Ada Pellegrini Grinover, são "os interesses comuns a uma coletividade de pessoas e apenas a elas, mas ainda repousando sobre um vínculo jurídico definido que as congrega" (Novas tendências na tutela jurisdicional dos interesses difusos. *Revista do Curso de Direito*, Uberlândia, n. 13, p. 2, 1984). Nos termos do art. 81, II, do Código de Defesa do Consumidor, trata-se de interesse transindividual, de natureza indivisível de que seja titular o grupo, categoria ou classe de pessoas ligadas entre si ou com a parte contrária por uma relação jurídica base. No que concerne aos interesses difusos, estes abrangem um universo maior que o interesse coletivo, porquanto representa os interesses metaindividuais de natureza indivisível, de que sejam titulares pessoas indeterminadas e ligadas por mera circunstância de fato (art. 81, I, do CDC).
142. Cf. RAMOS, André de Carvalho. A ação civil pública e o dano moral coletivo. *Revista de Direito do Consumidor*, São Paulo, n. 25, p. 82, jan./mar., 1988. Segundo o autor, "afeta-se a boa-imagem da proteção legal a estes direitos e afeta-se a tranquilidade do cidadão, que se vê em verdadeira selva, onde a lei do mais forte impera", cf. op. cit., p. 83. Nessa perspectiva, chega a propugnar pela existência de danos morais coletivos em razão da simples edição de normas inconstitucionais, pois, "ora, em face de leis inconstitucionais o dano moral sempre existe, havendo verdadeira presunção absoluta de lesão ao patrimônio moral de todos os cidadãos" (op. cit., p. 88). Em sentido semelhante, por uma violação a um "espírito coletivo" ou a "esfera moral da comunidade", respectivamente, MEDEIROS NETO, Xisto Tiago. *Dano Moral Coletivo*. São

sobretudo por aplicar regime de responsabilidade fundado na ideia de reparação moral à coletividade, em hipóteses alheias ao dano causado à *pessoa humana*.[143] Não por confusão entre o dano propriamente dito e os seus efeitos (eventual sofrimento físico ou psíquico), mas porque a sistemática da responsabilidade civil inserida na legalidade constitucional só pode admitir dano, de caráter *existencial*, daí a expressão "moral", nas hipóteses em que há violação à cláusula geral de tutela da pessoa humana.[144]

Nesse sentido, tem-se que o "dano moral coletivo",[145] em verdade, trata-se de dano extrapatrimonial a interesse não individual, difuso ou coletivo, digno de tutela porque ofensivo a interesse metaindividual socialmente relevante, cujo conteúdo é preenchido por valor garantido constitucionalmente e de grande repercussão. A violação a tal interesse é de tamanha retumbância, que ameaça a paz, o equilíbrio, a harmonia e a integração da comunidade, maculando o valor da solidariedade social.[146]

Por este raciocínio, percebe-se que a disciplina do dano extrapatrimonial individual (ou, simplesmente, dano moral) é distinta do regramento do dano extrapatrimonial metaindividual.[147] Enquanto aquele é atraído pelo núcleo da disciplina ordinária da responsabilidade civil, contendo elementos e racionalidade

---

Paulo: LRT, 2004, p. 136-137; e BITTAR FILHO, Carlos Alberto. Dano moral coletivo no atual contexto brasileiro. *Revista de Direito do Consumidor*, São Paulo, n. 12, p. 55, out./dez., 1994.

143. Sobre essa visão crítica, seja consentido remeter a SILVA JÚNIOR, Antonio dos Reis; BARBOSA-FOHRMANN, Ana Paula. O discurso do ódio na internet. In: MARTINS, Guilherme (Org.). *Direito privado e internet*. São Paulo: Atlas, 2014, p. 47-57.

144. Seguindo a metodologia civil-constitucional, segundo a qual os institutos e categorias de direito civil devem ser lidos à luz da tábua axiológica consagrada na Constituição Federal, "decorre logicamente que a unidade do ordenamento é dada pela tutela à pessoa humana e à sua dignidade, [...], portanto, em sede de responsabilidade civil, e, mais especificamente, de dano moral, o objetivo a ser perseguido é oferecer a máxima garantia à pessoa humana, com prioridade, em toda e qualquer situação da vida social em que algum aspecto de sua personalidade esteja sob ameaça ou tenha sido lesado." MORAES, Maria Celina Bodin de. *Danos à pessoa humana*, cit., p. 182.

145. Expressão utilizada de maneira atécnica pelo legislador no art. 6º, VI e VII da Lei 8.078/90 e no art. 1º da Lei 7.347/85.

146. "O conteúdo dos interesses difusos trata de dois aspectos fundamentais: qualidade de vida e uma concepção de igualdade como direito à integração, baseada em aspectos participativos nas várias esferas da vida social" (FLORENCE, Tatiana Magalhães. *Danos extrapatrimoniais coletivos por danos ambientais*: a proteção da pessoa humana sob o enfoque dos direitos difusos. 2004. Tese (Doutorado em Direito Civil). Universidade do Estado do Rio de Janeiro, Rio de Janeiro, p. 139). Deste modo, protege-se o meio ambiente, reprime-se as práticas de consumo abusivas e se afasta as condutas contrárias aos objetivos fundamentais da República, tais como atos que contribuam para a desigualdade social ou regional (art. 3º, III, da CR/88), ou práticas discriminatórias (art. 3º, IV, da CR/88), dentre outras práticas que maculem os valores fundamentais do ordenamento.

147. É determinante a ideia de que o "dano moral coletivo" encontra obstáculos na própria legislação brasileira, na qual subverte a noção de "reparação civil" ao prever que o pagamento de valor pecuniário deve ser depositado em algum um fundo destinado à reconstituição dos bens lesados (art. 13, caput, da Lei 7.347/85), e não propriamente à disposição das pessoas subjacentes àquela coletividade, uma vez que é característica do interesse metaindividual a sua total separação em relação aos interesses individuais contidos na coletividade. Nesta direção, ver, por todos, FEMIA, Pasquale. *Interessi e conflitti culturali nell'autonomia privata e nella responsabilità civile*. Napoli: ESI, 1996, p. 109-111, para quem "interesse collettivo (o generale, di gruppo, ecc.) avrà un significato diverso da interesse individuale solo si possa dimostrarsi che esista un interesse di cui sia titolare il tutto non riducibile all'interesse delle sue parti; un interesse che – irriferibile ad un concreto indvìduo e per sua presunta essenza rilevabile soltanto nella comunità vivente – non potrebbe essere liberamente determinato dall'autonomia individuale, ma soltanto da quella collettiva. Se cosí non fosse, interesse collettivo disignerebbe unicamente una somma di interessi propri dell1agire individuale".

próprios,[148] porque cumpre função eminentemente reparatória, este parece absorver modelo distinto, de cunho sancionatório/punitivo, na medida em que cumpre função de imposição de "graves sanções jurídicas para determinadas condutas", de maneira a atender "ao princípio da prevenção e precaução, de modo a conferir real e efetiva tutela [aos] bens que extrapolam o interesse individual".[149]

O artigo 1º da lei 7.347/85 (Lei da Ação Civil Pública) prevê expressamente a possibilidade de ação de responsabilidade por "danos morais" causados ao meio ambiente; ao consumidor;[150] a bens e direitos de valor artístico, estético, histórico, turístico e paisagístico; à ordem econômica; à ordem urbanística; à honra e à dignidade de grupos raciais, étnico e religiosos; ao patrimônio público e social; ou a *qualquer outro direito difuso ou coletivo*.[151]

Note-se que o legislador optou pela utilização de cláusula geral de tutela dos interesses metaindividuais (art. 1º, IV: *a qualquer outro interesse difuso ou coletivo*), de sorte que uma vez observada a efetiva lesão a tal interesse, verificada está a ocorrência de dano coletivo, apto a ensejar algum tipo específico de indenização. Esta, normalmente, é representada pelo dever de pagamento de sanção pecuniária, em decorrência da prática do ato ofensivo a determinado grupo, difuso ou coletivo, de pessoas, ou de bens ou valores juridicamente protegidos. Autônomo com relação ao modelo de responsabilidade civil de tutela individual, o interesse jurídico violado é somente o interesse metaindividual em si, a conferir possibilidade de imputação da sanção prevista no art. 13 da lei 7.347/85. A "indenização" correspondente ao pagamento de montante pecuniário ao fundo destinado à "reconstituição" dos bens lesados.[152-153]

---

148. Em sentido semelhante, Cf. VIOLA, Rafael. O papel da responsabilidade civil na tutela coletiva. In: *Diálogos sobre direito civil*. Rio de Janeiro: Renovar, 2008, v. II, p. 396.
149. Cf. BESSA, Leonardo. Dano moral coletivo, cit., p. 91. Na mesma toada, ainda que seja assertiva ao defender a inexistência de caráter punitivo no regime de danos morais no ordenamento jurídico brasileiro, Maria Celina BODIN DE MORAES, admite o caráter punitivo do dano extrapatrimonial nas hipóteses ofensoras de direitos difusos: "É de aceitar-se, ainda, um caráter punitivo na reparação de dano moral para situações potencialmente causadoras de lesões a um grande número de pessoas, como ocorre nos direitos difusos" (*Danos à pessoa humana*, cit., p. 263). Em posição semelhante à autora, cf. NORONHA, Fernando. *Direito das obrigações*, cit., p. 441-442.
150. Com relação à tutela coletiva dos direitos do consumidor, a Lei 8.078 prevê, no artigo 81 e seguintes, uma disciplina específica.
151. Lei n. 7.347/1985: "Art. 1º Regem-se pelas disposições desta Lei, sem prejuízo da ação popular, as ações de responsabilidade por danos morais e patrimoniais causados: I – ao meio-ambiente; II – ao consumidor; III – a bens e direitos de valor artístico, estético, histórico, turístico e paisagístico; IV – a qualquer outro interesse difuso ou coletivo; V – por infração da ordem econômica; VI – à ordem urbanística; VII – à honra e à dignidade de grupos raciais, étnicos ou religiosos; VIII – ao patrimônio público e social".
152. O modelo brasileiro é inspirado no *fluid recovery* norte-americano. É claro que na impossibilidade de reconstituição de um bem coletivo, deve utilizar-se o montante para a promoção do valor coletivo violado. De todo modo, o ordenamento brasileiro rejeitou a proposta daqueles que defendiam a possibilidade de distribuição do valor da condenação em processo de tutela coletiva às pessoas contidas no grupo, cujo interesse metaindividual foi violado. Nessa perspectiva, CAPPELLETTI, Mauro. *O acesso dos consumidores à justiça*. RF 310/56: "O ressarcimento deveria ser depois repartido entre os membros do grupo, sem exclusão dos que não tenham participado individualmente do processo. Ou então destinado a fins inerentes aos interesses e valores envolvidos no pleito (o chamado *fluid recovery*)". Parece claro que o legislador brasileiro adotou a segunda opção apresentada pelo autor.
153. Reconhece-se, por sua vez, que é possível obter algo próximo da reconstituição quando o interesse violado é materialmente aferível, com a ofensa a um patrimônio histórico materialmente tangível, que pode ser

Seguindo este raciocínio, as esferas de domínio dos interesses individuais e metaindividuais se apresentam autônomas, sem pontos de interseção. Isso significa dizer que, havendo dano coletivo, a rigor, não se poderá deduzir que houve, também e por via consequência, dano de natureza individual. É possível ocorrer apenas a violação a interesse metaindividual, sem que se identifique ofensa a interesse existencial individual de certa pessoa. Não há óbice neste sentido. Da mesma forma que nem todo interesse individual violado atrairá a possibilidade de tutela coletiva a seu favor.

Ilustrativamente, crê-se que a prática de discurso de ódio *coletivo* (como exemplo de abuso do direito da liberdade de expressão), que ofende a certa coletividade de modo abstrato, não causa lesão, necessariamente e isoladamente, à esfera jurídica individual de cada pessoa que integra o grupo vilipendiado, podendo permanecer intangível a identidade pessoal de cada indivíduo, que nada é abalada pelas opiniões abusivas dirigidas ao grupo no qual pertence. A reparação civil individual, nestes casos, parece ter lugar mais apropriado nas hipóteses em que o discurso do ódio se volta não contra um grupo em abstrato, mas contra uma pessoa determinada (discurso de ódio *individual*), ainda que para isso o agente utilize a tática de ofender a vítima pelo ataque generalizado ao grupo no qual ela pertence. Nesta direção, a sanção pecuniária prevista no art. 13 da Lei 7.347/85, como resultado possível do chamado "dano moral coletivo", não convive com a possibilidade de reparação civil individual, porque o bem jurídico violado se restringe àquele interesse metaindividual, desprendido dos interesses individuais a ele subjacentes.[154] Ademais, representaria inegável *bis in idem*.

Em síntese, não há dano extrapatrimonial *individual* ressarcível nas hipóteses de violação a interesses *metaindividuais*, eis que representam esferas jurídicas distintas de interesse. Nestes casos, deve incidir apenas a sanção civil pecuniária coletiva, cuja aplicação, na hipótese do exemplo citado (discurso do ódio), caminha ao lado da sanção penal prevista na Lei 7.716/89.[155] O dano individual deve ser apurado em cada circunstância pessoal, não sendo produto necessário do dano coletivo. Por outra via, a sanção pecuniária é apenas uma das medidas que se pode tomar como reação à ofensa a interesse metaindividual, razão pela qual não se exclui a possibilidade de tutela inibitória

---

restaurado com o valor da indenização, e outras situações similares. Mas tais hipóteses não constituem a regra, revelando-se muito mais comuns os casos de ofensas a interesses metaindividuais extrapatrimoniais, como o meio ambiente, a dignidade de grupos raciais, étnicos e religiosos, a higidez do mercado de consumo e da ordem econômica, dentre outros interesses difíceis de serem reconstituídos.

154. É o que defendem SILVA JÚNIOR, Antonio dos Reis; BARBOSA-FOHRMANN, Ana Paula. *O discurso do ódio na internet*, cit., p. 55-56.
155. Critica-se aqui a possibilidade de ocorrência de *bis in idem* pela possibilidade de aplicação de duas penas pecuniárias pelo mesmo fato ofensivo. Sucede que o ordenamento jurídico brasileiro admite tal circunstância, na medida em que é comum o autor de uma ofensa grave sofrer sanção pecuniária penal e administrativa, motivo pelo qual a sanção pecuniária civil não inaugura algo novo na sistemática punitiva nacional. O que se repele a dupla aplicação de pena na mesma esfera, isto é, uma dupla punição da esfera penal, administrativa ou civil, pelo menos fato danoso. Na mesma direção, VIOLA, Rafael. *O papel da responsabilidade civil na tutela coletiva*, cit., p. 401-402.

ou mesmo com aplicação de qualquer medida indenizatória de caráter não patrimonial, que possa revestir-se de instrumento de maior eficácia, a ser apurado no caso concreto.

Por todas estas considerações, é mister atentar-se para o fato de que o designado "dano moral coletivo" atende a lógica bastante distinta e peculiar. O interesse jurídico protegido não está inexoravelmente ligado à cláusula geral de dignidade da pessoa humana. É preciso que seja um valor socialmente relevante, merecedor de tutela na ordem jurídica. Como tal, não pode ser "singularizado", exige-se a construção de *novo modelo de sanção*, com características próprias. É aqui que reside o ponto de inflexão: é a única figura legalmente prevista no ordenamento brasileiro que carrega consigo características que parecem atender, em alguma medida, a uma função punitiva, no âmbito da responsabilidade civil extracontratual.[156]

Se nem sempre é possível individuar a lesão, ou contabilizá-la pela soma das lesões individuais (está-se a falar de interesses difusos ou coletivos), dado o fator de *indeterminação* dos sujeitos envolvidos, é tarefa tormentosa também *mensurar* a extensão do dano não patrimonial, porque não há como apurar as condições pessoais da(s) vítima(s).[157] A rigor, simplesmente não há "vítima" determinada no dano coletivo. O dano não é experimentado por uma pessoa, de modo a avaliar a sua profundidade, conforme suas condições pessoais, e determinar a sua adequada medida.[158] A indeterminação (ou difícil individualização) dos sujeitos afetados é obstáculo a qualquer aferição neste sentido, razão pela qual parece carecer de sustentação qualquer argumento direcionado à qualificação da natureza do dano coletivo como *exclusivamente* ressarcitória.

A finalidade do ordenamento jurídico, quando se verifica a tutela dos danos coletivos, não é tão somente buscar o reequilíbrio da relação, ante a lesão de interesses metaindividuais, na medida em que, em grande parte dos casos, sequer é possível ter qualquer referência de base. Se o mito do "retorno ao estado de coisas anterior" já é de certa forma questionado nos casos de danos extrapatrimoniais individuais, com maior razão deve sê-lo nas hipóteses de danos coletivos. O escopo da responsabilidade civil coletiva parece concentrar-se, em paralelo, na *repressão* aos comportamentos lesivos que se tornam extremamente graves em virtude da violação a interesse que atinge toda a sociedade (interesses difusos), ou parte relevante dela, ainda que ligada a uma relação jurídica base (interesses coletivos). Aqui reside, então, conquanto em caráter de

---

156. Como bem ressalta Giovanna Visintini, conquanto não haja uma função punitiva geral e abrangente como característica imanente da responsabilidade civil, "de vez em quando a responsabilidade civil desenvolve também uma função preventiva, ou seja, de prevenção de danos, afirmando o princípio da precaução e uma função *lato sensu* punitiva" (*Cos'è la responsabilità civile*. Napoli: ESI, 2009, p. 16) (tradução livre). Entende-se o único caso em que esse fenômeno ocorre, conforme a legislação brasileira, é na responsabilidade civil coletiva.
157. Como registra Maria Celina Bodin de Moraes, como critério para a quantificação dos danos morais "as condições pessoais da vítima, desde que se revelem aspectos do seu patrimônio moral, deverão ser cuidadosamente sopesadas para que a reparação possa alcançar a singularidade de quem as sofreu, sob a égide do princípio da isonomia substancial" (*Danos à pessoa humana*, cit., p. 307).
158. Louvável o verbete de Súmula n. 128 do Tribunal de Justiça do Rio de Janeiro, ao dispor que "imputação ofensiva, coletiva, não configura dano moral [individual]".

excepcionalidade, uma previsão normativa que indica cumprir a uma função punitiva da responsabilidade civil.

São muitas as semelhanças da "indenização" arbitrada para a "reconstituição" dos danos coletivos com a figura da pena civil.[159] Ainda que não represente todo o arcabouço que se exige às imputações penais, como a previsão legal prévia quanto aos *valores* aos quais o ofensor pode ser condenado a pagar, ausente no dano coletivo, é certo que essa figura se assemelha à imputação penal, nos seguintes aspectos: (i) o valor da indenização não é destinado aos indivíduos que supostamente possam ter sofrido abalos indiretos com a lesão ao interesse metaindividual, mas a Fundo gerido por Conselho Federal ou Estadual, do qual participará o Ministério Público e representantes da comunidade (art. 13 da Lei n. 7.347/85); (ii) o montante arbitrado é fixado não somente levando-se em conta a intensidade e alcance da lesão, mas também de acordo com o nível de reprovabilidade da conduta do agente e a necessidade de impor uma medida dissuasória (função pedagógica e preventiva); e (iii) não há espaço para condenação "coletiva" fora do tipo, atendendo de certa forma ao princípio da tipicidade, ou da reserva legal (art. 1º da Lei 7.347/85 e art. 85 do Código de Defesa do Consumidor), mesmo que se reconheça a "abertura" do tipo pelo expediente das cláusulas gerais.

De outro lado, a sua aceitação como figura imbuída do espírito punitivo não é isenta de problemas, pois: (i) não se trata de categoria que revela uma intencionalidade puramente punitiva (como nos *punitive damages*), havendo expressa determinação legal no sentido de *afetação* do valor pago, a título de indenização coletiva, para investimentos em prol da "reconstituição dos bens lesados" (art. 13 da Lei n. 7.347/85), conservando-se um ideal reparatório; (ii) não há previsão legal prévia acerca do valor a ser arbitrado a título de indenização coletiva, nem mesmo em forma de intervalo entre mínimo e máximo, fomentando a insegurança jurídica; (iii) a *simbiose funcional* antes atrapalha que ajuda na definição de sua finalidade punitiva dissuasória, na medida em que o aplicador do direito acaba arbitrando o valor da indenização de maneira fluida, considerando ambos os aspectos (reparatório e punitivo), ou apenas um deles, sem que haja clareza nas decisões sobre peso de tais ponderações realizadas pelo juízo; (iv) sendo assim, é possível que haja decisões que destaquem apenas o viés reparatório do dano

---

159. São muitos os autores que distinguem o conceito de pena privada e pena civil. Segundo Paolo Benazzo, as penas privadas representam linha auxiliar na defesa do ordenamento em face do ilícito (ou do inadimplemento), enquanto as penas civis possuem finalidade punitiva primária, cujo escopo principal é a dissuasão da conduta reprovável (*Le 'pene civili' nel diritto privato d'impresa*. Milano: Giuffrè, 2005, p. 93-112). Também diferencia Francesco GALGANO, por um critério mais subjetivo, ao afirmar que as penas privadas são medidas aplicadas por particulares contra particulares, por contrato ou pelo exercício de certa posição jurídica (*status*), ao passo em que as penas civis seriam aplicadas pela lei ou autoridade judicial (Alla ricerca delle sanzioni civili indirette. In: ALPA, Guido (Org.). *Contratto e impresa*. Milano: Cedam, 2004, p. 532). Especificamente quanto à tutela coletiva, esclarece Alexis JAULT que a designação para as penas cuja função é a tutela de interesses metaindividuais deve ser a de "pena civil", a despeito de comumente ser nomeada de "pena privada" (*La notion de peine privée*. Paris: LGDJ, 2005, p. 262-265).

coletivo,[160] enquanto outras destacam, apenas, a sua intencionalidade punitiva,[161]

---

160. "Recurso especial – Ação civil pública – Empresa de telefonia – Plano de adesão – Lig mix – Omissão de informações relevantes aos consumidores – Dano moral coletivo – Reconhecimento – Artigo 6°, VI, do Código de Defesa do Consumidor – Precedente da terceira turma desta corte – Ofensa aos direitos econômicos e morais dos consumidores configurada – Determinação de cumprimento do julgado no tocante aos danos materiais e morais individuais mediante reposição direta nas contas telefônicas futuras – Desnecessários processos judiciais de execução individual – Condenação por danos morais difusos, igualmente configurados, mediante depósito no fundo estadual adequado. 1. A indenização por danos morais aos consumidores, tanto de ordem individual quanto coletiva e difusa, tem seu fundamento no artigo 6°, inciso VI, do Código de Defesa do Consumidor (*princípio da reparação integral*). 2. Já realmente firmado que, não é qualquer atentado aos interesses dos consumidores que pode acarretar dano moral difuso. É preciso que o fato transgressor seja de razoável significância e desborde os limites da tolerabilidade. Ele deve ser grave o suficiente para produzir verdadeiros sofrimentos, intranquilidade social e alterações relevantes na ordem extrapatrimonial coletiva. Ocorrência, na espécie. (REsp 1221756/RJ, Rel. Ministro Massami Uyeda, Terceira Turma, julgado em 02/02/2012, DJe 10.02.2012). 3. No presente caso, contudo restou exaustivamente comprovado nos autos que a condenação à composição dos danos morais teve relevância social, de modo que, o julgamento repara a lesão causada pela conduta abusiva da ora Recorrente, ao oferecer plano de telefonia sem, entretanto, alertar os consumidores acerca das limitações ao uso na referida adesão. O Tribunal de origem bem delineou o abalo à integridade psicofísica da coletividade na medida em que foram lesados valores fundamentais compartilhados pela sociedade. 4. Configurada ofensa à dignidade dos consumidores e aos interesses econômicos diante da inexistência de informação acerca do plano com redução de custo da assinatura básica, ao lado da condenação por danos materiais de rigor moral ou levados a condenação à indenização por danos morais coletivos e difusos. 5. Determinação de cumprimento da sentença da ação civil pública, no tocante à lesão aos participantes do "LIG-MIX", pelo período de duração dos acréscimos indevidos: a) por danos materiais, individuais por intermédio da devolução dos valores efetivamente cobrados em telefonemas interurbanos e a telefones celulares; b) por danos morais, individuais mediante o desconto de 5% em cada conta, já abatido o valor da devolução dos participantes de aludido plano, por período igual ao da duração da cobrança indevida em cada caso; c) por dano moral difuso mediante prestação ao Fundo de Reconstituição de Bens Lesados do Estado de Santa Catarina; d) realização de levantamento técnico dos consumidores e valores e à operacionalização dos descontos de ambas as naturezas; e) informação dos descontos, a título de indenização por danos materiais e morais, nas contas telefônicas. 6. Recurso Especial improvido, com determinação (n. 5 supra)" (Superior Tribunal de Justiça, Terceira Turma, Recurso Especial n. 1291213/SC, Rel. Min. Sidnei Beneti, julgado em 30.08.2012).

161. "Recurso especial. Consumidor. Processual civil. Ação civil pública. Transporte aéreo. Dever de informação. Formulário escrito. Inexistência de norma específica ao tempo da propositura da ação. Improcedência. Danos morais coletivos. Inocorrência. Recurso provido. 1. É inviável o ajuizamento de ação civil pública para condenar certa companhia aérea a cumprir o dever de informar os passageiros acerca de atrasos e cancelamentos de voos, seguindo forma única e detalhada, sem levar em conta a generalidade de casos e sem amparo em norma específica, apenas com suporte no dever geral de prestar informações contido no art. 6°, III, do Código de Defesa do Consumidor. 2. A condenação em reparar o dano moral coletivo visa punir e inibir a injusta lesão da esfera moral de uma coletividade, preservando, em *ultima ratio*, seus valores primordiais. Assim, o reconhecimento de dano moral coletivo deve se limitar às hipóteses em que configurada grave ofensa à moralidade pública, sob pena de sua banalização, tornando-se, somente, mais um custo para as sociedades empresárias, a ser repassado aos consumidores. 3. No caso concreto, não restou configurada a grave ofensa à moralidade pública a ensejar o reconhecimento da ocorrência de dano moral coletivo. 4. Recurso especial provido" (Superior Tribunal de Justiça, Quarta Turma, Recurso Especial n. 1303014/RS, Rel. des. p. acórdão Min. Raul Araújo, julgado em 18.12.2014).

"Dano moral coletivo. Valor da condenação. Fixação. Proporcionalidade e razoabilidade. Critérios. O direito à indenização por danos morais atrela-se ao prudente critério do juiz, que, sopesando as circunstâncias que envolvem o caso concreto, e pautando-se pelos princípios da razoabilidade e da proporcionalidade, fixa o valor da indenização. Dessa forma, deve-se levar em consideração o caráter pedagógico da medida, a fim de inibir a reiterada prática de condutas do empregador que venham a causar dor e sofrimento ao empregado, circunstâncias configuradoras de dano moral. No caso concreto, a prova não deixa dúvidas quanto à desobediência, pelo reclamado, das normas básicas de segurança do trabalho, que culminaram na

como também ambas as funções.[162]

Não obstante essas objeções – o que indica necessidade ainda presente de aperfeiçoamento da categoria jurídica –, apesar da hibridez deste tipo de modalidade de reparação (cada vez mais relevante nos dias atuais), é de reconhecer-se nela, excepcionalmente, uma tênue função punitiva. Esta finalidade justifica a aplicação de critérios de quantificação do dano que com ela se coaduna, como a análise da situação econômica do ofensor e o proveito obtido com a conduta ilícita, mas, especialmente e em maior nível de relevância, o grau de reprovabilidade da conduta (maior deve ser o valor arbitrado quanto maior a culpa *lato sensu* do agente, e vice-versa).[163]

2.2 O dano extremo e o dano de repetição

Discute-se também se haveria espaço para considerar uma função punitiva da responsabilidade civil no tocante a certos tipos de danos, patrimoniais ou não, que se mostrem particularmente ultrajantes ao conjunto de valores que sustentam o ordenamento jurídico, cuja ausência de resposta drástica possa abalar a confiança do tecido social nas instituições.[164] Outrossim, questiona-se se a prática, infelizmente usual, de cometimento de lesões repetitivas não geram o mesmo efeito de desin-

---

morte de um trabalhador e o descumprimento reiterado do Termo de Ajustamento de Conduta para sanar os problemas identificados. Diante desse contexto, o Regional, ao reduzir o valor da indenização por danos morais coletivos de R$ 30.000,00 para R$ 10.000,00, fixou essa verba em montante extremamente reduzido, incompatível com a gravidade dos ilícitos praticados e com a capacidade econômica do empregador, em flagrante inobservância dos princípios da proporcionalidade e razoabilidade, razão pela qual se impõe a sua reforma para restabelecer o valor fixado na sentença, evitando-se, assim, a ineficácia pedagógica da condenação. Conhecido e parcialmente provido" (Tribunal Superior do Trabalho, Quinta Turma, Recurso de Revista n. 0001086-69.2010.5.11.0019, Rel. Min. Emmanoel Pereira, julgado em 24.09.2014).

162. "Recurso especial. Ação civil pública. Danos morais coletivos causados aos consumidores de Cuiabá. Infidelidade de bandeira. Fraude em oferta ou publicidade enganosa praticadas por revendedor de combustível. 1. O dano moral coletivo é aferível *in re ipsa*, ou seja, sua configuração decorre da mera constatação da prática de conduta ilícita que, de maneira injusta e intolerável, viole direitos de conteúdo extrapatrimonial da coletividade, revelando-se despicienda a demonstração de prejuízos concretos ou de efetivo abalo moral. (...) 9. A quantificação do dano moral coletivo reclama o exame das peculiaridades de cada caso concreto, observando-se a relevância do interesse transindividual lesado, a gravidade e a repercussão da lesão, a situação econômica do ofensor, o proveito obtido com a conduta ilícita, o grau da culpa ou do dolo (se presentes), a verificação da reincidência e o grau de reprovabilidade social (MEDEIROS NETO, Xisto Tiago de. *Dano moral coletivo*. 2. ed. São Paulo: LTr, 2007, p. 163-165). O quantum não deve destoar, contudo, dos postulados da equidade e da razoabilidade nem olvidar dos fins almejados pelo sistema jurídico com a tutela dos interesses injustamente violados" (Superior Tribunal de Justiça, Quarta Turma, Recurso Especial n. 1487046/MT, Rel. Min. Luis Felipe Salomão, julgado em 28.03.2017).

163. No mesmo sentido, de aceitar a função punitiva apenas em sede de hipótese excepcional, negando-se o reconhecimento genérico do caráter punitivo da responsabilidade civil, Maria Celina BODIN DE MORAES, para quem "é de aceitar-se, ainda, um tipo de função punitiva na reparação de dano moral para situações potencialmente causadoras de lesões a um grande número de pessoas, como ocorre nos interesses difusos, tanto na relação de consumo quanto no Direito Ambiental" (*Danos à pessoa humana*, cit., p. 330-331).

164. Como destaca Suzanne CARVAL, acerca da punição contra os "atos mais sérios": "Ainsi, selon les circonstances, l'intérêt général pourrait exiger la mise en oeuvre d'une répression plutôt systématique - auquel cas elle pourrait avoir pour fondement la faute lourde – ou, au contraire, d'une répression ciblée, consistant dans la sanction des agissements les plus graves" (*La responsabilité civil dans sa fonction de peine privée*, cit., p. 335).

tegração da ordem social, a clamar por uma reação mais efetiva do ordenamento. Seriam os casos de "dano extremo" e de "dano de repetição".[165]

Não se nega que para certos casos é compreensível – e mesmo desejável – que a ordem jurídica disponha de instrumentos dissuasórios efetivos, que ultrapassem a barreira da contenção de danos (função reparatória) para alcançar o espectro de controle sobre os comportamentos.[166] Trata-se de guinar-se em direção ao aspecto ético da responsabilidade civil, enquanto categoria de Direito, que deve regular, em última análise, a conduta dos agentes em sociedade.

No primeiro caso, fala-se de "dano extremo" como uma junção de dois elementos, que devem apresentar-se de forma conjunta: a intensidade da lesão (de profunda extensão) + o elevado grau de culpa do agente (dolo ou culpa gravíssima). A propósito, como já se expôs, são esses os requisitos para a imputação dos *"punitive damages"* no direito anglo-saxão.[167] É que, buscando-se sentido ético ao direito, não se deve admitir que danos extremos (em sua extensão e na forma como foram causados) sejam absorvidos sem que haja instrumentos efetivos de dissuasão para evitá-los a todo custo.[168]

Na segunda hipótese, mais recorrente na responsabilidade contratual, está-se a qualificar de "danos de repetição" aqueles que, malgrado se identifiquem como de pequena extensão (microlesões), quando considerados isoladamente, assumem grandes proporções uma vez multiplicados os casos em que se sucedem, repetidamente, em face da mesma vítima ou de vários outros sujeitos que se relacionam ou interagem, em alguma medida, com o agente causador.[169] Presente o alto grau de

---

165. Em passagem marcante, em defesa da função punitiva em caráter apenas excepcional, assinala Maria Celina BODIN DE MORAES que "É de admitir-se, pois, como exceção, uma figura semelhante à do dano punitivo, em sua função de exemplaridade, quando for imperioso dar uma resposta à sociedade, isto é, à consciência social, tratando-se, por exemplo, de conduta particularmente ultrajante, ou insultuosa, em relação à consciência coletiva, ou, ainda, quando se der o caso, não incomum, de prática danosa reiterada" (*Danos à pessoa humana*, cit., p. 263).
166. ROSENVALD, Nelson. *As funções da responsabilidade civil*, cit., p. 134-139.
167. É o que caminho da limitação clara das indenizações punitivas, já trilhado pela Inglaterra desde o precedente de Rookes v. Barnard [1964] AC1129, onde a Câmara dos Lordes (*House of Lords*), decidiu limitar as indenizações exemplares (*punitive* ou *exemplar damages*) em face de duas categorias de condutas: (i) aquelas opressoras, arbitrárias ou pela via ações concretas inconstitucionais, levadas a cabo por servidores públicos (abuso de poder); (ii) aquelas calculadas (dolosamente) para, causando risco de danos a terceiros, resultar em lucro, que pode exceder o custo das indenizações (ENGLARD, Izhak. *The philosophy of tort law*, cit., p. 148).
168. Note-se que este argumento – ético – é diametralmente oposto àquele defendido pela festejada tese de Guido CALABRESI, expoente da Análise Econômica do Direito. É que, para o autor, o principal problema dos danos extrapatrimoniais (*accidents*), com bem resume Jules COLEMAN, não é a quantidade ou a intensidade das lesões, mas simplesmente os seus custos: "it is that accidents impose costs – internal and external costs – on those involved in them and on others as well" (*The costs of the costs of accidents*, cit., p. 341). Perspectiva unilateral do problema que também é criticada em ALPA, Guido; BESSONE, Mario. *La responsabilità civile*, v. II, cit., p. 171-184.
169. Neste caso, como destacado na segunda hipótese de admissão dos *punitives damages* na Inglaterra (nota 365, *supra*), pequenas condenações indenizatórias pela via tradicional da função reparatória-compensatória tendem a importar custo menor que o benefício obtido pela prática intencional da reprodução sistemática

culpa em sua manifestação, tornar-se-ia inaceitável a permissibilidade de sua propagação, sem que houvesse instrumento efetivos de dissuasão dos agentes que se beneficiam diretamente dessa prática abominável.

Com efeito, estes são dois eventos danosos ilustrativos daquilo que se pode qualificar como *danos repugnantes*. Assim o são não tanto em razão de sua extensão (podem ser até pela conjunção repetitiva de microlesões), mas, sobretudo, pelo nível extremo de malícia do agente causador, que se utiliza de ferramentas de cálculo de custo-benefício de seu comportamento, para intencionalmente (ou ao menos assumindo claramente o risco) extrair vantagens de comportamentos sabidamente lesivos, sem qualquer perspectiva de redirecionamento de sua conduta. Cuida-se do mais debochado caso desprezo pela ordem jurídica, em consagração ao raciocínio de que o ilícito, ao fim e ao cabo, compensa.

Nestes casos, mesmo na consagrada doutrina que rejeita a admissão de uma genérica e abrangente função punitiva à responsabilidade civil brasileira, é comum a defesa pela criação de instrumentos punitivos dissuasórios (*deterrence*) para o combate do que aqui se denomina de "danos extremos".[170] De fato, nada impede que o ordenamento absorva tal função, ainda que orientada a situações excepcionais, e desde que se ampare no retorno à análise da culpa, como elemento fundamental de sustentação da finalidade punitivo-pedagógica. Para isso, depende de prévia elaboração legislativa que ainda inexiste.

Finalmente, é mister que se compreenda que a função punitiva, caso um dia implementada para tais casos, terá de representar uma vertente autônoma da indenização, distinta claramente daquele de viés reparatório-compensatório. Deve-se apurar a indenização reconstitutiva, de um lado, e, de outro, analisar os requisitos para a imputação da indenização punitiva (pena civil), que deve depender da presença do dolo ou da culpa grave. Sendo assim, mesmo nos casos de responsabilidade objetiva, esta prescindiria da culpa somente em seu viés reparatório, mas nunca para o atendimento à função punitiva. Esta será sempre subjetiva, como sói ocorrer em toda e qualquer hipótese de responsabilidade penal.[171]

---

das microlesões. É um dos grandes exemplos, destacados pela doutrina anglo-saxã, merecedores de punição exemplar, com finalidade maior dissuasória: "Such awards are thought to deter by informing potential offenders on a variety of things: (1) that certain types of conduct violating the interests of other persons are improper and subject to legal remedy, as discussed in the educative function discussion earlier; (2) *that intentional and other flagrant violations of the law are further subject to punishment in amounts exceeding the return of the stolen goods* and (3) that, although punishment may be uncertain, it is likely enough (because of the monetary incentive given victims to prosecute such offenses) and may be large enough to take the apparent profitability out of contemplated thefts. In sum, the deterrence message directed at would-be thieves is that the price of getting caught, discounted by the risk thereof, exceeds the value of the booty" (OWEN, David G. A punitive damages overview: functions, problems and reform. *Villanova Law Review*, v. 39, n. 2, Pennsylvania, [s.n.], 1994, p. 378).

170. É o que Maria Celina Bodin de Moraes identifica como dano decorrente de "conduta particularmente ultrajante, ou insultuosa" (*Danos à pessoa humana*, cit., p. 263).

171. Como bem destaca Nelson Rosenvald, ao argumentar que "cabe, assim, a separação de dois momentos sucessivos de qualificação do fato danoso: (a) nexo de imputação – prescinde-se da aferição da ilicitude do

Certo é que, para além do caráter preventivo que naturalmente exsurge como efeito da função punitiva (e, por efeito desta, também pedagógica), clama-se por nova ressignificação da responsabilidade civil em direção ao reconhecimento de mecanismos que atuem na tutela preventiva do dano. Tal forma de encarar a responsabilidade civil, indubitavelmente, recolocará a questão do comportamento do agente no centro do debate, mas em contexto alheio ao caráter expiatório da tutela negativa (reativa) do direito. Trata-se de desenvolver nova faceta da responsabilidade civil que atue no momento pretérito à lesão, de modo a evita-la, com instrumentos que mais se aproximam a uma forma de tutela positiva. É o que se verá a seguir.

---

comportamento para a fixação do quantum reparatório, seja por danos patrimoniais ou extrapatrimoniais; (b) sanção punitiva – requer a demonstração do perfil subjetivo do comportamento do agente" (*As funções da responsabilidade civil*, cit., p. 242-243).

3
A FUNÇÃO PREVENTIVA E O HORIZONTE DA TUTELA POSITIVA

De tudo o que já foi exposto, infere-se que o âmbito de atuação das funções reparatória-compensatória e punitiva-pedagógica se concentra em torno das chamadas sanções negativas. A reação ao ilícito, seja na forma de busca pela reparação integral do dano, seja por meio da imposição de penalidade, configura-se como modelo consagrado de *tutela negativa*.[1] Contudo, não apenas de reação ao ilícito vive o Direito. É possível que o ordenamento contenha regras de estímulo a certos comportamentos, como também de estabelecimento de padrões de conduta que servem tanto para reforçar o "agir humano" em conformidade com a lei, como também para alcançar a máxima medida de proteção ao interesse juridicamente protegido.

Na responsabilidade civil, são duas as formas conhecidas de se fazer *tutela positiva* dos interesses merecedores de proteção: (i) reconhecendo-lhe uma finalidade preventiva específica, com espaço de atuação anterior à lesão,[2] cujo escopo é estabelecer parâmetros de conduta que devem ser seguidos de modo a evitar a realização de certos riscos, com a ocorrência de danos conhecidos, ou não, que se pretende esquivar; (ii) no momento posterior ao dano, no domínio da função reparatória-compensatória, implementar técnicas de indenização que se apresentem com grau de eficácia máximo na realização do interesse lesado, abrindo-se leque de obrigações distintas daquele de natureza pecuniária, especialmente quando o interesse violado é extrapatrimonial.[3] Além destas duas visões, ainda se apresentará

---

1. A tutela negativa, como expressão mais comum de sanção jurídica (sanção negativa), é fator sempre *reativo* do direito, atuando como resposta à determinada perda ou dano, cujo desfalque já ocorreu ou está ocorrendo. Daí o sentido negativo. O que se verá adiante é que o valor da pessoa não pode encerrar exclusiva proteção negativa, exigindo-se uma consideração também positiva: "nenhuma previsão especial poderia ser exaustiva porque deixaria de fora algumas manifestações e exigências da pessoa que, em razão do progresso da sociedade, exigem uma consideração positiva" (PERLINGIERI, Pietro. *O direito civil na legalidade constitucional*, cit., p. 765).
2. Distingue-se, portanto, do viés "preventivo" que se identifica na já aludida "função pedagógica", na medida em que esta busca a dissuasão – e, portanto, a prevenção – após a ocorrência do dano, visando evitar a sua repetição no futuro. "Assume consistência a oportunidade de uma tutela preventiva: o ordenamento deve fazer de tudo para que o dano não se verifique e seja possível a realização efetiva das situações existenciais" (PERLINGIERI, Pietro. *O direito civil na legalidade constitucional*, cit., p. 768).
3. A medida alternativa mais famosa e de grande eficácia é a chamada "tutela inibitória", ainda que possa ela surgir após o início da atividade danosa, reduzindo um pouco o caráter preventivo global, mas suficiente a prevenir o dano ulterior: "Il rimedio del danno non è più meramente preventivo quando sussegue ad um'attività che ha prodotto più che un timore, un pericolo di danno, ad um'attività, cioè, che ga già cominciato lo svolgere la sua efficacia lesiva, ed è rivolto ad arrestare lo sviluppo del danno mediante la cessazione

uma terceira forma de tutela positiva, a ser desenvolvida no capítulo final, pela aqui designada "função promocional", (iii) segundo a qual se buscará realizar o valor da máxima efetividade no espectro da função reparatória-compensatória dos danos, através do estímulo à reparação espontânea dos danos.[4]

Nesta investigação, discorre-se sobre uma das formas conhecidas de tutela positiva, a que se apresenta por meio da chamada "função preventiva da responsabilidade civil".

3.1 A FUNÇÃO PREVENTIVA DA RESPONSABILIDADE CIVIL

A ideia de reconhecer uma *função preventiva* autônoma à responsabilidade civil é produto do que a realidade da expansão quantitativa e qualitativa dos danos ocasionou à esfera jurídica pessoal daqueles envolvidos no contexto da sociedade dos riscos.[5] Por outro lado, é consequência da evolução da dogmática no sentido da passagem do valor do "patrimônio" ao valor da "pessoa", como núcleo central de tutela do ordenamento jurídico civil, na legalidade constitucional.[6]

O abalo do patrimônio, por si só, talvez não exigisse esforço tão grande, no sentido de expandir o espectro da responsabilidade civil ao momento pré-danoso. Somente a proteção integral da pessoa humana demanda que se criem instrumentos jurídicos e coercitivos para evitar a ocorrência de lesões de certa natureza. Esse é o momento atual do instituto, que convive com duas grandes frentes de combate ao dano: a função reparatória e a função preventiva.[7]

---

di quell'attività (...). Lo stesso rimedio, certamente, intende prevenire il danno ulteriore, ma dopo che il danno ha già cominciato a prodursi, talché esso reagisce ad una situazione *dannosa*" (DE CUPIS, Adriano. *Il danno*, cit., p. 12). Mister salientar, contudo, que é possível ação inibitória para evitar a ocorrência de dano, antes mesmo de sua implementação.

4. Cf. capítulo 4, infra.
5. Já apontava Alvino Lima que "é preciso vencer o dano, o inimigo comum, fator de desperdício e de insegurança, lançando mão de todos os meios preventivos e reparatórios sugeridos pela experiência, sem desmantelar e desencorajar as atividades úteis" (Da culpa ao risco. *Revista Forense*. v. 84. n. 445. São Paulo: Forense, jul., 1940, p. 385).
6. "Enquanto o Código Civil [1916] dá prevalência e precedência às relações patrimoniais, no novo sistema do Direito Civil fundado pela Constituição a prevalência é de ser atribuída às relações existenciais, ou não-patrimoniais, porque à pessoa humana deve o ordenamento jurídico inteiro, e o ordenamento civil em particular, assegurar tutela e proteção prioritárias" (BODIN DE MORAES, Maria Celina. O direito civil-constitucional. *Na medida da pessoa humana*: estudos de direito civil-constitucional. [1991]. Rio de Janeiro: Renovar, 2010, p. 31).
7. "Le droit de la responsabilité civile ne conservait plus que deux fonctions: l'indemnisation et la prévention par dissuasion" (TUNC, André. *La responsabilité civile*, cit., p. 133). Comum ainda a corrente que sustenta a coexistência das três funções autônomas: reparatória, punitiva e preventiva, como sintetiza Pietro PERLINGIERI: "L'imputazione, soggetiva e ogettiva, dell'evento lesivo spiega, mediante i suoi elementi che si rifanno a criteri di normalità, l'intento della legge di assegnare alla disciplina della responsabilità civile una funzione sanzionatoria nei confronti del danneggiante. L'obligo al risarcimento - sebbene non assuma il carattere di pena, come in altre epoche storiche – ha il senso di far rispondere in modo consistente del fatto dannoso estendendo la responsabilità anche per i danni non prevedibili al momento della commissione del fatto. La legge tende a realizzare anche una funzione di prevenzione: la minaccia del risarcimento e la

Em termos gerais, a *função preventiva*, em sentido estrito, é aquela que indica a absorção, pela responsabilidade civil, de uma intencionalidade atuante sobre o comportamento dos agentes que, pelo exercício de suas atividades, podem causar danos a outrem.[8] O horizonte de sua atuação é sempre anterior ao dano que se quer obliterar. O seu campo de incidência não pode se confundir com as medidas que se busca adotar *após* a ocorrência da lesão ao interesse juridicamente protegido.[9]

Não pode ser delineada como o *efeito preventivo* (dissuasório) ao qual normalmente se faz referência por ocasião da imposição de penas civis.[10] Conquanto representem finalidades semelhantes (como se verá adiante), o que aqui se chama de *função preventiva* só pode incidir sobre as situações pré-danosas.[11] Isso não significa negar a existência de efeito preventivo na já aludida função punitiva, mas apenas se faz necessário delimitar o âmbito de atuação da finalidade preventiva *stricto sensu*. Tal distinção é importante porque se volta ao foco do problema: o reconhecimento da necessidade de criar instrumentos preventivos eficientes que não dependam dos modelos tradicionais de dissuasão pela imposição de sanções tardias, mormente em se considerando as hipóteses cada vez mais crescentes de novos danos que, uma vez consolidados, são absolutamente irreparáveis, ou de difícil "compensação".[12]

Nos ordenamentos de tradição romano-germânica, reconhece-se a necessidade de aperfeiçoamento da responsabilidade civil, pela via da tutela positiva preventiva, como acolhimento de um princípio ou padrão de prevenção (e de precaução), que

---

maturità delle persone, infatti, dovrebbero indurre queste ad evitare la commissione di illeciti. Le funzioni sanzionatoria e di prevenzione si aggiungono a quella riparatoria" (*Manualle di diritto civile*, cit., p. 897).

8. "O primeiro impulso do sistema de responsabilidade civil reside na busca constante em prol da minimização dos danos causados a outrem, isto é, de uma prevenção dos fatos danosos". É a tradução livre de "l'impulsion première du système de responsabilité civile, (...), réside dans sa constante recherche d'une minimisation des dommages causés à autrui, c'est-à-dire d'une prévention des faits dommageables" (VINEY, Geneviève. *Traité de droit civil*: introduction à la responsabilité, cit., p. 155). É a mesma ideia geral da vertente da análise econômica do direito, que busca "réaliser le caractère optimal de la prévention" (MAITRE, Grégory. *La responsabilité civile à l'épreuve de l'analyse économique du droit*. Paris: LGDJ, 2005, p. 115).

9. Como bem destaca Jean Carbonnier, ao contrário da eficácia preventiva natural das sanções punitivas, a prevenção, em sentido estrito, coloca-se como "antevisão" da sanção, cuja eficácia depende de medidas preventivas administrativas: "les criminalistes connaissent bien la dialectique prévention/sanction, mais ils ne manquent pas d'observer que la sanction, par son exemplarité, exerce aussi un rôle préventif, tandis que la prévention, par les contraintes qu'elle suppose, est souvent sentie avec un avant-goût de sanction (la prévention civile, pour être efficace, appelle des mesures de police administrative) (*Droit civil*, t. II, cit., p. 2259).

10. A pena privada pecuniária (como a multa civil) é apenas um dos instrumentos de prevenção, ainda que seja o mais aclamado pela doutrina especializada, e não representa, necessariamente, uma punição pela infração mais grave, que se quer evitar, mas instrumento coercitivo: "a previsão de incidência de multas civis, por si só, parece concretizar o ideal de 'prevenir para não precisar punir'" (VENTURI, Thaís Goveia Pascoaloto. *Responsabilidade civil preventiva*, cit., p. 331). Como destaca António PINTO MONTEIRO, "surge, pois, como medida compulsória, de coerção ao cumprimento" (*Cláusula penal e indemnização*. Coimbra: Almedina, 1999, p. 39).

11. DIAS, José de Aguiar. *Da responsabilidade civil*, cit., p. 119-120.

12. Sobre a possibilidade de dispor de diversas medidas preventivas, para além da imposição de pena civil, com destaque para as medidas inibitórias e a regulamentação legislativa e administrativa, cf. ALPA, Guido; BESSONE, Mario. *La responsabilità civile*, cit., p. 171-198.

teriam raízes valorativas, no sentido de reconhecer o valor da intangibilidade da esfera jurídica pessoal como núcleo central de proteção da ordem jurídica.[13] Neste sentido, é marcante a justificação segundo a qual, na responsabilidade civil, "devem ser consideradas juridicamente relevantes também aquelas situações que o ordenamento orienta em direção à realização da pessoa em termos positivos e fisiológicos".[14] Assim, evitar o dano é oportunizar a satisfação plena da pessoa humana, não apenas no perfil patológico.

Em caminho semelhante, também se justifica a necessidade de absorção do caráter preventivo da responsabilidade, como função primordial e prioritária, atendendo-se à perseguição de uma nova função *anterior* ao dano, em razão da gravidade e das consequências irreversíveis de danos, designadamente aqueles que afetam o meio ambiente e a saúde humana.[15] Nestes casos, a exposição da coletividade a algumas atividades, que potencializam os riscos da verificação destes danos, deve atrair regime regulamentar que torne eficazes medidas que impedem a realização das perdas. Trata-se de uma perspectiva de fundamentação mais associada à proteção dos interesses difusos ou coletivos, que atraíram, na mesma medida, a atenção da tutela positiva dos interesses protegidos, a evitar a implementação do dano.

Por sua vez, pouco explorada é a perspectiva da chamada "Análise Econômica do Direito", que desenvolve núcleo duro de seu modelo de pensamento, também,

---

13. A inclusão do aspecto da prevenção como função da responsabilidade civil não é trajetória uníssona na doutrina, havendo vozes importantes no sentido de que se faz necessário concentrar-se novamente na função reparatória originária, deixando à tutela penal os aspectos preventivos, pois neste âmbito a sanção de natureza penal seria mais eficaz para dissuadir o agente ofensor: "Nowadays, we are witnessing a process of reviewing this approach and returning once again some attention to the function of reimbursement which must be assigned to remedies against the wrongdoing (...). Accident prevention can certainly be achieved more effectively through the pressures exerted by penal sanction" (FLEMING John G. *The law of torts*. 3. ed. Sydney: The Law Book Co., 1965, p. 9).
14. PERLINGIERI, Pietro. *O direito civil na legalidade constitucional*, cit., p. 767. Destaca o autor que "a tendência, um tempo dominante, que se propõe esgotar a problemática dos chamados direitos da personalidade no momento patológico da violação ou da lesão, e, portanto, no ressarcimento do dano, leva em consideração apenas as atitudes subjetivas e as situações que visam impedir, ou, de toda sorte, dificultar, a realização do bem. (...). A tutela do momento patológico demonstra justamente que o interesse é relevante também do ponto de vista substancial: reconhecer o dever de não interferência de terceiros significa que a pessoa é considerada pelo ordenamento como interesse protegido. (...) A tutela da pessoa nem mesmo pode se esgotar no tradicional perfil do ressarcimento do dano. Assume consistência a oportunidade de uma tutela preventiva: o ordenamento deve fazer tudo para que o dano não se verifique e seja possível a realização efetiva das situações existenciais" (op. cit., p. 767-768).
15. Neste sentido, Geneviève Viney identifica o momento da passagem da função preventiva como finalidade acessória da responsabilidade para uma posição de destaque e primazia: "Toutefois, jusqu'à une époque très récente, si on admettait bien que la responsabilité civil avait une fonction accessoire de prévention, liée à sa fonction normative, on ne contestait guère la primauté de sa fonction indemnitaire. Or, récemment, cette vision des choses a été remise en cause par un auteur qui, se réclamant d'un courant philosophique dont l'initiateur a été Hans JONAS (la principe de responsabilité, une éthique pour la civilisation technologique [trad. Jean Greisch], 1990) a vertement critiqué cette primauté qui, constate-t-elle, fait de la responsabilité un instrument uniquement "curatif", tourné vers le passé et, par conséquent, inadapté à la lutte contre les grandes catastrophes entraînant des conséquences irréversibles" (VINEY, Geneviève. *Traité de droit civil*: introduction à la responsabilité, cit., p. 151).

em torno da função preventiva da responsabilidade civil.[16] Os economistas costumam descrever lesões não abarcadas por acordos privados como *externalidades*.[17] A finalidade econômica da responsabilidade civil seria, portanto, induzir as partes envolvidas a *internalizarem* os custos das lesões que podem vir a ocorrer no exercício de suas atividades. A essência da responsabilidade civil (aquiliana), segundo a teoria econômica, consiste em tomar a responsabilização como forma de internalizar externalidades criadas por custos de transação elevados (aqueles que dificultam a relação contratual prévia).[18]

Desta forma, o direito dos danos internaliza esses custos imputando a alguém (normalmente, o causador do dano) o dever de indenizar a vítima. A consequência deste raciocínio – que constitui o âmago da teoria econômica do direito – é que os agentes, ao tomarem consciência do risco potencial de internalizarem os custos do dano que podem causar, assumam comportamentos que eleve o nível segurança a patamar suficiente a evitar o custo elevado do ilícito.[19]

Note-se, portanto, que, numa análise econômica do direito, é da essência da responsabilidade civil a atuação sobre o perfil preventivo do comportamento dos agentes.[20] Na condução de suas atividades, os agentes ponderam os custos de transação (o valor gasto para a adoção de medidas preventivas, de segurança e cuidado) e de internalização das externalidades negativas (o valor gasto pelos danos efetivamente

---

16. Entre os partidários da "Análise Econômica do Direito" é cada vez mais comum que se rejeite uma visão unilateral do direito, como, por exemplo, aquela que leva em consideração apenas a existência de uma "Constituição Econômica", sob certa forma restrita de visão de mundo (CALABRESI, Guido. *The future of law and economics*: essays in reform and recollection. New Haven: Yale University Press, 2016, *passim*). Deve-se rejeitar as visões que levem em conta apenas os aspectos puramente econômicos e empresariais da vida, como elementos únicos para a compreensão do Direito. Ilustrativamente, a posição de Sabino CASSESE: "Questo terzo significato di 'costituzione economica' non abbraccia soltanto le norme costituzionali (primo significato), le leggi e l'opinione pubblica (secondo significato), ma anche un cerchio più ampio, il 'diritto vivente'. Come si evince dagli esempi fatti, l'espressione 'costituzione economica' abbraccia principalmente istituti, norme e prassi relativi ai rapporti economici e alle imprese" (*La nuova costituzione economica*. 5. ed. Bari: Editori Laterza, 2013, p. 4).
17. "Externalidade é o impacto das ações de uma pessoa sobre o bem-estar de outras que não participam daquelas ações, se o impacto sobre o terceiro é adverso, é denominado externalidade negativa. Se é benéfico é chamado externalidade positiva" (MANKIW, N. Gregory. *Introdução à economia*: princípios de micro e macroeconomia. Trad. Alan Vidigal. 6. ed. São Paulo: Cengage Learning, 2014, p. 184).
18. "*The economic essence of tort law is its use of liability to internalize externalities created by high transaction costs*" (COOTER, Robert; ULEN, Thomas. *Law & Economics*, cit., p. 325).
19. "*The economic purpose of tort liability is to induce injurers and victims to internalize the costs of harm than can occur from failing to take care. Tort law internalizes these costs by making the injurer compensate the victim. When potential wrongdoers internalize the costs of the harm that they cause, they have incentives to invest in safety at the efficient level*" (COOTER, Robert; ULEN, Thomas. *Law & Economics*, cit., p. 325).
20. A própria doutrina *civil law* reconhece que a adoção da função preventiva como aspecto prioritário da responsabilidade é amplamente apoiada pelos partidários da Análise Econômica do Direito: "Elle a donc préconisé de placer la prévention au centre du droit de la responsabilité et cette vision des choses est fortment appuyée par les partisans de l'analyse économique de droit pour qui la minimisation des coûts sociaux liés à la reparation des dommages doit être l'objectif essentiel de la responsabilité civile, ce qui les améne à placer au premier plan l'objectif de prévention" (VINEY, Geneviève. *Traité de droit civil*: introduction à la responsabilité, cit., p. 151).

causados). Deste sopesamento, a conduta mais eficiente é a de assumir o risco que lhe gerará o menor custo. Se as despesas com as indenizações forem inferiores aos custos elevados para a adoção de medidas preventivas, o agente tenderá a optar pela assunção do risco de causar danos a terceiros. Se, pelo contrário, o custo em adotar medidas preventivas for menor que aquele resultante da implementação dos danos em potencial, tenderá a assumir o máximo de cautela possível. É que o modelo econômico da responsabilidade civil se baseia nos elementos mais simples: no custo do dano e no custo de se evitar o dano.[21] Tomando-se como base o *homo economicus*, que age racionalmente e abstratamente conforme as escolhas mais eficientes, os agentes tenderiam a adotar as medidas mais eficazes de cautela se fossem incentivadas a obter benefícios com tais medidas (a fim de compensar os custos da prevenção), ou, simplesmente, se percebessem que o valor a arcar com eventual ocorrência do dano fosse muito elevado, ao ponto de não valer a pena assumir risco de tal envergadura.[22]

De uma maneira ou de outra, percebe-se que são várias as maneiras de se justificar a chamada função preventiva, assim como são múltiplas as formas de se pensar o modo mais eficaz para a sua implementação.[23] Não se nega que a perspectiva preventiva autônoma da responsabilidade civil é conquista resultante da evolução do pensamento jurídico, mas tal avanço necessita de sistematização mais apurada, como também não se apresenta imune a críticas e objeções, que devem ser melhor trabalhadas pela doutrina, como se verá adiante.

3.1.1 A função preventiva e o princípio da precaução

A diluição da doutrina da responsabilidade civil preventiva (ou com função preventiva) é tamanha que não é incomum deparar-se o leitor com a defesa do chamado *princípio da prevenção* ou *princípio da precaução*.[24]

---

21. "The economic model of tort law builds from the simplest elements: the cost of harm and the cost of avoiding harm" (COOTER, Robert; ULEN, Thomas. *Law & Economics*, cit., p. 336).
22. As soluções, em termos de tutela preventiva, variam conforme o autor, tendo como ponto em comum a utilização de *"punitive* ou *exemplaty damages"* com função primordial de *"deterrence"* (prevenção). Destacam-se as teses contrapostas de Richard Posner e Guido Calabresi. Em síntese, "in Posner's formulation, punitive damages' objective is to restore market deterrence by forcing he transaction into the market where it belongs. Calabresi's explanation is somewhat different: in his understanding, the main function of punitive damages is to enhance deterrence in view of non-monetizable social values" (ENGLARD, Izhak. *The philosophy or tort law*, cit., p. 146).
23. Destaca-se a visão ampla de prevenção, em sentido amplo, conferida por Nelson Rosenvald, Cristiano Chaves de Farias e Felipe Peixoto Braga Neto, no sentido de que "a prevenção, *lato sensu*, é um dos quatro princípios regentes da responsabilidade civil e inafastável consequência da aplicação de qualquer uma das três funções estudadas [reparatória, punitiva e precaucional]" (*Novo tratado de responsabilidade civil*. 3. ed. São Paulo: Saraiva, 2018, p. 85).
24. VINEY, Geneviève. *Traité de droit civil*: introduction à la responsabilité, cit., p. 155-158; KOURILSKY, Philippe. *Du bon usage du principe de précaution*. Paris: Ed. Odile Jacobs, 2001, passim; ROBINEAU, Matthieu. *Contribution à l'ètude du système responsabilité* : les potentialités du droit des assurances. Paris: Defrénois, 2006, n. 214; PERLINGIERI, Pietro. *Manuali di diritto civil*, cit., p. 897; BIANCA, Massimo. *Diritto civile*, cit., p. 553-557; ALPA, Guido; BESSONE, Mario. *La responsabilità civile*, cit., p. 171-198; FRANZONI, Massimo. *Trattato della responsabilità civile*, v. II, cit., p. 733-756; BATTAGLIA, Franco; ROSATI, Angela. *I*

Costuma-se defender a natureza de princípio à prevenção e à precaução, tanto em razão de seu caráter genérico e abstrato, que agrega conteúdo de valor e fundamento do sistema da responsabilidade civil, como pelo seu caráter normativo, cujo descumprimento atrairá a reação sancionatória do direito.[25] Como "mandamento de otimização",[26] também há quem defenda a natureza principiológica da prevenção e da precaução, na medida em que "realiza os valores do *neminem laedere*, da prudência e da segurança (outro princípio) e estabelece diretrizes normativas para que o pior não aconteça individual e socialmente".[27] Em derradeiro, por não conviver como as regras, cujo sentido é antinômico, mas como princípios, em ambiente conflituoso perene, em busca da constante harmonização e ponderação, não ignora o fato de que há outros princípios em jogo que devem ser sopesados, sobretudo o da livre iniciativa.[28]

Oferecer um conceito de *princípio* é desafiador. Mesmo porque reflete realidades jurídicas múltiplas, não havendo equívoco, inexatidão ou contrariedade entre as mais variadas concepções. É que o próprio ordenamento positivo, a depender do desafio que propõe superar e do *locus* de sua atuação, apresenta uma ideia de princípio não necessariamente condizente com outra apresentada sob contexto normativo diverso. Portanto, mesmo o conteúdo normativo dos princípios não escapa à interpretação funcional.[29]

Do ponto de vista hermenêutico, podem-se aplicar princípios para *integrar* o conteúdo normativo de texto legal, cujo "tipo" apresenta "lacuna" ou "vácuo", no sentido de não ter conseguido prever consequências jurídicas para alguns compor-

---

    costi della non scienza: il principio di precauzione. Milano: 21mo Secolo, 2004, *passim*, entre tantos outros. No Brasil, tem-se afirmado que a adoção de tais princípios deve ocorrer de forma prioritária: "(...) tem-se sustentado a necessidade de os ordenamentos jurídicos (tanto quanto os sistemas de tutela jurisdicional) priorizarem a aplicação dos princípios da *prevenção* e da *precaução*, cujos campos de atuação alastram-se com notável extensão e velocidade, precisamente para atender ao objetivo de contenção de danos, sobretudo quando se apresentem, respectivamente, já comprovados ou altamente prováveis" (VENTURI, Thaís Goveia Pascoaloto. *Responsabilidade civil preventiva*, cit., p. 249).

25. Sobre o "papel normativo da responsabilidade civil" (*le rôle normatif de la responsabilité*), cf. VINEY, Geneviève. *Traité de droit civil*: introduction à la responsabilité, cit., p. 86 e ss. Acerca das mais diversas conotações sobre o designativo "princípio", cf. ALPA, Guido. *I principi generali*. Milano: Giuffrè, 1993, p. 6-7.
26. ALEXY, Robert. *Teoría de los derechos fundamentales* [1986]. Trad. Ernesto Valdés. Madrid: Ed. Alemana, 1993, p. 87.
27. LOPEZ, Teresa Ancona. *Princípio da precaução e evolução da responsabilidade civil*, cit., p. 95.
28. A aplicação do chamado princípio da precaução exigiria ponderação constante com a realidade da atividade desenvolvida pelo agente, a fim de encontrar a justa medida, sem que determinadas atitudes de precaução sejam exigidas de modo desnecessário, causando pânico social ou bloqueando a inovação tecnológica. Neste sentido, LOPEZ, Teresa Ancona. *Princípio da precaução e evolução da responsabilidade civil*, cit., p. 96.
29. Certo é, apenas, que já se encontra superada toda e qualquer conotação que se pretende atribuir a princípios, no sentido de que seriam meras diretrizes morais, extra ou metajurídicas. Já é lugar comum admitir que todo princípio tem força normativa. Cf. BARROSO, Luis Roberto. *O direito constitucional e a efetividade de suas normas*: limites e possibilidades da Constituição brasileira. 2. ed. Rio de Janeiro: Renovar, 1993; BONAVIDES, Paulo. *Curso de direito constitucional*. 31. ed. São Paulo: Malheiros, 2016.

tamentos juridicamente relevantes.³⁰ Porém, na realidade, faz-se mais: aplicam-se princípios do ordenamento positivo (categoria mais formal que os chamados "princípio gerais do direito"), como elemento integrante essencial a toda e qualquer operação hermenêutica.

Eis a vertente do princípio como valor de conteúdo normativo, de conteúdo aberto, ainda que identificado no ordenamento positivo. Todavia, orientado como mandamento de otimização, a influenciar de modo decisivo a interpretação e aplicação do direito no caso concreto, mediante a harmonização e ponderação com os outros interesses e princípios do ordenamento, ainda que contrapostos. Na responsabilidade civil, por esta ótica, o resultado interpretativo adequado do conjunto normativo seria aquele que atende, na máxima medida de otimização, para cada caso concreto, considerando os interesses contrapostos e igualmente merecedores de tutela, o mandamento da tutela preventiva, em sentido amplo.

A percepção de que a prevenção e a precaução seriam princípios norteadores do direito dos danos emana da ideia segundo a qual a tutela inibitória constitui o cerne da responsabilidade civil contemporânea.³¹ Em contraposição a esta ideia, sem desmerecer a importância da atuação pretérita da ordem jurídica com vistas a evitar o momento lesivo, defende-se que a prevenção e a precaução seriam, simplesmente, padrões de conduta (*standards*) que se deve definir, funcionalmente, com o desiderato de atender à finalidade essencial da responsabilidade civil: garantir a incolumidade dos interesses dignos de tutela.³² Não seriam a finalidade, em si, da responsabilidade, mas meios para alcançar, de modo mais efetivo, o escopo dissuasório da responsabilidade civil. Daí falar-se em função preventiva, em sentido amplo, de onde se extrai a noção, também, de função de precaução. Atender a tal função é observar certos comportamentos que se revelem suficientes para evitar, razoavelmente, a ocorrência de danos, ainda que não se possa garantir sua não realização.

Para não se imiscuir do enfrentamento, prefere-se, aqui, a última concepção, no sentido de que a *prevenção* é modelo de comportamento (*standards*) que se deve exigir para todo o conjunto de atividades de risco, cuja medida exata dependerá do grau

---

30. Ainda vigente o art. 4º do Decreto-lei 4.657/42 (Lei de Introdução às Normas do Direito Brasileiro), segundo o qual "quando a lei for omissa, o juiz decidirá o caso de acordo com a analogia, os costumes e os princípios gerais do direito". Importante salientar, de todo modo, que a ausência de omissão da lei não implica afirmar que princípios não serão aplicados na operação hermenêutica, mas apenas que não se recorrerá ao conteúdo específicos dos chamados "princípios gerais do direito", que representam cláusula geral valorativa do ordenamento jurídico. No fundo, partindo-se da premissa de que não há texto legal perfeito – de significado unívoco –, revelando-se falacioso o culto à máxima "*in claris fit interpretatio*", considerando toda operação interpretativa como fenômeno unitário, contém nela o momento "integrativo", onde a analogia, os costumes e os princípios gerais do direito contribuirão para ao alcance do significado normativo do caso concreto. Cf. TEPEDINO, Gustavo. Normas constitucionais e direito civil na construção unitária do ordenamento. *Temas de direito civil*. Rio de Janeiro: Renovar, 2009, v. 3, p. 3-19.
31. ROCHFELD, Judith. *Les grandes notions du droit privé*, cit., p. 488-489.
32. Na compreensão de Angelo Falzea, o *standard* jurídico representa o fenômeno dos modelos gerais de comportamentos sociais juridicamente relevantes, que atuam como padrões de controle de comportamentos. Cf. *Ricerche di teoria generali del diritto e di dogmatica giuridica*. Milano: Giuffrè, 1999, p. 369-371.

de periculosidade da ação desenvolvida.[33] Considerar a prevenção como *princípio* seria aceitar que todo e qualquer comportamento deve ser controlado previamente por normas específicas de proteção, mesmo aquelas atividades que, a rigor não se enquadram em situações de risco relevante. Parece mais adequado considerar que a ordem jurídica consagra o princípio da incolumidade alheia (*neminem laedere*), sendo a prevenção uma medida de realização deste valor, para determinado nicho de atividades, por meio de adoção de modelos de comportamento legalmente exigíveis (*standards*).[34] Quer-se dizer que a função preventiva pode ser realizada pela via de imposição de simples regras, de conteúdo fechado e posto sob a lógica antinômica. Portanto, atuando como meio, funcionalizado ao escopo de evitar danos, e não como fim em si mesmo. Apresentando-se, assim, como *função preventiva*, e não como princípio de prevenção.

Por outro lado, pode-se considerar, com mais clareza, a existência de um *princípio da precaução*,[35] em razão de sua conotação notadamente aberta e afeita à técnica da ponderação com os demais valores do ordenamento, como se explicará adiante.[36] De uma maneira ou de outra, trata-se de debate menos prático que puramente dogmático. Seja qual for a qualificação dada à prevenção e à precaução, é preciso compreender qual o conteúdo delimitado de cada uma dessas figuras.

A função preventiva da responsabilidade civil, cujas perspectivas já foram elucidadas no capítulo anterior, exprime uma intencionalidade funcional do sistema jurídico no sentido de propor uma *tutela positiva* dos interesses dignos de proteção. A rigor, o cumprimento desta função resulta em salvaguarda de determinados interesses contra possível/provável violação, em virtude de atividades específicas que as expõem a riscos fora da normalidade. De outra parte, garante o pleno desenvolvimento dos interesses protegidos, fomentando-os, em alguma medida.[37]

---

33. Neste sentido, ainda que sem contrapor a ideia de princípio à de *standard*, ANDORNO, Roberto. El princípio de precaución: un nuovo standard jurídico para la era tecnológica. *Diario La Ley*, Buenos Aires, jul. 2002, passim.
34. Destacando as variadas formas regulatórias e coercitivas para o cumprimento da função preventiva, VINEY, Geneviève. *Traité de droit civil*: la responsabilité – effets, cit., p. 15-21. De forma ainda mais analítica, cf. EWALD, François. Philosophie politique du principe de précaution. *Le principe de précaution*. Paris: PUF, 2001, p. 46-56.
35. O princípio da precaução consiste "em ordenar que todos os tomadores de decisão, principalmente tomadores de decisões públicas, não negligenciem a possibilidade de riscos, mesmo que ainda não estejam cientificamente comprovados no exato momento, uma vez que eles podem causar danos sérios e irreversíveis". É a tradução de livre de "consiste à commander à l'ensemble des décideurs, principalement aux décideurs publics, de ne pas négliger, dans le prise de leurs décisions, l'éventualité de risques, même s'ils ne sont pas encore démontréss scientifiquement à ce moment précis, dès lors qu'ils sont de nature À provoquer des dommages graves et irréversibles" (VINEY, Geneviève. *Traité de droit civil*: introduction à la responsabilité, cit., p. 153).
36. LOPEZ, Tereza Ancona Lopes. *Princípio da precaução e evolução da responsabilidade civil*, cit., p. 123-131.
37. É a busca pelo ponto de equilíbrio, que é capaz de "derrubar os obstáculos entre os setores produtivos e a sociedade" (EWALD, François. *Philosophie politique du principe de précaution*, cit., p. 53-54. Pense-se nas normas de proteção no ambiente de trabalho, que além de proteger o trabalhador de acidentes em potencial, desenvolve a profissão, estimulando o mercado de trabalho e atraindo profissionais qualificados, diminuindo

Faz-se pela via de instrumentos normativos, tais como (i) imposição de normas de conduta previamente estabelecidas com o desiderato exclusivo de prevenir a ocorrência do dano em potencial;[38] (ii) aperfeiçoamento da tutela processual inibitória, consagrando-se a eficácia de medidas judiciais que obriguem certos agentes "não fazerem" determinadas condutas, ou a tomarem certas atitudes que contribuirão para evitar dano iminente;[39] (iii) estipulação de sanções civis cujo objetivo a dissuasão (*deterrence*) do agente que, porventura, descumpra com o feixe de obrigações preventivas que deve cumprir, em razão da natureza de sua atividade. Esta última medida, quando existente, não deixa de ter, também, caráter de *tutela negativa*, aproximando-se da já aludida função punitiva.[40]

Mas a característica que individualiza a *função preventiva*, diferenciando-se do chamado *princípio da precaução*, é o seu campo de incidência. A finalidade preventiva, em seu desenvolvimento histórico-dogmático, naturalmente orientou-se sobre o ambiente das chamadas atividades de risco, notadamente sobre aquelas cujos riscos são *conhecidos* e *determinados*, ou, simplesmente, já experimentados e comprovados.[41] Sobre estes, já se tem certeza suficiente, tanto em relação ao grau de probabilidade de sua ocorrência, quanto ao espectro de extensão do dano, uma vez implementado. Com base em todo o conhecimento acumulado em torno da atividade, dos riscos e de suas consequências, é possível elaborar diretrizes ou normativa que, cumprida com rigor, evitará a ocorrência dos danos em potencial.[42] Repita-se: a função preventiva tem sido apresentada como finalidade que se realiza por meio de edição de *regras claras de proteção e prevenção*, previamente estipuladas, cujo descumprimento atrai a aplicação de *penas civis*, pelo simples fato de ter exposto a sociedade a risco que poderia ter sido evitado, prescindindo-se da efetiva ocorrência do dano esperado.

---

o sentimento de retração por receio à assunção de certos riscos. A *"ponderação"* na instrumentalização do princípio da precaução é destacada por KOURILSKY, Philippe; VINEY, Geneviève. *Le principe de précaution*. St-Denis: Odile Jacob, 2000, p. 21-22.

38. LOPEZ, Tereza Ancona. *Princípio da precaução e evolução da responsabilidade civil*, cit., p. 141-142, destacando as "ações de fiscalização exercida pelos órgãos públicos, como ANVISA, PROCON, IBAMA, CADE, dentre outros".
39. Neste ponto, merece destaque o estudo detalhado de Mathilde Boutonnet, que busca potencializar a tutela inibitória, sugerindo, inclusive, a criação de uma "ação de responsabilidade civil preventiva" (*Le principe de précaution em droit de la responsabilité civile*. Paris: LGDJ, 2005, p. 297 e ss.
40. SUNSTEIN, Cass; KAHNEMAN, Daniel; SCHKADE, David. *Assessing punitive damages...*, cit., p. 2082-2085.
41. "La précaution est relative à des risques potentiels et la prévention à des risques avérés" (KOURILSKY, Philippe; VINEY, Genevieve. *Le principe de précaution*, cit., p. 11).
42. Como bem destaca Adriano DE CUPIS "la prevenzione del danno può svolgersi imponendo ai pubblici organi amministrativi, preposti alla sicurezza generale, il compito di attuare rimedi preventivi (ad es., collaudi di cose, atti a controllare l'assenza di vizi di costruzione, segnale stradali, atti ad assicurare la sicurezza della circolazione stradale ecc.), ovvero imponendo ai soggetti, che potrebbero cagionare danni attraverso la propria attività, l'obbligo di attuare misure materiali atte ad impedire la produzione degli stessi danni (ad es., dispositivi di sicurezza negli stabilimenti industriali, nei locali di pubblico spettacolo, ecc.)" (*Il danno: teoria generale della responsabilità civile*, cit., p. 6-7).

Terá maior regulação quanto maior o risco potencial da lesão, e quanto mais grave esta for, no sentido de sua irreversibilidade.[43]

Sucede que a eficácia de tal elaboração tem sido posta em cheque pela doutrina. É que a despeito do desenvolvimento dogmático da *função preventiva* já possuir longa data, a sua implementação prática nunca logrou o resultado esperado, revelando-se medida de baixa efetividade. Numa primeira análise, percebe-se que são ainda incipientes as normas regulamentares que buscam instituir uma série de deveres de cuidado a serem tomados pelos agentes de risco conhecidos. Aquelas que existem têm se mostrado de pouca eficácia, tanto pela imposição de sanções brandas, quanto pela facilidade em contestar as multas administrativas em juízo, prologando-se por tempo indefinido o cumprimento da sanção, ou mesmo forçando acordos que diminuem o valor das penalidades civis e administrativas.[44]

Por último, costuma-se invocar a aplicação do princípio da prevenção, com maior intensidade, apenas *a posteriori*, quando já implementado o risco, não raro com a ocorrência de danos em massa ou verdadeiras catástrofes sociais. Neste caso, perde-se completamente o sentido da função, que existe precisamente para que o dano não aconteça, sucumbindo a razão de existir quando se passa a refletir sobre ela apenas no momento patológico do evento danoso. A sua atuação precisa ser, necessariamente, *ex ante*, no controle do risco e na implementação efetiva das normas regulamentares que instituem os deveres de cuidado específicos para determinadas atividades.

Em reação à desoladora realidade de baixa efetividade da chamada função preventiva, seja em razão da regulação deficiente das atividades de risco conhecido e comprovado, seja em virtude do ineficiente controle por parte do Estado, não tardou a surgir ideias para solucionar o problema prático da reparação dos grandes danos sociais conhecidos, que deveriam, em tese, ser evitados caso adotadas, com afinco, as medidas de cautela. Já se propôs a imposição de "taxação" específica para os agentes cujas atividades são previamente classificadas como arriscadas, de maneira a formar um fundo para reparar os danos, caso ocorram, no que se convencionou denominar de "sistema de responsabilidade social", como adaptação do princípio do "poluidor-pagador" (*pollueur-payeur*).[45]

---

43. Tal relação é bem apontada por Geneviève VINEY, para quem "la prise de conscience, à la suite de certaines catastrophes qui ont profondément marqué l'opinion publique française, de la gravité et du caractère quasiment irréversible des conséquences de certains dommages, notamment des atteintes à l'environnement ou à la santé humaine, a mis l'accent sur le rôle essentiel de la prévention, qui fait d'ailleurs l'objet de réglementations de plus en plus détaillées et contraignantes émanant tant des autorités nationales que communautaires" (*Traité de Droit Civil*: introduction à la responsabilité, cit., p. 151).
44. Geneviève Viney chama atenção para as "*hésitations quant à l'efficacité de la fonction dissuasive de la responsabilité*" (*Traité de droit civil*: introduction à la responsabilité, cit., p. 87).
45. Tal ideia é atribuída à Francis Caballero, em seu "*Essai sur la notion juridique de nuisance*. Paris: LGDJ, 1981, n. 269-275". A ideia central de sua tese é o desenvolvimento de um sistema de responsabilidade social fundada na tributação de atividades taxativamente perigosas, como a poluição, o tabagismo e o alcoolismo. Neste sentido, esclarece Geneviève Viney, acerca da aplicação do chamado princípio do poluidor-pagador

Entretanto, a reação mais marcante veio sob a forma de defesa de um modelo de combate a atividades arriscadas que tivesse a vantagem de constituir-se por conteúdo aberto e abrangente de todo e qualquer risco que pudesse incidir sobre os interesses merecedores de tutela, sejam eles individuais ou coletivos. Daí o desenvolvimento do chamado *princípio da precaução*, que se apresenta com conteúdo fluido e variante, adaptável à realidade de cada atividade arriscada em concreto, a exigir um modo de ação particular, conforme o contexto de incerteza na qual a decisão deve ser tomada pelo agente, demandando nível de cuidado (vigilância) adequado e proporcional à gravidade do risco.[46]

Com clara inspiração no direito ambiental,[47] o princípio da precaução tem por objetivo (mandamento de otimização) ordenar a todos os agentes de risco (tomadores de decisão), especialmente em escolhas que envolvem interesses públicos, difusos ou coletivos, que não negligenciem, na tomada de decisão, a possibilidade de existência de riscos na atividade desenvolvida, ainda que não haja comprovação científica de sua existência no momento atual, quando é possível que ocorram lesões sérias e irreversíveis.[48] Defende-se, outrossim, que sua incidência seja tamanha ao ponto de servir de tendência em todos os ramos do direito que lidem com riscos e perigos.[49]

(*polluer-payeur*) : "les problèmes de réparation et de prévention que suscitent les grands fléaux sociaux au nombre desquels il range, en particulier, la pollution, l'alcoolisme, le tabagisme, s'est efforcé de tracer des grandes lignes d'un système de responsabilitè sociale qu'il conçoit sous la forme d'une taxation des activités nocives. Les principes qui, d'après cet auteur, devraient dominer l'organisation de cette taxation dont le principe même se justifie par le fait que les fléaux visés atteignent toute la collectivité nationale représentée par l'État, seraient la désignation automatique du redevable en fonction du pouvoir économique et technologique de prévenir la nuisance, la réparation de la charge individualle en fonction de la nuisance émise par chaque redevable, la fixation du prélèvement global en fonction d'une planification de la réparation réalisée au plan national et enfin l'affectation du produit de la redevance à la lutte contre le fléau" (*Traité de Droit Civil*: introduction à la responsabilité, cit., p. 152).

46. "Ajoutons que la précaution n'est ni l'inaction, ni une délibération sans fin. C'est un mode d'actions d'un type particulier, requis par le contexte d'incertitude dans lequel la décision doit être prise. Le principe de précaution exige de la vigilance et la mise en aeuvre de mesures proportionnées à la gravité du risque, bien que celui-ci ne soit que potentiel" (KOURILSKY, Philippe; VINEY, Genevieve. *Le principe de précaution*, cit., p. 11).

47. No Brasil, o princípio da precaução veio a ser positivado no art. 1º da Lei n. 11.105/2005 (Lei da biossegurança): "Esta Lei estabelece normas de segurança e mecanismos de fiscalização sobre a construção, o cultivo, a produção, a manipulação, o transporte, a transferência, a importação, a exportação, o armazenamento, a pesquisa, a comercialização, o consumo, a liberação no meio ambiente e o descarte de organismos geneticamente modificados – OGM e seus derivados, tendo como diretrizes o estímulo ao avanço científico na área de biossegurança e biotecnologia, a proteção à vida e à saúde humana, animal e vegetal, e a observância do *princípio da precaução* para a proteção do meio ambiente" (grifos nossos). Em momento anterior, a lei já havia estabelecido que o descumprimento de "*medidas de precaução*", quando previamente exigidas pelo Poder Público, resulta na aplicação da mesma pena daquele que efetivamente causa poluição de qualquer natureza, em níveis que possam refletir na saúde humana, animal ou da flora (art. 54, § 3º da Lei 9.605/98).

48. "l'objet de ce principe consiste à commander à l'ensemble des décideurs, principalement aux décideurs publics, de ne pas négliger, dans la prise de leurs décisions, l'éventualité de risques, même s'ils ne sont pas encore démontrés scientifiquement à ce moment précis, dès lors qu'ils sont de nature à provoquer des dommages graves et irréversibles" (VINEY, Geneviève. *Traité de Droit Civil*: introduction à la responsabilité, cit., p. 153).

49. "O princípio da precaução, que contém a ideia de prevenção de riscos não definidos, não avaliáveis de maneira precisa pela comunidade científica, riscos que são hipotéticos, mas que podem vir a acontecer, apareceu para proteger a natureza de seus desastres; porém, sua tendência é servir de direção em todos

Em contrariedade à recepção de uma ampla aplicação do princípio da precaução, apresentam-se poderosos argumentos no sentido de que a sua disseminação resultará no bloqueio ao desenvolvimento tecnológico e científico, inaugurando-se uma nova "era das trevas", na qual o medo impera sobre a coragem e a curiosidade de arriscar-se rumo a novas descobertas. Particularmente no Brasil, ainda importante a tese segundo a qual o art. 12, § 1º, III do Código de Defesa do Consumidor estabeleceu o risco de desenvolvimento como excludente de ilicitude, ao prever que o produto não é defeituoso se, à época em que foi colocado em circulação, não se poderia cogitar seus riscos à saúde e segurança do consumidor.[50] De outro lado, ainda relevante a oxigenação recebida pela clássica função preventiva da responsabilidade civil, pelos teóricos da "análise econômica do direito", que passaram a exaltar a finalidade preventiva como função prioritária e de primeira importância na otimização dos resultados, ainda que tal abordagem não elimine o problema prático já apontado, no que diz respeito à insuficiência dos instrumento atuais para garantir um modelo eficaz e efetivo de prevenção de danos.[51]

Não obstante haver alguns exemplos pontuais de aplicação da função preventiva, portanto a riscos conhecidos (regras de trânsito, de restrição de uso de cigarros em locais fechados, de segurança na construção civil, de segurança no trabalho etc.), bem como de aplicação real e efetiva no princípio da precaução, quanto a riscos incertos (tanto no direito ambiental, quanto nas normas restritivas a alimentos geneticamente modificados), ainda se mostra majoritária a tendência de se invocar a violação à função preventiva ou ao princípio da precaução tão somente após a ocorrência do dano. Tal realidade evidencia o quão distantes a administração pública e a jurisprudência estão da implementação da função preventiva, em sentido lato. E a dificuldade reside, especialmente, na correta compreensão acerca do seu real âmbito de incidência, bem como dos instrumentos que se deve valer a sociedade para controlar, *previamente*, as atividades de risco.

---

os ramos do direito que lidem com perigos" (LOPEZ, Teresa Ancona. *Princípio da precaução e evolução da responsabilidade civil*, cit., p. 87).
50. A questão do risco de desenvolvimento como excludente de responsabilidade é objeto de grande debate na doutrina, como se vê em EWALD, François. *Philosophie politique du principe de précaution*, cit., p. 383 e ss.; CARBONNIER, Jean. *Droit civil*, t. 2, cit., p. 2264-2265; SILVA, João Calvão da. *Responsabilidade civil do produtor*. Coimbra: Almedina, 1999; CALIXTO, Marcelo Junqueira. *A responsabilidade civil do fornecedor de produtos pelos riscos de desenvolvimento*. Rio de Janeiro: Renovar, 2004; TEPEDINO, Gustavo. Responsabilidade médica na experiência brasileira. *Revista Trimestral de Direito Civil*, a. 1, v. 2, Rio de Janeiro: Padma, 2000, p. 41-75; ALPA, Guido; BESSONE, Mario. *La responsabilità del produttore*. Milano: Giuffrè, 1999, p. 259-264, dentre tantos outros.
51. Mesmo a doutrina continental já destaca o sucesso que obteve a corrente da análise econômica do direito ao chamar a atenção para a importância da função preventiva: "En effet, les théoriciens de l'analyse économique du droit attribuent à la prévention une place éminente parmi les finalités de la responsabilité civile. L'impulsion première du système de responsabilité civile, a écrit un auteur se rattachant à cette tendance, réside dans sa constante recherche d'une minimisation des dommages causés à autrui, c'est-à-dire d'une prévention des faits dommageables" (VINEY, Geneviève. *Traité de Droit Civil*: introduction à la responsabilité, cit., p. 155).

3.1.2 O renascimento da culpa

O principal pecado da aplicação da função preventiva *post factum* repousa, notadamente, em seu desvio de finalidade. Não se pode admitir que a atuação de uma função cujo escopo é prevenir danos seja invocada quase sempre após a sua ocorrência. É o atestado de falência dos instrumentos que até então se tem utilizado para a sua implementação. O cenário é ainda pior quando se percebe o desvio da função ao deslocá-la para o âmbito da identificação ou quantificação do dano, deixando de ser uma finalidade do instituto, para ser mero critério de apuração de danos morais ou de majoração do valor da indenização. Volta-se a falar de prevenção como mero fator de dissuasão futura (*deterrence*).

Neste sentido, em julgado emblemático na seara do direito ambiental, o Superior Tribunal de Justiça justifica a condenação do poluidor "não apenas ao pagamento de indenização plena pelos danos materiais, incluídos os lucros cessantes, mas também de indenização por dano moral", porque esta imputação "atende à finalidade preventiva de incentivar no futuro comportamento mais cuidadoso do agente".[52] Invoca-se, portanto, a tutela preventiva *ex post facto*, para auxiliar na identificação do dano (*an debeatur*). Na prática jurisprudencial, a sua atuação se concentra nesta perspectiva, em torno da apuração da existência de dano ou do arbitramento de indenização (*quantum debeatur*), sempre ao argumento de evitar lesão futura. Descuida-se de maior atenção aos instrumentos de efetivo controle de comportamentos prévios.

Em sentido semelhante – de maneira ainda mais explícita e consciente – o Tribunal de Justiça do Rio de Janeiro, representativo das demais Cortes estaduais em âmbito nacional, tem decidido que constitui "causa eficiente para gerar danos morais", dentre outros fatores, a consideração da "função preventiva" que tem por escopo, "como verdadeira sanção civil, evitar que episódios semelhantes se repitam,

---

52. Superior Tribunal de Justiça, Quarta Turma, Recurso Especial n. 1.371.834/PR, Rel. Min. Maria Isabel Gallotti, 05.11.2015. Neste caso, a Corte Superior proferiu importante decisão na qual admitiu a hipótese de indenização mesmo sem ato ilícito: "Recurso especial. Responsabilidade civil. Ato lícito. Represamento de rio federal. Construção de usina hidrelétrica. Finalidade pública. Alteração das espécies e redução do valor comercial do estoque pesqueiro. Renda de pescador profissional artesanal reduzida. Lucros cessantes devidos. Danos morais não configurados. 1. Os atos lícitos também podem dar causa à obrigação de indenizar. Segundo a doutrina de Caio Tácito, o fundamento da indenização não será, todavia, "o princípio da responsabilidade (que pressupõe a violação de direito subjetivo mediante ato ilícito da administração)", mas "a obrigação de indenizar o sacrifício de um direito em consequência de atividade legítima do Poder Público." 2. Embora notória a finalidade pública do represamento de rio para a construção de usina hidrelétrica e, no caso em exame, sendo certo que o empreendimento respeitou o contrato de concessão e as normas ambientais pertinentes, a alteração da fauna aquática e a diminuição do valor comercial do pescado enseja dano a legítimo interesse dos pescadores artesanais, passível de indenização. 3. O pagamento de indenização pelos lucros cessantes redistribui satisfatoriamente o encargo individualmente sofrido pelo pescador profissional artesanal em prol do bem comum (construção da hidrelétrica). 4. Não tendo havido ato ilícito causador de degradação ambiental e nem privação do exercício da profissão de pescador sequer em caráter temporário, não há dano moral autônomo indenizável. 5. Recurso especial a que se dá parcial provimento, a fim de afastar a condenação por danos morais".

homenageando os princípio da prevenção e precaução".⁵³ Ou simplesmente para justificar a majoração de verba compensatória, que se apoia "nas peculiaridades do caso sub examine e na função preventiva da responsabilidade civil, como estímulo à adoção de parâmetros de atuação que preservem consumidores e terceiros dos riscos sociais inerentes ao serviço".⁵⁴

Para além de representar o aspecto mais brando e pueril da *função preventiva*, sequer alcançando o desiderato da chamada finalidade dissuasória (*deterrence*) da responsabilidade civil, ante os valores extraordinariamente baixos das indenizações, a sua aplicação como critério de identificação ou de quantificação de danos extrapatrimoniais muitas vezes se apresenta como flagrantemente contraditória. É que grande parte dos danos verificados, a partir dos quais se invoca a função preventiva no momento patológico da responsabilidade, ocorre por atuação de agentes que exercem atividades de risco (art. 927, parágrafo único do Código Civil), ou no ambiente do mercado de consumo (artigos 12 e 14 da Lei 8.078/90), ou nas catástrofes ambientais (art. 14, § 1º da Lei 6.938/81). Em todas essas hipóteses, em comum o fato de atraírem o modelo da *responsabilidade objetiva*.

Como é cediço, a responsabilidade objetiva é aquela que dispensa a prova da culpa do agente causador do dano. É mais do que a mera presunção absoluta de culpa em desfavor do ofensor. É a sua irrelevância para a identificação do dever de indenizar. Isso não significa afirmar que as hipóteses de responsabilidade objetiva

---

53. Tribunal de Justiça do Rio de Janeiro, Décima Sétima Câmara Cível, Apelação n. 0105980-69.2016.8.19.0001, Rel. Des. Elton Martinez Carvalho Leme, j. 12.09.2018, com a seguinte ementa reduzida: "Apelação. Prestação de fazer c/c indenizatória. Plano de saúde coletivo. Aplicação do código de defesa do consumidor. Súmula 469 do superior tribunal de justiça. Responsabilidade civil objetiva da operadora. Cancelamento unilateral indevido. Previsão contratual de possibilidade de rescisão unilateral mediante prévia notificação à estipulante com prazo de 60 dias. Notificação não comprovada. Dano moral configurado e razoavelmente arbitrado. Desprovimento do recurso. (...) 5. A conduta ilícita em situações tais surpreende o associado, causando tal fato profundo dissabor que é juridicamente relevante e excede a órbita do mero aborrecimento, decorrente do descumprimento contratual, especialmente diante da quebra da confiança, e descumprimento dos deveres de cooperação e de proteção dos recíprocos interesses, inerentes à boa-fé objetiva (art. 422 do Código Civil), tendo em conta ainda a função preventiva de, como verdadeira sanção civil, evitar que episódios semelhantes se repitam, homenageando os princípios da prevenção e precaução, o que constitui causa eficiente para gerar danos morais. 6. Valor do dano moral fixado moderadamente e em observância a razoabilidade e proporcionalidade, à luz da Súmula 343 deste Tribunal, não merecendo a pretendida redução. 7. Majoração dos honorários sucumbenciais em sede recursal. 8. Desprovimento do recurso".
54. Tribunal de Justiça do Rio de Janeiro, Décima Nona Câmara Cível, Apelação n. 0003064-08.2008.8.19.0204, Rel. Des. Sérgio Nogueira de Azeredo, j. 29.08.2017, com a seguinte ementa reduzida: "Apelação cível. Ação reparatória por danos morais e materiais. Relação de consumo. Verbete 254 da súmula desta colenda corte de justiça. Competência da câmara não especializada por força de prevenção. Autor que se encontrava na condição de passageiro de ônibus da ré no momento em que este colidiu com veículo de terceiro. Sentença de procedência parcial. (...). Verba compensatória majorada de R$ 800,00 (oitocentos reais) para R$ 1.500,00 (mil e quinhentos reais), com base em paradigmas jurisprudenciais do Insigne Tribunal da Cidadania e deste Ínclito Sodalício, nas peculiaridades do caso sub examine e na função preventiva da responsabilidade civil, como estímulo à adoção de parâmetros de atuação que preservem consumidores e terceiros dos riscos sociais inerentes ao serviço de transporte de passageiros. Princípios da Proporcionalidade e da Razoabilidade que hão de ser observados. (...). Conhecimento e parcial provimento do recurso".

representam danos causados sem culpa do agente, mas, simplesmente, que ela sequer é apurada, porque despicienda.[55]

Ora, se a maior parte dos casos em que se aplica a função preventiva, equivocadamente como critério de identificação ou majoração de danos extrapatrimoniais, representa hipóteses de responsabilidade objetiva, deduz-se que se está a aplicar a função dissuasória (*deterrence*), mesmo em seus baixos níveis de eficácia, sem que se verifique o grau de reprovabilidade da conduta do ofensor. Tal "análise" nada mais seria que averiguar culpa. De fato, observando-se a jurisprudência, é comum exaltar-se a função preventiva *ex post facto*, para identificar ou majorar o dano, sem que tenha havido qualquer análise do comportamento do ofensor, mesmo porque se tratam de casos de responsabilidade objetiva.[56] Ou pior, de modo inverso: mesmo invocando a aplicação da responsabilidade objetiva, fala-se em majorar o valor da indenização em razão do grau de *culpa* do ofensor, de maneira a prevenir lesões futuras.

Eis os paradoxos do estado atual de evolução da responsabilidade civil brasileira: ao mesmo tempo em que a doutrina, há muitos anos, aplaude a vertente preventiva da responsabilidade, pouco se criou, em termos regulamentares, práticos e efetivos, para o desenvolvimento e aperfeiçoamento da função, considerando todo o seu potencial. Por outro lado, a jurisprudência quase nada absorveu sobre o espírito da finalidade preventiva, sendo ainda muito rarefeitos os casos em que a tutela inibitória é deferida de modo preferencial.[57] Tem-se optado, assim, por glorificar a "função preventiva" após a efetivação do dano, como critério para sua própria identificação ou para a majoração do *quantum* indenizatório. Sobra, assim, a mais antiga e obsoleta vertente da função: o aspecto dissuasório da "pena", que tem se provado, ao longo do tempo, de pouca efetividade. Daí se chega ao momento em que se apura o dever de indenizar, conforme as hipóteses de responsabilidade objetiva (sem realizar juízo de valor sobre a conduta do ofensor), e, concomitantemente, aplica-se a "pena" da

---

55. Ainda que a presunção da culpa constitua "l'espressione di una generalizzazione induttiva per l'accertamente dei fatti", a responsabilidade objetiva sequer põe em questão a análise da culpa (ainda que presumida). Trata-se de "responsabilidade pela pura causalidade" (*responsabilità per pura causalità*). TRIMARCHI, Pietro. *Rischio e responsabilità oggettiva*, cit., p. 22-23.
56. É representativo do que aqui se argumenta o seguinte julgado, que fala em "obrigação [do fornecedor] de adotar as cautelas necessárias à prevenção de danos decorrentes do exercício de sua atividade, sob pena de responder objetivamente pelos prejuízos causados": "(...) Aplicação da teoria do risco administrativo. Tratando-se de companhia concessionária de serviço público, sua responsabilidade é objetiva pelo risco (art. 37, § 6º da CRFB), incidindo também na espécie a disposição contida no código de defesa do consumidor, em seu art. 14 c/c 17, consumidor por equiparação. Incumbiria à ré PROLAGOS, na qualidade de concessionária de serviço público, prestar o serviço de forma segura e eficiente, inserida neste contexto a obrigação de adotar as cautelas necessárias à prevenção de danos decorrentes do exercício de sua atividade, sob pena de responder objetivamente pelos prejuízos causados. (...)" (Tribunal de Justiça do Rio de Janeiro, Apelação Cível n. 0000165-89.2005.8.19.0059, Rel. Des. Luiz Roberto Ayoub, j. 17.10.2018).
57. Exemplar a decisão monocrática exarada no Agravo de Instrumento n. 0062211-43.2018.8.19.000, em 06.11.2018, de relatoria da Des. Márcia Ferreira Alvarenga, que concedeu antecipação da tutela recursal, em provimento inibitório, para impedir a inauguração de loja em condições de "concorrência desleal", de modo a "*evitar a concretização do dano em potencial*" (fls. 38). Trata-se de exercício efetivo da função preventiva da responsabilidade civil.

majoração do valor da indenização, para "evitar danos futuros". Essa perspectiva encerra verdadeiro oximoro.

Como bem salientado pela doutrina, a consagração da função preventiva e do princípio da precaução carregou consigo novo movimento, lógico e natural, no sentido de um *renascimento da culpa*, ainda que sob papel redefinido, ressignificado à luz dos valores atuais do sistema de responsabilidade civil.[58] Isso porque é inexorável que a efetiva prevenção de danos seja alcançada mediante o prévio controle dos comportamentos dos agentes de risco. E, decerto, controlar condutas significa regular ações, estabelecer parâmetros de atuação na atividade desenvolvida, protocolos de segurança e de cuidado, impor a tomada de atitudes proativas que se espera de certos atores do mercado etc.[59] Portanto, é a violação desses preceitos, representativos de uma tutela positiva, que poderá resultar em aplicação de sanções civis e outras medidas eficazes, sem deixar de realizar o adequado juízo de valor sobre a conduta que se reprova, pelo simples fato de expor certas vítimas em potencial ao risco conhecido (função preventiva) ou ao risco obscuro e não experimentado, ainda que provável (princípio da precaução).[60]

Daí afirmar-se, sem maiores receios, que a concretização da função preventiva e do princípio da precaução pressupõe o retorno do elemento culposo como requisito essencial da responsabilidade civil *pré-danosa*.[61] Evidentemente, não se trata de res-

---

58. Neste sentido, a passagem marcante de André Tunc, para quem a culpa possui valor insubstituível como meio de prevenção. Em suas palvras, "beaucop pensent encore que, d'un point de vue social, la faute a une valeur irremplaçable comme moyen de prévention" (*La responsabilité civile*, cit., p. 127).
59. Já lecionava René Savatier acerca da "impossibilité de définir la faute sans partir de la notion de devoir" (*Traité de la responsabilité civile en droit français*, t. 1, cit., p. 7).
60. "La prevenzione del danno si può ottenere per iniziativa del singolo danneggiato, che operi proponendo l'azione inibitoria, ovvero direttamente per intervento del legislatore, che stabilisca norme di 'deterrence specifica', assegnando regole di comportamento a chi è potenzialmente un danneggiante, e controllandone l'ativitá" (ALPA, Guido; BESSONE, Mario. *La responsabilità civile*, cit. 188). Chamando mais atenção ao "développement de la réglementation inspirée par l'objectif de prévention" (VINEY, Geneviève. *Traité de droit civil*: introduction à la responsabilité, cit., p. 156). Na mesma direção, por uma tutela global e específica mais efetiva, TUNC, André. *La responsabilité civile*, cit., p. 141; MARTIN, Gilles. Précaution et evolution du droit. In: Oliver Godard (Coord.). *Principe de précaution*: dans la conduite des affaires humaines. Paris: Ed. Maison des Sciences de L'homme, 1997; KOURILSKY, Philippe; VINEY, Genevieve. *Le principe de précautionI*, cit., passim. Na doutrina brasileira, as obras especializadas de VENTURI, Thaís Goveia Pascoaloto. *Responsabilidade civil preventiva*, cit., p. 269-559; e LOPEZ, Teresa Ancona. *Princípio da precaução e evolução da responsabilidade civil*, cit., 123 e ss.
61. É o que destacam todos que defendem a função punitiva, pela imposição da pena civil, ou da função preventiva autônoma, com amplas medidas de prevenção e precaução. De um lado, a ideia de que culpa é indissociável da função punitiva ou preventiva: STARCK, Boris. *Essai d'une théorie générale de la responsabilité civile...*, cit., p. 390. De outro, aqueles que, para além disso, tentam conferir nova roupagem à culpa, pelas novas funções que devem perseguir: CARVAL, Suzanne. *La responsabilité civile dans sa fonction de peine privée*, cit., p. 330-343; VINEY, Geneviève. *Traité de droit civil*: introduction à la responsabilité, cit., p. 156; MARTIN, Gilles. Précaution et evolution du droit, cit., p. 343-344; ALPA, Guido; BESSONE, Mario. *La responsabilità del produttore*, cit., 108; ARHAB, Farida. Les nouveaux territoires de la faute. *Revue Responsibilité Civile et Assurance*, n. 6, Paris: Lexis-Nexis, jun. 2003; RÉMOND-GOUILLOUD, Martine. Du risque à la faute. *Revue Risques*, n. 11, Paris: Seddita, jul./set. 1992; LOPEZ, Terese Ancona. *Princípio da precaução e evolução da responsabilidade civil*, cit., p. 143-154.

gate nostálgico da culpa moral, nem mesmo de tecer uma ode à *faute* subjetiva, mas apenas de identificar um elemento inexorável da função preventiva. Não se consegue evitar danos sem exercer controle de comportamentos. Sempre que se debruça sobre a conduta humana, averiguando se ela está ou não em conformidade com o que dela se espera, discute-se não apenas fatores relacionados ao nexo causal, mas, sobretudo, ao agir devido ou equivocado (*rectius*: culposo). É que, como já explanado, a noção contemporânea de culpa em nada se relaciona com o aspecto subjetivo-moral do agir humano, expressando, em verdade, simples juízos de adequação objetiva da conduta, consoante o padrão ou modelo pré-estabelecido, considerando-se as circunstâncias relevantes do caso concreto.

A função preventiva em sentido amplo, incluindo os casos de atuação do princípio da precaução, ao impor que os agentes *devem* se comportar de determinada maneira, conforme certos parâmetros, a fim de que se evite danos ou se diminua o risco de provocá-los, responsabilizam-se pelo agir cauteloso dentro do padrão esperado (*standard*) ou em conformidade com o regulamento pré-estabelecido. O desvio de conduta, em contrariedade ao cuidado que deveria tomar, se realizado de modo consciente, representa, por si só, um agir culposo (no sentido normativo), a atrair a reação do ordenamento. A questão que se põe é saber se eventual sanção ocorrerá apenas nas hipóteses em que a violação do dever de cuidado causar o dano que se pretendia evitar, ou se haverá também responsabilidade do agente sem que a lesão esperada se implemente. Em suma: é possível pensar num modelo de responsabilidade sem dano, como a próxima etapa de concretização da função preventiva? Para responder a esta indagação, porém, é preciso antes debruçar-se um pouco mais sobre que tipo de interesse se está a tutelar na responsabilidade preventiva.

3.1.3 A mudança de foco: da lesão causada ao comportamento desejável

Aqui já se discorreu, suficientemente, acerca da função reparatória e a sua jornada histórica em busca da efetividade. Um momento particularmente marcante da finalidade primária da responsabilidade civil, no sentido de sua mais contundente concretização, pôde ser verificado na passagem dogmática-jurisprudencial do primado da culpa ao risco, redefinindo o papel daquela como pressuposto do dever de indenizar, tanto na sua ressignificação conceitual, quanto na ampliação das hipóteses nas quais ela se tornava irrelevante (responsabilidade objetiva).[62] A propósito, foi possível cravar que tal passagem se deu no contexto de redefinição funcional da responsabilidade civil, no qual a efetiva (integral) reparação da vítima tornou-se o objetivo primordial e inadiável do instituto, voltando-se os olhos para a lesão causada – e sua extensão – e ao aperfeiçoamento dos instrumentos capazes

---

62. Cf., por todos, TRIMARCHI, Pietro. *Rischio e responsabilità oggetiva*, cit., p. 1-56; LIMA, Alvino. *Culpa e risco*, cit., passim; SILVA, Wilson Melo da. *Responsabilidade sem culpa e socialização do risco*, cit., *passim*; e BODIN DE MORAES, Maria Celina. Risco, solidariedade e responsabilidade objetiva. *Na medida da pessoa humana*. Rio de Janeiro: Renovar, 2010, p. 381-421.

de alcançar a sua reparação, satisfazendo, assim, o interesse maior a ser protegido: *a esfera jurídica (patrimonial ou existencial) da vítima ou da coletividade*.[63]

No entanto, é preciso bastante cautela ao analisar o fenômeno da "objetivação" da responsabilidade civil e sua consequente relação com o objetivo de ampliação da tutela da vítima. Não obstante o declínio da culpa tenha sido um caminho conscientemente trilhado para ascender a proteção da pessoa ofendida ao patamar mais alto de interesse, é preciso que não se confunda a exigência da verificação da *culpa* com a falsa de ideia de *proteção do ofensor*.

A rigor, a culpa apresenta um aspecto ambivalente. De um lado, pode ser interpretada como verdadeiro filtro do dever de indenizar, por dentro do qual a vítima precisa envidar esforços para atravessá-la e obter a justa medida de sua reparação.[64] Por outro, deve ser interpretada como o principal critério de controle de conduta, cuja presença em níveis elevados (dolo ou culpa grave) autoriza o intérprete a adotar medidas mais contundentes de reprovação, por via de sanções específicas.[65]

É com essa última feição que a culpa se apresenta como elemento indispensável na atuação da função preventiva da responsabilidade civil.[66] A finalidade (para muitos prioritária) de evitar danos exige, (i) da ordem positiva, o prévio controle regulamentar de comportamentos, para os riscos conhecidos e já experimentados (função preventiva em sentido estrito),[67] e (ii) a identificação de critérios para o estabelecimento de padrões de conduta desejáveis para as atividades que, embora não apresentem riscos comprovados, pode-se razoavelmente esperar que se revelem em algum momento, pelo avanço da ciência e da tecnologia (princípio da precaução).[68] Tanto uma vertente quanto a outra se apoia no foco sobre os comportamentos que os agentes devem praticar, fugindo à análise do dano e sua extensão, precisamente por que se pretende evita-los a todo custo.

---

63. "Podem-se indicar, nesse sentido, cinco tendências principais [para a responsabilidade civil], que seriam: (i) a erosão dos filtros tradicionais da responsabilidade civil; (ii) a coletivização das ações de responsabilização; (iii) a expansão dos danos ressarcíveis e a necessidade de sua seleção; (iv) a despatrimonialização não já do dano, mas da reparação; e (v) a perda de exclusividade da responsabilidade civil como remédio à produção de danos" (SCHREIBER, Anderson. *Novas tendências da responsabilidade civil*. Direito civil e constituição. São Paulo: Atlas, 2013, p. 152-153).
64. "A evolução econômica e social tornara claro que a tradicional responsabilidade subjetiva era insuficiente, qualitativa e quantitativamente, para tutelar diversas espécies de relações jurídicas próprias da sociedade industrializada. Na nova realidade social, a reparação da vítima não poderia depender da prova impossível que identificasse quem, de fato, agiu de forma negligente para estabelecer a reparação de danos injustamente sofridos" (BODIN DE MORAES, Maria Celina. *Risco, solidariedade e responsabilidade objetiva*, cit., p. 391). A alcunha de "filtro" reparatório é atribuída, no Brasil, a SCHREIBER, Anderson. *Novos paradigmas da responsabilidade* civil, cit., p. 11).
65. Por todos, cf. CARVAL, Suzanne. *La responsabilité civile dans sa fonction de peine privée*, cit., p. 330 e ss.
66. Como já destacava, nas origens doutrinárias acerca da função preventiva, STARCK, Boris. *Essai d'une théorie générale de la responsabilité civile...*, cit., p. 390. Para uma análise profunda da necessidade da culpa na função preventiva, mesmo nos casos de responsabilidade objetiva, Cf. MARTON, Geza. *Les fondements de la responsabilité civile*, cit., p. 178-182.
67. LOPEZ, Teresa Ancona. *Princípio da precaução...*, cit. p. 141-142.
68. KOURILSKY, Philippe; VINEY, Geneviève. *Le principe de précaution*, cit., p. 56.

A essa mudança de foco (da lesão causada ao comportamento desejável), a responsabilidade civil deve se reorganizar para apresentar soluções efetivas, sendo uma das medidas essenciais reconhecer na *culpa* o novo critério de conformação da ação humana, em direção à tomada de decisões comportamentais que se orientem, sempre, na máxima cautela e no mais alto grau de cuidado, quando se lida com atividades de risco.[69] Disto se infere que é inevitável a construção de um modelo mais elaborado de instrumentos, medidas e regulamentos capazes de atuar efetivamente no momento pré-danoso, vale dizer, no controle de conduta dos agentes, nas situações normais da atividade, antes da ocorrência de qualquer lesão. Tal controle, diga-se, deve prescindir da realização concreta de qualquer risco, ou da superveniência de danos esperados, porque a função preventiva, para atender ao seu real desiderato, deve se apresentar absolutamente autônoma à função reparatória, que se volta à apreciação da lesão ocorrida.

Neste estágio de aperfeiçoamento da função preventiva, deve-se averiguar, essencialmente, se o agente tem se comportado conforme o padrão de conduta esperado, sendo a atuação desconforme suficiente para atrair o regime de sanções civis previamente estabelecido pelas normas regulamentares, além de penalidades de outra natureza, que eventualmente possam existir. Desnecessário que a conduta displicente, errante ou dissonante do modelo desejado tenha causado, concretamente, dano à esfera jurídica de alguém. Trata-se de modelo prévio de regulação e sanção, independente do sistema de responsabilidade pós-danoso. Como a aplicação da sanção dependerá da adoção de comportamentos culposos, a incidência da reação da ordem jurídica ao comportamento perigoso (antipreventivo) dependerá do nível de gravidade ou de reprovabilidade da ação adotada pelo potencial ofensor. Eis a razão pela qual se defende que as sanções que envolvem pagamento de penas civis pecuniárias de alta monta dependam da existência de comportamento doloso ou gravemente culposo.[70]

A propósito, os partidários da Análise Econômica do Direito (com grande influência nos sistemas de *common law*), que identificam como primordial a função preventiva da responsabilidade civil, estabelecem como critério de atribuição do dever de pagar "indenização" de função dissuasória (*deterrence*), a prática de comportamento doloso ou de culpa grave. Cuida-se de uma das vertentes preventivas mais tradicionais, porque associada a um aspecto da sanção de caráter punitivo.[71]

---

69. Como defendem, em sentido mais técnica para uma culpa normativa em sentido preventivo, LASCOUMES, Pierre. La précaution: un nouveau standard de jugement. *Revue Esprit*, n. 237, Paris, [s.n], nov. 1997, p. 129-140. Segue o caminho de Olivier GODARD, que invoca " une réhabilitation de la faute, certes requalifiée à la lumière de la précaution, comme fondement privilégié de cette responsabilité" (Sur la nature du principe de précaution et ses effets sur la responsabilité. *Revue Esprit*, n. 243, Paris: [s.n], jun. 1998, p. 186).
70. Como sustentam praticamente todos os autores de relevo sobre a matéria. Por todos, mais uma vez, CARVAL, Suzanne. *La responsabilité civile dans sa fonction de peine privée*, cit., p. 332-336.
71. A necessidade de conduta dolosa, maliciosa e similares já é ressaltada como requisito inexorável dos *exemplary damages* não somente pela farta doutrina já aqui citada *supra*, mas também em precedentes paradigmáticos das cortes inglesas e americanas. Ilustrativamente, veja-se o caso City of Newport v. Fact

Em paralelo, é comum que a doutrina de tradição romano-germânica também exalte o papel redefinido da culpa na função preventiva regulatória, de tradição positiva, exigindo-se que a aplicação de medidas preventivas se orientem, especialmente, aos agentes que, em atividades de risco, comportam-se de maneira deliberadamente contrária às práticas de cautela e proteção, em posição de dolo ou culpa grave.[72] Tal raciocínio costuma permanecer, inclusive, quando se apura o nível de atuação de controle no exercício de ponderação entre o princípio da livre iniciativa (que fundamenta o avanço tecnológico) e o princípio da precaução.[73] Em qualquer perspectiva da prevenção em sentido amplo, rejeita-se, à máxima medida, que um ator da cena econômica assuma propositalmente, ou com displicência consciente, um risco conhecido ou provável (ainda que não experimentado), deixando de adotar condutas de cuidado prefixadas por normas regulamentares, ou extraídas razoavelmente do contexto de sua atuação.

Por outro lado, em nenhuma hipótese, é imperioso salientar, a ausência da culpa no momento preventivo deve servir de subterfúgio (ou excludente de responsabilidade) para que certos agentes se eximam do dever de responder pelos danos causados *a despeito* da adoção de todas as medidas de proteção, cautela, cuidado e segurança esperados.

Este ponto, aliás, pode ser sintetizado como o calcanhar de Aquiles da absorção atécnica e equivocada da função preventiva. De fato, a corrente da Análise Econômica ventila a tese de que o agente não deve responder pela "*deterrence*" (indenização dissuasória), se o dano causado se realizou *apesar* da adoção de todas as medidas de prevenção e precaução esperadas. Assim, os réus diligentes argumentam que envidaram todos os esforços para evitar o dano, que se revelou um fato além de seu controle.[74] Contudo, não se pode confundir a necessidade de apuração da culpa no exercício dos deveres de cuidado, proteção e cautela – momento preventivo – com a

---

Concerts, Inc., 453 U.S. 247, 266-67 (iq8i), no qual se fixou que os "punitive damages (...) are (...) intended to (...) punish the tortfeasor whose wrongful action was intentional or malicious, and to deter him and others from similar extreme conduct".

72. TUNC, André. *La responsabilité civile*, cit., p. 136-139.
73. O crítico mais famoso ao princípio da precaução é, curiosamente, francês (país onde a doutrina sobre o tema é mais desenvolvida). Trata-se de Jacques Attali, que lidera uma comissão que tenta encontrar soluções de desenvolvimento, ante a inserção do princípio da precaução no art. 5º do preâmbulo da Constituição francesa. É chamada *Comission Attali*. O argumento central é que a precaução se revela como grande empecilho ao desenvolvimento tecnológico. A Comissão chegou a 20 conclusões, que podem ser acessadas em: http://www.lefigaro.fr/economie/2008/01/18/04001-20080118ARTFIG00537-les-propositions-phares-de-la-commission-attali.php.
74. A propósito esse vem sendo o principal argumento de defesa de todo e qualquer fornecedor que causam um determinado dano em hipótese de responsabilidade objetiva: busca comprovar que tomou "todas as cautelas devidas". Contudo, tal argumento, que, se provado, teria o condão de afastar a culpa do fornecedor, não o exime da responsabilidade. Evitaria, apenas, a imposição de sanção por descumprimento de práticas preventivas. A propósito, alerta Geneviève Viney que a tentativa de convencer o juiz de que o risco era "imprevisível", de modo a qualificar o fato danoso como ocorrido em virtude de força maior (excludente de responsabilidade), é um obstáculo ao objetivo da função preventiva (*Traité de droit civil*: introduction à la responsabilité, cit., p. 157).

sua irrelevância na apuração do dever de indenizar, caso o dano ocorra – momento reparatório. Neste caso, sendo a responsabilidade objetiva, pouco importa o que o agente buscou fazer para evitar o dano, dentro do seu âmbito de atuação diligente, bastando que a lesão tenha sido causada em razão do exercício de sua atividade (nexo causal).[75] Mais uma vez, faz-se mister compreender a cisão do fenômeno danoso global em dois momentos autônomos: a atuação preventiva e a ocorrência efetiva do dano. A ausência de falhas naquele momento pode não influenciar na reação que a ordem jurídica impõe para o instante danoso, notadamente quando se trata de responsabilidade objetiva.

Ademais, não se pode olvidar que a inaplicabilidade da pena civil de função dissuasória não tem relação com a indenização dos danos efetivamente ocasionados. No direito anglo-saxão, há uma distinção basilar entre a *"indenização regular"* (*compensation*) e a *"indenização punitiva-dissuasória"* (*punitive damages*), que são arbitradas de modo distinto e conforme pressupostos diferenciados.[76] A falta de imputação de *"indenização dissuasória"* (porque o agente atuou na mais estreita obediência aos deveres de diligência preventivos), não o exime de pagar a *"indenização regular"* dos danos causados, quando despicienda a prova da culpa, notadamente nas hipóteses de responsabilidade objetiva (*strict liability*).[77] Portanto, em nenhum ordenamento se permite que o dano causado por determinado agente, que responde objetivamente, seja absorvido pela vítima, sem qualquer direito à indenização, se o agente provar que atuou de modo diligente em cumprimento aos deveres de prevenção ou precaução. Essa ideia encerra contradição em termos, que não se deve admitir.

Sabendo-se que a responsabilidade preventiva, em síntese, é distinta da responsabilidade reparatória, à medida em que cada uma cumpre função autônoma, é preciso discorrer sobre a possibilidade de determinado agente responder pela simples violação dos deveres de prevenção e precaução, potencializando o risco de dano, ainda que este não tenha se implementado. Numa sentença, a questão que se põe é investigar se existe a chamada *responsabilidade sem dano*.

---

75. Evidentemente, a exceção reside nas chamadas causas excludentes de responsabilidade, previstas no art. 188 do Código Civil, e nas excludentes de causalidade, desenvolvidas pela doutrina e previstas nos artigos 393 do Código Civil e artigos 12, § 3º e 14, § 3º do Código de Defesa do Consumidor. Sobre as excludentes de causalidade, cf., por todos, CRUZ, Gisela Sampaio da. *O problema do nexo causal na responsabilidade civil*. Rio de Janeiro: Renovar, 2005.
76. É o modelo do *"strict liability"*, em contraposição aos *"punitive damages"* (ENGLAND, Izhak. *The philosophy of tort law*, cit., p. 21-27 e 145-159).
77. "The purpose of this punishment is to deter future wrongdoing and to reflect your view about the need not only for compensation but also for punishment (...)" (SUNSTEIN, Cass; KAHNEMAN, Daniel; SCHKADE, David. *Assessing punitive damages...*, cit., p. 2116).

3.1.4 O problema da responsabilidade sem dano

Oportunamente, já se ressaltou que o dano é o elemento central da responsabilidade civil.[78] Além de soar estranha a afirmação de que alguém deva responder por uma conduta que não tenha causado qualquer ofensa à esfera jurídica de outrem, quando se fala de responsabilidade no sentido reparatório, tal narrativa representa uma impossibilidade sistemática. O ordenamento jurídico brasileiro é assertivo ao vincular a responsabilidade civil, de cunho reparatório, à prévia existência de lesão a interesse juridicamente protegido (art. 186, 187 e 927 do Código Civil).[79]

Desta forma, haveria, em tese, uma maneira de se retratar a responsabilidade civil, sem a ocorrência do dano: quando se faz referência à imposição das regras ou padrões de conduta, para dar cumprimento à sua finalidade preventiva ou precaucional. Neste caso, a menção, decerto, seria ao momento prévio do tradicional "*locus*" da responsabilidade, tratando-se mais propriamente à identificação das *obrigações* que devem ser cumpridas pelos sujeitos envolvidos.[80] É tratar a responsabilidade de modo ressignificado, abrangente de todo o fenômeno obrigacional, a começar pela definição das obrigações (legais ou contratuais) na relação jurídica base.[81] Por essa conotação, obrigação e responsabilidade seriam dois conceitos, em certa medida, tautológicos. Nesta compreensão, seria aceitável falar de "*responsabilidade sem dano*",[82] precisamente quando se refere ao instante de determinação dos deveres de conduta que os agentes envolvidos têm obrigação de seguir. Aqui, em especial, àqueles deveres que devem ser perseguidos com o desiderato de obliterar a realização de danos prováveis.

O problema dessa ideia de responsabilidade civil é que ela, metodologicamente, peca por excesso, expandindo-se tanto ao ponto de abarcar a completude do fenômeno obrigacional, tornando-se difícil precisar a sua delimitação temática, e, por conseguinte, o seu papel no contexto sistemático. O estudo funcional de uma categoria pressupõe que para ela possa existir uma multiplicidade de funções, mas isso não significa dizer que a variedade de funções proporcionará a multiplicação de categorias, ou a ampliação da estrutura ao nível de alcançar a completude do sistema.[83] Tal análise, além de descumprir um pressuposto consolidado da metodologia

---

78. Por todos, cf. MAZEAUD, Henri; MAZEAUD, Léon; TUNC, André. *Traité théorique et pratique de la responsabilité civile délictuelle et contractuelle*. Paris: LGDJ, 1959, t. 1, n. 208.
79. Art. 186. Aquele que, por ação ou omissão voluntária, negligência ou imprudência, violar direito e causar dano a outrem, ainda que exclusivamente moral, comete ato ilícito. Art. 187. Também comete ato ilícito o titular de um direito que, ao exercê-lo, excede manifestamente os limites impostos pelo seu fim econômico ou social, pela boa-fé ou pelos bons costumes. Art. 927. Aquele que, por ato ilícito (arts. 186 e 187), *causar dano a outrem*, fica obrigado a repará-lo (grifos nossos).
80. LOPEZ, Teresa Ancona. *Princípio da precaução e evolução da responsabilidade civil*, cit., p. 143-154.
81. VENTURI, Thaís Goveia Pascoaloto. *Responsabilidade civil preventiva*, cit., p. 246-268.
82. É a tese de THIBIERGE, Catherine. Libres propos sur l'évolution du droit de la responsabilité. *Revue Trimestrielle de Droit Civil*, n. 3, p. 570-571. Paris: Dalloz, jul./set. 1999.
83. PERLINGIERI, Pietro. *O direito civil na legalidade constitucional*, cit., p. 642-644.

científica (a delimitação do objeto ou do dado científico – *rectius*: dado normativo), provoca mais confusão do que esclarecimento em torno do objeto analisado. Portanto, defende-se aqui que o significado normativo de responsabilidade civil ainda repousa na sua relação estreita com o *dano*, do qual não pode se desgarrar, razão pela qual mesmo no cumprimento da função preventiva (onde não há lesão a interesse juridicamente protegido), a finalidade global permanece associada ao dano, neste caso, com escopo de evitá-lo em máxima medida.[84]

Por outro lado, costuma-se falar de responsabilidade "*sem dano*" quando, efetivamente, a ordem jurídica se ocupa das sanções negativas que devem ser aplicadas aos agentes que violam o regramento preventivo (função preventiva em sentido estrito) ou que se comportam em desconformidade com o padrão esperado para evitar riscos desconhecidos, mas razoavelmente prováveis (princípio da precaução).[85] Neste caso, ao se referir a momento *reativo* da ordem jurídica, a ideia se aproxima ao *locus* tradicional da responsabilidade, como medida de resposta do direito ao descumprimento de normas jurídicas, porquanto não se pode admitir que a função preventiva só seja acionada ou "lembrada" após a ocorrência do dano que se pretendia evitar, quando o agente já havia descumprido com os deveres de cuidado, cautela e proteção que lhe cabiam. Para avançar na realização efetiva da função preventiva e na concretização do princípio da precaução é chegado o momento em que as instituições devem atuar proativamente no controle prévio dos comportamentos, aplicando as sanções devidas sempre que observada a violação aos deveres de prevenção, não obstante inexista dano a ser reparado, porque o risco não chegou a implementar-se.[86]

À formulação pragmática da proposta de levar efetividade à função preventiva (fale-se da realização de um princípio da efetividade), no que se convencionou chamar de *responsabilidade sem dano*, não se apresenta qualquer objeção. De fato, conquanto seja a responsabilidade preventiva expressão de tutela positiva dos valores do ordenamento, no sentido de realizar os interesses merecedores de tutela, evitando ao máximo a sua lesão, a efetividade de tais propósitos pode se valer da técnica de tutela negativa, pela via de sanções ao descumprimento dos preceitos. Quanto a esta estruturação não se apresenta qualquer oposição. Aliás, esse é um avanço necessário. Se a função preventiva continuar a ser evocada apenas no momento pós-dano, ela

---

84. Ainda que sejam úteis os estudos, de vieses econômico, da doutrina anglo-saxã sobre a função preventiva, aqui se fala em máxima efetividade não somente no sentido matemático, da busca pelo ponto ótimo de eficiência (POSNER, Richard. The efficiency and the efficacy of Title VII. *Pennsylvania Law Review*, v. 136, n. 2, p. 513-521, dez. 1987), mas na realização máxima dos valores do ordenamento, no sentido da plenitude da tutela dos interesses lesados.
85. Cf. CARRÁ, Bruno Leonardo Câmara. *Responsabilidade civil sem dano*: uma análise crítica. São Paulo: Atlas, 2015.
86. Na doutrina italiana, fala-se da reparação do dano-evento sem que tenha se verificado o dano-consequência (CASTRONOVO, Carlo. *La nuova responsabilitá civile*, cit., p. 321). De uma maneira ou de outra, trata-se de dano a ser reparado, constituindo-se equívoco a expressão "*responsabilidade civil sem dano*". Neste caso, é o interesse jurídico preventivo que é violado, devendo sofrer resposta da ordem jurídica, porque merecedor de tutela.

nunca cumprirá aos seus desígnios, especialmente num ambiente econômico no qual os agentes estão cada vez mais *segurados* dos riscos que sua atividade pode causar, internalizando, no custo de sua atividade, mediante o pagamento dos prêmios dos seguros de reponsabilidade civil, as eventuais externalidades que podem ocorrer ao longo do tempo.[87]

Entretanto, não é possível furtar-se ao desconforto dogmático de se fazer referência à essa possibilidade normativa, como se se tratasse de *"responsabilidade sem dano"*, isto é, como se esse perfil da categoria versasse sobre hipóteses de responsabilização sem lesão a interesse juridicamente protegido.[88] Saliente-se que o problema dogmático não se prende ao mero *dogmatismo* conceitual, mas à formatação teórica, de cunho prático-funcional, em busca do seu real significado técnico, em consideração à realidade global, complexa e dinâmica, do fenômeno normativo.[89] Por esse caminho, é inevitável apontar que ao tratar-se da responsabilidade como categoria que expressa uma *reação* do direito à violação de certas normas jurídicas postas (ainda que representativas de regras ou princípios de cunho preventivo), está-se a identificar uma lesão a interesse juridicamente tutelado. Portanto, a tutela negativa arbitrada na função preventiva representa, inexoravelmente, hipótese de *responsabilidade com dano*.[90] Resulta, por conseguinte, na imputação do dever de *"indenizar"* ao agente agressor, ou tido como ofensor, ainda que tal indenização te-

---

87. Aqui se reitera a reflexão já realiza outrora, no sentido do caminho que tem tomado a responsabilidade civil objetiva em direção à "impessoalização" das relações privadas. Se a sua conduta não importa para a imputação do dever de indenizar, nas hipóteses de responsabilidade objetiva, há um desestímulo ao agir diligente. Se há a possibilidade de contratar seguro que cubra parte relevante dos danos ocasionados eventualmente, trata-se de uma preocupação a menos no âmbito do controle de seu próprio comportamento. A expansão dos seguros, aliás, é um dos exemplos no qual a função preventiva perde o seu significado, como já destacava André Tunc: "La question sera envisagée dans un contexte plus large quand on examinera les possibilités de prévention de la responsabilité civile. Il suffit ici de dire que la réponse est trés complexe. Elle dépend du type de conduite anti-sociale ou du type de dommage considérés. Dans certains domaines, la responsabilité ne joue aucun rôle de prévention. Dans d'autres, elle peut être effective. Même là, cependant, la meilleure prévention n'est pas nécessairement la responsabilité traditionelle pour faute; ce peut être une responsabilité très réduite ou prenant des formes inhabituelles, par exemple un accroissement des primes d'assurance; ce peut être au contraire une responsabilité de plein droit ou des dommages intérêts exemplaires" (*La responsabilité civile*, cit., p. 127-128). Daí a necessidade de trazer a função preventiva para o controle prévio dos comportamentos, por meio do estabelecimento de sanções negativas pela simples violação dos deveres de cuidado, ainda que o risco não tenha se implementado. É como se se falasse de uma "indenização de perigo", em alusão aos famosos "crimes de perigo" no direito penal, consumados pela mera exposição da sociedade ao risco.
88. O dano é premissa até mesmo para investigar os fundamentos da responsabilidade civil. Como leciona Adolfo DI Majo, "quando si parla di 'fondamento' della responsabilità si intende avere riguardo alle ragioni giuridico-positive in base alle quali un soggetto può essere dichiarato responsabile per un danno provocato" (*Discorso generale sulla responsabilità civile*, cit., p. 18).
89. PERLINGIERI, Pietro. *O direito civil na legalidade constitucional*, cit., n. 192 e 193.
90. Como sói ocorrer como toda responsabilidade civil reativa, ainda que aqui a responsabilidade verse apenas sobre o chamado *"danno-evento"*, espaço adequado, aliás, para se realizar o juízo de ilicitude e de merecimento de tutela do interesse violado, a configurar a "injustiça do dano". É que para os danos de natureza extrapatrimonial, não se faz necessária a prova do prejuízo econômico na esfera jurídica pessoal da vítima (*danno-consequenza*) (VISINTINI, Giovanna. *Trattato breve della responsabilità civile*, cit., p. 431-43).

nha características distintas, como, por exemplo, de penas civis, ou de "*indenizações punitivas*".[91]

O equívoco que ora se suscita, com a máxima vênia à respeitável doutrina que se pronuncia a favor da aludida "*responsabilidade sem dano*",[92] é provocado, especialmente, em razão da mixórdia que ainda persiste na doutrina em torno do conceito de dano.[93] É que, em primeiro lugar, não se pode confundir *dano* com o *resultado naturalístico* de certa conduta perpetrada pelo agente. Essa é a obsoleta versão que identifica no dano apenas o desfalque materialmente aferível, seja no âmbito patrimonial (*locus* de excelência desta espécie de dano), seja no âmbito extrapatrimonial (onde se deve provar o efeito do fato sobre a esfera moral da pessoa atingida).[94] Como aqui já se conceituou, o dano, definido como *lesão a interesse juridicamente protegido*, não demanda, para a sua verificação, a apuração da sua existência no plano material. Não se trata, porém, de mera verificação da violação a norma legal em abstrato. O ilícito não se confunde com o dano, podendo haver ilícito sem dano e vice-versa. Em verdade, o dano é lesão que se apura no cotejo dos interesses merecedores de tutela que estão em jogo, valendo-se, não raro, da técnica da ponderação para identificar qual deles se sobressai naquelas circunstâncias, extraindo-se, daí, a existência de dano indenizável, ou dano injusto.[95]

Se o dano é assim caracterizado, a violação às normas regulamentares que atendem à função preventiva da responsabilidade civil corresponderão, de imediato, a ato ilícito que, a depender da composição dos interesses conflitantes, pode vir acompanhado de dano, quando verificada a prevalência da necessidade de proteção do interesse lesado em face do interesse lesivo. Normalmente, quando o legislador ou o órgão regulamentar (por exemplo, as agências reguladoras) *positivam* regras expressas de proteção, o peso dado à proteção do interesse lesado é ampliado, de modo a exigir um conjunto bem maior de circunstâncias favoráveis ao interesse lesivo para que este seja protegido no sopesamento dos valores no caso concreto.[96]

---

91. Como entende ser mais eficaz CARVAL, Suzanne. *La responsabilité civile dans sa fonction de peine privée*, cit., p. 353-378.
92. A exemplo de CARRÁ, Bruno Leonardo Câmara. *Responsabilidade civil sem dano*: uma análise crítica. São Paulo: Atlas, 2015.
93. Cf. capítulo 1.3.1, supra.
94. É o que se compreende por "*danno-consequenza*", ou simplesmente "dano prejuízo", no sentido de que é possível verificar, materialmente, o desfalque patrimonial sofrido na esfera jurídica da vítima. Nestes casos, a doutrina italiana designa o dano de "*danno risarcibile*", no sentido de que é possível verificar, ainda que indiretamente, alguma perda patrimonial na esfera jurídica da vítima, ainda que o dano causado seja de natureza extrapatrimonial. Isso não significa afirmar que o mero "dano injusto" não seja reparável. É certo que é, em medida compensatória, e por critério de equidade, sem reconhecer nesse âmbito uma função punitiva. Mas o dano "ressarcível" é apenas aquele que se realiza, patrimonialmente, a devolução do prejuízo patrimonial verificado. Cf., por todos, FRANZONI, Franzoni. *Trattato della responsabilità civile*, v. II, cit., p. 3-12.
95. "Dunque, mentre la valutazione sulla pertinenza della qualifica di clausola generale per l'ingiustizia del danno dipende dai caratteri del giudizio che seleziona gli interessi giuridici meritevoli di protezione risarcitoria e non dall'accertamento sulla rilevanza giuridica dell'interesse leso" (NAVARRETA, Emanuela. *Il danno ingiusto*, cit., p. 148-149).
96. SCHREIBER, Anderson. *Novos paradigmas da responsabilidade civil*, cit., p. 149-153.

De uma maneira ou de outra, invariavelmente, a imposição de *sanções negativas* (diga-se, reativas) pelo descumprimento de deveres de cuidado, proteção, cautela, enfim, de prevenção ou precaução *pressupõe* que houve violação a interesse juridicamente protegido (dano), correspondente ao interesse de que os agentes se conduzam de modo a evitar a ocorrência de outro dano específico (ou, de evitar a malferição de outro interesse juridicamente protegido determinado). Neste caso, trata-se de *interesse instrumental*, que, uma vez afrontado, qualifica-se como dano, passível de indenização, quando prevalece na composição dos interesses em jogo (*dano injusto*). Logo, se a ofensa a tal *interesse preventivo* ou *de precaução* é identificada como merecedora de tutela especial, está-se a revelar verdadeiro dano indenizável.[97]

Contudo, como se verá, a modalidade adequada de *"indenização preventiva"* parece aproximar-se das hipóteses já trabalhadas de *penas civis*, ou espécies do gênero. É que o se passa a analisar.

3.2 A LÓGICA DA COMPLEMENTARIDADE ENTRE AS FUNÇÕES PREVENTIVA E PUNITIVA

A pena civil, por definição, cumpre finalidade punitiva e preventiva.[98] Na primeira delas, substitui a possibilidade de vingança privada para reprimir o ofensor, no âmbito de sua esfera patrimonial. Na segunda, busca revelar ao agente punido que não vale a pena lesar interesse de terceiros, de modo a ensiná-lo, pelo castigo, a não mais desviar-se do caminho da estrita legalidade e da preservação da incolumidade alheia. Além disso, é necessário mostrar-se exemplar, para que todos na comunidade se convençam que não é apropriado causar danos a outrem, pois do contrário sofrerão uma indesejável reprimenda estatal.[99]

Ainda que se pretenda conferir novo significado à expressão *indenização*, falando-se de uma *"indenização punitiva"* ou de uma *"indenização preventiva"*, estas não perderiam o caráter de pena, na medida em que expressão de reação a comportamento

---

97. Inclui-se, portanto, na "cláusula geral da injustiça do dano", que a "individua pela seleção do interesse violado como merecedor de tutela na ordem jurídica" (PERLINGIERI, Pietro. *Manuali di diritto civile*, cit., p. 900-901) (tradução livre).
98. "A pena civil congloba finalidades punitiva e preventiva primária" (ROSENVALD, Nelson. *As funções da responsabilidade civil*, cit., p. 79).
99. Ao destacar a finalidade preventiva como aquela que seduz o direito civil a adotar as penas civis como forma de sanção, já lecionava Boris Starck, a partir das provocações pioneiras da tese de doutoramento de Louis Hugueney (*L'idée de peine privée en droit contemporain*, Thèse de Doctorat. Paris: A. Rousseau, 1904): "la prévention des dommages est un objectif que l'ordre juridique ne peut ignorer. – Le droit pénal proprement dit n'est pas à même, à lui seul, d'assumer toute la tâche de la prévention. – Le droit privé, particulièrement celui de la responsabilité civile, est à cet égard l'auxiliaire du droit pénal. – La peine civile se traduit essentiellement par un supplément d'indemnité qui s'ajoute à l'obligation de garantie et qui est d'autant plus élevé que la culpabilité de l'agent du dommage est grave. – Enfin, la nécessité d'infliger une peine se manifest dès que l'agent du dommage a commis une faute caractérisée, même légère" (*Essai d'une théorie générale de la responsabilité civile considérée en sa double fonction de garantie et de peine privée*, cit., p. 396).

reprovável, desassociada ao caráter restitutório ou compensatório de certo interesse (orientado, primordialmente, à vítima), cuja finalidade, ambivalente, é tanto punir o ofensor quanto prevenir a sua ocorrência, especialmente em âmbito geral.[100] Prevenção e punição são perfis complementares de uma mesma realidade normativa: a reação da ordem jurídica a certos comportamentos que comumente causam danos a terceiros, desequilibrando a harmonia da vida em sociedade.[101]

Desta constatação, pode-se inferir que toda sanção imposta à motivação de perseguição de escopo preventivo possui, também, caráter punitivo. Pela via inversa, toda reação punitiva da ordem jurídica traz consigo um perfil de prevenção geral. Portanto, as mesmas objeções dogmáticas apresentadas em face da aludida *função punitiva* também se aplicam, *mutatis mutandis*, à *função preventiva*.[102]

3.2.1 A absorção do direito penal pela responsabilidade civil: o desvio de finalidade

Certos entusiastas da função preventiva da responsabilidade civil, além de posicioná-la como finalidade primária do instituto (ou como o primeiro princípio),[103] vão além, no sentido de propugnar por um avanço do direito civil – rec-

---

100. A indenização, como uma resposta da ordem jurídica para tornar indene a esfera jurídica da vítima, após sofrer lesão a certo interesse juridicamente protegido, tem como *finalidade primeira* o amparo à vítima, servindo se exemplo à sociedade apenas de modo secundário, como efeito natural da normatividade. Já a pena civil, ainda que seja instituída com a finalidade de proteção geral da sociedade – e, portanto, das vítimas em potencial –, esta é uma finalidade última, sendo a primordial a imposição da sanção ao comportamento reprovável, em si. A primeira se preocupa com a "reparação integral". O viés punitivo se ocupa de uma reação proporcional à conduta do agente, como medida de força. Na clássica obra de Boris STARCK, o autor identifica a indenização como função de garantia, balizada pelo princípio da reparação integral, enquanto a pena cumpre a função de prevenção da sociedade: "La réparation se mesure dans tous les cas au seul dommage. 'Jamais moins, jamais plus'. Elle est intégrale et donc invariable: les modalités qui affectent les autres facteus du próbleme: gravité de la faute, assurance du responsable ou de la victime, fortune des parties, bénéfices retirés par l'un ou l'autre des adversaires de l'activité dommageable, sons sans influence sur le montant et la nature de la réparation" (Essai d'une théorie génerále de la responsabilité civile considérée en sa double fonction de garantie et de peine privée, cit., p. 397-398). E segue: "Il existe, en effet, des hypothèses dans lesquelles un dédommagement intégral de la victime ne suffrait pas cependant à satisfaire la fonction préventive de la responsabilité, ne réussirait pas à décourager d'eventuelles activités fautives. (...). Dans tous ces cas, la théorie de réparation intégrale et invariable est une machine de guerre contre la force obligatoire des contrats. La solution consiste dans la suppression de tout l'enrichissement provenant du dol ou de la faute, même par l'octroi d'une indemnité supérieure au préjudice, qui seule aurait la vertu intimidatrice nécessaire à la prévention. A cet égard, le droit romain classique était parvenu à une haute perfection. Ou aurait tort de s'imaginer que seules les actions pénales stricto sensu répondaient au désir de prévenir les actions coupables ou déloyales. (...) Dans ces cas, la poena devrait, à notre sens, comprendre tout l'enrichissement et même quelque indemnité supplémentaire. C'est à cette seule condition que la responsabilité civile remplirait sa fonction préventive" (op. cit., p. 417-418). Destaque-se a conclusão do autor no sentido de que "somente nesta condição (imposição de pena), a responsabilidade civil cumpre sua função preventiva" (tradução livre).
101. "*Deterrence and punishment are traditionally said to be the goals of punitive damages*" (POLINSKY, Mitchell; SHAVELL, Steven. *Punitive damages*: an economic analysis, cit., p. 873).
102. Cf. Capítulo 2.1.2, supra.
103. Marcante o posicionamento de Gezá MARTON, para quem "La penseé que la réparation civile a un certain effet préventif a été plusieurs fois exposée dans la doctrine. Mais, chose étrange, l'idée de la prévention n'a pu parvenir à être reconnue, dans toute sa portée, même chez les auteurs qui ont découvert sa pré-

tius, da responsabilidade civil – sobre o direito penal, em direção a um modelo substitutivo da responsabilidade penal – que deve ser mínima – pela amplitude reativa que a responsabilidade civil pode comportar.[104] Isso porque o *direito dos danos* já há muito tempo superou as fronteiras do *dano* para alcançar o escopo de controle de condutas.

Há argumentos no sentido de que a pena civil pode ser uma alternativa ao direito penal, reunindo o escopo global de contenção de comportamentos ilícitos num único *direito punitivo*, com características civis. Assim, fundamenta-se tal escolha porque: (i) malgrado as históricas divergências acerca da diferenciação dos domínios do direito público e direito privado, a distinção entre eles seria singela e de natureza quantitativa;[105] (ii) em verdade, há identidade ontológica entre o ilícito civil e penal, a despeito da cisão material e procedimental entre os institutos;[106] (iii) haveria um movimento contínuo de despenalização criminal, ante a verificação da baixa efetividade na repressão a ilícitos econômicos e daqueles que atingem situações existenciais;[107] (iv) a construção de um sistema de substitutivos penais, por via de penas civis, é medida que se impõe diante da falência do sistema penal em alcançar tutela abrangente dos interesses socialmente relevantes, servindo como instrumento mais eficiente e capaz de remediar os desajustes do direito penal.[108]

De fato, a tradicional dicotomia direito público – direito privado não ocupa mais o espaço de outrora na hodierna dogmática. A constitucionalização do direito privado evidenciou que, nas relações entre particulares, o interesse público e social não escapa à composição dos interesses que formatarão o regulamento do caso concreto, assim como nas relações entre entidades públicas, ou entre a pessoa pública e os particulares, os interesses e garantias individuais são preservados e levados em

---

sence parmi les motifs de la responsabilité civile; aussi n'en parlent-ils que comme un effet 'secondaire', 'accessoire' de l'obligation de réparation (...). oui, la prévention est le premier principe non seulement de la répression pénale, mais aussi de la répression civile. Peine et réparation, bien que fortment différentes entre elles, quant à leur structure interne, sont des moyens égaux de la même politique législative : elles servent, comme l'a très bien dit Von Liszt, en dernière analyse, le même but social, la défense de l'ordre juridique, en luttant contre l'injustice" (*Les fondements de la responsabilité civile*, cit., p. 344 e 353-355).

104. Veja-se, por todos, a perspectiva de Suzanne CARVAL: "qu'il y ait place, dans notre ordre juridique, pour une répression civile plus développée qu'elle ne l'est à l'heure actuelle, ne fait guère de doute. A l'heure où les juristes, s'émouvant de ce que le droit pénal a tendance à s'insinuer partout, à devenir le simple sanctionnateur de la violation de normes civiles, commerciales ou administratives, cherchent à discerner quelles pourraient être ls alternatives à la justice pénale, une constatation s'impose, selon laquelle ces mêmes droits civil, commercial et administratif doivent eux-mêmes être réformes dans un but de prévention générale" (*La responsabilité civile dans sa fonction de peine privée*. Paris: LGDJ, 1995, p. 233)
105. Tais argumentos são utilizados em termos metodológicos abrangentes, sem ingressar no problema da pena civil na responsabilidade, em BODIN DE MORAES, Maria Celina. *A caminho de um direito civil-constitucional*, cit., p. 8-12.
106. DI AMATO, Astolfo. Il rapporto tra responsabilità civile e responsabilità penale. In: Pietro Perlingieri (Coord.). *Temi e problemi della civilistica contemporanea*. Napoli: ESI, 2005, p. 409.
107. ROSENVALD, Nelson. *As funções da responsabilidade civil*, cit., p. 166.
108. PADOVANI, Tullio. *L'utopia punitiva*, cit., p. 259.

conta na definição da disciplina jurídica do caso concreto. A *summa divisio*, portanto, encerra distinção mais quantitativa que qualitativa.[109]

Contudo, é inegável que a normativa, tanto regulatória quanto principiológica, que ilumina o âmbito do direito penal é decisivamente distinta daquela que repousa sobre direito privado. Tratam-se de espectros de atuação que possuem função e estrutura marcadamente distintos e paralelos, ainda que busquem alcançar um escopo global único, dedicado ao respeito à juridicidade. A unidade do ordenamento, como premissa metodológica, implica unicidade valorativa e sistemática da ordem civil, mas não resulta em unidade funcional. Vale dizer, o direito não persegue uma única função. A sua complexidade, que se revela a partir de sua *multiplicidade de escopos* e por meio da *pluralidade de fontes normativas* e de instrumentos de atuação na ordem social, faz parte da dinâmica social, que é acolhida pelo sistema.[110]

Assim é que o direito penal, para além da busca global pelo respeito à juridicidade, escopo comum a todo o Direito, cumpre a finalidade de (i) punir o agente que se *comporta* em desconformidade com as normas de conduta previamente estabelecidas, malferindo interesse juridicamente protegido, compensando-se o *mal* com o *mal*;[111] (ii) tornar-se exemplar para toda a sociedade, de maneira a *dissuadir* os demais membros da comunidade a praticar atos semelhantes, de certa forma *ensinando-os* a agir em conformidade com a lei (prevenção geral);[112] (iii) prevenir que aquele mesmo agente possa cometer os mesmos atos antijurídicos no futuro, regenerando-o através da pena, em verdadeira ideia de expiação (prevenção especial).[113] Em linhas gerais, as funções perseguidas pelo direito penal estão no âmbito exclusivo do *controle de comportamentos*.[114] Essa é a razão pela qual, estruturalmente, estabelece certa rigidez quanto à análise dos pressupostos da *tipicidade* e da *culpabilidade*.

Nullum crimen sine lege é a expressão do princípio da tipicidade, enquanto *nullum crimem sine culpa* é a evocação da presença inalienável da culpa, em sentido amplo, como pressupostos da responsabilidade criminal. A rigor, não há crime sem lei anterior que o defina, nem pena sem prévia cominação legal (art. 5º, XXXIX

---

109. TEPEDINO, Gustavo. *Premissas metodológicas para a constitucionalização do direito civil*, cit., p. 01-23.
110. PERLINGIERI, Pietro. *O direito civil na legalidade constitucional*, cit., p. 308-322.
111. Caracterizando a sanção negativa sendo "sempre uma consequência desfavorável que atinge aquele que violou uma regra" (ASCENSÃO, José de Oliveira. *O direito*: introdução e teoria geral – uma perspectiva luso-brasileira. Rio de Janeiro: Renovar, 1994, p. 49).
112. "(...) that it is only just to the outraged sense of the community, that the defendant should be assessed such a farther sum, beyond compensation, in proportion to his wealth as will relieve the sting of insult, and deter the defendant from a repetition of the offence. The fact, that the assessment goes to the plaintiff is incidental, and subservient to the necessity of giving an example to the community, and of punishing the defendant" (ELIOT, Edw. C. Exemplary damages. The American Law Register, v. 29, n. 9, Pennsylvania: *The University of Pennsylvania Law Review*, set. 1881, p. 571).
113. No que os franceses chamam de *"réforme du fautif"* (TUNC, André. *La responsabilité civile*, cit., p. 140).
114. É a função que norteia o Direito como um todo, como leciona NEVES, António Castanheira. *Curso de introdução ao estudo do direito*. Coimbra: Almedina, 1976, p. 22).

da CF), assim como deve responder, prioritariamente, aquele que atua com *dolo*, sendo mesmo excepcional as hipóteses de imputação penal pela simples culpa.[115] Impensável a responsabilidade criminal, à luz da legalidade constitucional, sem a presença da culpa (responsabilidade penal objetiva).

A responsabilidade civil, por sua vez, não obstante amparar-se numa ideia genérica de *garantia* para a preservação da incolumidade alheia nas relações pessoais,[116] tangenciada com a finalidade mediata de preservação do sistema, pela rejeição à antijuridicidade, tem por finalidade imediata, precípua e primária a *reparação do dano*.[117] Pode-se, como se viu, até atribuir-lhe uma função punitiva, desde que excepcional e voltada para casos específicos e previamente autorizados pelo legislador. De toda maneira, como todo e qualquer conjunto de normas, que aprecia a sua autopreservação, carrega consigo uma finalidade preventiva, que pode ser demasiadamente branda, pelo aspecto dissuasório comum que a imputação de responsabilidade pelos danos causados pode gerar na comunidade, ou mais atuante, quando se lhe empresta um caráter punitivo. A prevenção, invariavelmente, atua de modo mais eficiente quando casada com a técnica punitiva, sendo da natureza desta o desiderato preventivo geral e especial. Mas, de todo modo, é acompanhada por um valor que, em tutela positiva, pode ser perseguido pela concretização do princípio da precaução, de modo a evitar a tomada de riscos desconhecidos, ainda que prováveis. Ainda aqui se defenderá uma função promocional, pela perseguição de instrumentos de sanção positiva para o alcance da finalidade última do instituto.

Ao fim e ao cabo, no ambiente de tal miscelânea funcional, não é possível identificar qualquer posição de hierarquia ou prioridade valorativa de qualquer deles sobre os demais, ou mesmo uma espécie de escala hierárquica de finalidade.[118] São múltiplas funções que se complementam e, em conjunto, podem obter o resultado mais próximo ao seu escopo global, que é menos a defesa da juridicidade e mais a *rejeição do dano*, seja no sentido de impedi-lo (prevenção), ou de restituí-lo ou compensá-lo (reparação), ou de castigar aquele que o cometeu (punição), ou de estimular a sua recomposição eficaz (finalidade promocional). Admite-se, por evidência, que o atendimento às funções cumpra com um *itinerário*, que se inicia no perfil preventivo para, somente diante de seu insucesso, possa atuar o escopo reparatório e, em caso

---

115. Cf., nota 262, supra.
116. É o que defendia Boris STARCK: "(...) existe, dans le vaste champ de la responsabilité civile, un domaine considérable où l'obligation de réparer les dommages causés par son activité ou par suite de l'inexécution de ses engagements, n'est pas subordinnée à l'existence d'une faute, prouvée ou présumée. Dans ce domaine, l'homme jouit d'une protection juridique absolue, d'une véritable garantie contre les faits dommageables d'autri" (*Essai d'une théorie générale de la responsabilité civile considérée en sa double fonction de garantie et de peine privée*, cit., p. 9-10).
117. Pelos fundamentos já apontados no capítulo 1, supra.
118. Em sentido contrário, entre tantos, Gezá MARTON, que defende "la prévention comme premier principe de la responsabilité civile" (*Les fondements de la responsabilité civile*, cit., p. 344).

de previsão expressa, a imputação punitiva. Mas tal ordem não indica prevalência hierárquica ou axiológica de uma sobre a outra função.

Estruturalmente, porque menos focado no comportamento do agente e mais no amparo à vítima, a culpa perde relevância, ganhando relevância o aprofundamento do estudo do nexo causal e, em especial, os critérios para identificação dos danos, na medida em que protegidos por meio de cláusula geral.[119] Na responsabilidade civil qualquer interesse que se possa extrair do conjunto valorativo da ordem civil pode ser juridicamente relevante, nas circunstâncias do caso concreto, ao contrário da responsabilidade penal, que depende do espectro restrito do tipo. A responsabilidade civil não depende do ilícito para atuar, embora também lhe ofereça resposta.[120] Raramente depende de uma atuação dolosa do agente para que seja imputada a sanção devida, bastando a simples culpa, como regra (na responsabilidade subjetiva), ou a mera presença do nexo causal (na responsabilidade objetiva).

Por esse conjunto de razões,[121] não há como se estabelecer relação de *identidade* entre a responsabilidade civil e penal, nem mesmo no âmbito funcional. A interpenetração de um instituto sobre o outro, com influências recíprocas, vai até certo ponto e não é suficiente para transformá-las em um só corpo normativo unitário.

Aqueles que identificam um movimento de *migração da pena para o direito civil*, admitindo a distinção entre os dois modelos de responsabilidade, mas evocando a identidade ontológica entre ilícito civil e penal, também devem ter seus argumentos confrontados. A par de haver respaldo teórico elogiável em direção à despenalização criminal, percebe-se que, no plano da realidade, não há qualquer indício de que, em perspectiva pragmática, tal modelo de responsabilidade quase unitária, de natureza civil, consolide-se. Seria necessária ampla reforma legislativa e redirecionamento funcional da responsabilidade civil, movimento este inexistente nas discussões atuais sobre política criminal e o papel da responsabilidade penal. Mesmo no âmbito que seria o mais propício para a descriminalização – os crimes não violentos – não se percebe qualquer movimento nesse sentido.

Desconfia-se, enfim, que o modelo de substituição penal pela imputação de penas civis seja mais eficiente no âmbito da tutela preventiva. Num país onde a miséria ainda é uma realidade, onde a classe média tem parte considerável de seus membros em estado de insolvência (ou, na linguagem atual, superendividamento), onde a perda de direitos pode em nada influenciar aquela parcela considerável da sociedade que já não exerce a sua cidadania, não se pode afirmar que a aplicação de

---

119. SOUZA, Eduardo Nunes de. *Em defesa do nexo causal*: culpa, imputação e causalidade na responsabilidade civil, cit., p. 33-102; e SCHREIBER, Anderson. *Novas tendências da responsabilidade civil brasileira*, cit., p. 151-172.
120. CRUZ, Gisela Sampaio da. *As excludentes de ilicitude no Código Civil de 2002*, cit., p. 387-415.
121. Há ainda diversas outras razões (titularidade da ação, regras de prescrição etc.), sintetizadas em LE TOURNEAU, Philippe. *La responsabilité civile*, cit., p. 31-54.

pena civil sobre tais ativos produza o efeito de prevenção geral desejado, ou mais forte que aquele tradicional, da pena criminal, que ameaça a liberdade de ir e vir do indivíduo.[122]

Constata-se, pois, que a absorção do direito penal pela responsabilidade civil, para além da quimera, representa verdadeiro desvio de finalidade de ambos os ramos do direito. O que não significa rejeitar a possibilidade de inserção de penas civis no âmbito na responsabilidade civil. Mas, de todo modo, ao contrário do que já se advoga,[123] deve ocupar o seu lugar de excepcionalidade, sem descuidar do atendimento de todos os seus pressupostos de legitimidade.

3.2.2 O papel das penas civis e a sua natureza excepcional

Em linhas gerais, os opositores da imposição de *pena civil* como instrumento de sanção na responsabilidade civil apresentam quatro objeções bastante consistentes. Neste sentido, argumenta-se que a pena civil (i) repousa na ideia bárbara de vingança; (ii) é condenada ao abandono, por uma dupla evolução histórica: a abolição progressiva das penas e a objetivação da responsabilidade civil; (iii) afeta a organização jurídica das democracias liberais, fundadas na separação entre o direito civil e o direito penal; e (iv) ao desviar-se da regra da reparação integral, conduz ao empobrecimento ou enriquecimento sem causa da vítima.[124]

Com efeito, a proposta de reação do estado ao ilícito comum pela via da imposição de penalidade representa arranjo antigo, anterior à formação dos Estados Modernos, e normalmente associada à visão pré-humanista, paulatinamente superada com a ascensão dos jusracionalistas modernos. Essa é a razão pela qual os iluministas a associam a uma ideia bárbara de vingança.[125] No entanto, não se trata de resgatar a

---

122. A propósito, nada garante que descriminalizar para imputar penas civis (ou seja, de pagamento de pecúnia ou perda de direitos) terá a eficácia esperado, especialmente quando se leva em consideração países de população majoritariamente desamparada economicamente, em estado constante de insolvência (ou superendividamento), e que já possuem cidadania limitada. Sobre o peso que o superendividamento impõe não apenas no *homo economicus*, ou no consumidor, mas na *pessoa humana*, Cf. BUCAR, Daniel. *Superendividamento*: reabilitação patrimonial da pessoa humana. São Paulo: Saraiva, 2017.
123. No sentido de ocupar a pena civil papel de igual protagonismo – e não apenas no âmbito da excepcionalidade –, representando o direito privado como *tertium genus* do direito punitivo, ROSENVALD, Nelson. *As funções da responsabilidade civil*, cit., p. 171-176.
124. Vê-se, por todos, em Boris STACK: "Quatre critiques principales sont adressées par les auteurs modernes à l'idée de peine privée dans la responsabilité civile : la peine privée repose sur l'idée barbare de vengeance; la peine privée est condamnée par une double évolution historique: abolition constante des peines (loi d'Ihering): objectivation de la responsabilité civile; la peine privée porte atteinte à l'organisation juridique des démocraties libérales, fondées sur la séparation du droit civil et du droit pénal; la peine privée, en tant qu'elle s'écarte de la règle de réparation intégrale, conduit à l'appauvrissement ou à l'enrichissement injustes de la victime" (*Les fondements de la responsabilité civile*, cit., p. 371).
125. Confira a posição de Henri Mazeaud, Léon Mazeaud et Jean Mazeaud, para quem o adicional de indenização acolhe o desejo de vingança pessoal, satisfazendo um interesse bárbaro e que representa "tudo que há de mau na natureza humana": "Il arrive que la réparation soit plus large que le préjudice ou au moins différente: elle ne représente pas le dommage éprouvé. La victime, après cette réparation, se trouve dans une situation meilleure que si le préjudice ne lui avant pas été causé, la faute du responsable leui profite. Ce bénéfice

categoria sincrética da pena privada, como fórmula de reação incivilizada do estado em face de comportamentos antijurídicos, mas simplesmente de resgatá-la sob nova roupagem, ressignificando-a à luz dos valores do ordenamento e em conformidade com a principiologia que a acompanha.

Daí a equivocada ideia de que a *evolução* do direito teria condenado o uso das penas ao abandono,[126] mesmo porque no atual Código Civil brasileiro (2002) há diversas hipóteses de pena civil, ainda que não necessariamente ligadas ao instituto da responsabilidade civil, tais como, ilustrativamente, as sanções pecuniárias em condomínio edilício (artigos 1.336 e 1.337 do Código Civil),[127] ou mesmos as sanções não pecuniárias, como a revogação da doação por ingratidão do donatário, ou descumprimento de encargo (art. 555 do Código Civil),[128] a exclusão da sucessão, por indignidade (art. 1.814 do Código Civil),[129] a perda do direito que caberia ao herdeiro sobre o bem sonegado dolosamente (1.992 do Código Civil),[130] ou mesmo a exclusão do integrante de associação, quando houver justa causa (art. 57 do Código Civil).[131] Há ainda aquelas previstas dentro

---

vient apaiser l'antique besoin de vengeance qui sommeille au fond du coeur de chaque victime. L'homme qui a souffert n'est pas satisfait par cela seul que disparaît sa souffrance, l'instinct le pousse à désirer que l'auteur, à son tour, souffre le même mal. L'idée est barbare, elle tient à tout ce qu'il y a de mauvais dans la nature humaine (...)" (*Traité théorique et pratique de la responsabilité civile délictuelle et contractuelle*. Tome III. Paris: LGDJ, 1932, n. 2352).

126. A propósito, a tal formulação, convencionou-se nomear de "Lei de Ihering", sendo dele a afirmação de que "*l'histoire de la peine est une abolition constante*" (IHERING, Rudolf Von. *De la faute en droit privé*. Trad. O. de Meulenaere. Paris: A. Marescq Éditeur, 1880, p. 48).

127. "Art. 1.336. (...). § 2º O condômino, que não cumprir qualquer dos deveres estabelecidos nos incisos II a IV, pagará a multa prevista no ato constitutivo ou na convenção, não podendo ela ser superior a cinco vezes o valor de suas contribuições mensais, independentemente das perdas e danos que se apurarem; não havendo disposição expressa, caberá à assembleia geral, por dois terços no mínimo dos condôminos restantes, deliberar sobre a cobrança da multa".

"Art. 1.337. O condômino, ou possuidor, que não cumpre reiteradamente com os seus deveres perante o condomínio poderá, por deliberação de três quartos dos condôminos restantes, ser constrangido a pagar multa correspondente até ao quíntuplo do valor atribuído à contribuição para as despesas condominiais, conforme a gravidade das faltas e a reiteração, independentemente das perdas e danos que se apurem.

Parágrafo único. O condômino ou possuidor que, por seu reiterado comportamento anti-social, gerar incompatibilidade de convivência com os demais condôminos ou possuidores, poderá ser constrangido a pagar multa correspondente ao décuplo do valor atribuído à contribuição para as despesas condominiais, até ulterior deliberação da assembleia".

128. "Art. 555. A doação pode ser revogada por ingratidão do donatário, ou por inexecução do encargo".
129. "Art. 1.814. São excluídos da sucessão os herdeiros ou legatários:

I – que houverem sido autores, coautores ou partícipes de homicídio doloso, ou tentativa deste, contra a pessoa de cuja sucessão se tratar, seu cônjuge, companheiro, ascendente ou descendente;

II – que houverem acusado caluniosamente em juízo o autor da herança ou incorrerem em crime contra a sua honra, ou de seu cônjuge ou companheiro;

III – que, por violência ou meios fraudulentos, inibirem ou obstarem o autor da herança de dispor livremente de seus bens por ato de última vontade".

130. "Art. 1.992. O herdeiro que sonegar bens da herança, não os descrevendo no inventário quando estejam em seu poder, ou, com o seu conhecimento, no de outrem, ou que os omitir na colação, a que os deva levar, ou que deixar de restituí-los, perderá o direito que sobre eles lhe cabia".

131. "Art. 57. A exclusão do associado só é admissível havendo justa causa, assim reconhecida em procedimento que assegure direito de defesa e de recurso, nos termos previstos no estatuto"

do âmbito da responsabilidade civil, notadamente o disposto nos artigos 939 e 940 do Código Civil.[132]

Por sua vez, a separação entre o direito civil e o direito penal não é afetada pela utilização da técnica de imposição de pena civil como instrumento preventivo, desde que instrumental ao alcance da finalidade global da responsabilidade civil: *a rejeição ao dano*. A rigor, a previsão de pena civil para certas condutas não deve ter por escopo substituir o papel do direito penal. Percebe-se que a interpenetração da lógica do direito penal no direito civil – e vice-versa – é discreta, sem atingir a essência funcional de cada ramo do direito. Não é a previsão, no direito processual penal, do direito da vítima do crime de requerer indenização do ofensor (art. 63, *caput* e parágrafo único, do Código de Processo Penal, com redação dada pela Lei n. 11.719/2008),[133] ou, ilustrativamente, a previsão de pena civil, com restituição em dobro, pela propositura de ação, pelo credor, para cobrança de dívida já paga (940 do Código Civil), que desconstituirá a cisão funcional e estrutural do direito penal e civil. Reconhece-se que se está a trilhar um espaço de interseção entre eles, mas sem qualquer pretensão de alcançar o âmago de cada um dos ramos do direito. Neste espaço de mútua influência, mormente no empréstimo de instrumento de tutela (indenização dos danos, imposição de penas etc.), potencializa-se a efetividade tanto do direito civil, quanto do direito penal, respeitando-se, porém, o núcleo central de finalidades que cada ramo encalça.

Finalmente – e talvez o argumento mais utilizado –, a imposição de pena civil, como instrumento utilizado para buscar, em prioridade, a finalidade punitiva ou preventiva,[134] não importa empobrecimento ou enriquecimento sem causa.[135] Isso porque, como Boris Starck já havia argutamente verificado, a própria previsão legal

---

132. "Art. 939. O credor que demandar o devedor antes de vencida a dívida, fora dos casos em que a lei o permita, ficará obrigado a esperar o tempo que faltava para o vencimento, a descontar os juros correspondentes, embora estipulados, e a pagar as custas em dobro".
    "Art. 940. Aquele que demandar por dívida já paga, no todo ou em parte, sem ressalvar as quantias recebidas ou pedir mais do que for devido, ficará obrigado a pagar ao devedor, no primeiro caso, o dobro do que houver cobrado e, no segundo, o equivalente do que dele exigir, salvo se houver prescrição".
133. "Art. 63. Transitada em julgado a sentença condenatória, poderão promover-lhe a execução, no juízo cível, para o efeito da reparação do dano, o ofendido, seu representante legal ou seus herdeiros.
    Parágrafo único. Transitada em julgado a sentença condenatória, a execução poderá ser efetuada pelo valor fixado nos termos do inciso IV do caput do art. 387 deste Código sem prejuízo da liquidação para a apuração do dano efetivamente sofrido".
134. É que, como já elucidado, a função punitiva sempre alcança, por via de consequência, finalidade preventiva. Outrossim, a atuação desta pressupõe a utilização de instrumentos daquela. Encerra-se, assim, o que aqui se denominou de "lógica da complementariedade" entre as funções punitiva e preventiva, ainda que se possa definir previamente qual é intencionalidade prioritária em cada caso: a punição do ofensor ou a prevenção de determinada espécie ou classe de dano.
135. Dispõe o art. 884 do Código Civil que "aquele que, sem justa causa, se enriquecer à custa de outrem, será obrigado a restituir o indevidamente auferido, feita a atualização dos valores monetários". É deste dispositivo que se extrai o preceito de proibição do enriquecimento sem causa.

de sua incidência, em relação a determinado tipo de conduta do ofensor, confere-se uma justa causa – legal – como fundamento de imputação penal.[136]

Outrossim, quando devidamente positivada, não representa *bis in idem*, pois além da natureza distinta entre a indenização da lesão sofrida pela vítima, que se mede por sua extensão (art. 944 do Código Civil), e a pena civil, cuja dosimetria é determinada pelo grau de culpa do ofensor, mas sobretudo pela realização de finalidades distintas. Como é notório, a possibilidade de criação de diversos *efeitos jurídicos*, decorrentes de um mesmo *fato jurídico*, não é estranha ao direito, sendo, ao reverso, bastante comum.[137] No ambiente da responsabilidade civil, em havendo previsão expressa de pena civil para certo tipo de conduta danosa, é juridicamente possível que, a partir de um mesmo comportamento, o ofensor seja obrigado a responder pelo dano causado, indenizando-o, e pela gravidade de sua conduta, como fator de punição e prevenção futura.

Passa-se, então, ao ponto central que define a aceitação da pena civil como instrumento legítimo para o alcance das funções da responsabilidade civil. É preciso que se respeitem os preceitos gerais aplicados a toda e qualquer pena, designadamente, (i) o princípio da legalidade e da tipicidade, tanto na definição prévia dos fatos geradores da pena, como nos limites precisos de sua imposição (normalmente de ordem quantitativa, quando se trata de pena de natureza pecuniária); (ii) o princípio da motivação das decisões, que deve se amparar no grau de culpa e reprovabilidade da conduta do ofensor, na medida em que a pena é não é fim em si mesmo, mas meio de contenção de comportamentos; (iii) o princípio da proporcionalidade na dosimetria da pena, levando-se em consideração todas circunstâncias relevantes do caso concreto e os interesses que orbitam a relação jurídica em jogo; (iv) a necessidade de verificar-se a culpabilidade do ofensor, atraindo, neste âmbito de análise, o modelo

---

136. Segundo o autor, em sua obra de referência, a ideia de que a pena civil implica enriquecimento sem causa é uma mera petição de princípio: "Il est facile de voir que ce raisonnement contient une pétition de principe. Pour proclamer injuste l'appauvrissement ou l'enrichissement de la victime, il faut démontrer au préalable que la justice, ou plus exactement de droit, exige une réparation uniforme établie sur une base immuable. Or, c'est là l'objet propre de la controverse. Si l'idée de peine privée est juste en soi, il devient évident que l'enrichissement ou l'appauvrissement, si tant est que l'on doive encore employer ces termes, auront une base légale, une cause, et toute critique disparaîtrait de ce fait" (*Les fondements de la responsabilité civile*, cit., p. 385).
137. A propósito, é famoso o exemplo do fato jurídico *morte*, a partir do qual se cria diversos efeitos jurídicos criativos, modificativos e extintivos de situações jurídicas subjetivas. Dentre os efeitos jurídicos criativos, destacam-se a abertura da sucessão e, concomitantemente, aquisição da herança pelos herdeiros (regra da *"saisine"*, art. 1.784 do Código Civil). Como efeito jurídico modificativo, sabe-se que o processo deve ser suspenso (art. 313, I do Código de Processo Civil), para a substituição do polo (ativo ou passivo) pelo espólio ou seus herdeiros (art. 313, § 2º do Código de Processo Civil), modificando-se a relação jurídica processual. Em relação aos direitos da personalidade do *de cujus*, sabe-se que eles se extinguem com a morte (art. 6º do Código Civil), assim como se revolve qualquer outra obrigação de cunho personalíssimo (art. 248 do Código Civil), encerrando hipóteses de efeitos extintivos. Sobre o tema, seja consentido remeter a REIS JÚNIOR, Antonio dos Reis. O fato jurídico em crise: uma releitura sob as bases do direito civil-constitucional. *Revista de Direito Privado*, v. 67, São Paulo: Ed. RT, v. 67, jul. 2016, p. 29-56.

da responsabilidade subjetiva, inexoravelmente, a conferir prioridade de repulsa aos atos dolosos ou de culpa grave; (v) a prioridade de que o destino da imputação penal, de natureza civil, seja a favor de fundos que atuem na prevenção dos danos, ainda que se admita a hipótese de favorecimento da vítima, quando tal benefício se apresentar como essencial para o estímulo à contenção de certos comportamentos indesejáveis.[138]

De uma maneira ou de outra, mantém-se a posição já aqui firmada, por ocasião da análise da chamada *"função punitiva da responsabilidade"*, no sentido de que a pena civil, de caráter prioritariamente punitivo, deve ser medida excepcional, a refutar comportamentos extremamente gravosos nas relações privadas, tais como, a título ilustrativo, (i) o dano em larga escala, (ii) a violação a interesses difusos ou coletivos; (iii) o dano de repetição, com extrema vantagem para o agente causador.[139]

No estado atual da ordem jurídica positiva, percebe-se que o legislador absorveu apenas a hipótese do *dano moral coletivo*, como figura híbrida, com forte caráter punitivo, a atrair modelo de resposta com alguma semelhança à figura da pena civil. Não obstante, não há definição prévia dos limites quantitativos da pena, nem mesmo referência expressa à aplicação de penalidade civil, mas de *"indenização"* para *"reconstituição dos bens lesados"* (art. 13 da Lei n. 7.347/85).[140] É a evidência da força da finalidade primária da responsabilidade civil brasileira, onde o interesse lesado (*dano*), ou potencialmente lesado (caráter preventivo), é o centro gravitacional, a atrair todos os mecanismos no sentido de sua satisfação.

Por outro lado, seria a pena civil, muitas vezes utilizada em âmbito de controle administrativo, interessante instrumento de concretização da *função preventiva*

---

138. São, basicamente, recomendações que se casam com aquelas dadas por Suzanne CARVAL, que as coloca como *condições* para a implementação de uma responsabilidade civil punitiva na ordem constitucional, nesta ordem: (i) a culpabilidade; (ii) a possibilidade de ação individual para casos bem delimitados, com preferência para a tutela coletiva; (iii) o respeito ao devido processo legal, como o atendimento ao princípio da congruência do pedido, o contraditório e a ampla defesa; (iv) a legalidade e a tipicidade para os fatos puníveis e para a determinação do montante indenizável, com raras exceções (como as penas cominatórias, que exercem outra função) e critérios legislativos de cálculo; (v) a motivação das decisões e o atendimento ao princípio da proporcionalidade; (vi) cuidado e critério para a admissão de seguros com cobertura de penas civis, na medida em que ameaça o caráter de pessoalidade da pena e de dissuasão específica (*La responsabilité civile dans sa fonction de peine privée*, cit., p. 329-378).
139. Cf. Capítulo 2, supra.
140. Lei 7.347/85. "Art. 13. Havendo condenação em dinheiro, a indenização pelo dano causado reverterá a um fundo gerido por um Conselho Federal ou por Conselhos Estaduais de que participarão necessariamente o Ministério Público e representantes da comunidade, sendo seus recursos destinados à reconstituição dos bens lesados". O Fundo de Defesa de Direitos Difusos (FDD) é atualmente regulamentado pelo Decreto n. 1.306, de 9 de novembro de 1994, com destaque para o seu art. 7º, que trata da afetação e destinação dos valores arrecadados pelo fundo: "Os recursos arrecadados serão distribuídos para a efetivação das medidas dispostas no artigo anterior e suas aplicações deverão estar relacionadas com a natureza da infração ou de dano causado". Ainda, o seu parágrafo único: "Os recursos serão prioritariamente aplicados na reparação específica do dano causado, sempre que tal fato for possível".

da responsabilidade civil,[141] ainda que se desconfie seja ele o mecanismo mais eficaz de prevenção.[142] Já se viu que a condenação dos agentes à reparação dos danos, em cumprimento à função reparatória-compensatória, tem diminuto perfil dissuasório. Por sua vez, concorda-se que a ampliação da quantificação do dano, como *plus* a ser definido pelo juiz, sem qualquer previsão legal expressa, ao subterfúgio de aplicar-se uma *"punição pedagógica"* ou *"preventiva"* ao ofensor, viola a legalidade (e o *princípio da reparação integral*) e torna ilegítima a atuação das aludidas funções punitiva e preventiva.[143] Rejeita-se, assim, um caráter genérico punitivo à indenização dos danos.[144] Mas tal inferência não exclui a possibilidade de que o ordenamento constitua, através do devido processo legislativo, robusto sistema de penas civis para atuação no momento preventivo, notadamente como instrumentos de controle de comportamentos que podem se fazer lesivos a certos interesses que atraiam especial atenção.

---

141. Como sustenta, entre tantos já aqui citados, STARCK, Boris. *Essai d'une théorie générale de la responsabilité civile considérée en sa double fonction de garantie et de peine privée*, cit., p. 361 e ss.
142. Pensa-se que o aperfeiçoamento da tutela cominatória e inibitória é ainda o instrumento mais eficaz e efetivo para o alcance do real desiderato da função preventiva: *evitar danos*. O aspecto dissuasório da pena (criminal ou civil) será sempre contestado diante das inúmeras transgressões que ocorrem repetidamente, mesmo em face de sanções criminais severas. Não é, assim, absolutamente convincente o argumento de que a pena civil terá sucesso em sua finalidade dissuasória, no sentido de haver redução real dos danos. No sentido de conferir maior relevância às tutelas inibitórias e cominatórias (como apoio na regulamentação preventiva legal e administrativa), caminha a doutrina italiana, em contraposição à francesa (entusiasta da implementação do sistema de penas civis), como se vê, ilustrativamente, em ALPA, Guido; BESSONE, Mario. *La responsabilità civil*, v. II, cit., p. 188-198; e DI MAJO, Adolfo. *Forme e tecniche di tutela*. *Foro Italiano*, v. 112, Roma: Società Editrice Il Foro Italiano, 1952, p. 133-134. Este último destaca o aspecto da tutela positiva do caráter preventivo da responsabilidade civil, ao passo em que se evita o dano, fomenta-se a realização do interesse que se protege.
143. É que a incorporação de "novas" funções não podem abalar a unidade do sistema de responsabilidade civil, a encerrar paradoxos contrapostos, devem seguir uma ordem interna coerente e harmônica, respeitando os princípios basilares da ordem civil-constitucional, tais como a legalidade e a reparação integral, ainda que ressignificada no sentido da tutela plena e eficaz da vítima (cf. capítulo 4). A observação de que há uma crise paradoxal na responsabilidade, pelo excesso de *"inputs"* ao direito dos danos é de Pietro RESCIGNO, que alerta para o risco da heterogenia funcional da responsabilidade civil (*Manuali di diritto privato italiano*, cit., p. 644). Contudo, a crítica ainda mais contundente é de Cesare SALVI, para quem "punire, prevenire, ristorare, rendere giustizia, vendicare, diluire il calcolo dei danni, ripartire le perdite ed i rischi, collocare le risorse nel modo più efficiente, controllare le attività produttive ed i servizi pubblici, garantire il funzionamento ottimale del mercato ed il valore primario della persona umana sono compiti troppo numerosi e contraddittori (...). L'ideia della riparazione della vittima del danno rimane così sommersa da una sovrabbondanza 'schizofrenica' di fini e di obiettivi, che impedisce di collegare l'esplosione della responsabilità civile ad una motivazione unitaria, e dunque ad unitari principi operativi" (Il paradosso della responsabilità civile. *Rivista de Diritto Privato*, a. 1, n.1, Bologna: Il Mulino, 1983, p. 128).
144. Confira-se, por todos, Maria Celina Bodin de Moares, para quem "tal caráter aflitivo, aplicado indiscriminadamente a toda e qualquer reparação de danos morais, coloca em perigo princípios fundamentais de sistemas jurídicos que têm na lei a sua fonte normativa, na medida em que se passa a aceitar a ideia, extravagante à nossa tradição, de que a reparação já não se constitui como o fim último da responsabilidade civil, mas a ela se atribuem também, como intrínsecas, as funções de punição e dissuasão, de castigo e prevenção" (*Danos à pessoa humana...*, cit., p. 258).

Neste caso, para além de excepcional, porque restrita às hipóteses legais que assim a definirem (realidade ainda inexistente na ordem jurídica brasileira), as penas civis devem cumprir papel prioritariamente preventivo – e menos punitivo –, ainda que ambas funções obedeçam a uma lógica de complementariedade.[145] É que a finalidade preventiva é a única que se pode afirmar ser intrínseca à responsabilidade civil, porque ligada à intencionalidade primária do instituto: *o dano*.[146] Enquanto a função primária repousa na reparação e compensação das lesões aos interesses juridicamente protegidos, em paralelo – em prioridade apenas cronológica – a ordem jurídica deve aperfeiçoar o sistema preventivo de danos, voltando-se ao controle de comportamentos. E, neste terreno, que deve ser exclusivo da responsabilidade subjetiva, a culpa renasce e a eficácia da contenção de danos dependerá da imposição bem trabalhada de *penas civis*, com prévia cominação legal (ainda inexistente), cujo perfil preventivo se sobressairá sobre o perfil simplesmente punitivo.[147] Será necessário, ainda, que seja utilizada de modo proporcional, sem que se ponha como obstáculo desarrazoado à liberdade econômica e ao princípio constitucional da livre iniciativa.

Sucede que, na visão desta investigação, a responsabilidade civil não deve encerrar-se na perseguição de suas intrínsecas funções preventiva e reparatória, ou mesmo nas excepcionais situações que se reclame a punição dos agentes ofensores.[148] É preciso ir além. Aqui já se discorreu em torno do que se identificou como a intencionalidade primeira do instituto, a denotar que a *função reparatória-compensatória* respondia à finalidade primária da responsabilidade civil. Também foi formulada a ideia de que a função primária representa modo de reação negativa do ordenamento (tutela negativa), como resposta no sentido de buscar a recomposição ou o reequilíbrio de uma posição jurídica desfalcada (interesse lesado), pelo exercício de uma situação jurídica subjetiva cujo interesse não se deve resguardar (interesse lesivo). Entretanto, notou-se que o cumprimento da função primária reparatória não representa superioridade hierárquica, ou prioridade funcional, sobre a função preventiva (tendo esta, inclusive, atuação cronologicamente

---

145. A relação está presente em todas as obras especializadas em função preventiva ou punitiva da responsabilidade civil. Cf., por todos, BUSNELLI, Francesco Donato. Verso una riscoperta delle pene private. *Rivista Responsabilità Civile e Previdenza*, n. 49, Milano: Giuffrè, 1984, p. 26-35.
146. A função punitiva, ainda que possível à responsabilidade civil, não lhe é inerente, constituindo-se apenas como uma possibilidade em termos de política legislativa. Logo, é possível haver um sistema de responsabilidade civil exclusivamente de viés reparatório. Mas não é crível, na tradição do *civil law*, imaginar um sistema de responsabilidade civil exclusivamente punitivo, desprendido da finalidade reparatória. No mais, para se ressaltar o aspecto punitivo, pode-se fazê-lo mesmo sem a existência de dano, apenas pela reprovabilidade de certa conduta, ainda que, por um acaso, não tenha causado lesão a outrem. Na doutrina do direito penal, são famosas as hipóteses dos crimes formais, que independem de resultado naturalístico.
147. Não obstante o perfil dissuasório e de prevenção geral e especial esteja contido no efeito da pena (categoria de viés punitivo primário), uma vez prevista no ordenamento, o inverso não se pode afirmar. Nem sempre haverá perfil punitivo como efeito contido na atuação preventiva da responsabilidade civil. Em verdade, essa relação somente ocorrerá se o instrumento preventivo manifestar-se através da pena. Se a atuação preventiva se der pela via da tutela cominatória ou inibitória, por exemplo, o perfil punitivo não é percebido.
148. Cf. capítulo 2.2.

anterior), sendo apenas uma finalidade essencial, cuja ausência importa desnaturação do instituto. É possível conviver com responsabilidade civil de viés reparatório sem atuação preventiva. Mas não é possível imaginar responsabilidade civil de exclusiva atuação preventiva ou punitiva, sem possibilidade de reparação dos danos.[149]

É nesta esteira que ora se apresenta nova vertente funcional que a responsabilidade civil acolhe como expediente de evolução do instituto. Conectada à sua essência (*o dano*), sabe-se que o modelo tradicional de sanção negativa (reativa) da ordem jurídica, no sentido de condenar o agente a indenizar integralmente a lesão causada tem se mostrado valioso, não se podendo cogitar o seu abandono.[150] Por outro lado, se já se elucidou a finalidade primária da responsabilidade civil, é tempo de inquirir se o instituto carrega consigo uma finalidade última, no sentido do alcance social mais concreto e efetivo possível. Eis a questão que se impõe: em que consistiria a função última da responsabilidade civil?

Pensa-se que, ao contrário da primeira, que pode exprimir um pensamento simplesmente formal da estrutura do modelo de responsabilidade civil, a segunda só pode ser obtida mediante a adoção de critério interpretativo teleológico, que leve em consideração o ordenamento jurídico como um sistema unitário e complexo, orga-

---

149. Veja-se que mesmo nos ordenamentos nos quais a finalidade punitiva é positivada, como no direito português, não se cogita responsabilidade civil sem a sua primária função reparatória. Neste sentido, PESSOA JORGE, Fernando. *Ensaio sobre os pressupostos da responsabilidade civil*, cit., p. 50, onde é peremptório: "se a responsabilidade civil desempenhasse exclusivamente função punitiva-preventiva, era de admitir a sua aplicação em caso de tentativa de lesão ou de lesão frustrada, (...) bem como devia ser oficiosa a respectiva acção"; e BARBOSA, Mafalda Miranda. *Reflexões em torno da responsabilidade civil*, cit., p. 515, *verbis*: "Embora alguns autores entendam que o caráter ressarcitório é dissociável da responsabilidade civil, (...), não cremos que este argumento proceda".
150. A propósito, a tradicional forma de tutela negativa do dano, pela via de sua reparação, vem sendo ressignificada ao ponto de também apresentar uma vertente positiva de tutela, notadamente quando se fala em reparação *in natura*, ou pela realização de prestação equivalente, que tem o condão de satisfazer plenamente o interesse da vítima, restaurando, em medida proporcional, o interesse violado. Neste sentido, é profundo o estudo de Geneviève Viney, que parte de uma profunda crítica da tese de Lucienne Ripert, segundo a qual "l'action en responsabilité civile ne pourrait déboucher que sur l'octroi de dommages et intérêts à la victime, tout autre type de condamnation se heurtant à des obstacles juridiques ou pratiques qui en rendrait l'usage illicite ou inopportun", ou seja, toda e qualquer ação de respnsabildiade só poderia buscar a reparação pecuniária, porque sempre se revolveria em "perdas e danos" (*dommages et intérêts*), restando inútil o mecanismo da "reparação *in natura*" (*La réparation du préjudice dans la responsabilité délictuelle*. Paris: Dalloz, 1933, n. 12 a 21). Geneviève Viney, por sua vez, ressalta que "cepedant cette opinion n'a pas fait école. Elle n'a plus, en tout'cas, aujourd'hui aucun partisan dans la doctrine française, les auteurs admettant au contraire unanimement la validité des condamnations non pécuniaires rangées habituellement, bien que la généralité de cette qualification ait été récemment contestée sous l'étiquette de condamnations en nature ou de procédés de réparation en nature". A partir daí, destaca uma série de aplicações possíveis, já reconhecidas na jurisprudência francesa, como condenações à execução de determinada prestação de fazer ou não fazer, execução de ato material, ato jurídico, à supressão de resultados materiais da atividade ilícita, à substituição da vítima para pagamento de certas dívidas (assunção de dívidas); afirmações públicas de direito da vítima, interdições destinadas a impedir dano futuro ou para reduzir os prejuízos causados, manifestações de retratação, dentre vários outros exemplos, destacando, outrossim, os limites da reparação *in natura* (*Traité de droit civil*: la responsabilité – effets, cit., p. 22-58). Na doutrina brasileira, tem sido notória a defesa de Anderson Schreiber em prol da popularização dos meios não pecuniários de reparação (Reparação não pecuniária dos danos morais. *Direito civil e Constituição*. São Paulo: Atlas, 2013, p. 205-219.

nizado por uma ordem valorativa.[151] É evidente que tal afirmação demandará maior desenvolvimento no capítulo a seguir, mas já se antecipa que a finalidade última da responsabilidade civil é propiciar um ambiente ético de comportamento das partes no sentido de que, sem desconsiderar o valor da pessoa – pelo contrário, elevando-a ao patamar mais elevado de tutela –, ciente de que ela só pode se desenvolver em sua plenitude nas suas relações interpessoais, otimize-se a plena e concreta satisfação do interesse lesado. Passa-se, então, ao núcleo central da obra.

---

151. "Em um ordenamento complexo como vigente, caracterizado pela indiscutível supremacia das normas constitucionais, estas não podem deixar de ter uma posição central. De tal centralidade deve-se partir para a individuação dos princípios e dos valores sobre os quais construir o sistema" (PERLINGIERI, Pietro. *O direito civil na legalidade constitucional*. Rio de Janeiro: Renovar, 2008, p. 217).

4
A FUNÇÃO PROMOCIONAL DA RESPONSABILIDADE CIVIL

O fenômeno da "Constitucionalização do Direito Civil" provocou profundas transformações nas relações privadas,[1] a demandar, por conseguinte, uma releitura dos institutos e categorias previstos na dogmática civil. Tudo isso em conformidade com as regras e princípios consagrados na ordem jurídica constitucional, globalmente considerada, pondo sempre em relevo a complexidade e unidade inerentes ao ordenamento jurídico.[2]

Em síntese, costuma-se identificar como premissas do estudo do direito civil, à luz da Constituição de República (1988), (i) a supremacia e a força normativa da Constituição; (ii) a unidade e complexidade do ordenamento; e (iii) a interpretação com fins aplicativos.[3] Paralelamente, associam-se como características marcantes da metodologia, porque afeitas ao modo de pensamento pós-positivista, (iv) a consideração da historicidade dos institutos e categorias, (v) a supremacia dos interesses existenciais sobre os de ordem patrimonial; e (vi) a sua releitura funcional (funcionalização).[4]

É por meio dessa última, em conexão com as demais premissas e características marcantes da metodologia, que se identificou um perfil de atuação funcional da responsabilidade civil, sob a forma de tutela positiva, que se conecta a uma caracte-

---

1. Sobre o fenômeno da necessidade de releitura do Direito Civil à luz da Constituição é indispensável remeter à leitura de PERLINGIERI, Pietro. *O Direito Civil na Legalidade Constitucional*. Rio de Janeiro: Renovar, 2008, p. 569-597. Na doutrina brasileira, Cf. TEPEDINO, Gustavo. Premissas metodológicas para a constitucionalização do direito civil. In *Temas de Direito Civil*. Rio de Janeiro: Renovar, 2008, p. 01-23.
2. Não é despiciendo ressaltar a lição de Pietro Perlingieri, para quem "a complexidade do ordenamento, no momento de sua efetiva realização, isto é, no momento hermenêutico voltado a se realizar como ordenamento do caso concreto, só pode resultar unitária: um conjunto de princípios e regras individualizadas pelo juiz que, na totalidade do sistema socionormativo, devidamente se dispõe a aplicar" (*O direito civil na legalidade constitucional*, cit., p. 200).
3. Como bem sintetizado em PERLINGIERI, Pietro. La dottrina del diritto civile nella legalità costituzionale. *Revista Trimestral de Direito Civil*. v. 31, p. 75-86. Rio de Janeiro: Padma, 2007.
4. É a síntese de Maria Celina Bodin de Moraes, em suas palavras: "Diante da consolidação do marco teórico do direito civil-constitucional, com as suas características essenciais já bastante difundidas – quais sejam: a prevalência das situações existenciais sobre as patrimoniais (ou a subordinação destas àquelas); a preocupação com a historicidade e a relatividade na interpretação-aplicação do direito; a prioridade da função dos institutos jurídicos em relação à sua estrutura –, quais perspectivas podem ser vislumbradas? (...)." (Perspectivas a partir do direito civil-constitucional. In: *Na medida da pessoa humana*, cit., p. 56).

rística mais abrangente de consideração do direito enquanto direito.⁵ Daí falar-se em busca da finalidade última do instituto, isto é, aquilo que conecta o valor abstrato da responsabilidade civil com a concretude das relações humanas, a conferir-lhe conteúdo social e inter-relacional denso e poderoso, coeso e efetivo, a abrir um novo caminho evolutivo, de vanguarda, ao tradicional instituto.⁶ Trata-se do que aqui se denomina de *função promocional da responsabilidade civil*.

4.1 A FUNÇÃO PROMOCIONAL DO DIREITO

Norberto BOBBIO,⁷ na propositura de uma concepção funcionalista do direito,⁸ considerava insuficientes as tradicionais finalidades "protetora" e "repressiva" do ordenamento jurídico, apresentado como um conjunto de normas negativas.⁹ Revelou, neste contexto, que, ao contrário do que antes imaginava a "ciência do direito",¹⁰ o direito positivo se constitui como modelo normativo composto tanto

---

5. Sobre a necessidade de encontrar uma finalidade última, de sentido ético, para o direito *enquanto direito*, Cf. NEVES, António Castanheira. *A crise actual da filosofia do direito no contexto global da crise da filosofia*: tópicos para uma possibilidade de uma reflexiva reabilitação. Coimbra: Coimbra Editora, 2003, p. 104.
6. Já se encontra em Mafalda Miranda BARBOSA uma tentativa de identificar a finalidade última da responsabilidade civil, no sentido ético, ainda que suas conclusões não sejam as mesmas propostas por esta investigação, não obstante se aproximem: "A finalidade última [da responsabilidade civil] passa por aqui – pela reafirmação da pessoalidade de cada um" (*Reflexões em torno da responsabilidade civil*, cit., p. 522).
7. *Da estrutura à função*: novos estudos de teoria do direito. Trad. Daniela Beccaccia Versiani. Barueri: Manole, 2007.
8. Ainda que a funcionalização do direito seja uma característica marcante da metodologia do direito civil-constitucional, é necessário consignar que não se trata de um novo modo de compreender o direito. Em seus primórdios, quando se falava apenas de *"função social"*, como princípio ou critério de controle da autonomia, já se trabalhava com a releitura da teoria individualista dos direitos subjetivos. Para Léon Duguit, um dos percussores da chamada *funcionalização* do direito, a vontade individual só fazia sentido na coletividade, sendo a solidariedade um fato social irrefutável, que merecia tutela na ordem jurídica. Em suas palavras, no exercício de suas vontades individuais, o home se apega com solidariedade a outros homens, como representação do que provavelmente tenha sido um dos primeiros atos de consciência humana: "une volonté individuelle, même déterminée par un but collectif, reste une volonté individuelle. Qui affirme cette prétendue conscience collective? L'individu. Son affirmation est un acte de conscience individuelle. Que l'individu se saisisse comme solidaire des autres hommes; que le premier acte de la conscience humaine ait été une représentation de la solidarité sociale, c'est possible, c'est même probable" (*L'état, le droit objectif et la loi positive*. Paris: Albert Fontemoing, 1901, p. 7-8). A evolução dessa vertente resultou numa perspectiva mais ampla de função e funcionalização dos institutos, que não se restringe ao seu caráter social, indo além, a representar verdadeira "razão genética do instituto", encontrando na sua finalidade essencial o seu real elemento caracterizador, a sua "razão de ser", como se vê em Salvatore PUGLIATTI: "Non soltanto la struttura per sè conduce inevitabilmente al tipo che si può descrivire, ma non individuare, bensí inoltre funzione esclusivamente è idonea a fungere da criterio d'individuazione: essa, infatti, dà la ragione genetica dello strumento, e la ragione permanente del suo impiego, cioè la ragione d'essere (oltre a quella di essere stato)" (*La proprietà nel nuovo diritto*. Milano: Giuffrè, 1964, p. 300).
9. Nas palavras do racionalismo pragmático de Alf ROSS, o ordenamento jurídico é o "corpo integrado de regras que determina as condições sob as quais a força física será exercida contra uma pessoa", extraindo, daí, a ideia de coercibilidade e de sanção negativa (*O direito e a justiça*, cit., p. 58).
10. Movimento dogmático de grande repercussão teórica, o estudo "científico" do direito representava o estopim da doutrina positivista, no sentido investigar o dano normativo (objeto cientificamente analisado) em sua pureza, com as características da neutralidade, generalidade, abstração e universalidade, sem a interferências de outras realidades da ordem social. A obra de maior relevância, no sistema europeu continental, a

por sanções negativas, quanto por sanções positivas, ainda que estas representassem fenômeno ainda rarefeito.[11]

É que o sentido de "sanção" responde a uma conotação distinta daquela ideia exclusivamente ligada a viés negativo. Na sanção não cabem apenas consequências desagradáveis diante da inobservância de normas, mas também é possível usufruir de consequências afáveis em face de sua observância. Aquelas seriam as "sanções negativas", enquanto estas, ainda pouco utilizadas pelos sistemas normativos, constituíram-se como "sanções positivas".[12] Quanto a esta classificação, não se conhecem questionamentos de rigor científico, sendo mesmo assumido por Hans Kelsen a possibilidade de existência de normas premiais, conquanto tenha afirmado que elas têm uma importância secundária no interior desses sistemas,[13] que funcionam, para ele, como ordenamentos coercitivos.[14]

Ocorre que no contexto do pós-guerra, as constituições dos Estados passaram a prever não apenas normas cuja função se reserva a "tutelar" ou "garantir", mas também que se destinam a "promover" certos direitos, não sendo rara a estipulação de objetivos gerais a serem perseguidos pelas instituições, como também a "promo-

---

cumprir tal desiderato é atribuída à Hans Kelsen, onde ele afirma que "a teoria pura do direito é uma teoria do direito positivo – do direito positivo em geral, não de uma ordem jurídica especial (...). Como teoria, quer única e exclusivamente conhecer o seu próprio objeto. Procura responder a esta questão: o que é e como é o Direito? Mas já não lhe importe a questão de saber como deve ser o Direito, ou como deve ele ser feito. É ciência jurídica e não política do Direito" (*Teoria pura do direito*. São Paulo: Martins Fontes, 2000, p. 1).

11. Como já salientava Eduardo Talamini, a sanção "não consiste necessariamente na 'realização compulsória de um mal', eis que pode se apresentar sob a forma de um prêmio (concessão de um bem) a quem observa voluntariamente determinada norma jurídica; e, como consequência dos traços anteriores, não é necessariamente reação a um ato ilícito, embora tenha em mira sempre a observância de normas jurídicas" (*Tutela relativa aos deveres de fazer e de não fazer e sua extensão aos deveres de entrega da coisa*. São Paulo: Ed. RT, 2003, p. 169).

12. Segundo o autor, "o termo 'sanção' é empregado em sentido amplo, para que nele caibam não apenas as consequências desagradáveis da inobservância das normas, mas também as consequências agradáveis da observância, distinguindo-se, no *genus* sanção, duas *species*: as sanções positivas e as sanções negativas" (BOBBIO, Norberto. *Da estrutura à função...*, cit., p. 7).

13. "Constitui fato digno de nota que, das duas sanções correspondentes à ideia de retribuição, prêmio e castigo, a segunda desempenhe na realidade social um papel muito mais importante do que a primeira (...). A expectativa do prêmio tem, relativamente ao medo que domina a vida dos primitivos, uma importância subalterna. E até na crença religiosa dos homens civilizados, segundo a qual a retribuição divina não é executada, ou não é somente executada, no aquém, mas é relegada para o além, tem lugar de primazia o medo da pena que os aguarda depois da morte" (KELSEN, Hans. *Teoria pura do direito*, cit., p. 32).

14. "Conforme o modo pelo qual as ações humanas são prescritas ou proibidas, podem distinguir-se diferentes tipos – tipos ideais, não tipos médios. A ordem social pode prescrever uma determinada conduta humana sem ligar à observância ou não observância deste imperativo quaisquer consequências. Também pode, porém, estatuir uma determinada conduta humana e, simultaneamente, ligar esta conduta a concessão de uma vantagem, de um prêmio, ou ligar à conduta oposta uma desvantagem, uma pena (no sentido mais amplo da palavra). O princípio que conduz a reagir a uma determinada conduta com um prêmio ou uma pena é o princípio retributivo (*Vergeltung*). O prêmio e o castigo podem compreender-se no conceito de sanção. No entanto, usualmente, designa-se por sanção somente a pena, isto é, um mal – a privação de certos bens como a vida, a saúde, a liberdade, a honra, valores econômicos – a aplicar como consequência de uma determinada conduta, mas já não o prêmio ou a recompensa" (KELSEN, Hans. *Teoria pura do direito*, cit., p. 26).

ção" expressa de certos valores ou atividades.[15] Nesta direção, a Constituição Federal previu, a título de exemplo, que o Estado deve "promover" (i) o bem de todos, sem preconceitos de origem, raça, sexo, cor, idade e quaisquer formas de discriminação (art. 3º, IV); (ii) a defesa do consumidor, na forma da lei (art. 5º, XXXII); (iii) como competência da União, a defesa permanente contra calamidades públicas (art. 21, XVIII); (iv) como competência comum dos entes federativos, programas de construção de moradias e a melhoria das condições habitacionais e de saneamento básico, e a integração social de setores desfavorecidos (art. 23, IX e X); (v) como competência municipal, o adequado ordenamento territorial, mediante planejamento e controle do uso, do parcelamento e da ocupação do solo urbano, bem como a proteção do patrimônio histórico-cultural local; (vi) os direitos humanos (art. 134, *caput*); (vii) o turismo (art. 180); (viii) o desenvolvimento equilibrado do país (art. 192); (ix) a saúde, com atendimento universal (art. 196); (x) a integração no mercado de trabalho e na vida comunitária (art. 203, III e IV); (xi) a educação (art. 205); (xii) o desenvolvimento humano, científico e tecnológico (art. 214, V); (xiii) os bens culturais e o patrimônio cultural brasileiro (art. 215, §3º, II e 216, §1º); (xiv) o desporto educacional e de alto rendimento (art. 217, II); (xv) o desenvolvimento científico, a pesquisa, a capacitação científica e tecnológica e a inovação (art. 218, caput); e (xvi) educação ambiental em todos os níveis de ensino (art. 225, VI). Teria, pois, o direito, ao lado de uma função reativa-repressiva, uma função promocional.

Em outra perspectiva, é notável que o modelo tradicional das sanções negativas, adotadas de modo exclusivo, não é capaz de garantir a *eficácia* do direito em sua plenitude. É arquétipo suficiente apenas para preencher com o escopo primário das liberdades individuais: não se deve agir conforme uma conduta proibida pela ordem jurídica, mas tudo o que não é vedado é permitido. Cuida-se do sentido tradicional do princípio da legalidade, de forte inspiração iluminista, segundo o qual "ninguém será obrigado a fazer ou deixar de fazer alguma coisa senão em virtude de lei" (art. 5º, II da CF).

Ocorre que a finalidade do ordenamento jurídico não se restringe à realização do valor das liberdades individuais. Além de buscar uma sociedade livre, a ordem jurídica visa construir uma sociedade solidária (art. 3º, I da CF). O *valor da solidariedade* impõe que as partes mantenham relações de cooperação umas com as outras, não apenas no aspecto negativo, mas também no perfil positivo, de promoção dos valores merecedores de tutela. E para alcançar tal desiderato, é útil que a ordem jurídica dê um "empurrão", ou ofereça um "gatilho", para que as relações sociais se desenvolvam na plenitude dos comportamentos desejados.[16]

---
15. BOBBIO, Norberto. *Da estrutura à função...*, cit., p. 13-14.
16. A referência ao termo empurrão (ou cutucada) é uma tradução livre de *"nudge"*, a que se referem Cass S. Sunstein e Richard H. Thaler. Segundo eles, o *"empurrão"* é um perfil da arquitetura da escolha, que altera o comportamento das pessoas de uma forma previsível, sem retirar-lhes as opções ou modificar significativamente seus incentivos econômicos. Em suas palavras: "A nudge, as we will use the term, is any aspect of the choice architecture that alters people's behavior in a predictable way without forbidding any options

Com efeito, dentre os instrumentos normativos aptos a realizar a função promocional do direito, expressa na Constituição – destacando-se, nesta seara, que o constituinte elegeu como objetivo republicano a construção de uma "sociedade livre, justa e solidária" (art. 3º, I, da CF) –, apresenta-se a técnica vinculada às sanções positivas. No escólio de BOBBIO:

> "A noção de sanção positiva deduz-se, *a contrario sensu*, daquela mais bem elaborada de sanção negativa. Enquanto o castigo é uma reação a uma ação má, o prêmio é uma reação a uma ação boa. No primeiro caso, a reação consiste em restituir o mal ao mal; no segundo, o bem ao bem. Em relação ao agente, diz-se, ainda que de modo um tanto forçado, que o castigo retribui, com uma dor, um prazer (o prazer do delito), enquanto o prêmio retribui, com um prazer, uma dor (o esforço pelo serviço prestado). Digo que é um tanto forçado porque não é verdade que o delito sempre traz prazer a quem o pratica nem que a obra meritória seja sempre realizada com sacrifício. Tal como o mal do castigo pode consistir tanto na atribuição de uma desvantagem quanto na privação de uma vantagem, o bem do prêmio pode consistir tanto na atribuição de uma vantagem quanto na privação de uma desvantagem".[17]

Esclarece-se, portanto, que uma ordem jurídica positiva, dentro de um contexto constitucional organizado por uma jurisprudência de valores, como sói ocorrer com a Carta de 1988, permite que a coercibilidade do direito, que atua através dos mecanismos de sanção, apresente-se como reação negativa ou positiva ao comportamento de seus atores.[18] Assim, persegue-se a conduta desejada tanto por meio de arranjos legais que afetarão a esfera pessoal ou patrimonial do agente que descumprir

---

or significantly changing their economic incentives. To count as a mere nudge, the intervention must be easy and cheap to avoid. Nudges are not mandates. Putting the fruit at eye level counts as a nudge. Banning junk food does not" (*Nudge*: improving decisions about health, wealth, and happiness. New Haven: Yale University Press, 2008, p. 6). É um conceito essencial à adoção do chamado *"paternalismo libertário"*, expressão da corrente behaviorista, por meio do qual seus defensores creem ser legítimo que as instituições públicas e privadas tentem influenciar o comportamento das pessoas, de modo que caminhem na direção de escolhas que irão melhorar o seu próprio bem-estar. Ademais, sustentam que é possível ainda complementar tal conceito ao de "benevolência libertária", segundo o qual as regras padronizadas, os efeitos contextuais e os pontos de partida sejam direcionados ao melhor interesse de terceiros vulneráveis: "The paternalistic aspect consists in the claim that it is legitimate for private and public institutions to attempt to influence people's behavior even when third-party effects are absent. In other words, we argue for self-conscious efforts, by private and public institutions, to steer people's choices in directions that will improve the choosers' own welfare. In our understanding, a policy therefore counts as "paternalistic" if it attempts to influence the choices of affected parties in a way that will make choosers better off. Drawing on some well-established findings in behavioral economics and cognitive psychology, we emphasize the possibility that in some cases individuals make inferior decisions in terms of their own welfare – decisions that they would change if they had complete information, unlimited cognitive abilities, and no lack of self-control. In addition, the notion of libertarian paternalism can be complemented by that of libertarian benevolence, by which plan design features such as default rules, framing effects, and starting points are enlisted in the interest of vulnerable third parties. We shall devote some discussion to this possibility" (SUNSTEIN, Cass S.; THALER, Richard H. Libertarian Paternalism Is Not an Oxymoron. *Civilistica.com*. Revista eletrônica de direito civil. Rio de Janeiro: a. 4, n. 2, 2015, p. 4. Disponível em: http://civilistica.com/libertarian-paternalism-is-not-an-oxymoron. Acesso em: 02 out. 2018).

17. BOBBIO, Norberto. *Da estrutura à função...*, cit., p. 24-25.
18. "Vistos de um ângulo sociopsicológico, o prêmio e a pena são estabelecidos a fim de transformar o desejo do prêmio e o receio da pena em motivo da conduta socialmente desejada" (KELSEN, Hans. *Teoria pura do direito*, cit., p. 28).

ao comando de atuação conforme a lei (sanções negativas), como por via de uma normativa que premie ou agracie o agente que realizou certos escopos elegidos pelo ordenamento como merecedores de tutela diferenciada, dado o cumprimento de certas finalidades essenciais (sanções positivas).[19]

Decerto que não é possível saber a real motivação do sujeito (*rectius*: da pessoa) ao praticar um ato desejado pela ordem jurídica, no sentido de revelar a relação de *causalidade* entre o estímulo ofertado pelo Estado e a prática da conduta estimulada. Contudo, o sentido de *eficácia* do ordenamento deve superar a ideia segundo a qual somente será eficaz a norma cuja conduta foi praticada em razão da sanção (positiva ou negativa). Em verdade, eficaz é a ordem jurídica respeitada, em geral, pelas pessoas, que se conduzem em conformidade com ela enquanto tal, sem especificar a determinada sanção como *causa* de seu comportamento. Trata-se de conceito de eficácia no sentido normativo, e não causal.[20] É essa eficácia que se deve buscar, cuja amplificação das hipóteses de estímulo ao comportamento desejável se apresenta como instrumento ainda pouco explorado, constituindo-se como a nova fronteira de concretização da ordem jurídica.

Para isso, é preciso que a dogmática avance no sentido de identificar os espectros de sanção positiva já previstos no ordenamento, ainda que de modo implícito. Faz-se mister que se desperte a doutrina de seu sono dogmático, ao crer que o estudo das sanções positivas deve ser relegado ao âmbito do direito administrativo, regulatório ou, em termos gerais, às questões de política legislativa. Nada mais obsoleto em termos de teoria da interpretação. Se a norma jurídica é o resultado da interpretação, que não se apoia única e exclusivamente no texto, mas que condensa a realidade dos fatos, os valores socialmente relevantes e diversos interesses merecedores de tutela que estão em jogo,[21] é possível extrair que, para certos objetivos normativos, o direito positivo já prevê, mesmo que implicitamente, bonificações (prêmios) para

---

19. "Se é verdade, de fato, que a recompensa é o meio usado para determinar o comportamento alheio por aqueles que dispõem das reservas econômicas, a isto segue que o Estado, à medida que dispõe de recursos econômicos cada vez mais vastos, venha a se encontrar em condição de determinar o comportamento dos indivíduos, não apenas com o exercício da coação, mas também com o de vantagens de ordem econômica, isto é, desenvolvendo uma função não apenas dissuasiva, mas também, como já foi dito, promocional. Em poucas palavras, essa função é exercida com a promessa de uma vantagem (de natureza econômica) a uma ação desejada, e não com a ameaça de um mal a uma ação indesejada. É exercida, pois, pelo uso cada vez mais frequente do expediente das sanções positivas" (BOBBIO, Norberto. *Da estrutura à função*..., cit., p. 68).
20. "O sentido do ordenamento jurídico traduz-se pela afirmação de que, na hipótese de uma determinada conduta – quaisquer que sejam os motivos que efetivamente a determinaram –, deve ser aplicada uma sanção (no sentido amplo de prêmio ou de pena) (...). Já que atrás falamos da 'eficácia' de um ordenamento, importa aqui destacar que um ordenamento que estabelece um prêmio ou uma pena só é 'eficaz', no sentido próprio da palavra, quando a conduta que condiciona a sanção (no sentido amplo de prêmio ou de pena) é causalmente determinada pelo desejo do prêmio ou – a conduta oposta – pelo receio da pena. Mas fala-se ainda de um ordenamento 'eficaz' quando a conduta das pessoas corresponde em geral e *grosso modo* a esse ordenamento, sem ter em conta os motivos pelos quais ela é determinada. O conceito de eficácia tem aqui um significado normativo, e não causal" (KELSEN, Hans. *Teoria pura do direito*, cit., p. 28).
21. No sentido de que a norma jurídica é um *posterius* do procedimento de interpretação (resultado interpretativo), e não um *prius* (como dano pressuposto), cf. PERLINGIERI, Pietro. *O direito civil na legalidade*

quem se comporta em conformidade com a conduta desejada, ainda que de modo inconsciente.

Com apoio nessa ideia de direito, notadamente funcional e de viés axiológico e teleológico, defende-se aqui uma perspectiva de releitura funcional do instituto da responsabilidade civil, reconhecendo nela uma função promocional.

4.2 POR UMA FUNÇÃO PROMOCIONAL DA RESPONSABILIDADE CIVIL

Com efeito, não é a primeira vez que se argumenta que a responsabilidade civil deve cumprir com uma função promocional. Ilustrativamente, já há respeitáveis registros, inclusive com alusão à perspectiva funcional do direito atribuída a Bobbio, de que "os danos morais devem assumir sua função promocional para maximizar a proteção da pessoa humana".[22] Ou mesmo que a função promocional da responsabilidade civil deve atuar como forma de premiar a "diligência extraordinária" de um agente econômico com a "exclusão de uma sanção punitiva (a privação de uma desvantagem)", de modo a beneficiar aqueles que atuam "no sentido de não medir esforços para mitigar a possibilidade de causação de danos a terceiros", cogitando-se a "criação de uma espécie de cadastro positivo de louváveis agentes econômicos em todos os setores da atividade econômica (...) capaz de gerar uma percepção positiva da sociedade em termos de imagem, com reflexos patrimoniais e morais para as empresas".[23] Contudo, não obstante as elogiáveis construções em torno do conceito, crê-se que tais perspectivas não representam o melhor ponto de vista sobre o problema.

É por essa razão que se faz necessário, de modo inaugural, que se apresente a noção que aqui se entende mais precisa de função promocional da responsabilidade civil, esclarecendo *o que é* e *o que não é* função promocional no âmbito do direito dos danos, bem como a sua real extensão. Para isso, mais uma vez se ancorará no marco teórico de Norberto Bobbio e em sua proposta de sistematização das chamadas sanções positivas, neste caso orientadas à responsabilidade civil.

4.2.1 Noção: a necessidade de estímulo à reparação espontânea do dano

A primeira noção apresentada, no sentido de que a responsabilidade civil assume um perfil promocional ao tutelar de modo máximo a pessoa humana, não parece atingir o real sentido técnico da *função promocional*, por revelar-se insuficiente em

---

constitucional, cit., p. 617-620; e TEPEDINO, Gustavo. Liberdades, tecnologia e teoria da interpretação. *Revista Forense*, v. 110, n. 419, Rio de Janeiro: Ed. Forense, jan./jun. 2014, p. 77-96.
22. RODRIGUES, Francisco Luciano Lima; VERAS, Gésio de Lima. Dimensão funcional do dano moral no direito civil contemporâneo. *Civilistica.com*. Rio de Janeiro, a. 4, n. 2, 2015, p. 18. Disponível em: http://civilistica.com/tracos-positivistas-das-teorias-de-pontes-de-miranda/. Acesso em: 11 jan. 2018.
23. ROSENVALD, Nelson. *As funções da responsabilidade civil*, cit., p. 161.

termos de concretude, aparentando conteúdo vazio, desprovido de sentido prático-jurídico.[24]

Não se trata de negar que o ordenamento visa à proteção integral da pessoa humana, em todos os seus aspectos, mas apenas de identificar que tal escopo não pode ser confundido com o que caracteriza, tecnicamente, a função promocional da responsabilidade civil. Se tal corrente é adotada, é natural que se entenda que diversas formas de sanções negativas podem alcançar a tutela máxima da pessoa humana, seja porque cumpriram com a regra da reparação integral, seja porque foram além, atribuindo vantagem superior à vítima pela imposição de alguma penalidade adicional ao agente. Mas nenhuma dessas circunstâncias revela o conteúdo da função promocional, antes atendendo às demais finalidades já aqui elucidadas: a função reparatória e uma circunstancial função punitiva. Por outro lado, medidas regulatórias, ou administrativas, realizada no âmbito de conferir publicidade às empresas que atuam de modo sustentável, ou de modo geral, que atuam no sentido de evitar a concretização de danos, com o fim de *promover* o nome do agente de mercado na sociedade parece muito mais ligada ao escopo precaucional.[25]

A corrente seguinte, tecnicamente mais desenvolvida, peca por situar a aludida função promocional à perseguição de finalidades puramente preventivas, ou mesmo associadas à polêmica função punitiva, o que não parece refletir a teleologia última do sistema de responsabilidade civil.[26] Sabe-se que o direito dos danos é conectado, primariamente, ao viés sancionatório, como reação a um evento danoso, em busca do reequilíbrio perdido, situação reveladora de que o valor a ser perseguido deve, fundamentalmente, ligar-se ao escopo reparatório, ainda que se possa trabalhar, concomitantemente, com a tutela de valores que norteiam os comportamentos

---

24. Não se questiona que o direito patrimonial deve ser funcionalizado ao interesse existencial que compõe a cláusula geral de tutela da pessoa humana. Neste sentido, cf. BODIN DE MORAES, Maria Celina. *A caminho de um direito civil-constitucional*, cit., p. 11-12; e TEPEDINO, Gustavo. *Premissas metodológicas para a constitucionalização do direito civil*, cit., p. 23. Todavia, tal compreensão não revela sequer o real sentido da "função promocional", mesmo em sentido genérico. A formulação fica ainda mais frágil porque não consegue se conectar aos mecanismos próprios da responsabilidade civil, de modo a permitir uma definição autônoma e útil à chamada função *promocional da responsabilidade civil*.
25. Quando se relacionam à questões conexas aos direitos dos danos, os autores ilustram que "seria o caso de conferir ampla publicidade aos atos de pessoas jurídicas que se desenvolvem de modo sustentável, sem agredir o meio ambiente, ou daquelas cujas reclamações por inscrição indevida nos órgãos de proteção ao crédito foram eliminadas ou reduzidas substancialmente, emitindo-se certificados de congratulações para as mesmas e disponibilizando-os em meios de fácil acesso para a população como uma forma de divulgação de seus nomes" (RODRIGUES, Francisco Luciano Lima; VERAS, Gésio de Lima. *Dimensão funcional do dano moral no direito civil contemporâneo*, cit., p. 19). Neste caso, parece tratar-se de questão ligada à já referida função preventiva ou de precaução, como mais um instrumento da já aludida função, tornando despicienda a "invenção" de uma nova função (dita promocional) para alcançar finalidade de prevenção de danos.
26. Quando se fala em teleologia última, quer-se destacar a finalidade derradeira que serve ao fechamento de um círculo virtuoso de funções que elevam a responsabilidade civil ao seu patamar máximo de concretude, eficácia e efetividade. A finalidade preventiva, embora fundamental ao instituto, é ainda uma finalidade prévia e elementar da responsabilidade civil, não ser ela a finalidade "última". Cf., uma vez mais, NEVES, António Castanheira. *A crise actual da filosofia do direito no contexto global da crise da filosofia*, cit., p. 104.

preventivos.²⁷ Mas, neste caso, a função preventiva já se apresenta como finalidade que se propõe a conferir uma tutela ampla, positiva e negativa, dos interesses juridicamente protegidos, de modo que sejam realizados em que ofendam a esfera jurídica de terceiros, daí a finalidade preventiva. Como já se delineou, ela atua sobre o controle de comportamentos, podendo-se estimular condutas (perfil positivo da função preventiva) ou arbitrar sanções pelo descumprimento dos deveres de cuidado e proteção, independentemente da realização da lesão (perfil negativo da função preventiva).

Em nível teórico, lançam-se, ainda, as seguintes objeções à perspectiva da função promocional como finalidade ligada ao momento preventivo/punitivo: (i) laurear o agente "superdiligente" com a exclusão de uma indenização punitiva pressupõe, antes, assumir esta como existente na ordem jurídica positiva, conduzindo a questão ao problema da admissibilidade de uma indenização punitiva autônoma (pena privada), sem que haja prévia instituição por lei;[28] (ii) "funcionalizar" o perfil promocional da responsabilidade aos atos de prevenção e precaução representa um *descolamento* de tal função à finalidade primária do direito dos danos (a função reparatória/compensatória);[29] (iii) a função preventiva, quando possível realizar-se, encontra alguns limites e obstáculos no seu aperfeiçoamento, especialmente nas hipóteses de análise de comportamentos cujos danos deles decorrentes atraiam o regime de responsabilidade objetiva;[30] (iv) o benefício (prêmio) obtido por uma conduta "extraordinariamente diligente" seria demasiadamente indireto, intangível, o que reduziria o poder de estímulo a ele associado; (v) a função preventiva já abrange o perfil de tutela positivo e negativo em sua essência, tornando-se desnecessário envidar esforços em torno da construção de uma função promocional à função preventiva, sendo mesmo uma tautologia.

---

27. Tanto a "exclusão de uma sanção punitiva (a privação de uma desvantagem)", como a "criação de uma espécie de cadastro positivo de louváveis agentes econômicos em todos os setores da atividade econômica – com incentivo em obtenção de financiamentos públicos, redução de juros – capaz de gerar uma percepção positiva da sociedade em termos de imagem, com reflexos patrimoniais e morais para as empresas", em razão de uma prática de "diligência extraordinária" na atividade econômica, a fim de evitar os danos, revela um sentido desassociado da finalidade primária, integrando, em verdade, a própria noção de função preventiva em todas as suas potencialidades (ROSENVALD, Nelson. *Funções da responsabilidade civil*, cit., p. 161). É que a tutela positiva não é uma exclusividade da função promocional.
28. Essa objeção – de assumir a existência de danos punitivos no Brasil – já foi bem explicitada nos capítulos 2 e 3, supra, e, por todos, em BODIN DE MORAES, Maria Celina. *Danos à pessoa humana*, cit., 260.
29. Mais uma vez, é possível imaginar responsabilidade civil sem atuação preventiva, mas o inverso não é possível: não se cogita a existência de um modelo de responsabilidade sem tutela reparatória, com exclusiva atuação prévia, de controle de comportamentos, sem que se imponha o dever de indenizar caso a lesão se efetive.
30. Como já se acentuou, é necessário esclarecer que a tutela do dano é distinta da tutela preventiva. A responsabilidade objetiva, que diz respeito aos pressupostos para a reparação do dano, não pode ser modelo aplicável à tutela preventiva, que pressupõe a análise (com juízo de reprovabilidade) do comportamento do agente. Eis a razão pela qual a tutela preventiva deve ser sempre de natureza subjetiva. Neste sentido, confira a capítulos 2 e 3, *supra*, e o que já esclarece ROSENVALD, Nelson. *As funções da responsabilidade civil*, cit., p. 242-243.

Em verdade, assentir com a existência de uma *função promocional da responsabilidade civil* pressupõe, fundamentalmente, aderir à tese de que (i) a ordem jurídica positiva visa cumprir determinadas finalidades, podendo delas extrair uma teleologia; (ii) em razão disso, os institutos e categorias devem ser interpretados de maneira funcionalizada ao cumprimento de tais finalidades; (iii) os mecanismos normativos, definidores dos comportamentos desejados, pela via da previsão de reação do direito diante da conduta dos sujeitos, apresentam-se de duas formas: sanções negativas e positivas; (iv) a sanção positiva, definida como uma resposta benéfica do ordenamento a um comportamento desejável, que se faz necessário *estimular*, é admitida no âmbito da responsabilidade civil e extraída do contexto global do sistema; (v) os seus efeitos podem ser revelados mediante uma interpretação teleológica do direito posto, no qual já se pode vislumbrar uma *aplicação prática*, mesmo sem a existência de uma regulamentação específica; (vi) a sua construção dogmática deve gozar de autonomia suficiente para não se confundir com as demais funções já consagradas, ainda que possa ter relação de dependência com uma delas.[31]

Em cumprimento a este itinerário, já se demonstrou que o direito positivo contemporâneo, pós-positivista, organiza-se por um conjunto de normas cujo escopo não se resume a garantir o seu próprio cumprimento, numa perspectiva puramente formal, mas vinculado às finalidades materialmente determinadas na Constituição.[32] Se o direito atende, desta forma, a uma teleologia que se pode extrair da tábua de valores definida na Carta Maior, a responsabilidade civil se vincula a axiologia que não se limita ao aspecto lógico e interno do instituto, mas que se conecta com os valores globais do ordenamento (daí o seu aspecto funcional).[33]

Desta forma, se àquele aspecto interno, inerente ao instituto, que remonta às suas origens e aos alicerces de sustentação de sua existência, emerge a sua finalidade primária (função reparatória/compensatória), como resposta negativa (sanção negativa) do ordenamento a um dano injusto produzido na esfera jurídica de alguém,[34] o

---

31. Seja consentido remeter às observações preliminares apresentadas em REIS JÚNIOR, Antonio dos. Por uma função promocional da responsabilidade civil. In: SOUZA, Eduardo Nunes; SILVA, Rodrigo da Guia (Coord.). *Controvérsias atuais em responsabilidade civil*. São Paulo: Almedina, 2018, p. 597.
32. PERLINGIEIRI, Pietro. *O direito civil na legalidade constitucional*, cit., p. 589-591.
33. Nesta direção, acerca do "dano injusto", muito caro ao direito italiano, como já demonstrado no capítulo 1, supra, notadamente em face da previsão legal do art. 2.043 do Código Civil, leciona Adolfo DI MAJO que "il concetto di 'danno ingiusto' realizza una 'clausola generale', la quale ha riguardo a tutte le situazioni giuridiche che possono ricondursi alla violazione di principi, anche più generali, come quello di solidarietà, di cui è parola massimamente nella Costituzione (art. 2) ma non solo in essa" (Discorso generale sulla responsabilità civile. In: LIPARI, Nicolò; RESCIGNO, Pietro (Coord.). *Diritto civile*. Milano: Giuffrè, 2009, v. IV, t. III, p. 23).
34. Importante reforçar que a ideia de sanção não se confunde com a de punição, ou imposição de pena. Neste sentido, sanção negativa representa, em termos gerais, uma resposta negativa a um comportamento negativo, rejeitado pela ordem jurídica, motivo pelo qual a imputação do dever de indenizar ao responsável representa uma forma de aplicação de uma sanção negativa, mesmo que desprovida de viés punitivo (REALE, Miguel. *Filosofia do direito*. 12. ed. São Paulo: Saraiva, 1987, p. 673).

desafio do intérprete é obter o significado de sua finalidade última.[35] Neste sentido, entende-se por finalidade última aquela que se realiza no escopo global do ordenamento jurídico, como último degrau de concretização do direito, em sua unidade. Tal sentido só pode ser identificado através do reconhecimento de um *objetivo final* destacado na tábua de valores que compõem o vértice da escala hierárquica do ordenamento, cujo teor encontre perfeita harmonização com a intencionalidade primeira do instituto da responsabilidade civil.[36] Eis por que a finalidade última da responsabilidade civil só pode estar associada ao comando do art. 3º, I, da CF, que define como "objetivo fundamental" da República Federativa do Brasil "*construir uma sociedade livre, justa e solidária*". Se a liberdade já encontra lugar como um dos fundamentos de imputação da responsabilidade e a justeza do modelo é de sua própria natureza, calcada nos parâmetros de igualdade e preservação da incolumidade da esfera jurídica alheia (ambos sustentam a finalidade primária da responsabilidade civil), é na *solidariedade* que se deve desenvolver o conteúdo da última fronteira na teleologia da responsabilidade civil.[37]

Decerto que já são muitos os esforços no sentido de transpor para a solidariedade o fundamento da responsabilidade civil. Como já demonstrado, costuma-se ancorar no valor da *solidariedade* tanto o movimento de "objetivação" da responsabilidade civil,[38] quanto a corrente que sustenta o abandono do viés individualista do dever de reparar, por um sistema global de socialização dos riscos e das perdas,[39] ou mesmo no sentido de fundamentar a expansão dos "novos" danos indenizáveis (ou a seleção de novos interesses dignos de tutela jurídica),[40] até aqueles que atribuem à solidariedade o fundamento de valor da função preventiva.[41] Entretanto, aqui se defende uma outra atribuição de sentido ao valor da solidariedade, que revela a finalidade última da responsabilidade civil, na fronteira derradeira de concretização (máxima efetividade) de sua finalidade primária.

---

35. Segundo Mafalda Miranda BARBOSA, a teleologia última da responsabilidade civil corresponde à "intencionalidade que a caracteriza e que lhe comunica um determinado sentido do direito enquanto direito" (*Reflexões em torno da responsabilidade civil...*, cit., p. 512).
36. Mais uma vez, saliente-se, a referência à finalidade primária, primeira ou originária não implica superioridade hierárquica do *thelos* reparatório, em comparação, por exemplo, à finalidade preventiva, mas apenas que ela representa a referência teleológica nuclear do instituto, sem a qual a responsabilidade não encontra razão de ser.
37. Marcante a passagem de Maria Celina Bodin de Moraes, ao identificar o conteúdo do princípio da solidariedade: "a pessoa humana, no que se difere diametralmente da concepção jurídica de indivíduo, há de ser apreciada a partir da sua inserção no meio social, e nunca como célula autônoma, nunca microcosmo cujo destino e cujas atitudes possam ser diferentes aos destinos e às atitudes dos demais (...). O princípio da solidariedade, ao contrário, é a expressão mais profunda da sociabilidade que caracteriza a pessoa humana. No contexto atual, a Lei Maior determina – ou melhor, exige – que nos ajudemos, mutuamente, a conservar a nossa humanidade porque a construção da sociedade justa, livre e solidária cabe a todos e a cada um de nós" (O princípio da solidariedade. *Na medida da pessoa humana*. Rio de Janeiro: Renovar, 2008, p. 264-265).
38. SALLES, Raquel Bellini. *A cláusula geral de responsabilidade objetiva*, cit., p. 61.
39. SCHEREIBER, Anderson. *Novos paradigmas da responsabilidade civil*, cit., p. 30.
40. RODOTÀ, Stefano. *Il problema della responsabilità civile*, cit., p. 89-116.
41. VENTURI, Thaís Goveia Pascoaloto. *Responsabilidade civil preventiva*, cit., p. 241.

Na busca de seu significado, não é prudente que seja compreendida como contraponto ao valor da liberdade. Antes, deve conviver harmonicamente com ela, delineando, nos confins de sua interseção, o conteúdo daquela e vice-versa. Em outras palavras, não se trata de travar um embate de fundamentos entre liberdade *vs* solidariedade. Cuida-se de identificar em ambos os valores, de igual peso hierárquico, as finalidades e funções que a responsabilidade civil persegue, numa perspectiva unitária.

Neste raciocínio, compreende-se que a liberdade, como fundamento da responsabilidade civil, influenciada pela solidariedade, só pode ser entendida em contexto *inter-relacional*, não individualista e não voluntarista, mas que encontra na pessoa humana o *locus* de sua atuação, considerando toda a complexidade de interesses que a envolvem, máxime aqueles de natureza existencial.[42] Ciente de que sua autonomia só pode ser realizada na consideração do Outro, como elemento integrante daquilo que representa a personalidade humana, confere-se à liberdade, assim, um sentido ético (e não moralista), positivo (com senso de dever de conduta), vinculado à personalidade, que se realiza na comunicação com os demais centros de interesses,[43] ainda que não se perca de vista o seu sentido negativo, associado à definição de seus limites de atuação, onde a responsabilidade atua como modelo de reação ao dano proveniente de seu indevido exercício. Aqui se observa a finalidade primária da responsabilidade civil: o viés reativo, de resposta, como sanção negativa, a um dano causado por alguém na esfera jurídica alheia.

À solidariedade, por sua vez, deve-se atribuir um novo sentido que não se contraponha à liberdade, mas que se comunique a ela, extraindo dessa relação a finalidade última do instituto.[44] Nesta direção, a solidariedade exprime também,

---

42. "A pessoa – entendida como conexão existencial em cada indivíduo da estima de si, do cuidado com o outro e da aspiração de viver em instituições justas – é hoje o ponto de confluência de uma pluralidade de culturas, que nela reconhecem a sua própria referência de valores. (...) A pessoa é inseparável da solidariedade: ter cuidado com o outro faz parte do conceito de pessoa. (...) Nesta perspectiva, a solidariedade exprime a cooperação e a igualdade na afirmação dos direitos fundamentais de todos" (PERLINGIERI, Pietro. *O direito civil na legalidade constitucional*, cit., p. 460-462).
43. "O homem não é mais o indivíduo absoluto, que tem ao seu dispor um mundo objeto manipulável, mas a pessoa convivente, que age no mundo por que é responsável; e por outro lado e consonantemente o direito não é o mero regular do encontro de arbítrios, subjectivamente titulados, que recíproca e mecanicamente se comprimem, mas autenticamente co-instituída exigência de sentido em que a pessoa aceita rever-se" (BRONZE, Pinto. O Visconde de Seabra (um exercício de memória). *Boletim da Faculdade de Direito*. v. LXXI, p. 593. Coimbra: Ed. Coimbra, 1995). Em conexão com a responsabilidade, Malfada Miranda BARBOSA leciona que "o homem já não pode ser entendido isoladamente, como uma parcela do todo, mas deve ser entendido como um ser que realiza plenamente a dignidade ética na comunicação com os outros semelhantes" (*Reflexões em torno da responsabilidade civil...*, cit., p. 557).
44. "Não se trata (...) somente de impor limites à liberdade individual, atribuindo inteira relevância à solidariedade social: o princípio cardeal do ordenamento é o da dignidade humana, que se busca atingir através deu uma medida de ponderação que oscila entre os dois valores, ora propendendo para a liberdade, ora para a solidariedade. A resultante dependerá dos interesses envolvidos, de suas consequências perante terceiros, de sua valoração em conformidade com a tábua axiológica constitucional, e determinará a disponibilidade ou indisponibilidade da situação jurídica protegida" (BODIN DE MORAES, Maria Celina. *O princípio da solidariedade*, cit., p. 264-265).

quando conectada à função primária, um sentido (ligado à ideia de uma liberdade positiva) que convoca os atores envolvidos no evento danoso (que *já ocorreu*) a movimentarem-se (como senso de dever) do modo mais eficaz possível à realização da reparação/compensação dos danos concretizados na esfera jurídica da vítima. De um lado, convoca o agente à busca pela maneira mais eficiente de reparar ou compensar a vítima. De outro, concretizado o dano, invoca a vítima a abrir os canais de comunicação para a realização de tal desiderato, exigindo-se cooperação de sua parte. Abre-se um canal de diálogo possível e desejável (daí o sentido ético) na ambiência normalmente hostil da responsabilidade extracontratual ou aquiliana, onde agente e vítima não mantinham relações ou vínculos pretéritos. É um passo adiante na escala do avanço civilizatório e comunitário.

Ao remate, no constitucionalismo contemporâneo do pós-guerra, não se pode admitir que o modelo de responsabilidade sirva a escopos individualistas, seja na perspectiva da vítima, seja pela ótica do agente ofensor. É que o valor da pessoa humana representa o centro maior de interesses do ordenamento jurídico, de maneira que a responsabilidade civil só pode fundamentar-se da consideração da pessoa (e não do indivíduo, ou sujeito de direito), na complexidade de seus atributos (patrimoniais e existenciais), como núcleo maior de tutela e critério-mor de conformação do instituto. Assim é que a dignidade, que não se realiza sem liberdade e solidariedade, representa a ideia de ter na pessoa a *finalidade do direito*, conferindo à responsabilidade civil um caráter ético imanente. A obrigação de indenizar existe em razão do exercício da liberdade, mas não como limite externo desta, senão como componente de modelação de seu exercício, que exige o cumprimento de deveres (solidariedade). Quanto mais eficazmente forem tais deveres cumpridos (especialmente o dever de reparar ou compensar), melhor para a comunidade na qual as pessoas se inter-relacionam, aproximando-se mais à vítima, em igual medida, de sua reparação integral.[45]

A função promocional da responsabilidade civil, portanto, define-se como finalidade última do direito dos danos, como degrau derradeiro de seu aperfeiçoamento, cujo sentido, conectado à sua finalidade primária, revela-se pelo conjunto de medidas que visam *estimular*, com amparo na ideia de sanção positiva, a reparação ou compensação *espontânea* dos danos.[46]

Com fundamento no binômio liberdade negativa-responsabilidade, em sua finalidade primária, o causador do dano é obrigado, com ou sem culpa (conforme seja a responsabilidade subjetiva ou objetiva), a reparar ou compensar a vítima, medindo a indenização pela extensão do dano (sanção negativa). Sendo este o efeito que se impõe, pelo conjunto normativo estabelecido pelo ordenamento jurídico (art. 186, 187 e 927 do Código Civil), cumpre realizá-lo da maneira mais efetiva

---

45. É a mesma linha adotada por BODIN DE MORAES, Maria Celina. *A constitucionalização do direito civil e seus efeitos sobre a responsabilidade civil*, cit., p. 317-342.
46. Mais uma vez, pede-se a devida licença para remeter a REIS JÚNIOR, Antonio dos. *Por uma função promocional da responsabilidade civil*, cit., p. 601.

possível, permitindo-se, assim, extrair a finalidade última da responsabilidade civil, de modo a emanar do sistema jurídico um conjunto de sanções positivas (prêmios ou recompensas), cujo objetivo é estimular a reparação espontânea e eficiente dos danos. Fala-se de um conjunto de efeitos favoráveis ao agente que (atribuindo-lhe uma vantagem ou privando-o de uma desvantagem), uma vez reconhecidos pela doutrina e pela jurisprudência, terão força suficiente para gerar um ambiente inter--relacional ideal, cujo maior beneficiário continuará sendo a própria vítima: pessoa lesada cujo centro de interesses se mantém como aquele mais importante a tutelar.[47]

Contudo, como parte do desafio da doutrina e da jurisprudência, faz-se mister que se elabore critérios seguros de definição das vantagens (ou da redução ou privação das desvantagens) que o agente causador do dano teria, caso decidisse reparar ou compensar, espontânea e rapidamente, de modo eficiente (alcançando a reparação integral), os danos por ele causados. Tais pontos de desenvolvimento, cruciais à aplicação prática da novel função, serão a seguir desenvolvidos. Antes, porém, é preciso demarcar, de forma derradeira, o espectro de atuação de cada função autônoma da responsabilidade civil.

4.2.2 Distinções entre a função reparatória, preventiva e promocional

A função reparatória ou compensatória já foi amplamente exposta. O seu pressuposto é a ocorrência de *dano*.[48] Caracteriza-se, fundamentalmente, pela perseguição de escopo material, ou substancial, no sentido de reequilibrar a relação jurídica abalada pela ocorrência da lesão a determinado interesse (ou feixe de interesses) juridicamente protegido.[49] Atende à finalidade primária da responsabilidade civil, da qual esta não cogita desvincular-se.[50] Intenta recompor a situação patrimonial prejudicada indevidamente, ou compensar o abalo existencial injustamente imposto à vítima. A tal desiderato, estrutura-se de maneira a garantir, em regra, a *reparação integral*.[51] Organiza-se mediante a previsão de sanções negativas, naturalmente

---

47. Valiosas as palavras de Louis Josserand, para quem "a história da responsabilidade é a história da jurisprudência, e também, de alguma forma, da doutrina: é, mais geralmente, o triunfo do espírito, do senso jurídico" (Evolução da responsabilidade civil. *Revista Forense*. a. 38. v. 86. Rio de Janeiro, 1941, p. 559).
48. FRANZONI, Massimo. *Trattato della responsabilità civile*, v. II, cit., p. 3-6. No sentido de que "sem dano, não há o que indenizar", segue, dentre todos, STOCO, Rui. *Tratado de responsabilidade civil*: doutrina e jurisprudência. 7. ed. São Paulo: Ed. RT, 2007, p. 128. É a síntese da doutrina tradicional: "A responsabilidade civil, incluindo a obrigacional, traduz-se na obrigação de indemnizar, ou seja, de reparar prejuízos, e portanto, sem estes, não existe" (TELLES, Inocêncio Galvão. *Direito das obrigações*. 7. ed. Coimbra: Coimbra Editora, 1997, p. 373).
49. "Incontestablement, l'idée dominante dans tous les systèmes juridiques consiste à assurer à la personne lésée la réparation de son dommage. Cette place essentielle de l'idée de réparation ou de compensation s'accompagne d'ailleurs d'une prééminence de fait, sinon de droit, de l'indemnisation pécuniaire qui s'explique par le rôle d'instrument privilégié des échanges de valeurs joué par la monnaie dans les pays économiquement développés" (VINEY, Geneviève. *Traité de droit civil*: la responsabilité – effets, cit., p. 3).
50. STOLL, Hans. *Consequences of liability*: remedies. New York, Oceania, 1972, n. 8, 12 e 135.
51. Como já acentuado no capítulo 1, supra, fala-se cada vez mais em princípio da reparação integral ressignificado à luz da tutela da pessoa humana, que importa em sentido de conferir à vítima uma tutela plena e

apresentadas como *reação* ao dano causado, constituindo-se em perfeita medida representativa de uma ordem jurídica coercitiva.

A *função promocional da responsabilidade civil*, por sua vez, é aquela que visa a proporcionar um ambiente ético que estimule as partes, sobretudo o agente ofensor, a reparar ou compensar espontaneamente os danos causados. Pressupõe, assim como a função reparatória, a ocorrência de *dano*.[52] Entretanto, caracteriza-se, essencialmente, pela perseguição de escopo instrumental, ou procedimental, no sentido de apresentar meios de estímulos a práticas de condutas desejadas, que se revelam a partir da materialização de comportamentos dos agentes que buscam a recomposição espontânea dos danos, em realização a valores fundamentais do ordenamento, especialmente a *solidariedade*, conferindo-lhe eficácia e concretude. Atende à finalidade última da responsabilidade civil, como último nível da escada civilizatória, cujo ordenamento positivo atual já apresenta soluções. Mostra-se como construção teórica *realista* e amparada no *primado da praxe*, no sentido de que não existe ordem social perfeita. Ao desiderato perseguido, estrutura-se de maneira a garantir a *reparação suficiente*, propondo, assim, uma ressignificação do papel da *reparação integral*.[53] Organiza-se mediante a previsão de sanções positivas,[54] premiando o devedor (agente causador do dano) pela resposta concreta, eficaz e eficiente à lesão causada, satisfazendo plenamente o interesse do credor (vítima).[55]

Por seu turno, a função preventiva da responsabilidade civil também já foi suficientemente debatida. O seu pressuposto de atuação é a realização, por parte de certos agentes, de atos ou atividades que produzam riscos de danos. Caracteriza-se, assim, pela perseguição de intencionalidade atuante sobre o *comportamento*

---

satisfativa, em última análise, eficaz, como já reconhece o art. 6º, VI do Código de Defesa do Consumidor. Neste sentido, TEPEDINO, Gustavo. A responsabilidade civil por acidentes de consumo na ótica civil-constitucional. *Temas de direito civil*. Rio de Janeiro: Renovar, 2008, v. 1, p. 283). Como é cediço, em termos de historicidade, o princípio da reparação integral foi estabelecido à época da reparação exclusiva dos danos patrimoniais (FRANZONI, Massimo. *Trattato della responsabilità civile*, v. II, cit., p. 9-162).

52. O fato de haver identidade de pressuposto (interesse lesado) não implica identidade de funções, ao ponto de uma pertencer a outra, ou ambas fazerem parte da mesma realidade fenomenológica. É que, como se verá nos capítulos *infra*, os valores perseguidos são distintos. A finalidade imediata é próxima (a reparação do dano), mas a forma e os instrumentos utilizados se distinguem. Por outro lado, situar a função promocional apenas a partir da ocorrência do dano – apesar de reconhecer a necessidade de evitá-lo ao máximo (função preventiva) – nada mais é do que adotar uma teoria axiológica, mas também realista e pragmática do direito, afastando-se de viés perfeccionista – e, na prática, inalcançável – da responsabilidade civil pela utopia da prevenção total.
53. Para entender os fundamentos axiológicos da ressignificação do princípio da reparação integral, cf. capítulo 4.2.4, infra.
54. Cf. Capítulo, 4.1, supra.
55. Acerca de uma nova ideia de "satisfação" da vítima, superando a ideia da reparação patrimonial integral e da "compensação financeira" por obtenção de execução de obrigações e meios outros que sejam suficientes para "restabelecer a legalidade", leciona Geneviève Viney que "l'évolution des idées sur la responsabilité civile a fait apparaître d'autres perspectives qui conduisent à assigner également à cette institution des objectifs nettement distincts de la réparation, même entendue de plus largement possible. (...) soit même afin d'obtenir l'exécution des obligations ou , plus largement, le rétablisseent de la légalité" (*Traité de droit civil*: la responsabilité – effets, cit., p. 4-5).

dos agentes que, eventualmente, *podem* causar danos a outrem.[56] Atende à finalidade reflexa da responsabilidade civil, no sentido de que a prevenção do dano é o reflexo natural da rejeição que a ordem jurídica impõe sobre a realização de lesões a interesses juridicamente protegidos, tendo como finalidade primária a reparação dos danos e finalidade reflexa – e até anterior, cronologicamente – a prevenção aos comportamentos lesivos.[57] Intenta prevenir a sua ocorrência, evitando ao máximo a exposição ao risco, pelo controle prévio dos comportamentos. A tal desiderato, estrutura-se de maneira a garantir, em regra, a *incolumidade* das pessoas e bens alheios.[58] Pode-se organizar-se mediante a previsão de sanções negativas, como *reação* ao dano causado (penas civis), extraindo daí um perfil coercitivo,[59] ou por via de sanções positivas, com estipulação legal e prévia de prêmios ou benesses pela prática reiterada de comportamentos preventivos esperados e exigidos pela ordem jurídica.[60] Como esta última forma de concretização da função preventiva é de sua natureza, crê-se que não é correto identificar nela uma função autônoma, a denominar-se função promocional.

Sedimentadas as funções que a responsabilidade civil brasileira persegue, passa-se, então, a demonstrar quais os instrumentos já previstos na ordem jurídica positiva que revelam a existência e a plena possibilidade de concretização da inovadora *função promocional da responsabilidade civil*. Nesta investigação, preferiu-se optar por classificação que distingue uma medida de cunho processual das demais possibilidades materiais de identificação do perfil funcional promocional. Inicia-se pela primeira.

4.2.3 A positivação do valor da "prioridade da autocomposição dos conflitos": uma contribuição instrumental do Código de Processo Civil (Lei n. 13.105/15)

A lei n. 13.105, de 16 de março de 2015, reformulou o processo civil brasileiro. Entre seus dispositivos inaugurais, que versam sobre as "normas fundamentais do processo civil", consta no art. 3º, §2º que, "o Estado *promoverá*, sempre que possível, a

---

56. MARTON, Gezà. *Les fondements de la responsabilité civile*, cit., p. 346-356.
57. Cf., capítulo 3, supra.
58. PUGLIATTI, Salvatore. *Alterum non laedere*, cit., p. 45-51. Em sentido amplo, apresenta-se como "organizzazione tecnica astrattamente idonea a prevenire incidenti", que deve tomar "tutte le misure idonee ad evitare il danno" (VISINTINI, Giovanna. *Cos'è la responsabilità civile*, cit., p. 21).
59. "Non è un caso che il concetto di danno punitivo proviene da un ordinamento giuridico dove la distinzione tra diritto civile e diritto penale è particolarmente sfumata, conseguentemente alla condanna al risarcimento del danno è attribuita anche una funzione punitivo – sanzionatoria (dettata dalla volontà di stigmatizzare la condotta di chi realizza profitti attraverso il compimento di atti illeciti) e preventivo – deterrente (al fine di evitare che altri soggetti siano incentivati a tenere comportamenti analoghi)" (PARDOLESI, Paolo. Danni punitivi: frustrazione da 'vorrei, ma non posso'. *Rivista Critica di Diritto Privato*, a. 25, n. 2, Bologna: Il Mulino, jun. 2007, p. 341).
60. "As sanções preventivas subdividem-se, em virtude dos mecanismos através dos quais atuam e dos seus objetivos específicos, em providências de (i) controle, (ii) *encorajamento*, (iii) intimidação e de (iv) preclusão" (TAMALINI, Eduardo. *Tutelas relativas aos deveres de fazer e de não fazer e sua extensão aos deveres de entrega das coisas...*, cit., p. 175-176) (grifos nossos).

solução consensual dos conflitos". Não satisfeito, previu em seu §3º que "a conciliação, a mediação e outros métodos de solução consensual de conflitos deverão ser *estimulados* por juízes, advogados, defensores públicos e membros do Ministério Público, *inclusive no processo judicial*". Consagra-se, assim, a autocomposição dos conflitos como valor juridicamente relevante que deve ser perseguido por instrumentos hábeis à sua concretização.[61] Já é lançada, a propósito, a forma de sanção preferencial para que se possa alcançar tal objetivo: *as sanções positivas*, como medidas de *estímulo* à transação, com prioridade para a esfera extrajudicial, ainda que se deva estimular a autocomposição *inclusive no processo judicial*.

O legislador foi além. Não apenas positivou o valor da autocomposição preferencial, como norma de interpretação e aplicação do direito. Previu, também, como norma de caráter executivo, a criação de *"centros judiciários de solução consensual de conflitos"*, cujo escopo não se resume à realização de sessões e audiências de conciliação e mediação, mas, sobretudo, ao desenvolvimento de programas destinados a auxiliar, orientar e estimular a autocomposição (art. 165 do CPC/2015).[62]

Sabe-se, então, que a finalidade do novo conjunto normativo é alcançar a *solução consensual dos conflitos*.[63] Desta forma, como medida concreta de estímulo (sanção positiva),[64] a lei determina a criação dos centros judiciários de conciliação e mediação, propiciando toda uma estrutura de Estado para que o objetivo possa ser alcançado da forma mais célere possível, com apoio dos atores que compõem a relação jurídica conciliatória. De um lado, o conciliador, que atuará "preferencialmente nos casos em que não houver vínculo anterior entre as partes", circunstância na qual poderá até "sugerir soluções para o litígio", desde que não utilize qualquer tipo de "constrangimento ou intimidação para que as partes conciliem" (art. 165,

---

61. Em outras palavras, a ordem jurídica deve oferecer meios para que o objetivo da autocomposição seja alcançado. Daí a necessidade de interpretar as categorias do direito material e processual de modo *funcionalizado* à realização do valor da prioridade da autocomposição, eleito como interesse digno de tutela.
62. "Art. 165. Os tribunais criarão centros judiciários de solução consensual de conflitos, responsáveis pela realização de sessões e audiências de conciliação e mediação e pelo desenvolvimento de programas destinados a auxiliar, orientar e estimular a autocomposição.

    § 1º A composição e a organização dos centros serão definidas pelo respectivo tribunal, observadas as normas do Conselho Nacional de Justiça".
63. Para um estudo abrangente sobre a conciliação e mediação como o novo limiar da justiça, Cf., entre tantos outros, ANDREWS, Neil. *The three paths of justice*: court proceedings, arbitration, and mediation in England. Springer: New York, 2011; WARAT, Luis Alberto. *Surfando na Pororoca*: o ofício do mediador. Florianópolis: Fundação Boiteux, 2004; COSI, Giovanni. FODDAI, Maria Antonietta. *Lo spazio della mediazione*: conflitti di diritti e confronto di interessi. Milano: Giuffrè, 2003; GUERRA FILHO, Willis Santiago. Breves notas sobre os modos de solução de conflitos. *Revista de Processo*, São Paulo, v. 11, n. 42, abr./jun. 1986, p. 281-287; GUERRA FILHO, Willis Santiago. *O fenômeno da desjudicialização*: uma nova era de acesso à justiça. Rio de Janeiro: Lumen Juris, 2018.
64. A sanção positiva corresponde ao comando de conduta que fomenta as partes a realizar a autocomposição, cuja concretização da transação trará benefícios para todas as partes envolvidas, ou, na pior das hipóteses, mitigará certos prejuízos. Difere-se da sanção negativa porque o descumprimento da norma que determina o esforço conciliatório por partes do envolvidos não impõe qualquer reação negativa do direito, não havendo qualquer prejuízo adicional às partes.

§2º do CPC/2015). De outro, o mediador, que atuará "preferencialmente nos casos em que houver vínculo anterior entre as partes", tendo por função precípua auxiliar os interessados a "compreender as questões e os interesses em conflito, de modo que eles possam, pelo restabelecimento da comunicação, identificar, por si próprios, soluções consensuais que gerem benefícios mútuos" (art. 165, § 3º do CPC/2015).[65]

A rigor, cabe ao conciliador um papel mais ativo, para o encalço da transação entre as partes que sequer mantinham relações jurídicas prévias, enquanto se reserva ao mediador um papel menos proativo, mas de suma importância, ao buscar despertar nas partes o interesse pelo diálogo e pela constatação de que a autocomposição é a solução mais benéfica para todos os envolvidos. De todo modo, devem, tanto o conciliador quanto o mediador, prestarem obediência aos princípios da independência, da imparcialidade, da autonomia da vontade, da confidencialidade, da oralidade, da informalidade e da decisão informada.[66]

É neste ponto que a legislação processual presta a maior contribuição ao itinerário que deve ser perseguido pelas partes envolvidas na solução consensual e extrajudicial do litígio. Em primeiro lugar, valoriza a *confidencialidade* como um dos elementos mais importantes para que as partes se sintam confortáveis em tomar decisões definitivas para a composição do conflito, especialmente porque pressupõe a concessões mútuas de suas posições jurídicas. Uma parte não pode temer que sua concessão para o alcance da solução final da controvérsia se torne um *precedente*, isto é, que seja utilizada por outros agentes, em situações distintas, como barganha para a obtenção de vantagens ou mesmo como prova em processos judiciais que envolvam outras partes.[67]

Eis a razão pela qual "a confidencialidade estende-se a todas as informações produzidas no curso do procedimento, cujo teor não poderá ser utilizado para fim diverso daquele previsto por expressa deliberação das partes" (art. 166, §1º do CPC/2015). Imputa-se a todos os agentes envolvidos (conciliadores, mediadores e membros das equipes de conciliação e mediação), portanto, um dever de sigilo, se-

---

65. Trata-se de um claro "empurrão", "cutucada" ou "gatilho" (*nudge*), dado pela ordem jurídica para estimular comportamentos desejados (SUNSTEIN, Cass S.; THALER, Richard H. *Nudge*: improving decisions about health, wealth, and happiness, cit., passim). O legislador processual, a propósito, insiste na preferência à autocomposição mesmo no âmbito intraprocessual. Ajuizada ação, com instauração formal da lide, ainda assim se deve convocar, prioritariamente, audiência de conciliação ou de mediação, sendo o réu citado para este fim (art. 303, II e 334 do CPC), abrindo-se prazo para a contestação apenas diante da frustração da autocomposição (art. 303, III e 335, I do CPC). No procedimento comum, só não haverá audiência de conciliação e mediação se "ambas as partes manifestarem, expressamente, desinteresse na composição consensual" ou "quando não se admitir a autocomposição" (art. 334, §4º, I e II do CPC). Confira, no capítulo infra, as controvérsias em torno das situações nas quais não se admite autocomposição.
66. "Art. 166. A conciliação e a mediação são informadas pelos princípios da independência, da imparcialidade, da autonomia da vontade, da confidencialidade, da oralidade, da informalidade e da decisão informada".
67. Decerto que tal confidencialidade não pode servir de estímulo maléfico para o uso das audiências com intuito meramente procrastinatório. Neste ponto, cf. MENDES, Aluisio Gonçalves de Castro; HARTMANN, Guilherme Kronemberg. A audiência de conciliação ou de mediação no Novo Código de Processo Civil. *Revista de Processo*, n. 253, São Paulo: Ed. RT, mar./2016, p. 177.

gundo o qual "não poderão divulgar ou depor acerca de fatos ou elementos oriundos da conciliação ou da mediação" (art. 166, § 2º do CPC).

Em igual medida, é importante que o conciliador ou mediador atue com *independência*, sem vínculos, mesmo que indiretos, com qualquer das partes, ou terceiros que com estas se relacionem, tanto para garantir a paridade de armas do jogo negocial, quanto para certificar a confiabilidade necessária no sistema conciliatório.[68] A atuação independente é pressuposto para o comportamento *imparcial* do conciliador e do mediador, que também é imprescindível para reforçar a credibilidade das decisões tomadas no âmbito dos centros ou câmaras privadas de conciliação.[69]

Como se trata de um caminho para a realização de um acordo de transação civil, é inexorável que o consentimento seja tomado de forma autônoma, sem vícios ou defeitos. Para tanto, mostra-se essencial que as tratativas, conduzidas pelo conciliador ou mediador, sejam realizadas de modo informal e com a linguagem mais acessível aos litigantes. Assim, a *oralidade* e a *informalidade* são características que auxiliam na aproximação dos sujeitos envolvidos, munindo-os de todas os dados necessários para que o consentimento seja plenamente informado.

Por sua vez, o legislador conferiu às partes poderes para que sejam utilizadas *técnicas negociais*, cujo escopo é proporcionar ambiente favorável à autocomposição. Aqui se abre um horizonte para a aplicação das mais variadas técnicas que buscam o deslocamento dos pontos extremos da disputa (v.g., o credor que pretende receber o valor integral da dívida e o devedor que propõe manter-se totalmente inadimplente, por diversas razões), para uma "zona de possível acordo", de modo a oferecer aos interessados a *"melhor alternativa para um acordo negociado"*.[70] Torna-se inevitável, portanto, para o desenvolvimento da resolução extrajudicial de conflitos, que se redefina as fronteiras da transação, conforme os valores atuais do ordenamento jurídico.[71] É que a autocomposição pode depender de concessões mútuas, elemento caracterizador do negócio jurídico da transação (art. 840 do Código Civil).

---

68. O exercício da função, aliás, torna-os impedidos de exercer a advocacia nos juízos em que desempenhem suas funções (art. 167, § 5º do CPC), assim como ficam impedidos, pelo prazo de 1 (um) ano, contado do término da última audiência em que atuaram, de assessorar, representar ou patrocinar qualquer das partes (art. 172 do CPC), podendo virem a ser excluídos se agirem com dolo ou culpa na condução da conciliação ou da mediação sob sua responsabilidade ou violar qualquer dos deveres decorrentes do art. 166, §§ 1º e 2º, ou atuarem em procedimento de mediação ou conciliação, apesar de impedidos ou suspeitos (art. 173, I e II do CPC).
69. A lei permite a criação de câmaras privadas de conciliação e mediação, ou mesmo outras formas de conciliação e mediação extrajudiciais vinculadas a órgãos institucionais ou realizadas por intermédio de profissionais independentes, que poderão ser regulamentadas por lei específica (art. 175 do CPC).
70. A expressão "zona de possível acordo" é uma tradução livre para a expressão utilizada no direito anglo-saxão como "zone of possible agreement" ou, simplesmente, "ZOPA". A mesma circunstância costuma ser referenciada como *"bargaining range"*, algo como "faixa de negociação". Neste caso, a ideia é levar as partes a tal "zona" ou "faixa", para que possam formatar a "melhor alternativa para um acordo negociado" (em inglês, *best alternative to a negotiated agreement*, ou simplesmente BATNA). Para melhor aprofundamento na matéria, cf., por todos, URY, William; FISCHER, Roger. *Getting to yes*: negotiating agreement without giving in. 3. ed. New York: Penguin Books, 2011.
71. Cf., capítulo 4.2.4, infra.

Para além desta estrutura estatal de apoio e fomento à autocomposição, permite-se ainda que se instaure câmaras privadas de conciliação e mediação, desde que preenchidos os requisitos legais. Valoriza-se tanto a autonomia neste momento, que é facultado às partes escolher, de comum acordo, o conciliador, o mediador ou a câmara privada de conciliação e de mediação. Eis por que dispõe o art. 166, §4º do CPC/2015, que a mediação e a conciliação são regidas conforme a *autonomia* dos interessados, permitindo-lhes, inclusive, que estipulem regras procedimentais próprias.[72]

De tudo isso se extrai que o ordenamento jurídico positivo já prevê *sanção positiva* para que as pessoas possam realizar o valor eleito como merecedor de tutela em grau preferencial, atribuindo norma que lhes impõe comportamentos desejáveis, direcionados à *autocomposição dos conflitos*. O comando é claro: as pessoas envolvidas em um litígio devem buscar a autocomposição à máxima medida; caso se conduzam da maneira esperada serão beneficiadas pelo sistema.[73] Obtida a transação na via extrajudicial, obtém-se a *benesse* da redução dos custos naturais de um litígio judicial, sejam eles patrimoniais (ante a inexistência de despesas processuais, honorários de advogado, incidência de juros da mora e correção monetária sobre o débito principal, ao sucumbente etc.), sejam eles imateriais (tempo de indefinição da lide, a carga emocional que o processo despeja sobre a psique dos envolvidos etc.).

Logo, como se pretende que as pessoas se comportem de determinada forma (cooperando para a autocomposição), conferindo-lhes *estímulo* processual e material para tal (sanção positiva), ao invés de imputar-lhes penas pelo descumprimento dos preceitos (sanção negativa), trata-se de mais uma expressão da função promocional do direito (e não apenas da responsabilidade civil). O disposto no art. 3º, §3º e artigos 165 e seguintes, todos do Código de Processo Civil, *estimulam* as partes a buscar a solução consensual do litígio – de modo prioritário – e, preferencialmente, na esfera extrajudicial, cujo *prêmio* será a redução substancial dos custos materiais e imateriais do processo. Em se tratando de norma genérica, é evidente que abrange o ambiente da responsabilidade civil, ainda que não se limite a ela.

Cabe à doutrina, a partir de então, auxiliar o intérprete e aplicador do direito quanto à melhor maneira de concretizar o valor da autocomposição preferencial, evidenciando os desafios e entraves para o seu melhor desenvolvimento e propondo soluções para um avanço, o que nesta investigação, por questões de delimitação temática, resumir-se-á às hipóteses de responsabilidade civil extracontratual.

---

72. CPC/2015. "Art. 166. § 4º. A mediação e a conciliação serão regidas conforme a livre autonomia dos interessados, inclusive no que diz respeito à definição das regras procedimentais".
73. BOBBIO, Norberto. *Da estrutura à função*, cit., p. 24-25.

4.2.4 A função promocional da responsabilidade civil, a máxima efetividade e os confins da transação

A *função promocional da responsabilidade civil* é expressão da finalidade última do instituto. Aquela função que se liga às exigências comportamentais e éticas derradeiras, para que as pessoas, no exercício da solidariedade, corrijam seus equívocos espontaneamente, ainda que pela via de um estímulo. Como está ligada umbilicalmente à finalidade primária, pressupõe o dano e se orienta para a sua *melhor* reparação ou compensação.[74] Como direciona o foco ao comportamento elogiável (ético) das partes envolvidas, para solver o litígio e restabelecer a harmonia social, *não se prende inexoravelmente à exata medida da extensão do dano,*[75] mas ao aspecto *subjetivo* dos envolvidos: o agente causador quer e se comporta de maneira a compensar de forma célere, eficiente e segura; enquanto a vítima quer e se comporta de modo favorável à resolução rápida, também eficiente e de tal sorte que satisfaça o seu interesse.[76]

Quando se diz que a função promocional é modelo de estímulo à reparação espontânea do dano, faz-se necessário destacar alguns pontos que podem, desde já, sofrer objeções razoáveis. O primeiro deles é o conceito de espontaneidade. A rigor, uma pessoa age espontaneamente quando movida por impulsos próprios (sejam eles de ordem intuitiva ou racional), sem que haja interferência externa na conformação de sua vontade. De fato, essa é a apuração conceitual comum mais precisa, mas que aqui será ressignificada à luz dos valores do ordenamento (*dever-ser*) e da praxe (*ser*), de modo a impingir-lhe significado jurídico próprio.

A questão está ligada, impreterivelmente, ao problema da *eficácia* do direito. Mesmo o autor expoente do positivismo jurídico já afirmou que as normas jurídicas somente permanecem válidas (e, portanto, vigentes) "*se* esta ordem jurídica é eficaz, quer dizer, enquanto a ordem jurídica (*numa consideração global*) for eficaz".[77] Neste caso, a importância da praxe (mundo do ser) na conformação da ordem jurídica positiva (mundo do dever-ser) é de tal grau que se torna condicionante da própria existência válida do direito objetivo, enquanto tal. Sendo assim, faz-se mister compreender o fenômeno do "*agir espontâneo*" de acordo com as circunstâncias da realidade e pela via dos valores e instrumentos que a ordem positiva põe à disposição do agente causador do dano.

---

74. A alteração do perfil de satisfação da vítima é um dos traços marcantes que distinguem a função reparatória/compensatória clássica, da função promocional. Enquanto aquela visa a *reparação integral*, aos moldes tradicionais, esta vislumbra uma ideia ressignifica de reparação integral, no sentido de *reparação eficiente* e, portanto, suficiente, que satisfaça os interesses da vítima.
75. Embora a função promocional pressuponha o dano, não se rende a ele, na medida em que o critério para a sua concretização não depende da apuração perfeita da recomposição danosa, pois se volta ao comportamento colaborativo das partes para o alcance da satisfação do interesse da vítima, cuja régua pode não equivaler à exata medida da extensão do dano.
76. Para além dos critérios de eficiência, celeridade e segurança, traduz-se em comportamento cooperativo que homenageia a boa-fé objetiva. Todos esses são fatores de concretização do princípio da solidariedade.
77. KELSEN, Hans. *Teoria pura do direito*, cit., p. 237.

É por essa razão que aqui se considera *espontânea* tanto a conduta motivada pelo despertar íntimo e pessoal, de raiz puramente religiosa ou moral subjetiva, quanto o comportamento impulsionado pela existência de uma sanção determinada (a qual a pessoa prestou obediência), como senso de dever (ético-moral objetivo ou simplesmente jurídico),[78] ainda que se utilizem de uma ponte oferecida pela ordem jurídica (*nudge*) para convencer-se acerca da tomada de decisão.[79] É que, como já se defendeu, a eficácia do direito tem significado normativo: se uma pessoa age conforme o direito, a norma é eficaz, ainda que o móvel subjetivo daquele agente não guarde relação com a estrutura de sanções oferecidas (positivas ou negativas).[80] Assim, serão espontâneos todos os atos de composição extrajudicial, como também aqueles que se deram no curso do processo, pelo caminho das oportunidades oferecidas na legislação processual. A *contrario sensu*, o comportamento não será espontâneo, tão somente, quando a pessoa é compelida, coercitivamente, a realizá-lo, como por exemplo, pela via de decisão judicial, ou de protesto de título, ou de execução forçada extrajudicial etc.

Outra objeção de extrema relevância é aquela que pode invocar suposta contradição entre a ideia de *reparação espontânea dos danos* e a utilização da *transação* como um dos mecanismos de direito material essencial à concretização da função promocional da responsabilidade civil.[81] Em outras palavras, pode traduzir-se em sofisma a consideração de que a transação é meio de reparação dos danos.[82] De fato, em termos dogmáticos, a composição negocial do litígio não pode ser interpretada como equivalente à reparação de danos. É instrumento, de direito material, cuja função é auxiliar, na responsabilidade civil, a vítima de danos sofridos a alcançar a satisfação de seu interesse, mediante concessões recíprocas. Logo, também não pode corresponder à ideia de reparação ou com-

---

78. Na filosofia moral, Immanuel Kant ressalta que a "vontade absolutamente boa" é apenas aquela formal, que atua "enquanto autonomia; isto é, a aptidão da máxima de toda boa vontade a se tornar um alei universal" (*Fundamentação da metafísica dos costumes*, cit., p. 301), no sentido de que apenas o comportamento que cumpre o dever proveniente da razão é aquele "bom comportamento". Aqui não se restringe o móvel subjetivo a este espectro, podendo mesmo tratar-se de atuação espontânea influenciada por fontes heterônomas, ou mesmo senso meramente intuito ou benevolente (não racional).
79. Dedica-se ao estudo dos "incentivos" para a prática das boas condutas sociais a escola *behaviorista* do direito. Por todos, cf. ALEMANNO, Alberto; SIBONY, Anne-Lise. *Nudge and the law*: a european perspective. London: Bloomsbury, 2015.
80. KELSEN, Hans. *Teoria pura do direito*, cit., p. 28.
81. Como é cediço, a transação é o negócio jurídico, de direito material, que se busca alcançar pelos meios processuais da conciliação e da mediação, *supra* referenciados, cujo espoco é a prevenção ou o término do litígio, mediante concessões mútuas (art. 840 do Código Civil). A aludida autocomposição é formatada por via da transação. Neste sentido, afirma Francisco Cavalcanti Pontes de Miranda que "ainda quando feitas em juízo, as transações regem-se pelo direito material" (*Tratado de direito privado*. v. 25. Rio de Janeiro, Borsoi, 1971, p. 142).
82. Evidentemente, não poderia um contrato representar uma modalidade de extinção da obrigação. Extinção de relação jurídica é efeito (situação jurídica extintiva), sendo o contrato, quando muito, o título que integra a causa da extinção. Acerca da distinção entre causa, título e efeito (situação jurídica subjetiva), Cf. PERLINGIERI, Pietro. *O direito civil na legalidade constitucional*, cit., p. 737-740.

pensação *integral* dos danos. Esta representa a exata medida (extensão) da lesão experimentada (art. 944, *caput*, do Código Civil).[83] A transação corresponde a instrumento negocial por via do qual os interessados buscam evitar ou pôr termo a litígio, *mediante concessões mútuas* (art. 840 do Código Civil).[84-85] Logo, são situações jurídicas distintas.

A transação é acordo de vontades que tem por finalidade *evitar* ou *extinguir* um litígio,[86] tornando-se natural que os interessados formem o consentimento considerando a redução recíproca da posição jurídica atual de cada um.[87] A sua função é garantir a paz e a harmonia entre as partes, que rejeitam a sua manutenção em zona de litígio, eliminando a incerteza da relação jurídica e certificando-se de que a controvérsia será prontamente solucionada, por via de instrumento negocial juridicamente seguro.[88] Ambos têm *pressa* em resolver a disputa, sendo o interesse pela celeridade uma característica imanente da transação. O devedor se prontifica a solver imediatamente o débito acordado, para que a situação não prolongue no tempo, causando-lhe prejuízos maiores. O credor aceita o pagamento célere da prestação definida no acordo, sabendo que provavelmente não corresponderá à exata medida do dano (reparação integral), mas ciente de que lhe causará maior satisfação, pela rápida composição. Os interesses da vítima encerram complexidade que não pode se restringir ao desejo da recomposição exata do prejuízo ou da compensação equivalente da lesão sofrida.

No instrumento transacional, portanto, os interessados podem (i) criar nova obrigação ao agente causador do dano, para extinguir ou substituir a anterior, formatando-se uma novação objetiva (art. 360, I do Código Civil); ou, sem necessariamente *novar* a obrigação de indenizar, podem também (ii) acordar pela redução do *quantum* indenizatório, mediante pronto pagamento, ou com vencimento de curto prazo; (iii) estipular que a vítima aceita receber prestação diversa da que lhe é devida,

---

83. "Art. 944. A indenização mede-se pela extensão do dano".
84. "Art. 840. É lícito aos interessados prevenirem ou terminarem o litígio mediante concessões mútuas".
85. A propósito, desta Orlando Gomes ser "necessário que haja concessões mútuas, de qualquer teor", pois "concessões feitas somente por um dos interessados implicam renúncia ou reconhecimento do direito do outro". E segue: "tudo conceder sem nada receber não é transigir" (*Contratos*. 26. ed. Rio de Janeiro: Forense, 2007, p. 544).
86. "La transazione infime è il contratto con il quale le parti pongono fine a una lite già cominciata o prevengono una lite che sta per sorgere tra loro, facendosi reciproche concessioni" (TRABUCCHI, Alberto. *Istituzioni di diritto civile*. 47. ed. Padova: CEDAM, 2015, p. 1089).
87. A reciprocidade de concessões é elemento essencial da transação, residindo daí o seu caráter constitutivo, como defende MESSINEO, Francesco. *Manuale di diritto civile*. Milano: Giuffrè, 1947, v. 3, p. 236.
88. *A eliminação das incertezas* é a finalidade nodal do instituto, identificada por ENNECCERUS, Ludwig; KIPP, Theodor; WOLFF, Martin. *Tratado de derecho civil*. Barcelona: Bosch Publicaciones Jurídicas, 1948, t. 2, v. 2. p. 495. No mesmo sentido, SANTORO-PASSARELI, Francesco. *La transazione*. 2. ed. Napoli: Jovene, 1963, v. 1, p. 12. Destaca-se, aliás, que a intenção de eliminar as incertezas não precisa se calcar em fato objetivamente incerto, bastando a que haja incerteza do ponto de vista subjetivo (ENNECCERUS, Ludwig; KIPP, Theodor; WOLFF, Martin. *Tratado de derecho civil*, cit., p. 496).

imediatamente ou em tempo exíguo, como forma de dação em pagamento (art. 356 do Código Civil), assim como acordar outros arranjos semelhantes.[89]

É negócio jurídico bilateral e de forma necessariamente escrita (escritura pública ou instrumento particular).[90] É também negócio consensual,[91] ainda que o exercício da autonomia seja limitado pela lei aos atos de *caráter privado* e de *natureza patrimonial*,[92] devendo-se, enfim, interpretá-lo restritivamente.[93] Não gera efeitos perante terceiros desinteressados,[94] mas se admite a imposição de pena convencional, como medida coercitiva para o seu cumprimento.[95]

Postas em relevo as características fundamentais do negócio jurídico, volta-se à questão apresentada acima, acerca da possibilidade de ser a transação instrumento para o alcance da reparação espontânea do dano.

Com efeito, é inequívoco o fato de não servir a transação como modalidade de extinção da obrigação de indenizar. Não seria correto afirmar que a transação é modo de pagamento, relacionado à obrigação de indenizar proveniente do dano causado na esfera extracontratual.[96] Contudo, não há contradição ao indicar a transação como um dos meios relevantes para a concretização da função promocional

---

89. A transação já foi considerada como modalidade de extinção das obrigações, mas tal concepção restritiva já foi há muito superada pela sua qualificação como contrato, de caráter constitutivo, capaz de criar relações jurídicas, "eficácia que não se teria de fora o negócio simplesmente declaratório" (GOMES, Orlando. *Contratos*, cit., p. 543).
90. Art. 842. A transação far-se-á por escritura pública, nas obrigações em que a lei o exige, ou por instrumento particular, nas em que ela o admite; se recair sobre direitos contestados em juízo, será feita por escritura pública, ou por termo nos autos, assinado pelos transigentes e homologado pelo juiz.
91. Não é possível realizar transação como negócio jurídico real, isto é, efetivamente, por meio dela, atos materiais como pagamento ou transmissão de direitos. Tudo o que nela constar terá efeito declaratório, como o reconhecimento da obrigação a cargo do devedor, que se obriga por meio dela. O pagamento, assim, reveste como cumprimento da prestação nela imposta, e não como ato material constitutivo da transação. Neste sentido, o art. 843 do Código Civil: "A transação interpreta-se restritivamente, e por ela não se transmitem, apenas se declaram ou reconhecem direitos".
92. "Art. 841. Só quanto a direitos patrimoniais de caráter privado se permite a transação".
93. "Art. 843. *A transação interpreta-se restritivamente*, e por ela não se transmitem, apenas se declaram ou reconhecem direitos".
94. "Art. 844. A transação não aproveita, nem prejudica senão aos que nela intervierem, ainda que diga respeito a coisa indivisível.
    § 1º Se for concluída entre o credor e o devedor, desobrigará o fiador.
    § 2º Se entre um dos credores solidários e o devedor, extingue a obrigação deste para com os outros credores.
    § 3º Se entre um dos devedores solidários e seu credor, extingue a dívida em relação aos codevedores".
95. "Art. 847. É admissível, na transação, a pena convencional".
96. A propósito, a transação era definida pelo Código Civil de 1916 como forma de *adimplemento*. Descreve Clóvis Bevilaqua que a transação "é um acto jurídico pelo qual as partes, fazendo-se concessões recíprocas, extinguem ou previnem litígios (...). Não é a transacção um simples contracto, embora contenha os elementos constitutivos dessa espécie de actos jurídicos (...). Mas, por seu objecto, por seu fim, a transacção é, realmente, um modo de extinguir obrigações" (*Direito das obrigações*. 5. ed. Rio de Janeiro: Freitas Bastos, 1940, p. 134). Entretanto, tal qualificação abstrata já foi bastante criticada pela doutrina, dada a sua natureza contratual (GOMES, Orlando. *Contratos*, cit., p. 543). Logo, a transação pode até importar em extinção da obrigação anterior, mas esta será mero efeito do contrato e não ela mesma uma forma de pagamento, como bem reconheceu o Código Civil de 2002.

da responsabilidade civil. É que, como já se acentuou, a novel função persegue um modelo instrumental de *fomento à reparação espontânea do dano*, pela via das chamadas sanções positivas: se agires do modo desejado, terás um determinado benefício, alçando uma posição jurídica necessariamente mais favorável que a anterior.

Portanto, sendo a função promocional uma finalidade voltada ao controle de comportamentos, não se vincula ela ao cumprimento da obrigação de indenizar de *forma integral*, orientada à recomposição perfeccionista da lesão. A reparação integral é componente da função reparatória-compensatória. O estímulo a condutas desejadas, ainda que não se alcance a totalidade da finalidade primária (função reparatória-compensatória), voltando os olhos ao bom comportamento humano e inter-relacional, é o ingrediente que compõe a função promocional da responsabilidade civil.[97]

Dessa arte, é possível que determinado agente concretize a função reparatória-compensatória, sem dar cabo à função promocional, como sói ocorrer na quase totalidade das situações atuais. Por outro lado, é possível que a vítima se satisfaça sem que se realize a função reparatória-compensatória, *em sua integralidade* (ou a realize de modo parcial), porque ela decidiu, em conjunto com o agente causador do dano, seguir os estímulos da função promocional.[98] Exatamente por isso, é razoável que um dos benefícios possíveis da atuação conforme o valor da autocomposição seja a desnecessidade de cumprir com a reparação integral, desde que tenha realizado uma prestação que seja equivalente ao que seria uma *reparação suficiente* (e *eficiente*), satisfazendo plenamente o interesse do credor (vítima).[99]

---

97. Eis aqui o marco que define a autonomia entre a função reparatória e a função promocional, não sendo esta mera parte integrante daquela. Não se trata, pois, a função promocional, de uma função da função. Na perseguição do sentido ético da finalidade última do direito dos danos, o ordenamento prevê que mesmo a possibilidade de superação da ideia central originária da reparação integral, por outra ético-comportamental, de autocomposição, que já não visa a restituição ao *status quo ante*, mas, simplesmente, a uma forma alternativa, eficaz, célere e humana (inter-relacional) de *satisfação* do interesse da vítima no pós-dano.

98. É importante destacar que a função promocional, como escopo ligado à finalidade última da responsabilidade civil, ainda que se concentre no perfil ético-comportamental das partes, pressupõe o dano e dele não se desliga, o que implica reconhecer ser ela ancorada na finalidade primária, que também orienta a função reparatória-compensatória. Contudo, por focarem em aspectos distintos, ainda que paralelos, de satisfação do interesse da vítima (seara comportamental, de um lado, e de recomposição objetiva das perdas, de outro), se é bem verdade que a realização da função promocional não garante a plena realização da função reparatória-compensatória, pela não vinculação à regra da reparação integral, não se pode negar que a concretização do perfil promocional da responsabilidade civil, pelo estímulo à reparação espontânea do dano, sempre atenderá à finalidade primária *em alguma medida*. Inconcebível, por exemplo, que na transação a vítima abra mão de toda e qualquer forma mitigada ou alternativa de compensação, pois já não se trataria de transação, mas de renúncia do direito à indenização. Decerto que nada impede à vítima renunciar a seu direito à indenização, por não haver impedimento algum neste sentido (CAVALCANTI, José Paulo. *Da renúncia no direito brasileiro*. Rio de Janeiro: Forense, 1958, p. 108), constituindo-se como "perda voluntária de um direito mediante declaração unilateral de seu titular" (ALMEIDA COSTA, Mário Júlio de. *Direito das obrigações*, cit., p. 1115), mas tal ato unilateral não é estimulado pela função promocional.

99. Fala-se em reparação *suficiente* como aquela que é capaz de ocupar, de alguma forma, o vazio deixado pela lesão, substituindo, satisfatoriamente, o conteúdo do interesse violado (patrimonial ou existencial). Esse juízo de suficiência é subjetivo e, por essa razão, só pode ser realizado pela própria vítima, pela via da transa-

Na função promocional, a *integralidade* ou *plenitude* que deve ser buscada é da realização do interesse subjetivo da vítima, para uma reparação que preencha suficientemente o vácuo causado pelo dano, já não a recomposição perfeita do dano.[100] Pelo lado do agente, busca-se o agir conforme o direito em sua máxima efetividade. Se aquele que causou o dano extracontratual deve repará-lo, estando em mora desde o instante em que o praticou (art. 398 do Código Civil), que seja purgada prontamente, beneficiando-se, também, o ofensor, por sua conduta louvável.[101]

Ilustrativamente, se João, numa situação de trânsito de veículos, atinge, culposamente, o automóvel de Maria, causando-lhe prejuízos de ordem patrimonial e extrapatrimonial (lesões corporais), poderá ser ele condenado a indenizar Maria. Em tese, para que ele se exonere deste dever, faz-se necessário o pagamento de todas as despesas pelo desfalque patrimonial imediato, verificado pelos danos causados ao veículo, como também os custos do tratamento de Maria, além daquilo que ela comprovadamente deixou de receber em seu trabalho, com espeque no art. 949 do Código Civil, reunindo danos emergentes e lucros cessantes, na perspectiva dos danos patrimoniais. Ademais, é possível também que seja ele obrigado a indenizar

---

ção, nunca por terceiros ou pelo juiz. Por sua vez, a *eficiência* é mais um valor do ordenamento que se mostra mais apto à realização na função promocional que no âmbito judicial da função reparatória-compensatória. A reparação espontânea do dano, quando extrajudicial, é evidentemente mais eficiente que aquela imposta pela resolução de uma lide judicial. Mesmo a autocomposição judicial ganha em eficiência, porque poupa os atos processuais subsequentes que são obrigatórios para a prolação da sentença (devido processo legal). Quer-se dizer que a transação exala eficiência naturalmente superior à resolução judicial das controvérsias, no sentido de que os benefícios alcançados por ambas as partes foram atingidos, necessariamente, com menores custos, em comparação àqueles que seriam obtidos na relação jurídica processual. Neste quesito, essa perspectiva econômica do direito é uma visão que agrega a realização dos valores civis-constitucionais. Como ainda se mencionará, a *eficácia* é outro valor que é concretizado na transação, desde que o objetivo seja alcançado de modo seguro, em negócio firmado sem vícios. Daí apresentar, ao remate, a necessidade de buscar, à guisa de completude, a *máxima efetividade* dos valores que norteiam a responsabilidade civil, especialmente aqueles de natureza constitucional, no sentido de propor instrumentos suficientes a alcançar a maior eficácia possível (Cf. SARLET, Ingo Wolfgang. *A eficácia dos direitos fundamentais*. 12. ed. Porto Alegre: Livraria do Advogado, 2015, passim).

100. Substitui-se o perfeccionismo e a infalibilidade da aritmética da função reparatória-compensatória por uma ética comportamental de composição dos interesses em litígio, como concretização do princípio da solidariedade. Afinal, já afirmava Maurice Blondel que "La responsabilité est la solidarité de la personne humaine avec ses actes, condition préalable de toute obligation" (*Vocabulaire technique et critique de la philosophie*. Paris: Ed. PUF, 1947, p. 907). Como lembra Geneviève Viney, se a evolução da responsabilidade civil levou à admissão de objetivos até mesmo distintos da reparação (*l'evolution des idées sur la responsabilité civile a fait apparaître d'autres perspectives qui conduisent à assigner également à cette institution des objectifs nettement distincts de la réparation, même entendue le plus largement possible*), maior razão haverá em reconhecer objetivos a ela conectados (*Traité de droit civil: la responsabilité – effets*, cit., p. 4).

101. Se é certo que a prevenção do dano é a função cronologicamente prioritária, também é verdade que, numa concepção realista do direito, nem mesmo a sociedade mais bem ordenada será capaz de evitar certos danos, o que não implica sacrificar, de plano, o agente causador, quando se pode oferecer a ele a alternativa da redenção. Deste modo, caso busque, prontamente, compensar a vítima do modo mais eficiente possível, realizando integralmente o seu interesse (que não se confunde com o aritmético princípio da reparação integral), tendo na transação um dos instrumentos propícios a tal desiderato, deve gozar de certos benefícios que não teria se inerte se mantivesse. Sobre que tipo de benefícios seriam esses, cf. infra.

o dano extrapatrimonial causado pela lesão corporal sofrida por Maria, podendo até mesmo ser verificada a ocorrência de danos estéticos.

Nesta situação, a posição jurídica de João é de considerável *incerteza*. Primeiro, não sabe *se* será condenado. É preciso que haja uma ação e que o juízo se convença acerca da narrativa fática e dos fundamentos jurídicos do pedido do autor, com base no acervo probatório produzido nos autos. Neste balanço, não se pode desconsiderar o peso do exercício do direito de defesa, que será tão maior quanto mais convicto o réu estiver de sua inocência, em conjunto com o que puder produzir de prova a seu favor. Caso sejam frágeis seus argumentos de defesa ou a prova que pretende produzir (ou mesmo a ausência dela), maior será a convicção de João acerca de sua condenação. Ainda assim, permanecerá acesa a chama da *incerteza*, não apenas em torno da própria condenação (ainda que provável), mas também sobre *o que* será condenado (se apenas à indenização dos danos materiais ou, também, de danos morais, ou, ainda, se serão acrescidos valores a título de indenização de danos estéticos),[102] e o sobre *o quanto* será obrigado a pagar, condenação esta certamente imposta na modalidade pecuniária (porque assim foi o pedido específico da parte autora/vítima).[103]

A eliminação desse *conjunto de incertezas* em torno do litígio é o primeiro móvel que serve de estímulo natural (*interno*) para que as partes envolvidas prefiram compor os seus interesses,[104] reduzindo reciprocamente as suas posições jurídicas ao ponto de confluência suficiente para a satisfação mútua. Para o ordenamento jurídico, como foi salientado, a transação também ocupa posição preferencial na ordem de valores, seguindo uma tendência hodierna de desjudicialização dos litígios e realização concreta do ideal de harmonização e pacificação social. Contudo, a experiência demonstra que tais fatores não são suficientes para o alcance de um número expressivo e razoavelmente esperado de autocomposição. É necessário o *"empurrão"* do Estado (*nudge*), para que os interessados, livremente, sintam-se verdadeiramente estimulados para realizar o valor que a ordem jurídica e social, considerada globalmente, tanto espera.[105] Aqui entra o estímulo *externo* à autocomposição: a formatação de arcabouço legislativo, com normas de direito material e processual, que criam

---

102. Sabe-se que, jurisprudencialmente, há entendimento consolidado no sentido de que "é lícita a cumulação das indenizações de dano estético e dano moral" (Súmula n. 387 do Superior Tribunal de Justiça).
103. Como já aqui acentuado, não se coaduna do entendimento segundo o qual "a indenização é compensatória (...), sendo representada sempre por um valor em dinheiro, denominado *id quod interest*" (WALD, Arnoldo. *Direito civil*. v. 2. São Paulo: Saraiva, 2015, p. 175). Sobre a possibilidade e o fundamento das reparações não pecuniárias, cf. nota 571, supra).
104. PEREIRA, Caio Mário da Silva. *Instituições de Direito Civil*. 11. ed. Rio de Janeiro: Forense, 2003, v. 3, p. 507-508.
105. É essa composição entre intervencionismo estatal, apenas no ponto de partida, com o apreço pela liberdade de escolha dos cidadãos, que se tem denominado de "paternalismo libertário". Veja-se, por todos, SUNSTEIN, Cass S.; THALER, Richard H. *Libertarian Paternalism Is Not an Oxymoron*, cit., passim.

ambiente propício à transação, sendo este um ingrediente de estímulo normativo.[106] É o espaço de atuação da função promocional da responsabilidade civil. A transação é o instrumento mais utilizado ao cumprimento da função promocional, ainda que as partes a realizem de modo inconsciente. Mas não é a única forma.

Não se pode olvidar a possibilidade de cumprimento da função promocional sem que o agente causador do dano opte pela via da transação. Nada impede que ele, simplesmente, *renuncie* a qualquer benefício que poderia extrair da autocomposição, preferindo se colocar à disposição para a pronta reparação integral da vítima, de forma espontânea e extrajudicial. Se já estabelecida a relação jurídica processual, não há óbice, na mesma linha, que a parte ré *reconheça a procedência do pedido* da parte demandante. Para este caso, há solução processual prevista no art. 487, III, "a" do Código de Processo Civil, segundo o qual o juiz deve homologar *"o reconhecimento da procedência do pedido formulado na ação ou na reconvenção"*, extinguindo o processo, com resolução do mérito (art. 487, *caput*, do Código de Processo Civil). Neste caso, há um prêmio claro àquele que se comportar de tal modo, correspondente à redução à metade do valor referente à condenação ao pagamento dos honorários da parte adversa (art. 90, §4º, do CPC). É exemplo típico de sanção positiva que se revela como instrumento processual – de repercussão material – da função promocional da responsabilidade civil. O mesmo vale para aquele que paga espontaneamente no prazo definido no mandado de citação nos processos de execução por quantia certa (art. 827, §1º, do CPC).

Na primeira hipótese (extrajudicial), entretanto, ante ato espontâneo do agente em reparar/compensar integralmente o dano, realizando o pagamento voluntário, pela via do aceite, por exemplo, da oferta da vítima sobre os valores a serem pagos, ou prestações (de dar, fazer ou não fazer) a serem cumpridas, é prudente que as partes firmem um termo, por escrito, com a consequente emissão de quitação de dívida. [107] O instrumento deve servir de meio de defesa (prova de fato extintivo do direito, pelo pagamento), contra eventual ação imoral da vítima pleiteando novos valores, violando a regra da reparação integral, eis que objetiva exceder a exata medida da extensão do dano já reparado (art. 944, *caput*, do Código Civil). Nada impede, inclusive, que se ajuste nesta minuta a renúncia ao direito de ação por parte da vítima,

---

106. Acrescente-se a isso, ainda, as medidas da administração judiciária, de cunho executivo, como a organização das "Semanas de Conciliação", supervisionadas pelo Conselho Nacional de Justiça (Cf. http://www.cnj.jus.br/programas-e-acoes/conciliacao-e-mediacao-portal-da-conciliacao/semana-nacional-de-conciliacao), bem como os programas da "Justiça Itinerante", organizados pela Administração judiciária de cada Estado da Federação. No Estado do Rio de Janeiro, por exemplo, o *Programa Justiça Itinerante* "tem por objetivos precípuos dar concreção ao postulado do amplo acesso à Justiça e fomentar a cidadania, por meio de atendimentos regulares previamente estabelecidos mediante calendários amplamente divulgados", incluindo objetivo específico *"buscar soluções conciliadas como fórmula de pacificação social eficiente"* (grifos nossos). Cf. http://www.tjrj.jus.br/web/portal-conhecimento/tj-sociedade/justica-itinerante?inheritRedirect=true.
107. Código Civil. Art. 319. O devedor que paga tem direito a quitação regular, e pode reter o pagamento, enquanto não lhe seja dada.

ainda que neste caso o acordo se aproxime novamente da ideia de transação.[108] É inegável, contudo, que mesmo um termo firmado entre as partes, neste sentido, não garante que será ele integralmente válido, a depender das condições nas quais ele foi obtido, bem como a qualidade das partes.[109] Mas, como se verá, mesmo nestes casos, é possível ainda se vislumbrar um benefício que, na pior das hipóteses, deve servir, ao menos, para deduzir o valor da indenização originalmente devida.

A propósito, já é tempo de lançar o primeiro desafio para o aperfeiçoamento da função promocional da responsabilidade civil. Se esta se revela como expressão da finalidade última do sistema, de maneira a estimular a reparação espontânea dos danos, será ela realizada em *maior medida* (i) quanto mais próxima do evento (celeridade razoável);[110] e (ii) quanto mais se aproximar da reparação integral (exata medida da extensão do dano), uma das características mais marcantes da finalidade primária da responsabilidade civil, representada pela função reparatória-compensatória dos danos. Neste caso, há uma confluência funcional entre a medida reparatória integral (função reparatória clássica) e a sua realização espontânea (função promocional), porque o agente se prontifica a reparar integral, voluntária e imediatamente o dano causado, sem que exija da vítima concessões mútuas para a resolução imediata da controvérsia (transação). Neste caso, o termo firmado entre as partes, no qual o agente renuncia qualquer vantagem, reconhecendo o pleito integral da vítima, deveria representar acordo ainda mais seguro e difícil de ser contestado que a avença firmada pela via da transação. É que representa síntese de interesses com merecimento de tutela ainda mais abrangente que a própria transação.

Daí se percebe que a função promocional representa, em última análise, a concretização do *princípio da máxima efetividade* ao sistema de proteção à vítima conferido pela responsabilidade civil contemporânea.[111] Toda vez que se fala de

---

108. De fato, a renúncia ao direito de ação por parte da vítima deve ser qualificada como uma *concessão* que ela faz ao devedor, que também cede, mutuamente, ao reconhecer, sem contestar, o valor da indenização apresentado pela vítima. Em havendo "reciprocidade das concessões", efetiva-se o contrato de transação (LÔBO, Paulo. *Direito civil*: contratos. São Paulo: Saraiva, 2012, p. 443). Haverá outro ato jurídico se ocorrem, isoladamente, o reconhecimento do direito do outro, sem contrapartida, ou apenas a renúncia do próprio direito, sem concessão mútua. Com ambos, qualifica-se a transação.
109. Cf. capítulo 4.3, infra.
110. A celeridade, neste caso, deve ser interpretada em conformidade com o princípio da razoabilidade, verificando-se, no caso concreto, hipóteses em que a própria vítima só consegue diagnosticar e quantificar as suas perdas (patrimoniais e extrapatrimoniais) após o transcurso do tempo. É o melhor interesse da vítima que deve guiar o valor da celeridade, que exprime uma ideia de "*duração razoável*" do itinerário da reparação, não sendo necessariamente uma celeridade objetiva (art. 5º, LXXVIII da CF). Esta, por vezes, pode levar a tomada de decisão precipitada da vítima e do próprio agente, deixando pontos em aberto que podem gerar controvérsias futuras. A função promocional rejeita uma reparação espontânea apressada e forçada, que ao invés de pôr termo à lide, apenas a difere no tempo.
111. Nas palavras de Maria Celina Bodin de Moraes, "a responsabilidade civil hoje é o principal instrumento com que conta o ordenamento para garantir efetividade aos interesses existenciais, sendo o principal remédio adotado para enfrentar a violação da maior parte deles" (A prescrição e o problema da efetividade do direito. *A juízo do tempo*. In: BODIN DE MORAES, M. C.; et all (Coord.). Rio de Janeiro: Ed. Processo, 2019, p. 14).

máxima efetividade, quer-se afirmar que é possível formatar um arranjo normativo que realize, no grau mais alto de eficácia, os princípios que norteiam determinado instituto. Na função promocional da responsabilidade civil, para além do respeito aos seus princípios e regras mais característicos, está ela a realizar os contornos axiológicos mais abrangentes, delineados pela Constituição da República, notadamente os valores da solidariedade, celeridade, eficácia, eficiência e do bem-estar social.[112]

4.2.5 As sanções positivas da função promocional da responsabilidade civil

Como bem definido em linhas anteriores, a função promocional é realizada mediante a previsão de sanções positivas, como medidas que visam a impulsionar comportamentos desejáveis por parte daqueles que integram a ordem social.[113] Tem sentido marcadamente ético, mas incrementado pela juridicidade conferida pelo conjunto normativo que fomenta a prática de condutas almejadas pelo direito objetivo. Na responsabilidade civil, viu-se que as categorias da transação; do reconhecimento do direito alheio, com confissão de dívida, seguida de pagamento espontâneo; e do reconhecimento da procedência do pedido formulado, na ação ou na reconvenção, são expressões normativas positivadas que servem de *instrumento* para a concretização da função promocional. Resta, assim, apresentar quais os benefícios, em termos de *sanções positivas*, o agente e a vítima são agraciados, por se comportarem conforme o desejo da ordem jurídica.

Na perspectiva do agente causador do dano, deve ele agir, *voluntariamente*,[114] de maneira a buscar reparação/compensação a favor da vítima, de forma *razoavelmente célere e eficaz*, por quaisquer dos instrumentos jurídicos postos à sua disposição. É prudente que atue de modo *seguro*, a fim de evitar o ressurgimento de uma controvérsia.

A celeridade, como já anunciado, é um vetor axiológico de extrema relevância para a função promocional da responsabilidade civil. É que a satisfação do pleno

---

112. Os valores da solidariedade e do bem-estar social estão previstos como objetivos da república, no art. 3º, incisos I e IV da Constituição da República: "Constituem objetivos fundamentais da República: I – construir uma sociedade justa, livre e *solidária*; (...) IV – *promover o bem de todos* (...). Note-se que o conceito de *bem* extraído do art. 3º, IV é axiológico, distinto daquele de natureza utilitarista (BENTHAM, Jeremy. *An introduction to the principles of morals and legislation* [1781]. Kitchner: Batoche Books, 2000, passim). Por sua vez, os princípios da celeridade e da eficácia e eficiência estão previstos, respectivamente, no art. 5º, LXXVIII: "a todos, no âmbito judicial e administrativo, são assegurados a razoável duração do processo e os meios que garantam a celeridade de sua tramitação" e art. 5º, §1º: "As normas definidoras dos direitos e garantias fundamentais têm aplicação imediata".
113. "Inserida no grupo das sanções retributivas, a sanção premial ou positiva consiste em um benefício para quem cumpre o comando contido em determinada norma, por meio da atribuição de um bem, privação de um mal ou isenção de um encargo. Isto é: a concessão de um prêmio tem o condão de aprovação daquela conduta" (VENTURI, Thais Goveia Pascolaloto. *Responsabilidade civil preventiva*, cit., p. 322).
114. O agir *voluntário*, neste caso, traduz-se como o oposto ao comportamento compulsório ou realizado mediante determinada medida coercitiva. Logo, para os fins do que aqui se apresenta, voluntário e espontâneo exprime apenas a ideia de comportamento "não forçado", ainda que "estimulado" pelo ordenamento (função promocional).

interesse da vítima normalmente está conectada à rápida medida de reparação/compensação do dano sofrido.[115] É importante, todavia, conferir a adequada interpretação deste que é não só um princípio constitucional do processo (endoprocessual), mas de todo e qualquer procedimento, seja ele judicial ou extrajudicial.[116] Sua composição conceitual é síntese da ideia de celeridade, no sentido de agilidade, presteza, brevidade, com a medida da razoabilidade, como valor que exige dos interessados a compreensão das especificidades do caso concreto, que podem demandar um diferimento temporal das tratativas ou negociações, como pressuposto para a própria apuração precisa da medida e intensidade dos danos causados. Eis por que é perfeito o arranjo de princípios que consta do texto constitucional, ao fazer referência expressa à *"razoável duração do processo"*.

É a razoabilidade que deve evitar a tomada de decisão precipitada da vítima – e do próprio agente –, no sentido de uma reparação ou compensação espontânea imediata que pode deixar pontos em aberto, gerando grande potencial para o surgimento de controvérsias futuras. A função promocional rejeita uma reparação espontânea demasiadamente apressada, pouco refletida, ou forçada, que ao invés de pôr termo à lide, provavelmente apenas a difere no tempo. A formação da vontade da vítima deve se pautar num razoável equilíbrio reflexivo, especialmente nas hipóteses de dano extrapatrimonial.[117] Quando todas essas cautelas são tomadas, por ambas as partes, o consentimento se dá de modo mais íntegro possível. Ponderadas tais questões, maior será a satisfação da vítima quanto mais rápido razoavelmente o agente reparar/compensar o dano.

---

115. Sobre a relação entre o tempo, a velocidade e a busca pela felicidade na sociedade contemporânea, marcada pela "liquidez" de seus fundamentos antes "sólidos", cf. BAUMAN, Zygmunt. *Tempos líquidos*. Rio de Janeiro: Zahar, 2007, passim.
116. Dispõe o art. 5º, LXXVIII da CF que "a todos, no âmbito judicial e administrativo, são assegurados a razoável duração do processo e os meios que garantam a celeridade de sua tramitação". Evidentemente, se a celeridade é valor constitucional a ser perseguido inclusive no âmbito administrativo, é porque o constituinte não pretende que seja restrito ao âmbito judicial. Considerando a celeridade como verdadeiro *princípio*, é de reconhecer a fluidez e amplitude de seu conteúdo, atribuindo à sua abertura a possibilidade de abarcar situações jurídicas subjetivas inovadoras não antes imaginadas pelos redatores originais do texto normativo. É essa abertura que permite a assimilação do procedimento de reparação espontâneo extrajudicial como verdadeiro *iter* procedimental que atrai a atuação do princípio da celeridade. Em última análise, é o reconhecimento da máxima efetividade dos direitos fundamentais, para que sejam eles concretizados em sua mais ampla medida: "a uma norma constitucional deve ser atribuído o sentido que maior eficácia lhe dê. (...) no caso de dúvidas deve preferir-se a interpretação que reconheça maior eficácia aos direitos fundamentais" (CANOTILHO, Joaquim José Gomes. *Direito Constitucional e Teoria da Constituição*. Coimbra: Almedina, 1999, p. 1.149).
117. A tomada de decisão da vítima, como ato de exercício da autonomia, ainda que amparada na realização do interesse na velocidade da solução da controvérsia, não pode deixar de pautar-se em equilibrada consideração da complexidade do evento danoso, especialmente na avaliação de sua extensão. Assim, a razoabilidade (e proporcionalidade) atuam como importantes fatores de ponderação tanto quantitativa (contagem do tempo), quanto qualitativa (especialmente na valoração de interesses não patrimoniais). Como acentua Pietro Perlingieri, "o merecimento de tutela [no exercício da autonomia] não pode se inspirar exclusivamente no aspecto quantitativo. Com efeito, a proporcionalidade consiste na justa proporção ou quantificação e configura, portanto, um parâmetro ulterior e sucessivo em relação àquele de razoabilidade" (*O direito civil na legalidade constitucional*, cit., p. 406-407).

Por outro lado, viu-se que o agente persegue a reparação/compensação espontânea e *eficaz* dos danos causados. Neste caso, apresenta-se a ideia de *eficácia* tanto como aquela que traduz a aptidão para a realização do direito no mundo da praxe (conceito jurídico),[118] quanto aquela que reproduz a qualidade na consecução do objetivo almejado (conceito econômico).[119]

A própria concretização da função promocional é expressão de eficácia dos valores positivos do ordenamento: os cidadãos agem conforme o direito e, no caso de sua violação, quando causam danos, prontamente cumpre com os ditames de sua reparação/compensação, sem a necessidade de intervenção estatal (ou mediante intervenção mínima). Por via dessa realidade, pode-se afirmar que o sistema de responsabilidade civil está próximo de sua máxima eficácia.

Por seu turno, o agente que busca os instrumentos adequados para a reparação espontânea do dano causado (por exemplo, a transação, a confissão de dívida, com pronto pagamento, ou o reconhecimento jurídico do pedido), procura certificar-se de que sua atitude tem o respaldo do ordenamento. A ideia é que alcance o objetivo da extinção da controvérsia de modo mais seguro possível, em ato de vontade isento de vícios. Só assim ato de reparação espontânea atinge a plenitude de seus objetivos, tornando-se um comportamento eficaz.

Daí se percebe que é interesse, também, do agente, que a sua manifestação de vontade contenha a higidez necessária a conferir-lhe *segurança jurídica*. A garantia da estabilidade da decisão tomada é uma das condições para o aperfeiçoamento do mecanismo de estímulo à reparação espontânea. Quanto mais seguro o acordo de vontades, com requisitos bem definidos para a sua anulação ou declaração de ineficácia, maior o fomento ao comportamento tendente à autocomposição ou ao reconhecimento pleno do direito da vítima.[120]

Fato é que realizada a reparação espontânea do dano, é necessário que se visualize o conjunto de sanções positivas previsto no ordenamento a favor daqueles se conduziram de maneira a alcançar o comportamento ideal. Em outras palavras, clama-se pela revelação das "vantagens", "benefícios", "prêmios", conferidos ao agente que repara espontaneamente o dano e à vítima que contribui para a resolução extrajudicial da controvérsia.

---

118. Eficácia como aptidão da norma para a produção de efeitos jurídicos na realidade concreta (KELSEN, Hans. *Teoria pura do direito*, cit., p. 235-238).
119. A análise [econômica] de eficácia examina se os objetivos fixados foram alcançados (European Comission. *Evalsed*: the resource for the Evaluation of Socio-Economic Development – Guide. Luxembourg: Directorate-General for Regional Policy, 2008, p. 70.
120. Nas palavras de Paulo Luiz Netto Lôbo, "a experiência demonstra que as concessões recíprocas que desembocam na transação dão mais estabilidade à solução do conflito" (*Direito civil*: contratos, cit., p. 443). Entretanto, como se verá *infra* (capítulo 4.3), a segurança será tão maior e firme quanto mais próxima às relações jurídicas paritárias.

Com efeito, a vítima é *premiada* (sanção positiva), como retribuição ao seu comportamento colaborativo para o sepultamento da controvérsia (exercício do dever de cooperação), (i) pela *célere* satisfação de seu interesse, em comparação ao tempo que duraria eventual demanda judicial; (ii) pela *economia de custos* que o processo judicial pode impor (honorários contratuais de advogado, eventual condenação a honorários sucumbenciais, assim como despesas processuais caso seja a parte total ou parcialmente vencida,[121] eventuais custos de deslocamento para audiências ou outros atos que exijam a presença pessoal, eventuais custos com produção de prova técnica etc.); e (iii) pela possibilidade de obter prestações a seu favor (seja pelo reconhecimento por parte do agente, seja como produto do acordo em transação), que se distanciam da tradição pecuniária e se aproximam das obrigações *in natura*, que podem ser capazes de elevar a satisfação de seu interesse ao patamar mais elevado possível, sobretudo nas hipóteses de danos extrapatrimoniais.[122]

Na perspectiva do agente causador do dano, ele é *premiado* (sanção positiva), em retribuição ao seu comportamento de reparar/compensar voluntariamente o dano, (i) pela rápida resolução da controvérsia, com o sepultamento da *incerteza* e *ansiedade* sobre aquilo que seria imputado a seu desfavor; (ii) com a desnecessidade de pagamento das despesas processuais; (iii) escapando, também, à condenação judicial ao pagamento de honorários contratuais e sucumbenciais (ou reduzindo-os à metade, em caso de reconhecimento judicial do pedido ou pagamento espontâneo dos processos de execução de quantia certa); (iv) evitando, em determinadas atividades e sob certas condições, a imposição de penalidades administrativas, no âmbito da atuação fiscalizatória de agências reguladoras;[123] (iv) eventualmente,

---

121. Como se sabe, cabe ao derrotado no processo o pagamento das despesas processuais (art. 82, § 2º do CPC) e honorários de sucumbência (art. 85 do CPC). Ainda que o caso resultasse em sucumbência recíproca, há divisão das despesas (que já representa custo), além da necessidade de pagar integralmente os honorários de advogado da parte contrária, eis que insuscetíveis de compensação (art. 85, § 14 do CPC). Ainda que a parte ré vença integralmente a demanda, pelo julgamento da improcedência total dos pedidos autorais, o réu ainda terá, em regra, custos contratuais em face de seu patrono.
122. Como já exposto, Geneviève Viney, ressalta que "les auteurs admettant (...) unanimement la validité des condamnations non pécuniaires rangées habituellement, bien que la généralité de cette qualification ait été récemment contestée sous l'étiquette de condamnations en nature ou de procédés de réparation en nature" (*Traité de droit civil*: la responsabilité – effets, cit., p. 22-58). Na dogmática alemã, fala-se de uma preferência pela condenação *in natura* (WESTERMANN, Harm Petter. *Código Civil alemão*: direito das obrigações – parte geral. Trad. A. E. Laux. Porto Alegre: Sergio Fabris, 1983, p. 136). Na doutrina brasileira, SCHREIBER, Anderson. Reparação não pecuniária dos danos morais. *Direito civil e Constituição*. São Paulo: Atlas, 2013, p. 205-219. Maior razão, ainda, admitir ampla liberdade na conformação de novas prestações por ocasião do acordo de transação.
123. É exemplar o que dispõe o art. 20 da Resolução Normativa n. 388, de 25 de novembro de 2015, da Agência Nacional de Saúde Suplementar (ANS), acerca da chamada Reparação Voluntária e Eficaz: "Considera-se reparação voluntária e eficaz – RVE a adoção pela operadora de medidas necessárias para a solução da demanda, resultando na reparação dos prejuízos ou danos eventualmente causados e no cumprimento útil da obrigação". Seguem os parágrafos primeiro e segundo: "§ 1º Nos casos tratados através do procedimento NIP, a reparação voluntária e eficaz somente será reconhecida caso a operadora adote as medidas previstas no caput deste artigo nos prazos definidos no art. 10 desta Resolução. § 2º Nos demais casos, somente será reconhecida a RVE caso a operadora adote as medidas previstas no caput em data anterior à lavratura do auto de infração ou de representação". Em termos de sanção positiva, o prêmio conquistado pela operadora

pela *redução* de custos da indenização, caso a reparação espontânea tenha sido realizada pela via da transação, em contexto de concessões mútuas;[124] (v) ou, ainda que preste a indenização integral, uma maior *segurança* de que evitou o drama da ação judicial,[125] com os custos patrimoniais e emocionais que ela envolve; ou, caso ainda assim sobrevenha demanda, uma *defesa forte* no sentido de comprovar o pagamento, como fato extintivo do direito do autor[126]; (vi) na pior das hipóteses, caso seja o acordo de transação excepcionalmente considerado nulo,[127] ou o pagamento espontâneo, com reconhecimento do direito do autor, insuficiente à reparação integral, eventual condenação será necessariamente menor, em razão da antecipação de parcela do pagamento da indenização; (vii) acrescente-se, ainda, um *ganho de imagem* para alguns casos, nos quais o agente é sociedade empresária fornecedora de produtos ou serviços e presta serviço de resolução de conflitos, em canal direto com o consumidor, com alto índice de resolução e satisfação dos clientes.[128]

Decerto que toda essa sistemática de *ganhos* a favor do agente que repara espontaneamente o dano já consta do contexto atual do ordenamento jurídico positivo, o que não impede sejam novas medidas de estímulo aperfeiçoadas pela legislação. Aliás, é válido consignar, é o que aqui se defende, inclusive pela via de lei específica.[129]

---

que realiza a reparação voluntária e eficaz é evitar o auto de infração, na medida em que este somente é lavrado se a demanda for classificada como "não resolvida" (art. 14 c/c art. 16). Em derradeiro, se houve a "Reparação Posterior", sendo ela voluntária e subsequente à lavratura do auto de infração, será ainda "premiado" com "um desconto percentual de 80% (oitenta por cento) sobre o valor da multa correspondente à infração administrativa apurada no auto de infração lavrado" (art. 34). É, portanto, uma tendência que se observa a implementação regulamentar paulatina da função promocional da responsabilidade.

124. Note-se que, mesmo que o agente causador do dano se prontifique a pagar valor muito próximo ou igual àquele correspondente à exata extensão do dano, já haverá benefício econômico pela economia das custas judiciais, em se tratando de transação extrajudicial.

125. Em termos de segurança jurídica, é inegável que a experiência jurisprudencial aponta para maior estabilidade em acordo obtido em juízo, ou ao menos no âmbito institucional, como nos novos Centros de Conciliação e Mediação. É que a presença de um terceiro que conduz a negociação confere maior credibilidade no sentido de que as partes tomaram decisões no exercício pleno de suas autonomias.

126. Código de Processo Civil. Art. 373. O ônus da prova incumbe: II – ao réu, quanto à existência de fato impeditivo, modificativo ou *extintivo* do direito do autor.

127. São hipóteses de nulidade [absoluta], nos termos do art. 166 do Código Civil, o negócio jurídico quando: "I – celebrado por pessoa absolutamente incapaz; II – for ilícito, impossível ou indeterminável o seu objeto; III – o motivo determinante, comum a ambas as partes, for ilícito; IV – não revestir a forma prescrita em lei; V – for preterida alguma solenidade que a lei considere essencial para a sua validade; VI – tiver por objetivo fraudar lei imperativa; VII – a lei taxativamente o declarar nulo, ou proibir-lhe a prática, sem cominar sanção. Por sua vez, somente se anula [nulidade relativa] a transação "por dolo, coação, ou erro essencial quanto à pessoa ou coisa controversa" (art. 849 do Código Civil).

128. Já são vários os canais existentes de resolução extrajudicial de controvérsias no mercado de consumo, a exemplo do "Reclame aqui" https://www.reclameaqui.com.br/, onde empresas exemplares ganham selos de qualidade no atendimento e, não raro, utilizam tal "prêmio" como mensagem publicitária na oferta de seus serviços.

129. A edição de lei que sistematize os prêmios ou benesses aos agentes que reparam espontaneamente os danos por eles causados só traria benefícios à sociedade como um todo. De antemão já se destaca ganho excepcional pela simples facilidade de acesso ao conhecimento geral em torno da matéria, com conscientização ampla por parte dos setores produtivos e de toda a sociedade (afinal, pessoas naturais também causam danos acidentais a terceiros). Além disso, seria mais um passo em direção à concretização da efetividade do ordenamento.

Finalmente, é importante enfrentar, ainda, uma última objeção que pode se revelar a partir da análise dos prêmios previstos no ordenamento jurídico brasileiro caso sejam realizados os comportamentos espontâneos almejados pelo sistema. A questão que se põe é saber se seria a função promocional um expediente pensado para conferir privilégios ao causador do dano.

De fato, quando se compara a quantidade de benefícios arrolados a favor do agente lesivo com aqueles usufruídos pela vítima, é possível notar uma disparidade que aparenta atribuir ao ofensor uma quantidade maior vantagens pelo cumprimento da função promocional. Contudo, a mera comparação quantitativa não revela a essência que está na base da finalidade última da responsabilidade civil: a tutela plena da vítima.[130]

Quando se fala em *plenitude* de proteção da pessoa ofendida, não significa reafirmar o dogma da reparação integral, mesmo porque, como visto, a função promocional a ressignifica. Demanda-se a *completa* proteção, que vai além do viés tradicional da reparação pecuniária pela exata medida da extensão do dano. Estimulam-se comportamentos harmoniosos e apaziguadores, que visarão cumprir com a satisfação dos interesses atuais da vítima, que podem ser maiores ou menores, em termos quantitativos, à medida do dano, mas que se revelam como produto da lesão (*conditio sine qua non*) e serão suficientes e eficientes para alçar a vítima a um patamar de realização de interesses em situação de razoável equivalência à situação anterior. O agente ofensor estará à serviço do amparo à vítima. E, precisamente, porque é a parte que mais terá de sujeitar-se ao maior ônus, é quem deve proporcionalmente ser mais estimulada. Eis a razão para a quantidade superior de benefícios visíveis. Na posição da vítima, já é ela não beneficiada com a sua tutela *plena*, exigindo-se tão pouco de sua parte no aspecto relacional e cooperativo, que, naturalmente, a quantidade de medidas de estímulo para que se comporte em conformidade com o direito é menor, pois o esforço e o ônus ao cumprimento da função promocional por parte dela é bastante inferior em comparação ao agente ofensor.[131]

Em vias de sistematização, portanto, a função promocional (i) persegue a finalidade última da responsabilidade civil, (ii) pressupõe a ocorrência do dano; (iii) é direcionada à realização plena dos interesses da vítima; (iv) fundamentada no princípio da solidariedade, exige a ambas partes o agir colaborativo voluntário e espontâneo; (v) confere à parte ofensora um ônus maior em direção à reparação espontânea do dano; (vi) o que implica concessão de prêmios ou benefícios (sanções positivas) maiores ao agente que se conduz no sentido da tutela plena da vítima;

---

130. PERLINGIERI, Pietro. *O direito civil na legalidade constitucional*, cit., p. 768-770.
131. Ao situar a pessoa humana como o núcleo duro de proteção do ordenamento jurídico, Maria Celina Bodin de Moraes reflete que "Tais e tantas dificuldades, no que tange a encontrar a medida adequada de proteção da pessoa humana através do mecanismo da responsabilidade civil, servem apenas para confirmar a consolidação do principal objetivo do Direito Civil atual: o pleno desenvolvimento do projeto de vida de cada pessoa" (*Danos à pessoa humana*, cit., p. 140).

(v) utiliza-se de ferramentas de estímulo para a reparação espontânea do dano; (vi) sendo elas de natureza processual, como aquele expresso pelo vetor hermenêutico da primazia da conciliação e mediação, assim como a categoria do reconhecimento jurídico do pedido; (vii) e de natureza material, pela via de categorias como a transação, a confissão de dívida, em conexão com o ato material de pagamento; (viii) podendo ser realização tanto em ambiente extraprocessual, quanto no contexto da relação jurídica processual, ainda que seja preferível a primeira opção; (ix) a sua realização representa a concretização, em máxima efetividade, de diversos princípios constitucionais, para além da solidariedade, tais como a celeridade, razoabilidade, eficiência e o valor do bem-estar social.

Expostos os fundamentos teóricos da função promocional da responsabilidade civil, resta, assim, desenvolver algumas aplicações práticas, conforme os critérios que ora se seguem.

4.3 A FUNÇÃO PROMOCIONAL DA RESPONSABILIDADE CIVIL CONFORME A NATUREZA DA RELAÇÃO JURÍDICA

A eficácia do direito é medida pela intensidade na qual os efeitos jurídicos previstos no ordenamento ingressam na concreta experiência humana. Daí a importância do estudo das situações jurídicas subjetivas, que nada mais são que os efeitos jurídicos atribuídos às partes em determinada relação jurídica.[132] Na responsabilidade civil extracontratual, violado o interesse juridicamente protegido, realiza-se o *dano*, que deve ser reparado. Da relação jurídica formada entre o agente ofensor e a vítima, a partir do dano, emanam situações jurídicas subjetivas ativas e passivas, cujo conteúdo é conformado por todo o ordenamento jurídico, considerado globalmente. Eis por que a conduta do ofensor, *pós-dano*, no sentido de buscar a reparação espontânea, assim como o comportamento da vítima, em cooperar para o alcance de tal desiderato, serão distintos conforme a variedade da natureza da relação jurídica que os vincula.

Sendo assim, a tutela da vítima seguirá padrões diferenciados, a depender não apenas das vicissitudes do caso concreto, mas também das próprias características subjetivas da relação jurídica. A rigor, vislumbra-se caminhos distintos à normativa da reparação espontânea à medida em que (i) o dano ocasionado for de natureza individual e em ambiente relacional paritário; (ii) o dano causado for de natureza individual, estando a vítima em situação de vulnerabilidade (relação não paritária); ou (iii) o dano provocado for de natureza metaindividual.

---

132. "A eficácia do fato com referência a um centro de interesses, que encontra a sua imputação em um sujeito destinatário, traduz-se em situações jurídicas juridicamente relevantes" (PERLINGIERI, Pietro. *O direito civil na legalidade constitucional*, cit., p. 668.

4.3.1 A função promocional nos danos individuais e nas relações paritárias

A hipótese fática narrada supra,[133] em que João causa, culposamente, danos patrimoniais e corporais (extrapatrimoniais) a Maria, por ocasião de um acidente de trânsito, retrata com precisão uma situação onde estão presentes as condições de paridade. Isso porque: (i) não há relação contratual prévia; (ii) o acidente não é causado em ambiente de desequilíbrio de forças (*v.g.*, acidentes de consumo); assim como (iii) não há condicionante de ordem pessoal, que identifique na vítima uma debilidade ou vulnerabilidade concreta.[134]

Parte importante do que até agora foi exposto acerca da função promocional da responsabilidade civil foi pensada para as tradicionais situações nas quais há danos individuais em relações jurídicas que se formam paritárias.[135] Cumpre salientar que não se está aqui fazendo referência a relações jurídicas prévias entre as partes, porque não é objeto desta investigação a hipótese da *responsabilidade civil contratual*,[136] mas apenas ao vínculo que é criado entre agente e vítima *em razão* da realização do dano. Se este for de natureza paritária, os critérios até aqui expostos tendem a funcionar em sua plenitude.

É que a *paridade* das relações pressupõe ausência de desequilíbrio negocial ou circunstancial entre as partes envolvidas, desde que inexista pessoa em estado de vulnerabilidade ou debilidade.[137] Não obstante inexista relação contratual prévia, é necessário ainda que as *circunstâncias* nas quais o dano se realiza não imponham desequilíbrio de forças, no sentido de que apenas uma das partes detém o controle da atividade arriscada, cabendo somente a ela o domínio sobre o risco criado. Se este for o contexto em que o dano ocorre, a vítima terá tratamento diferenciado que

---

133. Cf. capítulo 4.2.4.
134. Para uma noção mais apurada do papel da vulnerabilidade na ordem civil, Cf. BARBOZA, Heloísa Helena. Vulnerabilidade e cuidado: aspectos jurídicos (PEREIRA, Tânia da Silva; OLIVEIRA, Guilherme de (Coord.). *Cuidado e vulnerabilidade*. São Paulo: Atlas, 2009, p. 106-118).
135. A relação paritária é aquela que "*deriva de uma discussão entre negociadores igualmente livres. Ambas as partes intervêm, mais ou menos, na sua efectiva elaboração*" (ALMEIDA COSTA, Mário Julio de. Direito das obrigações, cit., p. 243), distinguindo-se das relações por adesão, em que "a contratação [é] efectivada pela conformação unilateral dos ditames de uma das partes, que exclui a autodeterminação do aderente, fundamentada na disparidade de poder negocial" (SOUZA RIBEIRO, Joaquim de. *O problema do contrato*. Coimbra: Almedina, 2007, p. 265).
136. Não obstante este autor entenda que não há diferenças substanciais de tratamento da função promocional conforme seja a responsabilidade contratual ou extracontratual, por uma questão de delimitação do objeto temático, excluiu-se a análise de sua incidência nas hipóteses de inadimplemento contratual. Conquanto se tenha consciência do movimento em torno da unificação da responsabilidade, a superar a dicotomia responsabilidade contratual-extracontratual, trata-se de debate que fugiria aos precisos contornos desde trabalho (por todos, TUNC, André. *La responsabilité civile*, cit., p. 32-46). De todo modo, não se nega que a exigência acerca do comportamento cooperativo das partes é mais intensa quando se tem uma relação jurídica prévia, por força do art. 422 do Código Civil.
137. Sobre a noção de "debilidade contratual", mais ampla que a de vulnerabilidade, cf. ROPPO, Enzo. *O contrato*, cit., p. 328.

pode repercutir no itinerário do cumprimento à função promocional da responsabilidade civil.[138]

Por último, não pode haver situação de paridade quando a vítima carrega consigo uma condição pessoal que a torna presumidamente *vulnerável*, subtraindo-lhe a possibilidade de exercer plenamente a sua autonomia. A vulnerabilidade pode ter diversas causas, sendo ela legal (presumida) ou fática (concreta). Nesta última, apesar de não haver um fator objetivo que a qualifique, abstratamente, como pessoa vulnerável em face de certos agentes (criança e adolescente, idoso, incapaz, pessoa portadora de deficiência, trabalhador, consumidor etc.), percebe-se que, por suas atuais circunstâncias, é inviável o exercício pleno de sua autonomia (existencial ou patrimonial).[139]

Excluídas tais circunstâncias, capazes de desequilibrar a balança da igual-liberdade entre agente e vítima, essencial para a higidez dos pactos eventualmente firmados no *pós-dano*, o consentimento pode ser alcançado de forma plena, pela via do exercício mais profundo da autonomia privada. As partes são livres não apenas para contratar, mas sobretudo para modular os efeitos da avença, em confluência de interesses.[140] Neste caso, a *transação* ocupa o terreno fértil para servir de instrumento ao cumprimento da função promocional.

Sendo o dano de natureza individual, algumas dúvidas ainda podem surgir em torno dos limites da transação. A primeira delas se refere à possibilidade de realizar concessões mútuas quando a hipótese envolve o direito da vítima a receber *alimentos*, quando ainda eram devidos pelo familiar falecido, à época do dano que causou a sua morte. Dispõe o art. 948, II do Código Civil que "no caso de homicídio, a indenização consiste, sem excluir outras reparações (...) na prestação de alimentos às pessoas a quem o morto os devia, levando-se em conta a duração provável da vida da vítima".

De antemão, é preciso esclarecer que os alimentos indenizatórios possuem *causa* distinta dos alimentos familiares.[141] Isso, por si só, já é capaz de atrair regime jurídico diverso para aqueles. De um lado, os alimentos familiares só podem ser renunciados sob certas condições, de outro parte, não há restrições quando a eventual exercício de renúncia a alimentos indenizatórios.[142] Estes podem ser pagos de uma só vez

---

138. Cf. capítulo 4.3.2, infra.
139. Em estudo amplo sobre as situações de vulnerabilidade, remete-se a FIECHTER-BOULVARD, Frédérique. La notion de vulnérabilité et sa consécration par le droit. In: COHET-CORDEY, Frédérique (Coord.). *Vulnérabilité et droit*: le développement de la vulnérabilité e ses enjeux en droit. Grenoble: Presses Universitaires de Grenoble, 2000, p. 13-32.
140. Para uma investigação sobre os três níveis de atuação da autonomia privada: a liberdade de contratar, a liberdade para contratar e a liberdade para modular os efeitos do contrato, cf. PINTO MONTEIRO, António. Contratos de adesão e cláusulas contratuais gerais: problemas e soluções. *Estudos em Homenagem ao Prof. Doutor Rogério Soares*. Coimbra: Ed. Universidade de Coimbra, 2001. p. 1103-1131.
141. MADALENO, Rolf. *Direito de família*. 7. ed. Rio de Janeiro: Forense, 2016, p. 886-888.
142. Desde há muito tempo, doutrina e jurisprudência caminham juntos ao apontar que a irrenunciabilidade dos alimentos só repousa sobre os chamados alimentos futuros. Nesta direção, o Tribunal de Justiça do Estado de São Paulo: "A apelante confunde desistência de execução de alimentos pretéritos com renúncia do direito a alimentos. Esta é expressamente vedada pelo artigo 404, do CC [1916, v. art. 1.707, CC/2002],

(art. 950, parágrafo único, do Código Civil),[143] enquanto aqueles são insuscetíveis de transação quanto às prestações futuras, mesmo porque estão condicionados ao binômio necessidade-possibilidade, que podem alterar-se no tempo.[144] Logo, se o próprio regramento dos alimentos indenizatórios informa disciplina jurídica diversa dos alimentos familiares, destacando-se a possibilidade mais abrangente de *dispor* sobre eles, nada impede que sejam objeto de transação, não sendo eles incluídos na restrição imposta pelo art. 841 do Código Civil.[145]

Aliás, é preciso que se deixe claro que a limitação do objeto da transação se restringe à natureza da prestação devida sobre a qual se pretende negociar. Isto é, em havendo dever de natureza não patrimonial, como, ilustrativamente, aqueles decorrentes do poder familiar, iluminados pelo princípio da responsabilidade parental (art. 226, §7º da CF), não é possível sobre eles transacionar.[146] Tratam-se de direitos não patrimoniais indisponíveis. Contudo, o objeto aqui estudado não se concentra nos deveres originários que cabiam a cada uma das partes envolvidas de determinada relação jurídica, mas em dever jurídico específico, oriundo do sistema da responsabilidade civil, traduzido como *dever de indenizar*. A indenização, mesmo que sirva para compensar a violação a certo interesse extrapatrimonial, terá sempre natureza patrimonial, mesmo que em algumas situações possa relevar um caráter dúplice.[147] Como a negociação levada a cabo na transação incide sobre o dever de indenizar, não haverá qualquer óbice neste sentido. Mesmo que, como produto do acordo firmado entre as partes, a indenização seja paga de forma não pecuniária, ainda assim terá natureza patrimonial.[148]

---

mas a desistência não o é. Nesse sentido, Orlando Gomes: 'O que ninguém pode fazer é renunciar a alimentos futuros, mas aos alimentos devidos e não prestados o alimentando pode renunciar, pois lhe é permitido expressamente deixar de exercer o direito a alimentos; a renúncia posterior é, portanto, válida' (Direitos de família, p. 329). Assim também pensa Yussef Cahali: 'Em relação aos alimentos pretéritos é lícita a transação, porque teriam por fim sustentar o necessitado em época que já passou, cessada a razão da lei, a necessidade indeclinável'" (RJTJSP 126/42, j. 14.02.1990).

143. Código Civil. "Art. 950. Parágrafo único. O prejudicado, se preferir, poderá exigir que a indenização seja arbitrada e paga de uma só vez".

144. Fala-se, também, de um trinômio necessidade-possibilidade-proporcionalidade: "Recursos especiais. Direito de família. Ação de alimentos. Ex-cônjuges. Excepcionalidade. Trinômio alimentar. Necessidade da alimentada. Aferição. Manutenção da condição social anterior à ruptura da união. Capacidade financeira do alimentante. Gestor e usufrutuário do vultuoso patrimônio familiar. 'quantum' alimentar. Proporcionalidade. Artigos 1694, § 1º E 1695, do Código Civil. (...)" (Superior Tribunal de Justiça, Recurso Especial 1726229/RJ, Rel. Min. Paulo de Tarso Sanseverino, j. 15.05.2018).

145. "Art. 841. Só quanto a direitos patrimoniais de caráter privado se permite a transação".

146. Sem permitir a alienabilidade ou disponibilidade dos poderes-deveres oriundos da autoridade parental, o art. 1.634 do Código Civil determina que "compete a ambos os pais, qualquer que seja a sua situação conjugal, o pleno exercício do poder familiar".

147. TEXEIRA, Ana Carolina Brochado; KONDER, Carlos Nélson. Situações jurídicas dúplices: controvérsias na nebulosa fronteira entre patrimonialidade e extrapatrimonialidade. *Diálogos sobre direito civil*. v. 3. Rio de Janeiro: Renovar, 2012, p. 3-24.

148. Sobre a natureza necessariamente patrimonial da obrigação, cf. ALMEIDA COSTA, Maria Júlio de. *Direito das obrigações*, cit., p. 101-105 e KONDER, Carlos Nelson; RENTERIA, Pablo. A funcionalização das relações obrigacionais: interesse do credor e patrimonialidade da prestação. *Civilistica.com*, a. 1, n. 2, 2012, jul./dez. 2012, p. 1-24.

As restrições à transação, portanto, quando se está a negociar sobre o dever de indenizar, não estarão relacionadas ao impeditivo insculpido no art. 841 do Código Civil, mas a outras circunstâncias, tais como a possibilidade de anulação da avença *"por dolo, coação ou erro essencial sobre a pessoa ou coisa controversa"* (art. 849 do Código Civil). Ou nas hipóteses de inexistência de paridade na relação jurídica, que, como se verá, demandará tratamento jurídico diferenciado.

No primeiro caso, ainda que haja paridade na relação jurídica no momento da realização do contrato de transação, é necessário que (i) o ofensor, que busca a reparação espontânea, voluntária e eficaz, pela via da transação, não induza, *dolosamente*, a vítima em erro sobre a dimensão do prejuízo causado, a sua intensidade ou à forma de apurá-lo;[149] (ii) não haja qualquer forma de coação, seja ela física ou moral (*vis absoluta* ou *vis relativa*);[150] (iii) a vítima declare a sua vontade sem que haja erro essencial sobre a pessoa do ofensor ou sobre a prestação controvertida, vale dizer, sobre a plenitude do dano a ser indenizado.[151]

Caso tais defeitos do negócio estejam presentes, a transação estará sujeita à ação de anulação pela parte interessada, o que reduz sensivelmente o nível de segurança deste instrumento, ainda que se reconheça a dificuldade, para o demandante, desincumbir-se do ônus da prova da existência de tais vícios na conformação do consentimento. De toda forma, a transação "não se anula por erro de direito a respeito das questões que foram objeto de controvérsia entre as partes" (art. 849, parágrafo único, do Código Civil).[152]

Sem maiores controvérsias, enfim, a manifestação de vontade do agente que reconhece espontânea e voluntariamente o dever de indenizar, nos valores que a vítima entende devidos (confissão de dívida), realizando o seu pronto pagamento, como forma de cumprimento perfeito da obrigação. Esta é a maneira mais perfeita,

---

149. "Existirá dolo quando se verifique o emprego de qualquer sugestão ou artifício com a intenção ou consciência de induzir ou manter em erro o autor da declaração (dolo positivo ou comissivo), ou quando tenha lugar a dissimulação, pelo declaratário ou por terceiro, do erro do declarante (dolo negativo, omissivo ou de consciência)" (MOTA PINTO, Carlos Alberto da. *Teoria geral do direito civil*. 4. ed. Coimbra: Coimbra Editora, 2005, p. 522-523)
150. "Pode-se definir a coação como qualquer ameaça física ou moral com a qual se constrange alguém à prática de um ato jurídico" (TEPEDINO, Gustavo; BODIN DE MORAES, Maria Celina; BARBOZA, Heloisa Helena. *Código Civil interpretado...*, cit., p. 288).
151. "L'erreur, vice du consentement, suppose que le contrat a été conclu sous l'effet d'une opinion contraire à la réalité : l'un des contractants au moins s'est trompé sur un élément de l'opération". E esse erro é sobre a "qualité substantielle, essentielle de la chose, la qualité qui a déterminé la partie à contracter et a été pour elle la cause" (CARBONNIER, Jean. *Droit civil*, cit., p. 1990-1991).
152. A propósito, o Supremo Tribunal Federal, quando ainda julgada matéria de Direito Civil, antes da Constituição de 1988, já havia definido que "Transação. – Se as partes, desavindas, por meio de documentos hábeis delimitaram os interesses em controvérsia e, por atos sucessivos, culminaram por firmar documento preliminar de transação seguido de outro, de transação definitiva, esse ato jurídico complexo envolve-se, para as partes e para todas as questões versadas, com a força de cousa julgada, só rescindível por dolo, violência ou erro essencial, que não foi o caso. – Aplicação do art. 1.030 do Código Civil [atual art. 849 do CC/02]" (Recurso Extraordinário n. 93.861/RJ, Rel. Min. Clóvis Ramalhete, j. 20.10.1981).

segura e estável de pôr termo ao litígio, como também que realize de forma mais plena a função promocional da responsabilidade civil.[153]

A segunda hipótese, contudo, que abala de alguma maneira a firmeza do acordo de transação (ausência de paridade na relação jurídica) será melhor tratada no capítulo que se segue.

4.3.2 A função promocional nos danos individuais nas relações de consumo

José adquire bilhetes aéreos para viajar a Chicago, partindo do Rio de Janeiro, onde haverá um casamento de um amigo, para o qual foi convidado para ser padrinho. Planejou, assim, a estadia de quatro dias, chegando na quinta-feira e retornando no domingo. O casamento estava marcado para a sexta-feira. Precavido, reservou o hotel, aproveitando oferta promocional mediante a qual pagou antecipadamente todo o valor da hospedagem, sem que tivesse o direito de cancelamento da reserva. Ao chegar pontualmente no aeroporto descobre que o voo acabara de ser cancelado, sem prévio aviso, por "motivos técnicos" e de "adequação da malha aérea". Mesmo diante de seu inconformismo, obteve proposta de acomodação apenas para o voo de sexta-feira à noite, razão pela qual chegaria em Chicago somente ao sábado pela manhã, após o casamento. Perderia o principal evento que era a causa principal da viagem, assim como duas diárias, já pagas e não reembolsáveis, no hotel. Mesmo assim, ponderando que o prejuízo maior era não viajar de forma alguma, José aceitou os termos da proposta e embarcou na sexta-feira à noite.

Retornando ao Brasil, foi procurado pela companhia aérea para que fizessem uma composição sobre os danos causados pelo cancelamento daquele voo. A proposta era que ele aceitasse o estorno de 20% (vinte por cento) sobre o valor pago pelas passagens aéreas como forma de compensação por todos os prejuízos sofridos, sejam eles de natureza material ou moral, renunciando, pelo acordo, ao direito de ação, que porventura viesse a propor em face da companhia. Julgando que qualquer oferta era melhor do que nada, aderiu aos termos do acordo, celebrando o pacto de transação extrajudicial, recebendo, *incontinenti*, os valores acordados como estorno em seu cartão de crédito. Após maior reflexão, José percebe que os seus prejuízos foram muito maiores e que, se tivesse consciência deles à época da adesão à proposta da companhia, não tinha aderido ao acordo. A questão que se põe é saber se teria ele direito a questionar, sob algum aspecto, o acordo firmado livremente entre as partes.

Mesmo o Código Civil – norma geral a qual normalmente, e por equívoco, diz-se aplicado a relações paritárias – prevê que a autonomia privada pode ser unilateral-

---

153. É preciso ressaltar que não existe ato absolutamente inquestionável. Mesmo os atos jurídicos unilaterais, como aqueles que simplesmente reconhecem o direito pleiteado pela vítima (extrajudicialmente ou no curso do process), são passíveis de controle no exercício da autonomia. Em se tratando de ato unilateral, aplica-se, *mutatis mutandis*, as regras sobre as invalidades do negócio jurídico, consoante dispõe o art. 185 do Código Civil.

mente reduzida em certos tipos de relações jurídicas.[154] São aquelas nas quais não há paridade de armas na negociação, vale dizer, inexiste equivalência no exercício da autonomia privada por parte dos interessados. De um lado, figura uma parte designada de *proponente*, ou *estipulante*, em situação de plena liberdade contratual, que pré-estabelece os termos do acordo, de forma unilateral. De outro, aquele que só "adere" às cláusulas pré-formuladas, chamado de *aderente*, exercendo sua autonomia *até certo ponto*, na medida em que não contribui na conformação de seu conteúdo. A este acordo de vontades desiguais, qualifica-se o contrato de adesão.[155]

Contudo, a maior parte dos contratos de adesão são firmados no ambiente das relações de consumo, tendo o Código de Defesa do Consumidor (Lei n. 8.078/90) definido o negócio como "aquele cujas cláusulas tenham sido aprovadas pela autoridade competente ou estabelecidas unilateralmente pelo fornecedor de produtos ou serviços, sem que o consumidor possa discutir ou modificar substancialmente seu conteúdo" (art. 54, *caput*). Ademais, destaca-se que: (i) na norma geral, há previsão de que "são nulas as cláusulas que estipulem a renúncia antecipada do aderente a direito resultante da natureza do negócio" (art. 424 do Código Civil); (ii) nas relações de consumo, prescreve-se que as cláusulas que implicarem "limitação do direito do consumidor deverão ser redigidas com destaque permitindo sua imediata e fácil compreensão" (art. 54, § 4º do Código de Defesa do Consumidor), sendo nulas *de pleno direito* quaisquer cláusulas contratuais relativas ao fornecimento de produtos ou serviços, que "impossibilitem, exonere ou atenue a responsabilidade do fornecedor de serviços por vícios de qualquer natureza dos produtos ou serviços ou que impliquem renúncia ou disposição de direitos" (art. 51, I do Código de Defesa do Consumidor), ou "*estabeleçam obrigações consideradas iníquas, abusivas, que coloquem o consumidor em desvantagem exagerada, ou sejam incompatíveis com a boa-fé ou a equidade*". Por fim, é um direito básico do consumidor a efetiva prevenção e reparação de danos materiais e morais, individuais, coletivos e difusos (art. 6º, VI do Código de Defesa do Consumidor).

Pelo conjunto normativo, poder-se-ia imaginar que a *transação* é instrumento inviável ou inadequado para concretizar a função promocional no âmbito das relações de adesão, ou nas relações de consumo. É que a mínima unidade de efeitos do instrumento transacional pressupõe que os interessados realizem "*concessões mútuas*", o que inexoravelmente implicará na redução das situações jurídicas ativas da vítima, relativizando a *reparação integral*, por meio de cláusulas que *limitam* (*rectius*: reduzem) a responsabilidade do agente. Seria, assim, incompatível a utilização da transação nas relações não paritárias.

---

154. Prevê o art. 423 do Código Civil que, "quando houver no contrato de adesão cláusulas ambíguas ou contraditórias, *dever-se-á adotar a interpretação mais favorável ao aderente*", bem como o art. 424, o qual estipula que "nos contratos de adesão, *são nulas as cláusulas que estipulem a renúncia antecipada do aderente a direito resultante da natureza do negócio*".
155. ROPPO, Enzo. *O contrato*, cit., p. 311-312.

Sucede que não é essa a interpretação que merece prevalecer. Por variadas razões, aqui se defende que a transação é instrumento útil e eficaz, mesmo nas hipóteses de relações de adesão e de consumo.

Em primeiro lugar, como outrora elucidado, o contrato de transação não se confunde com a renúncia. Quando as partes abrem mão, ou aceitam reduzir proporcionalmente, algumas de suas situações jurídicas ativas, com a aquisição de outras vantagens em contrapartida, é equivocada toda e qualquer referência à renúncia, ainda que parcial, na medida em que esta se qualifica como "ato jurídico pelo qual o titular de um direito extingue-o em decorrência de sua própria vontade".[156] Logo, seus efeitos estão previamente determinados pela ordem jurídica positiva, e não pela vontade do renunciante.[157] Não cabe a este definir os efeitos de sua renúncia.[158] Assim como a vontade do renunciante não é composta por interferência de vontades externas. Se determinado interessado opta por abrir mãos de certas posições jurídicas ativas em ambiente de *negociação*, para obter vantagens outras como contrapartida, trata-se de negócio jurídico bilateral que, se tiver por escopo evitar ou pôr termo a litígio, será qualificado como transação. Neste caso, uma realidade não integra a outra. A renúncia *não está contida* na transação. É alheia a ela, porque cumpre função absolutamente distinta.

Se a transação não abrange a renúncia, ainda que seja equívoco comum tal referência na realidade jurisprudencial,[159] a cláusula que elimina ou reduz certa posição

---

156. Ainda, "sua prática compete exclusivamente ao titular do direito e seus efeitos decorrem da lei, inclusive no plano da incidência destes em relação a outros sujeitos de direito" (TEPEDINO, Gustavo; BODIN DE MORAES, Maria Celina; BARBOSA, Heloísa Helena. *Código Civil interpretado*..., v. I, cit., p. 232). Na mesma rota, NERY JÚNIOR, Nelson; NERY, Rosa Maria de Andrade. *Código Civil comentado*. 5. ed. São Paulo: Ed. Ed. RT, 2007, p. 301-302.
157. Em sentido contrário, qualificando a renúncia de direitos como "negócio jurídico unilateral", entre tantos, cf. AMARAL, Francisco. *Direito civil*: introdução, cit., p. 60; e MELLO, Marcos Bernardes de. *Teoria do fato jurídico*: plano da existência. São Paulo: Saraiva, p. 239.
158. É que os atos jurídicos em sentido estrito correspondem àqueles "cuja vontade não tem aptidão para produzir o regulamento ou a normativa a ser aplicada, vez que está já está previamente regulamentada por lei ou por negócio jurídico" (REIS JÚNIOR, Antonio dos. *O fato jurídico em crise*..., cit., p. 33).
159. Tal confusão é bastante comum na jurisprudência, atingindo mesmo as decisões do Superior Tribunal de Justiça, como se pode verificar no Recurso Especial n. 1.115.265-RS, Rel. Min. Sidnei Beneti, julgado em 24/4/2012, resumido no Informativo n. 469 da Corte Superior: "Cinge-se a controvérsia à análise da ocorrência da renúncia tácita à impenhorabilidade de pequena propriedade rural familiar dada em garantia pelo recorrido, em acordo extrajudicial posteriormente homologado judicialmente, o qual nele figura como garantidor solidário de obrigação de terceiro. Na espécie, a recorrente alega que a garantia oferecida pelo recorrido equipara-se à garantia real hipotecária, prevista no art. 3º, V, da Lei n. 8.009/1990. Contudo, o Min. Relator salientou que a ressalva prevista nesse dispositivo legal não alcança a hipótese dos autos, limitando-se, unicamente, à execução hipotecária, não podendo tal benefício (o da impenhorabilidade) ser afastado para a execução de outras dívidas. Assim, salvo as situações compreendidas nos incisos I a VII do art. 3º da Lei n. 8.009/1990, descabe a penhora de imóvel ou a sua oferta em garantia. Além do mais, o bem é uma pequena propriedade rural, cuja impenhorabilidade encontra-se garantida constitucionalmente (art. 5º, XXVI, da CF). De modo que, a exceção à impenhorabilidade do bem de família previsto em lei ordinária não pode afetar direito reconhecido pela Constituição, nem pode ser afastada por renúncia, por tratar-se de princípio de ordem pública que visa à proteção da entidade familiar. Precedentes citados: REsp 470.935-RS, DJ 01/3/2004, e REsp 526.460-RS, DJ 18.10.2004".

jurídica, para a obtenção de outra, como contrapeso, não é nula por violação ao art. 424 do Código Civil ou ao art. 51, I do Código de Defesa do Consumidor. Sendo o negócio qualificado como *transação*, a declaração de nulidade do contrato (ou de uma cláusula) dependerá da análise do conteúdo do contrato no caso concreto, de modo a saber se ele se inclui em algumas das causas previstas no art. 166 e seguintes do Código Civil.[160]

Um segundo argumento importante, malgrado recaia sobre si a pecha de demasiadamente "formalista" ou "exegético-literal", é que a incidência do art. 51 do Código de Defesa do Consumidor parece restringir-se às *"cláusulas contratuais relativas ao fornecimento de produtos e serviços"*, como bem delimita o *caput* do referido dispositivo legal. Como é cediço, o contrato de transação que é realizado para pôr termo a determinado litígio não tem como objeto o *"fornecimento de produtos ou serviços"*, mas a autocomposição do litígio. Isso não significa que o intérprete ou aplicador do direito deva desprezar a situação de debilidade contratual do consumidor, especialmente por ser ele um sujeito presumidamente vulnerável (art. 4º, I do Código de Defesa do Consumidor), mas é necessário destacar que os critérios serão diversos daqueles constantes do art. 51 da Lei n. 8.078/90, e deverão ser apurados em cada caso concreto. Cabe ao intérprete, portanto, verificar se na negociação entre agente e vítima consumidora, aquele impõe, por sua posição de superioridade contratual, *"prevalecendo-se da fraqueza ou ignorância do consumidor"* (art. 39, IV do Código de Defesa do Consumidor), alguma cláusula que exija da vítima vantagem manifestamente excessiva (art. 39, V do Código de Defesa do Consumidor). Se assim o for, restará qualificada a conduta do fornecedor como "prática abusiva", expressamente proibida por lei, autorizando a declaração de sua nulidade na forma do art. 166, VII, parte final, do Código Civil.[161]

Finalmente, a transação não contraria o disposto no art. 6º, VI do Código de Defesa do Consumidor. A doutrina costuma identificar neste texto normativo a positivação, nas relações de consumo, do *princípio da reparação integral*, caracterizando-o como um *direito elementar* do consumidor.[162] Dada a sua natureza basilar, atrairia para si a característica da indisponibilidade. Afinal, as normas de proteção e defesa do consumidor são consideradas como de *ordem pública* e *interesse social*, traduzindo-se, assim, como *normas cogentes*.[163]

Não se pretende aqui questionar a natureza imperativa das normas de proteção ao consumidor, cuja incidência é uma das mais expressivas manifestações do

---

160. Para um estudo abrangente das invalidades nas relações civis, cf., por todos, SOUZA, Eduardo Nunes. *Teoria geral das invalidades*: nulidade e anulabilidade no direito civil contemporâneo. São Paulo: Almedina, 2017.
161. Código Civil. "Art. 166. É nulo o negócio jurídico quando: (...) VII – a lei taxativamente o declarar nulo, ou *proibir-lhe a prática, sem cominar sanção*".
162. Entre tantos outros, NUNES, Rizzato. *Curso de direito do consumidor*. São Paulo: Saraiva, 2013, p. 191-192.
163. BENJAMIN, Antônio Herman V.; MARQUES, Cláudia Lima; BESSA, Leonardo Roscoe. *Manual de Direito do Consumidor*. São Paulo: Ed. RT, 2007, p. 53.

dirigismo contratual. Contudo, é preciso reconhecer que o Código de Defesa do Consumidor (Lei n. 8.078/90), como demonstração clara de *legislação avançada*, optou, conscientemente, por não utilizar o tradicional termo *reparação integral* ao fazer referência ao direito básico do consumidor, preferindo conferir-lhe o direito elementar à *"efetiva* prevenção e reparação de danos (...)".[164] A preferência pela *efetiva* reparação não é por acaso.[165] A moderna legislação brasileira sabe que a ideia de reparação pela exata extensão dos danos sofridos (reparação integral) representa apenas uma das possibilidades de satisfação plena do interesse do consumidor lesado. Por vezes, ainda mais importante que a recomposição matematicamente perfeita das perdas, é a possibilidade de autocomposição célere, segura e eficaz, por vezes valendo-se de benefícios alternativos à indenização pecuniária,[166] mas sem perder de vista que a possibilidade de evitar ou extinguir um litígio judicial pela via do acordo é exigência que se impõe pelo princípio da solidariedade.

Na questão posta no início desde capítulo, apesar de suscitar dúvida a respeito da natureza da responsabilidade (contratual ou extracontratual), é preciso ter em mente que o *direito de ação*, como corolário do *acesso à justiça* (art. 5º, XXXV da CF), permite que toda e qualquer pessoa que entenda ter algum interesse violado possa demandar em juízo pelo seu reconhecimento.[167] Deste modo, interpretando o direito civil na legalidade constitucional, mesmo um acordo de transação bem sucedido não tem o condão *impedir* a propositura de uma ação por aquele que se comprometeu a evitá-la.[168] Seria, sim, *matéria de defesa* por parte do réu, que deve invocar e comprovar a existência de acordo prévio e extrajudicial, como fato impeditivo do direito do autor.[169] É matéria de defesa forte, que só será ultrapassada se (i) a parte autora (consumidora) comprovar algum vício que possa eivar

---

164. "Art. 6º. São direitos básicos do consumidor: (...) VI – a efetiva prevenção e reparação de danos patrimoniais e morais, individuais, coletivos e difusos (...)".
165. Como bem destaca Gustavo Tepedino: "sublinhe-se a significativa alusão do legislador à efetividade da tutela, acentuando desse modo não somente a integralidade de eventual indenização – danos emergentes e lucros cessantes – mas, principalmente, a sobreposição conceitual do conteúdo sobre a forma, ou seja, o preceito refuta qualquer classificação formal – espécies de danos ou de ritos – que pudesse sacrificar o resultado reparatório pretendido" (*A responsabilidade civil por acidentes de consumo na ótica civil-constitucional*, cit., p. 283).
166. Na negociação, é possível ainda incluir instrumentos variados como a reparação física ou substituição de produtos ou reexecução de serviços, com oferta de *upgrade*, como alguns dos exemplos de reparação *in natura* que o consumidor tem à sua disposição no âmbito da autocomposição (SCHREIBER, Anderson. *Reparação não pecuniária dos danos morais*, cit., p. 213-216).
167. Conferindo ampla interpretação ao princípio constitucional do acesso à justiça (art. 5º, XXXV da CF), para além do corolário da inafastabilidade do controle jurisdicional (art. 3º do Código de Processo Civil), cf. MARINONI, Luiz Guilherme. *Curso de Processo Civil*. 3. ed. São Paulo: Ed. RT, 2008, v. 1, p. 221.
168. Terá a parte autora, portanto, interesse de agir se o provimento jurisdicional for útil à sua satisfação. Não poderá, então, um juiz deixar de conhecer a demanda, por ausência de condição da ação, ao argumento de preexistir acordo de transação no qual as partes se comprometeram a não litigar judicialmente. Trata-se de matéria de mérito, em que o pedido deve ser apreciado, no sentido de sua procedência ou improcedência.
169. Código de Processo Civil. "Art. 373. O ônus da prova incumbe: (...) II – ao réu, quanto à existência de fato impeditivo, modificativo ou extintivo do direito do autor".

o acordo com alguma nulidade ou anulabilidade,[170] (ii) demonstrar alguma circunstância excepcional qualificada como prática comercial abusiva, seja porque se aproveitou da fraqueza ou ignorância do consumidor, ou porque exigiu dele, na negociação, vantagem manifestamente excessiva (art. 39, IV e V do Código de Defesa do Consumidor).

Como parâmetros para a aferição dos aspectos que tornariam a transação ineficaz, pela exploração da fraqueza ou ignorância do consumidor, ou pela exigência de vantagem manifestamente excessiva, propõe-se que os fornecedores de produtos e serviços (i) tenham o cuidado de emitir propostas de com linguagem clara e precisa; (ii) com razoável tempo de reflexão, evitando o acerto por impulso, de maneira a privilegiar o estudo e o conhecimento, por parte da vítima, acerca da amplitude da proposta; (iii) estejam abertos ao recebimento de contrapropostas, evidenciando a existência real de exercício da autonomia do consumidor, como ator relevante da modelação do conteúdo do contrato de transação; (iv) redijam com destaque as situações jurídicas ativas que o consumidor abrirá mão, como contrapartida para a rápida e eficaz resolução da controvérsia; (v) proponham concessões mútuas razoavelmente equilibradas e *proporcionais*, como forma de afastar o risco de haver exigência manifestamente excessiva., sem descuidar dos aspectos subjetivos que costumam nortear a autocomposição.[171] Quanto maior a medida de cumprimento de tal itinerário, maior higidez será conferida à transação, tornando-a mais segura, de forma a potencializar o uso na praxe, fortificando a eficácia da função promocional da responsabilidade civil.

Se, naquela hipótese concreta inaugural, comprovando José que houve a aceitação do acordo, por mera adesão, em contexto no qual lhe foi retirada a possibilidade de reflexão sobre a amplitude dos fatos danosos, havendo insistência em torno da aceitação imediata da composição civil, é possível vislumbrar prevalecimento do fornecedor sobre sua *ignorância* ou *fraqueza* (que se potencializa se o consumidor for idoso, ou portador de deficiência mental ou intelectual, ainda que não curatelado etc.). Tais elementos ampliam a possibilidade de ver reconhecida a nulidade do contrato.[172] Mais poderoso será, ainda, o argumento de que a redução de sua situação jurídica ativa foi desproporcional, evidenciando-se a exigência de *vantagem manifestamente excessiva*. Deve-se apenas atentar para o fato de que a desproporcionalidade não deve ser apurada por meros critérios objetivos, na medida em que o interesse

---

170. É o mesmo fato impeditivo que é válido também para as relações paritárias, como já mencionado no capítulo infra.
171. Uma boa baliza para apurar a quantificação ideal do dano sofrido pela vítima é a verificar a média das indenizações pecuniárias impostas pela jurisprudência, para hipóteses semelhantes, evitando-se reduzir desproporcionalmente tais valores na negociação. Quando mais próximo os valores acordados estiverem daquilo que normalmente se reconhece em juízo para situações semelhantes, maior será a higidez do acordo, evidenciando que não houve exploração da fraqueza ou ignorância do consumidor, ou exigência de vantagem manifestamente excessiva. Maior será também, em última análise, a prova da boa-fé dos fornecedores na contratação.
172. Nos termos do art. 166, VII do Código Civil c/c art. 39, IV do Código de Defesa do Consumidor.

subjetivo que envolve a transação tem peso relevante na autocomposição. Daí a razão pela qual a discrepância objetiva precisa saltar aos olhos para ser declarada sem maiores dificuldades, mas sempre em contexto com os demais critérios.

Recheada de peculiares, outrossim, é o exercício da função promocional da responsabilidade nos chamados "*danos coletivos*", como agora se passa a analisar.

4.3.3 A função promocional nos danos metaindividuais

Em 22 de março de 2011, o canal MTV veiculou programa humorístico "Comédia TV", apresentando novo quadro chamado "Casa dos Autistas", cuja ideia central era satirizar a famosa atração de entretenimento "Casa dos Artistas", de emissora concorrente. Para instrumentalizar a sátira, os humoristas acabaram por valer-se de imitações espalhafatosas e galhofas – naturais no humor – não para formar caricatura dos protagonistas do programa satirizado, de acordo com suas características pessoais, mas com inserção de excessos comunicativos ao tratar os protagonistas como se autistas fossem. Logo, não só reproduziram imitação tosca dos personagens, como sói ocorrer normalmente nas atuações humorísticas. Representaram, em verdade, de forma satírica, pessoas portadoras de autismo, com gestos e sons bastante exagerados. Ao fim e ao cabo, a impressão generalizada que se passou é que a chacota não era dirigida ao programa concorrente, mas diretamente às pessoas portadoras daquela condição neurológica.[173]

Em tempos de internet, a velocidade da comunicação e o alcance que cada signo comunicativo pode atingir é incomensurável. Neste caso, houve ampla divulgação da peça humorística e a reação da sociedade civil foi imediata, com diversas manifestações públicas de repúdio. Em resposta, o próprio humorista produziu pedido formal de desculpas.[174] Concomitantemente, a emissora passou a atuar ativamente em diversos setores relevantes da sociedade, no intuito de mostrar-se apoiadora dos interesses que promovem o valor da pessoa portadora de autismo. Dentre as suas ações, destacaram-se: (i) reunião com a sociedade civil, que culminou na elaboração de carta que foi enviada à Comissão dos Direitos Humanos do Senado, dando início a planos de ação propostos por entidades que defendem a causa autista; (ii) esclarecimento dos fatos ocorridos perante o Congresso Nacional, que manifestou compreensão, assim como aprovação quanto à forma de ação proativa da Emissora

---

173. Essa foi a manifestação formal da Associação Brasileira para Ação por Direitos das Pessoas com Autismo (Abraça), afirmando que "As imagens exibidas causaram dor e revolta em familiares de pessoas autistas e nelas mesmas. Serem retratados como pessoas sem sentimento, sem habilidades, sem capacidade alguma de compreensão da realidade já é corriqueiro para nossos amigos e filhos autistas, mas fazer uso de imagens preconceituosas, apresentando-os gritando e babando só vem reforçar os estereótipos muito distantes da realidade". Disponível em: http://abraca.autismobrasil.org/humoristico-da-mtv-desrespeita-pessoas-autistas/. Acesso em 02 nov. 2018.
174. Como se pôde acompanhar em diversas matérias jornalísticas no meio digital: http://entretenimento.r7.com/famosos-e-tv/noticias/marcelo-adnet-se-desculpa-por-fazer-piada-com-autistas-na-tv-20110424.html. Acesso em: 02 nov. 2018.

após o caso, arquivando o procedimento antes instaurado em Audiência Pública; (iii) esclarecimento dos fatos perante o Ministério Público Federal, que entendeu os argumentos como convincentes, de modo a arquivar a representação instaurada; (iv) veiculação, nos intervalos comerciais de sua programação, de vinhetas institucionais sugeridas pelas entidades da sociedade civil, que tratavam do tema autismo, como forma de promover o interesse reconhecidamente violado por ela, ainda que de forma não intencional; (v) produção de 06 (seis) vídeos institucionais referentes ao assunto; e (vi) produção de um documentário veiculado no próprio Portal MTV, acerca dos debates travados após o ocorrido.[175]

Em paralelo, diversos pais e mães de pessoas portadoras de autismo ajuizaram ações individuais buscando a reparação dos danos sofridos pelos filhos e por eles mesmos, ao assistirem àquilo que qualificaram como ofensa à dignidade individual de cada um, em manifesto abuso da liberdade de expressão. Em ação movida na Comarca de São Paulo, o juízo de primeira instância condenou a Emissora ao pagamento de indenização dos danos morais causados aos pais e à criança portadora de autismo,[176] em sentença reformada pelo Tribunal de Justiça de São Paulo, cujo acórdão entendeu que o programa jocoso, ainda que de mau gosto, não ofendeu, "*direta e pessoalmente*", os membros da família, "pois a sátira a eles não se referiu".[177]

Em caminho inverso, pai e mãe, por si e representando filho portador de autismo, moveram ação na Comarca do Rio de Janeiro, a partir do mesmo fato e com fundamentos idênticos à demanda movida no estado vizinho, requerendo a condenação do conglomerado, sob o qual integra a emissora, ao pagamento de danos morais individualizados. Em sentença, com apoio no parecer do Ministério Público, o juízo de primeira instância julgou improcedentes os pedidos, ao argumento de que não se identificou o nexo causal entre a conduta ofensiva e os danos individuais alegados, porquanto "não houve o propósito de ofender pessoal e diretamente os autores". E acrescentou, como razão de decidir, que "a ré retirou da sua grade de programação

---

175. Tais informações foram extraídas das defesas apresentadas pela Emissora nos processos aos quais figurou como ré, sendo fatos incontroversos nos autos. Ademais, a impressa também noticiou a retratação da emissora e as ações programadas para tentar "reparar" o dano causado: https://www.terra.com.br/diversao/tv/mtv-se-retrata-apos-polemica-com-quadro-casa-dos-autistas,65ddc63c8b15a310VgnCLD200000bbcceb0aRCRD.html. Acesso em: 02 nov. 2018.
176. A sentença julgou procedente os pedidos contidos na ação de indenização, movida por pai, mãe e dois filhos, contra o canal de televisão, em virtude da veiculação de programa humorístico com representação jocosa de portadores de autismo, condenando a ré no pagamento de R$ 10.000,00, para cada um dos quatro autores, corrigidos monetariamente pela Tabela Prática do Tribunal de Justiça de São Paulo, a partir da data da sentença, acrescidos de juros de 1% ao mês desde a citação, mais custas, despesas processuais e honorários advocatícios de 15% do valor da condenação (processo n. 0143502-08.2011.8.26.0100).
177. O acórdão foi assim ementado: "Responsabilidade civil. Danos Morais. Programa humorístico da MTV intitulado 'Casa dos Autistas', com representação jocosa de autistas em geral, como sátira de outro programa de televisão. Ação proposta por pai e mãe de autistas. Indenização reconhecida em primeiro grau. Ausência de ânimo de injuriar ou ofender, direta e pessoalmente, os autores e seus dois filhos, pois a sátira a eles não se referiu. Improcedência decretada. Recurso Provido" (TJSP. Apelação Cível n. 0143502-08.2011.8.26.0100, Rel. Des. Walter Barone, julgado em 15.05.2013).

o programa em exame e tomou providências no sentido de minimizar eventuais efeitos negativos que sua veiculação possa ter produzido no meio social", chamando atenção para o fato de que cedeu, "inclusive, espaço às associações representantes de autistas para a promoção de sua causa".[178] A sentença veio em consonância com o parecer do Ministério Público.[179]

Nota-se, assim, que a jurisprudência já deu os primeiros passos para o reconhecimento, ainda que inconsciente, de que a responsabilidade civil persegue uma função promocional, intimamente ligada ao estímulo à reparação espontânea do dano. Neste caso, reconheceu-se que os atos executados pelo agente causador do dano ao *interesse difuso* de proteção à pessoa com espectro autista representaram o (i) reconhecimento espontâneo da lesão e, por conseguinte, (ii) a sua voluntária e suficiente reparação, ainda que na forma não pecuniária. Porém, quiçá ainda mais eficiente para alcançar o nível adequado de tutela do interesse metaindividual. Por essa razão, a parte ré, além de invocar a impossibilidade de uma demanda individual por danos metaindividuais,[180] suscitou, em defesa, que os danos já haviam sido plenamente reparados. A sentença de improcedência nada mais foi que um benefício, ainda que implícito, ao cumprimento da função promocional.

---

178. Assim foi a íntegra da sentença, extraído o relatório: "Fundamento e decido. O presente feito comporta o julgamento antecipado da lide, em consonância com o disposto no artigo 330, inciso I, do CPC, pois constam dos autos elementos suficientes para o exercício de cognição exauriente, fundada em juízo de certeza, estando a causa madura para a prolação de sentença de mérito definitiva. Não se identifica nexo de causalidade entre a veiculação do programa humorístico de cunho satírico produzido pela ré ´Casa dos Autistas´ e o alegado dano, na medida em que não houve o propósito de ofender pessoal e diretamente os autores. Sem caracterizar injúria ou qualquer ofensa moral dirigida aos autores, não se localiza nenhuma responsabilidade capaz de, a título de violação de direitos da personalidade, desencadear a obrigação de lhes serem indenizados supostos danos morais. Ademais, conforme comprovado nos autos, a ré retirou da sua grade de programação o programa em exame e tomou providências no sentido de minimizar eventuais efeitos negativos que sua veiculação possa ter produzido no meio social, cedendo inclusive espaço às associações representantes de autistas para a promoção de sua causa. Sem a individualização de alvos específicos, não é crível que o programa despertasse reações hostis ou constrangedoras por parte de terceiros, que pudessem caracterizar dano moral indenizável. Face ao exposto, resolvo o mérito, na forma do art. 269, I do CPC e julgo improcedentes os pedidos e condeno os autores no pagamento das custas e honorários que fixo em 10% sobre o valor atribuído à causa, verbas cuja execução suspendo porque beneficiários da assistência judiciária gratuita. P.R.I. Após o trânsito em julgado, cumpridas todas as formalidades legais, dê-se baixa e arquivem-se os autos" (35ª Vara Cível da Comarca do Rio de Janeiro, autos n. 0166276-96.2012.8.19.0001, Juíza de Direito Juliana Lamar Pereira Simão, julgado em 20.06.2014).
179. Destaque para os fundamentos expostos na promoção ministerial: "Por derradeiro, segue-se que nos casos de violação a interesses difusos ou coletivos, nem sempre a reparação pecuniária é a maneira mais eficiente de compensar o dano causado, razão pela qual a doutrina tem chamado cada vez mais atenção para as formas alternativas de reparação de dano, como o direito de resposta ou *a retratação voluntária do agente*. Na hipótese vertente, inclusive, a ré de livre e espontânea vontade mobilizou-se para atender às demandas de alguns setores da sociedade civil, com reuniões, audiências públicas e medidas de promoção e divulgação da dignidade dos autistas, *fato este que já denota a sua boa-fé e uma medida mais eficiente na promoção dos direitos das pessoas portadoras de autismo em geral*" (grifos nossos). O parecer foi exarado pela 4ª Promotoria de Justiça Cível do Ministério Público do Estado do Rio de Janeiro, assinado pela promotora Flávia Figueiredo Roxo.
180. Sobre a temática, seja consentido remeter a REIS JUNIOR, Antonio dos; BARBOSA-FOHRMANN, Ana Paula. *O discurso de ódio na internet*, cit., p. 55-56.

É necessário destacar, contudo, que ao contrário do que ocorreu no Tribunal de Justiça de São Paulo, no qual a emissora venceu a lide apenas em segunda instância, a sentença de improcedência supracitada, que fez referências expressas às características da função promocional da responsabilidade civil, foi reformada pela Sexta Câmara Cível do Tribunal de Justiça do Estado do Rio de Janeiro, que deu provimento à apelação para condenar a ré ao pagamento de R$ 10.000,00 (dez mil reais), para cada autor, individualmente (pai, mãe e filho portador de autismo). O fundamento se concentrou na reprovabilidade da conduta ofensora e no juízo de valor sobre os limites do humor, concluindo que a sátira "ultrapassou a barreira do aceitável mostrando-se de evidente mau gosto e, causando ofensa à honra dos autores" (sic).[181] Todas as medidas louváveis adotadas pela empresa no *pós-dano* não foram citadas nos votos proferidos, passando, pragmaticamente, a mensagem inversa de que talvez seja desinteressante buscar a via da reparação espontânea, em face do risco de ter de reparar duas vezes (*bis in idem*).[182]

Deste caso concreto é possível extrair que o ambiente do dano ao interesse difuso ou coletivo é aquele mais propício para o exercício da função promocional. A um, porque o interesse difuso ou coletivo pode ser promovido das formas mais variadas possíveis, com elevada aptidão para os atos de natureza não patrimonial, que muitas vezes são mais eficazes e efetivos para a reconstituição ou proteção daquele interesse que o mero depósito em fundo gerido por conselhos estaduais ou federais.[183] A dois, porque há mais espaço para a reparação espontânea plena, com o reconhecimento jurídico da lesão, na medida em que um ato público de retratação, seguido de diversas ações positivas nas estruturas básicas da sociedade tem efeito

---

181. O voto condutor deixou de enfrentar a questão da (im)possibilidade de reparação individual de dano de natureza difusa. O acórdão foi assim ementado: "Apelação cível. Responsabilidade civil. Danos morais. Programa humorístico da MTV, intitulado "Casa dos Autistas". Representação irônica de autistas em geral, como sátira de outro programa televisivo. Ação, proposta por mãe e filho autista. Sentença de improcedência. Ponderação entre valores constitucionalmente, erigidos. Prevalência, na hipótese, do princípio da dignidade da pessoa humana. Nexo causal, verificado. Dano moral, configurado. Arbitramento do valor da indenização em observância aos princípios da razoabilidade e proporcionalidade. Ônus sucumbenciais, invertidos. Reforma da sentença que se impõe. Provimento do recurso" (Tribunal de Justiça do Rio de Janeiro, Apelação Cível n. 0166276-96.2012.8.19.0001, Rel. Des. Cláudia Pires dos Santos Ferreira, julgado em 18/03/2015). Em declaração de voto, o Des. Nagib Slaibi ressaltou que apesar do verbete de Súmula 128 do TJRJ, cujo teor indica que "imputação ofensiva, coletiva, não configura dano mora (individual)", "os termos sumulares não poderiam exercer interpretação rígida".
182. Apesar desta mensagem, em verdade, a questão é que o acórdão que reformou a sentença considerou a existência de dano individual aos autores da demanda, ainda que não tenha havido ofensa direcionada, pessoalmente, aos demandantes. Neste caso, de fato, a ré em momento algum reparou espontânea e voluntariamente os danos individuais aos três autores, pessoalmente (e não havia como ter realizado tal ato de compensação espontânea, em face do desconhecimento da existência dos autores até o ajuizamento da ação). Não se desprezou, assim, os atos de reparação espontânea aos interesses difusos, apenas não era essa a questão relevante que se colocava em debate para os julgadores em segundo grau, pois tais atos visavam a recomposição dos interesses difusos violados, e não dos interesses individuais malferidos.
183. Dispõe o art. 13 da Lei n. 7.347/85 que "Havendo condenação em dinheiro, a indenização pelo dano causado reverterá a um *fundo gerido por um Conselho Federal ou por Conselhos Estaduais* de que participarão necessariamente o Ministério Público e representantes da comunidade, sendo seus recursos destinados à reconstituição dos bens lesados".

ambivalente: de um lado, reparar de modo mais efetivo a lesão causada, de outro, promover a imagem do próprio agente causador, que pode reverter a impressão de ofensor de interesses públicos. A três, porque tem mais aptidão de seguir com a tendência de despatrimonialização da indenização, especialmente quando ligada a ofensa a interesses não patrimoniais, ou daqueles que se sabem não recuperar pelo simples depósito de dinheiro na conta de certos gestores. A quatro, porque a reparação espontânea e voluntária raramente depende de uma negociação com a "parte contrária", que é naturalmente *indeterminada*, nos interesses difusos, e apenas *determináveis*, nos interesses coletivos. O "termo de ajustamento de conduta" que pode ser firmado com o Ministério Público costuma regular as situações futuras, sem importar práticas de recomposição eficaz dos danos já ocorridos no passado.[184] Não se confunde, portanto, com a transação, que é figura tendente à inocuidade em tais situações.

4.4 À GUISA DE SÍNTESE: A FUNÇÃO PROMOCIONAL DA RESPONSABILIDADE CIVIL COMO INSTRUMENTAL À EFETIVA SATISFAÇÃO DOS INTERESSES LESADOS

A responsabilidade civil *lato sensu* é, em seu polo mais abstrato, antes de tudo, uma garantia.[185] É o conjunto de normas que salvaguarda a confiabilidade do direito, como ordem coercitiva. Assim, todos sabem que o descumprimento de qualquer obrigação civil conduzirá, em regra, a uma reação do direito, que pode se manifestar sob as mais diversas figuras, desde a insistência em prol do adimplemento daquela obrigação (contratual ou legal), ao pedido de conversão em perdas e danos.[186] Fato é

---

184. Lei n. 7.347/85. "Art. 5º, § 6º. Os órgãos públicos legitimados poderão tomar dos interessados compromisso de ajustamento de sua conduta às exigências legais, mediante cominações, que terá eficácia de título executivo extrajudicial".
185. Como já defendia Boris STACK em sua famosa tese: "(...) existe, dans le vaste champ de la responsabilité civile, un domaine considérable où l'obligation de réparer les dommages causés par son activité ou par suite de l'inexécution de ses engagements, n'est pas subordinnée à l'existence d'une faute, prouvée ou présumée. Dans ce domaine, l'homme jouit d'une protection juridique absolue, d'une véritable garantie contre les faits dommageables d'autri" (*Essai d'une théorie générale de la responsabilité civile considérée en sa double fonction de garantie et de peine privée*, cit., p. 9-10). No mesmo sentido, António Menezes Cordeiro, para quem "a própria responsabilidade civil, globalmente considerada, é uma garantia das situações genericamente cobertas" (*Tratado de direito civil português*. v. 2. Coimbra: Almedina, 2010, t. 4. p. 501). Em perspectiva crítica à teoria realista da obrigação, mas ainda assim reconhecendo a função de garantia do patrimônio, anunciam Henri et León Mazeaud e Jean Mazeaud que "L'obligation est un rapport personnel entre créancier et débiteur. Le créancier n'a pas de droit direct sur les biens de son débiteur, mais seulement, à travers ce dernier, un droit contre son patrimoine dans l'état où il se trouve au moment de la saisie; ce droit du créancier est improprement appelé "droit de gage général sur le patrimoine du débiteur'" (*Leçons de droit civil*: obligations – théorie générale. t. 2. v. 1. 6. ed. Paris: Éditions Montchrestien, 1978, p. 1).
186. "Dans la quasi-totalité des systèmes juridiques, on constate que la condamnarion à des dommages et intérêts (perdas e danos) est la conséquence de beaucoup la plus courante de l'affirmation d'une responsabilité civile" (VINEY, Geneviève. *Traité de droit civil*: la responsabilité – effets, cit., p. 78).

que ela existe com função precípua de servir-se de instrumento para que a obrigação cumpra a sua finalidade essencial: o adimplemento.[187]

Por sua vez, a responsabilidade civil *stricto sensu* representa, antes de mais nada, garantia particularmente definida, no sentido de que os danos causados, sejam eles de que natureza for (contratual ou extracontratual), serão reparados, seja pela via do ressarcimento equivalente, seja pela via da compensação. Ao contrário da anterior, que pressupõe o descumprimento de uma obrigação, esta tem como premissa o *dano*. É por esse motivo que aqui se atribuiu à função reparatória/compensatória a qualidade de função basilar ou elementar da responsabilidade civil, porque intimamente conectada à finalidade primária do instituto.

Como se viu, na responsabilidade civil, o *dano* é o centro em torno do qual as funções orbitam. Ao lado da função reparatória, apresenta-se a função preventiva, em todos os seus aspectos abrangentes, que envolve, também, perfil punitivo. A depender do desígnio do legislador, é possível mesmo falar-se em função punitiva autônoma, o que não parece ter ocorrido, ao menos por ora, no ordenamento brasileiro. De todo modo, o que aqui se apresenta é a existência de outra função, nominada de *função promocional da responsabilidade civil*, cujo sentido empregado é fundamentalmente ético e conectado ao cumprimento da *finalidade última* do direito dos danos, iluminada pelo princípio da solidariedade: estimular que as partes se conduzam na direção da reparação espontânea do dano.

As questões pretéritas à lesão já estão suficientemente envolvidas na função preventiva, que pode também valer-se de sanções positivas, ao lado daquelas tradicionalmente empregadas (sanções negativas).[188] Se é mais *difícil* implementar as práticas preventivas naqueles agentes que exercem atividades de risco, é no momento pós-dano que reside o maior *drama* da responsabilidade civil: responder de forma contundente a determinada lesão que não deveria ter ocorrido. Se na função reparatória a ideia é buscar, por uma série de instrumentos, a *reparação integral*, o mesmo não ocorre na função promocional. Esta é ancorada em estímulos, cutucadas (*nudges*), medidas de encorajamento, com apoio em sanções positivas, que façam

---

187. Em última análise, a garantia (mesmo a genérica, como o sistema de responsabilidade civil), "é tudo aquilo que se destine a assegurar obrigações" (MENEZES CORDEIRO, António. *Tratado de direito civil português*, cit., p. 504).
188. Não se nega que possa haver uma atuação promocional do direito no exercício da função preventiva, como bem sustenta ROSENVALD, Nelson. *As funções da responsabilidade civil*, cit., p. 156-162. Contudo, crê-se que tal atuação não é suficiente para destaca-la como função autônoma e independente, integrando, em última análise, a função preventiva. Poder-se-ia apresentar a mesma objeção à ideia de função promocional no *pós-dano*: não integraria ela a função reparatória? Neste caso a resposta que impõe é negativa porque, como visto, a "*reparação*" espontânea do dano não se vincula aos pilares da finalidade primária do direito dos danos, como chamado *princípio da reparação integral*. Ademais, não raro é levada a cabo pela via da transação, que possui contornos distintos do tradicional ideal ressarcitório. Tais diferenças de fundo, que são suficientes para conferir autonomia à função promocional no momento pós-dano, não são vislumbradas nos atos de estímulo a condutas preventivas e de precaução, integrando-se perfeitamente à já aludida função preventiva.

incutir no agente causador do dano o desejo de, voluntária e espontaneamente, *amparar* a vítima da lesão causada por ele, pois assim ele terá benefícios, ou, simplesmente, prejuízo será bem menor.[189] Mas esse impulso aparentemente egoísta, econômico e individualista não resiste à necessária aproximação que o agente precisa realizar com a vítima, acobertada, em última análise, por um senso de dever. Eis a atuação clara do *princípio da solidariedade*, que impõe também à vítima oportunizar a abertura do canal de comunicação entre as partes, especialmente nas hipóteses de danos extrapatrimoniais.[190] Nesta circunstância, poderá expor ao agente causador daquela lesão quais os seus interesses atuais que, uma vez satisfeitos, são capazes de superar (ainda que nunca apagar) a lesão sofrida.

Aqui reside mais uma especificidade da função promocional: embora o direcionamento das medidas de estímulo se concentre, em maior intensidade, no agente causador do dano, não se perde o foco de que são os interesses da vítima que devem ser tutelados.[191] Não se trata, pois, de uma teoria *pró-dano* ou *pró-agentes* causadores de danos. Não haveria diagnóstico mais equivocado e pernicioso à concretização da finalidade última da responsabilidade civil.

Em verdade, a função promocional da responsabilidade civil é aquela que aperfeiçoa o sistema de proteção da vítima, conferindo mais instrumentos para o tratamento da lesão causada. Calcada na *solidariedade* e na esteira da *máxima efetividade* dos direitos, busca-se, afinal, a satisfação *eficaz* e *eficiente* do interesse atual da vítima no pós-dano, que não necessariamente se confunde com a intenção única e exclusiva de recuperar *ipsis litteris* a situação patrimonial ou existencial de outrora. Persegue-se, ao mesmo tempo, solução *célere*, ainda que a busca seja por rapidez razoável, com nível de consciência e reflexão apurado entre as partes acerca da amplitude e intensidade do dano.[192]

É função que coloca a vítima em situação prospectiva: que interesse agora deve ser satisfeito para superar o trauma do dano? É a solução rápida da controvérsia, de forma desjudicializada, obtendo a satisfação de certas situações jurídicas ativas suficientes e úteis para a vítima, ainda que abrindo mão de outras, pela via da tran-

---

189. Essa é a ideia central das sanções positivas defendidas por Norberto BOBBIO, como instrumentos que devem possuir maior utilização nos ordenamentos contemporâneos, na perspectiva de uma teoria funcionalista do Direito (*Da estrutura à função*, cit., p. 53-79), que se encaixa como dedos em luvas teorias behavioristas do Direito, representadas em SUNSTEIN, Cass S.; THALER, Richard H. *Nudge*: improving decisions about health, wealth, and happiness, cit., passim.
190. A "reparação espontânea, voluntária e extrajudicial" de danos extrapatrimoniais é impossível sem a participação ativa da vítima, na medida em que o agente, sozinho (ao contrário dos danos patrimoniais), não é capaz de quantificar o valor da indenização.
191. Tal aforismo tem busca amparar vítima de danos extrapatrimoniais. Neste caso, assevera Maria Celina BODIN DE MORAES que "o ressarcimento do dano moral deve ser tratado com maior seriedade, tanto científica quanto metodológica, visto que séria também é a exigência de proteger eficazmente a pessoa humana e os seus direitos fundamentais" (*A constitucionalização do direito civil e seus efeitos sobre a responsabilidade civil*, cit., p., 330)
192. Cf. capítulo 4.2, supra.

sação? Permanece sendo o interesse tal qual aquele violado, de forma a somente ser superado após a sua reparação integral? A resposta, por evidente, dependerá do interesse concreto da vítima em cada situação, não podendo alijar desta noção de interesse o aspecto subjetivo inexorável que conduzirá a tomada de decisão da vítima.[193] De todo modo, é a função capaz fazer a vítima pensar para frente, calcada naquele interesse atual que uma vez satisfeito a colocaria em patamar desejado para conduzir a sua vida em superação da perda sofrida, em substituição à ideia rígida da função reparatória, ligada à reconstituição precisa do *status quo ante*.[194]

Assim é que nada impede um consumidor acordar, em instrumento de transação, que seja oferecido pela operadora de turismo, como forma de "reparação" eficaz do dano sofrido pelo cancelamento de viagem contratada (com transporte aéreo, guia e hospedagem em país estrangeiro), a sua colocação em cruzeiro marítimo de cinco estrelas, cujo custo seria até superior àquele contratado anteriormente.[195] Na perspectiva tradicional da função reparatória, tivesse a parte autora movido ação reparatória com pedido de indenização pecuniária, não poderia o magistrado escapar aos limites do pedido, limitando-se a condenar a operadora de turismo que deu causa ao dano ao pagamento de indenização que reproduzisse a exata "extensão dos danos" (art. 944, *caput*, do Código Civil), entendendo que tal medida realiza a "efetiva reparação" dos danos causados (art. 6º, VI do Código de Defesa do Consumidor).[196] Estaria a vítima presa ao passado, a processo naturalmente moroso e dependente da resolução restrita daquele dano, nos seus exatos termos. Naquela outra solução, pela via do acordo, a vítima obteve reparação *in natura*, ainda que em prestação diversa daquele interesse violado e,[197] por opção dela, em oportunidade aberta pelo agente causador do dano, apurou-se que o seu interesse atual, decorrente do dano, não mais se confundia com a necessidade de realizar aquela viagem frustrada. Agora o seu interesse já estava orientado à realização de outro passeio, de natureza diferente, cujas amenidades adicionais

---

193. O aspecto subjetivo da transação é ressaltado por Alberto Trabucchi, afirmando que "essenziale alla transazione è uma incertezza subiettiva che si vuole eliminare. Questa incertezza – la res dubia – è data anche dal solo fatto dell'esistenza di un coffilito attuale o potenziale tra le parti, qualificato da opposte pretese" (*Istituzioni di diritto civile*, cit., p. 1090).
194. FRANZONI, Massimo. *Trattato della responsabilità civile*, v. II, cit., p. 5-6).
195. Exemplos similares constam em SCHREIBER, Anderson. *Reparação não pecuniária dos danos morais*, cit., p. 213-216
196. Código Civil. Art. 944. "A indenização mede-se pela extensão do dano". Código de Defesa do Consumidor. Art. 6º, IV: "São direitos básicos do consumidor: (...) a efetiva prevenção e reparação de danos patrimoniais e morais, individuais, coletivos e difusos".
197. Quando a nova prestação é oriunda de contrato de transação, assim qualificado, percebe-se que ali ocorreu, na relação jurídica, uma novação objetiva, nos termos do art. 360, III do Código Civil. Quando não acordo algum de transação, mas simples oferecimento espontâneo, por parte do fornecedor, de prestação diversa daquela devida, com pronta aceitação do consumidor, trata-se de simples caso de dação em pagamento, na forma do art. 356 do Código Civil. O fornecedor devia uma prestação específica a título de indenização, em valor correspondente à exata extensão do dano, mas ofereceu outra, sendo aceita pela parte credora, que lhe dá quitação. A indenização negociada pela forma de prestação diversa representa um acordo válido de dação em pagamento.

compensaram eventuais danos extrapatrimoniais causados pela não realização da prestação contratada.[198] É a expressão real de que as relações jurídicas se conduzem de formas dinâmica, sujeitando-se às vicissitudes mais variadas. A função promocional oportuniza a realização desses interesses mais complexos e variados que podem surgir na esfera jurídica da vítima no *pós-dano*.

Decerto que nem só de louros vive a finalidade última da responsabilidade civil. Ainda há muitos desafios a serem superados pelo legislador e pela jurisprudência. Aquele, deve tomar maior consciência acerca da já existente função promocional, de maneira a aperfeiçoar e sistematizar as sanções positivas que servem de gatilho para que o agente persiga maneira mais rápida, célere, eficaz e eficiente de reparar os danos causados. A esta, ainda falta a sensibilidade de reconhecer nas partes maior *autonomia* para decidir qual a forma de reparação mais eficaz, repercutindo, assim, na atribuição de maior *segurança jurídica* aos pactos e aos instrumentos de quitação firmados no tratamento extrajudicial da matéria, especialmente nas relações paritárias. De outro lado, ainda falta aos magistrados percepção mais apurada no sentido de valorizarem as condutas proativas e verdadeiramente elogiáveis dos agentes no ambiente pós-dano, mormente nas hipóteses de violação a interesses difusos ou coletivos, seja para reconhecer que o dano já foi suficientemente reparado de modo ainda mais eficaz que o mero depósito pecuniário a fundo federal ou estadual, seja para identificar que ao menos parte do dano já foi devidamente reparado, exigindo-se a redução do valor da indenização pelo cumprimento parcial e espontâneo da obrigação de indenizar.

Entre avanços e recuos, o que se pode afirmar de modo mais assertivo é que a função promocional da responsabilidade civil se firma como expressão da finalidade última do instituto, como concretização do princípio da solidariedade, no sentido do reconhecimento de deveres éticos que exigem a aproximação das partes no momento pós-dano, em prol da criação de um ambiente propício à reparação espontânea e voluntária do dano.[199] Que tais deveres não são postos pela via tradicional das sanções negativas, mas por medidas de estímulo, mediante a previsão de

---

198. É preciso rememorar que, em se tratando de relação de consumo, o acordo entabulado entre as partes, ou qualquer consentimento dado pelo consumidor precisa passar por juízo criterioso de merecimento de tutela, de maneira a superar os filtros do art. 39, IV e V do Código de Defesa do Consumidor. Em linhas gerais, cf. capítulo 4.3.2, *supra*.

199. De repente, aqui se inicia o cumprimento, ainda que em parte, do desafio da "tomada de consciência" lançado por Maria Celina Bodin de Moraes, no sentido de, pela via do princípio da solidariedade, promover atualização de fundamentos da responsabilidade civil, revelando-se, daí, a aqui designada função promocional da responsabilidade civil: "a canônica finalidade de moralização da responsabilidade civil parece ter sido substituída, com vantagens, pela concepção que vislumbra no instituto a presença, e a consequente realização, de um dever legal de solidariedade, também hoje previsto constitucionalmente (CF, art. 3º, I) e que se encontra na base do aforismo multissecular do *neminem laedere*, isto é, da obrigação de se comportar de modo a não lesar os interesses de outrem. Trata-se aqui de tomar consciência de importante atualização de fundamento, fruto daquela historicidade, imprescindível à ciência jurídica, que se permite atribuir novo conteúdo a conceitos radicados" (*A constitucionalização do direito civil e seus efeitos sobre a responsabilidade civil*, cit., p. 324).

sanções positivas, ainda que implícitas no ordenamento. Por seu turno, utiliza-se de categorias já existentes na ordem jurídica positiva, como a transação, a renúncia e confissão de dívidas (por parte do ofensor) e o reconhecimento jurídico do pedido formulado em ação ou reconvenção (quando já há relação jurídica processual), que adquirem nova roupagem funcional. Tem a sua atuação disciplinada de modo distinto, a depender do tipo de relação jurídica entre as partes (paritária ou não paritária) ou conforme a natureza do dano (individual ou metaindividual). Representa, enfim, os valores da celeridade, eficácia, eficiência e máxima efetividade dos princípios e regras consagrados na ordem jurídica positiva.

CONCLUSÃO

O estudo aqui apresentado procurou apresentar um panorama sistematizado das finalidades e funções que a responsabilidade civil contemporânea visa perseguir, a partir de uma abordagem civil-constitucional, que se ampara nos valores da dignidade humana e da solidariedade social, sem descuidar do profundo apego ao dado normativo. Para além de propor novas bases de fundamento à tradicional função reparatória-compensatória, não se reconheceu, na *atual* ordem jurídica positiva brasileira, a existência de uma função punitiva. Não só isso: atribuiu-se à função preventiva papel relevante na concretização das finalidades da responsabilidade civil, conferindo-lhe autonomia necessária para uma atuação efetiva e em conformidade com a ordem jurídica nacional. Enfim, apresentou-se a *função promocional da responsabilidade civil* – núcleo duro da obra –, como modelo de estímulos a reparação espontânea do dano, em cumprimento à finalidade última do instituto, de caráter marcadamente ético e axiológico. A investigação alcançou as seguintes conclusões principais:

Sobre a função reparatória-compensatória

(i) A derrocada do papel da culpa, a ascensão das atividades de risco, a indecisão sobre a conotação do nexo causal, a redefinição hermenêutica do ilícito e a amplificação do significado de dano, aliada à sua expansão sobre a coletividade, formam um contexto propício à atual crise paradigmática do modelo de responsabilidade civil, com a consequente redefinição de suas funções e, por conseguinte, de seus instrumentos de atuação, conferindo remodelação, por via de consequência, de seu perfil estrutural.

(ii) Na ordem jurídica positiva brasileira, os fundamentos da responsabilidade civil correspondem aos valores da *liberdade* e *solidariedade*, apresentando-se como princípios aplicados numa lógica de complementariedade, e não de exclusão. Não se trata de afirmar que a liberdade encontra o limite na solidariedade, e vice-versa. São ambos valores que constituem a razão pela qual certos sujeitos são obrigados a indenizar, bem como informam a causa pela qual a obrigação de reparar deve ser realizada de determinada forma.

(iii) O desiderato reparatório-compensatório representa a função mais elementar da responsabilidade civil. É resultado da compreensão da finalidade primária do instituto. Essa conclusão se define, por um lado, porque a reparação-compensação do dano é a finalidade "primeira", originária e genealógica do instituto, a partir da qual se desenvolveu a disciplina e com relação a qual não pode dela desvincular-se. Como também, em outra perspectiva, porque representa o conteúdo básico, elementar e de sustentação de todo o instituto. Não há responsabilidade civil sem que se apresente arranjo normativo capaz de promover a repararão ou compensação de determinado dano, identificado na esfera jurídica de determinado titular de um interesse merecedor de tutela jurídica.

(iv) O dano, definido como lesão a *interesse juridicamente protegido*, seja ele de caráter patrimonial ou existencial (não patrimonial), será sempre indenizável, uma vez que a função primária da responsabilidade não admite a cogitação abstrata de haver lesão a interesse, merecedor de tutela, que não possa ser reparado ou compensado. Daí a noção de que todo dano, na ordem jurídica brasileira, é injusto, pois a sua qualificação como *dano* pressupõe a sopesamento entre os interesses envolvidos, revelando-se como aquele que é o interesse digno de proteção. As lesões, por não serem, em concreto, juridicamente protegidas, sequer podem ser qualificadas, tecnicamente, como *dano*.

(v) Em síntese, a clássica função reparatória-compensatória representa modo de reação negativa do ordenamento (tutela negativa), como resposta no sentido de buscar a recomposição ou o reequilíbrio de uma posição jurídica desfalcada, ou abalada, pelo exercício de uma situação jurídica subjetiva, cujo interesse não se deve resguardar (interesse lesivo), em apoio ao interesse lesado do ofendido. As categorias que compõem a função reparatória-compensatória (dano [indenizável ou injusto], o interesse juridicamente protegido, o interesse patrimonial e existencial, os mecanismos de reparação, pecuniária e não pecuniária), são, portanto, instrumentais ao alcance de sua finalidade, que é primária ao instituto da responsabilidade civil, compondo seu núcleo essencial, não podendo desta se descolar.

Sobre a função punitiva e pedagógica

(vi) O direito anglo-saxão consagra a figura dos *punitive damages*, traduzida como "indenização punitiva" que deve ser concedida, em linhas gerais, quando o comportamento danoso do réu foi de má-fé, coativo, exagerado, deliberado ou fraudulento. Além de servir, essencialmente, para punir o ofensor, possui também uma finalidade de "prevenção geral" (comum às sanções negativas de conteúdo punitivo), eis que a sua implementação deve ter o poder de tornar "exemplar" a todos aqueles agentes potencialmente ofensores, para que não se comportem de forma semelhante. Possui, portanto, de modo ambivalente, um caráter dissuasório (*deterrence*). Tal categoria, por variadas razões, é absolutamente incompatível como atual sistema jurídico brasileiro.

(vii) Para além dos *punitive damages*, são diversas as correntes que procuram fundamentar a existência de uma função punitiva à responsabilidade civil: (a) uma de ordem ética, a rejeitar de modo contundente condutas extremamente reprováveis e desprezíveis; (b) outra que busca um olhar sistemático do direito, como ordem que tutela um interesse próprio: o respeito pelas regras que impõe; (c) outra relacionada à natureza dos danos extrapatrimoniais, cuja reparação só pode ocorrer pela via da imposição de sanções civis de caráter punitivo; e (d) enfim, aquela que propugna pela adoção do modelo punitivo como prioritário ao reparatório-compensatório, porque afeta interesses sociais ou supraindividuais, e teria maior aptidão para o controle de comportamentos. Também por diversos motivos, tais correntes devem ser rejeitadas.

(viii) Em síntese, dos mais variados argumentos para a rejeição da função punitiva, no direito brasileiro, destacam-se: em primeiro lugar, não há qualquer previsão legal de algo ao menos similar aos *punitives damages* na legislação vigente, o que viola o princípio da legalidade (ou tipicidade) em matéria de previsão de pena (*nulla poena sine lege*); em segundo, a sua importação, à brasileira, no sentido de servir-se de critério para majorar, de modo ofuscado, o valor do *quantum debeatur*, viola não apenas a função primária da responsabilidade, mas causa também insegurança jurídica, tornando o montante a ser arbitrado uma variável absolutamente imprevisível e de difícil controle pela parte interessada, diante da ausência de identificação da parcela do valor que coube à título de reparação ou compensação, daquela que se arbitrou como pena pecuniária privada; terceiro, mesmo nos países da *Common Law*, a função da responsabilidade civil é essencialmente reparadora, sendo absolutamente excepcional a atribuição adicional de "indenização punitiva"; quarto, considerar que a responsabilidade civil extracontratual, como um todo (ou mesmo apenas para os casos de danos extrapatrimoniais), atende a uma função punitiva implica assumir que um juízo de valor sobre o comportamento do ofensor terá sempre relevância para a definição do dever de "indenizar", como também para determinar o seu conteúdo ou valor, afastando a sua incidência dos casos de responsabilidade objetiva.

(ix) A chamada *função pedagógica* nada mais é que mero *efeito* do instrumento sancionatório da responsabilidade, existindo em menor grau quando conectado apenas à função reparatória-compensatória, e em maior grau quando implementado sistema de sanções punitivas (penas privadas), que geram desequilíbrio – ao causador do dano – no cálculo reativo ao evento lesivo. Sendo assim, não merece a qualificação de função (ao menos sob um aspecto de autonomia).

(x) Apesar da hibridez desta modalidade de reparação, é de reconhecer-se nos chamados "danos morais coletivos", excepcionalmente, uma tênue função punitiva. Esta finalidade justifica a aplicação de critérios de quantificação do dano que com ela se coaduna, como a análise da situação econômica do ofensor e o proveito obtido com a conduta ilícita, mas, especialmente e em maior nível de relevância, o grau de reprovabilidade da conduta (maior deve ser o valor arbitrado quanto maior a culpa *lato sensu* do agente, e vice-versa).

(xi) É mister que se compreenda que a função punitiva, caso um dia implementada para casos particulares – como os danos extremos ou de repetição –, terá de representar uma vertente autônoma da indenização, distinta claramente daquele de viés reparatório-compensatório. Deve-se apurar a indenização reconstitutiva, de um lado, e, de outro, analisar os requisitos para a imputação da indenização punitiva (pena civil), que deve depender da presença do dolo ou da culpa grave. Sendo assim, mesmo nos casos de responsabilidade objetiva, esta prescindiria da culpa somente em seu viés reparatório, mas nunca para o atendimento à função punitiva. Esta será sempre subjetiva, como sói ocorrer em toda e qualquer hipótese de responsabilidade penal.

Sobre a função preventiva

(xii) A *função preventiva*, em sentido estrito, é aquela que indica a absorção, pela responsabilidade civil, de uma intencionalidade atuante sobre o comportamento dos agentes que, pelo exercício de suas atividades, podem causar danos a outrem. O horizonte de sua atuação é sempre anterior ao dano que se quer obliterar. O seu campo de incidência não pode se confundir com as medidas que se busca adotar *após* a ocorrência da lesão ao interesse juridicamente protegido. Não pode ser confundida com o *efeito preventivo* (dissuasório) ao qual normalmente se faz referência por ocasião da imposição de penas civis. Conquanto representem finalidades semelhantes (como se verá adiante), o que aqui se chama de *função preventiva* só pode incidir sobre as situações pré-danosas. Isso não significa negar a existência de efeito preventivo na já aludida função punitiva, mas apenas se faz necessário delimitar o âmbito de atuação da finalidade preventiva *stricto sensu*.

(xiiii) A *prevenção* é modelo de comportamento (*standards*) que se deve exigir para todo o conjunto de atividades de risco, cuja medida exata dependerá do grau de periculosidade da ação desenvolvida. Considerar a prevenção como *princípio* seria aceitar que todo e qualquer comportamento deve ser controlado previamente por normas específicas de proteção, mesmo aquelas atividades que, a rigor não se enquadram em situações de risco relevante. Parece mais adequado considerar que a ordem jurídica consagra o princípio da incolumidade alheia (*neminem laedere*), sendo a prevenção uma medida de realização deste valor, para determinado nicho de atividades, por meio de adoção de modelos de comportamento legalmente exigíveis (*standards*). Quer-se dizer que a função preventiva pode ser realizada pela via de imposição de simples regras, de conteúdo fechado e posto sob a lógica antinômica. Portanto, atuando como meio, funcionalizado ao escopo de evitar danos, e não como fim em si mesmo. Apresentando-se, assim, como *função preventiva*, e não como princípio de prevenção. Por outro lado, pode-se considerar, com mais clareza, a existência de um *princípio da precaução*, em razão de sua conotação notadamente aberta e afeita à técnica da ponderação com os demais valores do ordenamento.

(xiv) Não obstante haver alguns exemplos pontuais de aplicação da função preventiva, portanto a riscos conhecidos, bem como de aplicação real e efetiva no princípio da precaução, quanto a riscos incertos, ainda se mostra majoritária a tendência de se invocar a violação à função preventiva ou ao princípio da precaução tão somente após a ocorrência do dano. Tal realidade evidencia o quão distantes a administração pública e a jurisprudência estão da implementação da função preventiva, em sentido lato. E a dificuldade reside, especialmente, na correta compreensão acerca do seu real âmbito de incidência, bem como dos instrumentos que se deve valer a sociedade para controlar, *previamente*, as atividades de risco.

(xv) A consagração da função preventiva e do princípio da precaução carregou consigo novo movimento, lógico e natural, no sentido de um *renascimento da culpa*, ainda que sob papel redefinido, ressignificado à luz dos valores atuais do sistema de responsabilidade civil. A sua concretização pressupõe, portanto, o retorno do elemento culposo como requisito essencial da responsabilidade civil *pré-danosa*. Evidentemente, não se trata de resgate nostálgico da culpa moral, nem mesmo de tecer uma ode à *faute* subjetiva, mas apenas de identificar um elemento inexorável da função preventiva. À essa mudança de foco (da lesão causada ao comportamento desejável), a responsabilidade civil deve se reorganizar para apresentar soluções efetivas, sendo uma das medidas essenciais reconhecer na *culpa* o novo critério de conformação da ação humana, em direção à tomada de decisões comportamentais que se orientem, sempre, na máxima cautela e no mais alto grau de cuidado, quando se lida com atividades de risco. Disto se infere que é inevitável a construção de uma modelo mais elaborado de instrumentos, medidas e regulamentos capazes de atuar efetivamente no momento pré-danoso, vale dizer, no controle de conduta dos agentes, nas situações normais da atividade, antes da ocorrência de qualquer lesão. Tal controle, diga-se, deve prescindir da realização concreta de qualquer risco, ou da superveniência de danos esperados, porque a função preventiva, para atender ao seu real desiderato, deve se apresentar absolutamente autônoma à função reparatória, que se volta à apreciação da lesão ocorrida.

(xvi) Não existe responsabilidade sem dano. Não se pode confundir *dano* com o *resultado naturalístico* de certa conduta perpetrada pelo agente. Essa é a obsoleta versão que identifica no dano apenas o desfalque materialmente aferível, seja no âmbito patrimonial (*locus* de excelência desta espécie de dano), seja no âmbito extrapatrimonial (onde se deve provar o efeito do fato sobre a esfera moral da pessoa atingida). O dano, definido como *lesão a interesse juridicamente protegido*, não demanda, para a sua verificação, a apuração da sua existência no plano material. A imposição de sanções negativas pelo descumprimento de deveres de cuidado, proteção, cautela, enfim, de prevenção ou precaução pressupõe que houve violação a interesse juridicamente protegido (dano), correspondente ao interesse de que os agentes se conduzam de modo a evitar a ocorrência de outro dano ou classe de danos específicos.

(xvii) A pena civil, por definição, cumpre finalidade punitiva e preventiva. Mas a tese da absorção do direito penal pela responsabilidade civil, como medida de concretização da função preventiva, para além da quimera, representa verdadeiro desvio de finalidade de ambos os ramos do direito. O que não significa rejeitar a possibilidade de inserção de penas civis no âmbito na responsabilidade civil. Mas, de todo modo, deve sempre ocupar o seu lugar de excepcionalidade, sem descuidar do atendimento de todos os seus pressupostos de legitimidade para a sua aplicação. É preciso que se respeite os preceitos gerais aplicados a toda e qualquer pena, designadamente, (a) o princípio da legalidade e da tipicidade, tanto na definição prévia dos fatos geradores da pena, como nos limites precisos de sua imposição (normalmente de ordem quantitativa, quando se trata de pena de natureza pecuniária); (b) o princípio da motivação das decisões, que deve se amparar no grau de culpa e reprovabilidade da conduta do ofensor, na medida em que a pena é não é fim em si mesmo, mas meio de contenção de comportamentos; (c) o princípio da proporcionalidade na dosimetria da pena, levando-se em consideração todas circunstâncias relevantes do caso concreto e os interesses que orbitam a relação jurídica em jogo; (d) a necessidade de verificar-se a culpabilidade do ofensor, atraindo, neste âmbito de análise, o modelo da responsabilidade subjetiva, inexoravelmente, a conferir prioridade de repulsa aos atos dolosos ou de culpa grave; (e) a prioridade de que o destino da imputação penal, de natureza civil, seja a favor de fundos que atuem na prevenção dos danos, ainda que se admita a hipótese de favorecimento da vítima, quando tal benefício se apresentar como essencial para o estímulo à contenção de certos comportamentos indesejáveis.

Sobre a função promocional da responsabilidade civil

(xviii) O modelo tradicional das sanções negativas, adotadas de modo exclusivo, não é capaz de garantir a *eficácia* do direito em sua plenitude. É arquétipo suficiente apenas para preencher com o escopo primário das liberdades individuais: não se deve agir conforme uma conduta proibida pela ordem jurídica, mas tudo o que não é vedado é permitido. Ocorre que a finalidade do ordenamento jurídico não se restringe à realização do valor das liberdades individuais. Além de buscar uma sociedade livre, a ordem jurídica visa construir uma sociedade solidária (art. 3º, I da CF). O *valor da solidariedade* impõe que as partes mantenham relações de cooperação umas com as outras, não apenas no aspecto negativo, mas também no perfil positivo, de promoção dos valores merecedores de tutela. E para alcançar tal desiderato, é útil que a ordem jurídica dê um "empurrão", ou ofereça um "gatilho", para que as relações sociais se desenvolvam na plenitude dos comportamentos desejados. Com efeito, dentre os instrumentos normativos aptos a realizar a função promocional do direito, apresenta-se a técnica vinculada às sanções positivas, por via de normativa que premie ou agracie o agente pelo cumprimento de certas finalidades elegidas pelo ordenamento como essenciais e dignas de estímulo.

(xix) Assentir com a existência de uma *função promocional da responsabilidade civil* pressupõe, fundamentalmente, aderir à tese de que (a) a ordem jurídica positiva visa cumprir determinadas finalidades, podendo delas extrair uma teleologia; (b) em razão disso, os institutos e categorias devem ser interpretados de maneira funcionalizada ao cumprimento de tais finalidades; (c) os mecanismos normativos, definidores dos comportamentos desejados, pela via da previsão de reação do direito diante da conduta dos sujeitos, apresentam-se de duas formas: sanções negativas e positivas; (d) a sanção positiva, definida como uma resposta benéfica do ordenamento a um comportamento desejável, que se faz necessário *estimular*, é admitida no âmbito da responsabilidade civil e extraída do contexto global do sistema; (e) os seus efeitos podem ser revelados mediante uma interpretação teleológica do direito posto, no qual já se pode vislumbrar uma *aplicação prática*, mesmo sem a existência de uma regulamentação específica; (f) a sua construção dogmática deve gozar de autonomia suficiente para não se confundir com as demais funções já consagradas, ainda que possa ter relação de dependência com uma delas.

(xx) A função promocional da responsabilidade civil, portanto, define-se como finalidade última do direito dos danos, como degrau derradeiro de seu aperfeiçoamento, cujo sentido, conectado à sua finalidade primária, revela-se pelo conjunto de medidas que visam *estimular*, com amparo na ideia de sanção positiva, a reparação ou compensação *espontânea* dos danos.

(xxi) O ordenamento jurídico positivo já prevê *sanção positiva* para que as pessoas possam realizar o valor eleito como merecedor de tutela em grau preferencial, atribuindo norma que lhes impõe comportamentos desejáveis, direcionados à *autocomposição dos conflitos*. O comando é claro: as pessoas envolvidas em um litígio devem buscar a autocomposição à máxima medida; caso se conduzam da maneira esperada serão beneficiadas pelo sistema. Obtida a transação na via extrajudicial, obtém-se a *benesse* da redução dos custos naturais de um litígio judicial, sejam eles patrimoniais (ante a inexistência de despesas processuais, honorários de advogado, incidência de juros da mora e correção monetária sobre o débito principal, ao sucumbente etc.), sejam eles imateriais (tempo de indefinição da lide, a carga emocional que o processo despeja sobre a psique dos envolvidos etc.).

(xxii) A *função promocional da responsabilidade civil* é expressão da finalidade última do instituto. Aquela função que se liga às exigências comportamentais e éticas derradeiras, para que as pessoas, no exercício da solidariedade, corrijam seus equívocos espontaneamente, ainda que pela via de um estímulo. Como está ligada umbilicalmente à finalidade primária, pressupõe o dano e se orienta para a sua *melhor* reparação ou compensação. Como direciona o foco ao comportamento elogiável (ético) das partes envolvidas, para solver o litígio e restabelecer a harmonia social, *não se prende inexoravelmente à exata medida da extensão do dano*, mas ao aspecto *subjetivo* dos envolvidos: o agente causador quer e se comporta de maneira a compensar de forma célere, eficiente e segura; enquanto a vítima quer e se comporta de modo favorável à resolução rápida, também eficiente e de tal sorte que satisfaça o seu interesse.

(xxiii) Portanto, sendo a função promocional uma finalidade voltada ao controle de comportamentos, não se vincula ela ao cumprimento da obrigação de indenizar de *forma integral*, orientada à recomposição perfeccionista da lesão. A reparação integral é componente da função reparatória-compensatória. O estímulo a condutas desejadas, ainda que não se alcance a totalidade da finalidade primária (função reparatória-compensatória), voltando os olhos ao bom comportamento humano e inter-relacional, é o ingrediente que compõe a função promocional da responsabilidade civil. Dessa arte, é possível que determinado agente concretize a função reparatória-compensatória, sem dar cabo à função promocional, como sói ocorrer na quase totalidade das situações atuais. Por outro lado, é possível que a vítima se satisfaça sem que se realize a função reparatória-compensatória, *em sua integralidade* (ou a realize de modo parcial), porque ela decidiu, em conjunto com o agente causador do dano, seguir os estímulos da função promocional. Nesta, a *integralidade* ou *plenitude* que deve ser buscada é da realização do interesse subjetivo da vítima, para uma reparação que preencha suficientemente o vácuo causado pelo dano, já não a recomposição perfeita do dano.

(xxiv) A função promocional representa, em última análise, a concretização do *princípio da máxima efetividade* ao sistema de proteção à vítima conferido pela responsabilidade civil contemporânea. Toda vez que se fala de máxima efetividade, quer-se afirmar que é possível formatar um arranjo normativo que realize, no grau mais alto de eficácia, os princípios que norteiam determinado instituto. Nela, para além do respeito aos seus princípios e regras mais característicos, está a realização dos contornos axiológicos mais abrangentes, delineados pela Constituição da República, notadamente os valores da solidariedade, celeridade, eficácia, eficiência e do bem-estar social.

(xxv) A tutela da vítima seguirá padrões diferenciados, a depender não apenas das vicissitudes do caso concreto, mas também das próprias características subjetivas da relação jurídica. A rigor, vislumbra-se caminhos distintos à normativa da reparação espontânea à medida em que (a) o dano ocasionado for de natureza individual e em ambiente relacional paritário; (b) o dano causado for de natureza individual, estando a vítima em situação de vulnerabilidade (relação não paritária); ou (c) o dano provocado for de natureza metaindividual.

(xxvi) A função promocional da responsabilidade civil é aquela que aperfeiçoa o sistema de proteção da vítima, conferindo mais instrumentos para o tratamento da lesão causada. Calcada na *solidariedade* e na esteira *máxima efetividade* dos direitos, busca-se, afinal, a satisfação *eficaz* e *eficiente* do interesse atual da vítima no pós-dano, que não necessariamente se confunde com a intenção única e exclusiva de recuperar *ipsis litteris* a situação patrimonial ou existencial de outrora. Persegue--se, ao mesmo tempo, solução *célere*, ainda que a busca seja por rapidez razoável, com nível de consciência e reflexão apurado entre as partes acerca da amplitude e intensidade do dano.

Portanto, como se pode depreender de toda a investigação, procurou-se cumprir a difícil missão de estudar as tradicionais funções atribuídas à responsabilidade civil. Assim se desenvolveu a tese mediante a exposição de seus problemas e desafios mais relevantes, sob o viés crítico e a exigência que a metodologia civil-constitucional impõe, no sentido de promover a ressignificação das categorias e institutos de direito privado.

Pretendeu-se, ao final, ainda que modo tímido, contribuir para o desenvolvimento da matéria, propondo uma noção clara, com rigor científico e técnico – e séria preocupação com os seus fundamentos –, do que aqui se designou *função promocional da responsabilidade civil*, como aquela que atende à finalidade última do instituto. Apesar do peso teórico da obra, não se descuidou em realçar o intuito prático da investigação, no sentido de que é possível realizar e concretizar o modelo de reparação espontânea do dano em sua mais alta medida.

REFERÊNCIAS

ALEMANNO, Alberto; SIBONY, Anne-Lise. *Nudge and the law*: a european perspective. London: Bloomsbury, 2015.

ALEXY, Robert. *Teoría de los derechos fundamentales* [1986]. Trad. Ernesto Valdés. Madrid: Ed. Alemana, 1993.

ALMEIDA COSTA, Mário Júlio de. *Direito das obrigações*. 12. ed. Coimbra: Almedina, 2011.

ALPA, Guido. *I principi generali*. Milano: Giurffrè, 1993.

ALPA, Guido. *La responsabilitá civile*: parte generale. Torino: UTET, 2010.

ALPA, Guido. *Responsabilità civile e danno*: lineamenti e questioni. Milano: Il Mulino, 1991.

ALPA, Guido; BESSONE, Mario. *La responsabilitá civile*. Milano: Giuffrè, 1980. v. II.

ALPA, Guido; BESSONE, Mario. *La responsabilitá del produttore*. Milano: Giuffrè, 1999.

ALPA, Guido; BESSONE, Mario; CARBONE, Vicenzo. Atipicità dell'illecito: diritti della personalità e danno morale. Milano: Giuffrè, 1993. v. II.

ALVIM, Agostinho. *Da inexecução das obrigações e suas consequências*. São Paulo: Saraiva, 1949.

AMARAL, Francisco. *Direito civil*: introdução. 7. ed. Rio de Janeiro: Renovar, 2008.

ANDORNO, Roberto. El principio de precaución: un nuovo standard jurídico para la era tecnológica. *Diario La Ley*, Buenos Aires, jul. 2002.

ANDREWS, Neil. *The three paths of justice*: court proceedings, arbitration, and mediation in England. Springer: New York, 2011.

ANTUNES VARELA, João de Matos. *Das obrigações em geral*. 8. ed. Coimbra: Almedina, 1998.

ANTUNES VARELA, João de Matos. *Das obrigações em geral*. Coimbra: Almedina, 2000. v. I.

AQUINO, Tomás de. *Commentary on Aristotle's Nicomachean Ethics*. Trad. C. I. Litzinger. McInerny, R. (Org.). Notre Dame: Dumb Ox Books, 1993.

ARHAB, Farida. Les nouveaux territoires de la faute. *Revue Responsibilité Civile et Assurance*, n. 6, Paris: Lexis-Nexis, jun. 2003.

ASCENSÃO, José de Oliveira. *O direito*: introdução e teoria geral – uma perspectiva luso-brasileira. Rio de Janeiro: Renovar, 1994.

ASSIS, Araken de. *Resolução do contrato por inadimplemento*. 5. ed. São Paulo: Ed. RT, 2013.

ATIYAH, Patrick. *The damages lottery*. Oxford: Hart Publishing, 1997.

BARBOSA, Mafalda Miranda. Reflexões em torno da responsabilidade civil: teleologia e teleonomologia em debate. *Boletim da Faculdade de Direito da Universidade de Coimbra*, v. 81, Coimbra: FDUC, 2005.

BARBOZA, Heloísa Helena. Vulnerabilidade e cuidado: aspectos jurídicos. In: PEREIRA, Tânia da Silva; OLIVEIRA, Guilherme de (Coord.). *Cuidado e vulnerabilidade*. São Paulo: Atlas, 2009.

BARROSO, Luis Roberto. *O direito constitucional e a efetividade de suas normas*: limites e possibilidades da Constituição brasileira. 2. ed. Rio de Janeiro: Renovar, 1993.

BARROSO, Luis Roberto. A efetividade das normas constitucionais revisitada. *Revista de Direito Administrativo*, v. 193, jul.-set. 1994.

BATTAGLIA, Franco; ROSATI, Angela. *I costi della non scienza*: il principio di precauzione. Milano: 21mo Secolo, 2004.

BAUMAN, Zygmunt. *Tempos líquidos*. Rio de Janeiro: Zahar, 2007.

BECK, Ulrich. *Weltrisikogesellschaft: auf der Suche nach der verlorenen Sicherheit*. Frankfurt am Main: Suhrkamp, 2007.

BENAZZO, Paolo. *Le 'pene civili' nel diritto privato d'impresa*. Milano: Giuffrè, 2005.

BENJAMIN, Antonio Herman. *Comentários ao Código de Defesa do Consumidor*. São Paulo: Saraiva, 1991.

BENJAMIN, Antonio Herman; MARQUES, Claudia Lima; BESSA, Leonardo Roscoe. *Manual de Direito do Consumidor*. São Paulo: Ed. RT, 2007.

BENTHAM, Jeremy. *An introduction to the principles of morals and legislation* [1781]. Kitchner: Batoche Books, 2000.

BENTHAM, Jeremy. Principles of penal law. *The works of Jeremy Bentham*. London: John Boring Ed., 1962.

BESSA, Leonardo Roscoe. Dano moral coletivo. *Revista da Emerj*, v. 10, n. 40, Rio de Janeiro, 2007.

BETTI, Emilio. Interesse: teoria generale. *Novissimo Digesto Italiano*. Torino: UTET, 1962. v. VIII.

BETTI, Emilio. *Teoria generale del negozio giuridico*. Torino: UTET, 1952.

BEVILAQUA, Clóvis. *Direito das obrigações*. 5. ed. Rio de Janeiro: Freitas Bastos, 1940.

BITTAR FILHO, Carlos Alberto. Dano moral coletivo no atual contexto brasileiro. *Revista de Direito do Consumidor*, São Paulo, n. 12, out.-dez., 1994.

BITTAR, Carlos Alberto. *Reparação civil por danos morais*. 2. ed. São Paulo: Ed. RT, 1993.

BLONDEL, Maurice. La responsabilité est la solidarité de la personne humaine avec ses actes, condition préalable de toute obligation". *Vocabulaire technique et critique de la philosophie*. Paris: Ed. PUF, 1947.

BOBBIO, Norberto. Trad. Daniela Beccaccia Versiani. *Da estrutura à função*: novos estudos de teoria do direito. Barueri: Manole, 2007.

BODIN DE MORAES, Maria Celina. *Punitive damages* em sistemas civilistas: problemas e perspectivas. *Na medida da pessoa humana*: estudos de direito civil-constitucional. Rio de Janeiro: Renovar, 2010.

BODIN DE MORAES, Maria Celina. A constitucionalização do direito civil e seus efeitos sobre a responsabilidade civil. *Revista Direito, Estado e Sociedade*, Rio de Janeiro, n. 29, 2006.

BODIN DE MORAES, Maria Celina. A constitucionalização do direito civil e seus efeitos sobre a responsabilidade civil. *Na medida da pessoa humana*: estudos de direito civil-constitucional. Rio de Janeiro: Renovar, 2010.

BODIN DE MORAES, Maria Celina. A prescrição e o problema da efetividade do direito. *A juízo do tempo*. In: BODIN DE MORAES, M. C. et. all (Coord.). Rio de Janeiro: Ed. Processo, 2019.

BODIN DE MORAES, Maria Celina. *Danos à pessoa humana*: uma releitura civil-constitucional dos danos morais. 2. ed. Rio de Janeiro: Ed. Processo, 2017.

BODIN DE MORAES, Maria Celina. O direito civil-constitucional. *Na medida da pessoa humana*: estudos de direito civil-constitucional. [1991]. Rio de Janeiro: Renovar, 2010.

BODIN DE MORAES, Maria Celina. O princípio da solidariedade. *Na medida da pessoa humana*. Rio de Janeiro: Renovar, 2008.

BODIN DE MORAES, Maria Celina. Risco, solidariedade e responsabilidade objetiva. *Na medida da pessoa humana*. Rio de Janeiro: Renovar, 2010.

BONAVIDES, Paulo. *Curso de direito constitucional*. 31. ed. São Paulo: Malheiros, 2016.

BORGES, Sofia Leite. *Os punitive damages*: as funções punitiva e preventiva da responsabilidade civil. Lisboa: [s.n.], 2000.

BOUTONNET, Mathilde. *Le principe de précaution em droit de la responsabilité civile*. Paris: LGDJ, 2005.

BRONZE, Pinto. O Visconde de Seabra (um exercício de memória). *Boletim da Faculdade de Direito*. v. LXXI. Coimbra: Ed. Coimbra, 1995.

BRUNETI, Giovanni. *Il delitto civile*. Firenze: B. Seeber, 1906.

BRUNO, Aníbal. *Direito penal*: parte geral. Rio de Janeiro: Forense, 2005. t. II.

BUCAR, Daniel. *Superendividamento*: reabilitação patrimonial da pessoa humana. São Paulo: Saraiva, 2017.

BUSNELLI, Francesco Donato. Verso una riscoperta delle pene private. *Rivista Responsabilità Civile e Previdenza*, n. 49, Milano: Giuffrè, 1984.

BUSNELLI, Francesco Donato. La parabola della responsabilità civile. *Rivista Critica del Diritto Privato*, v. 4, Bologna: Il Mulino, dez.-1988.

CABALLERO, Francis. *Essai sur la notion juridique de nuisance*. Paris: LGDJ, 1981.

CAHALI, Yussef Said. *Dano moral*. São Paulo: Ed. RT, 1998.

CALABRESI, Guido. Some thoughts on risk distribution and the law of torts. *Yale Law Journal*, n. 70, New Haven: Yale University Press, 1961.

CALABRESI, Guido. The complexity of torts – the case of punitive damages. In: MADDEN, M. Stuart (Coord.). *Exploring tort law*. Cambridge: Cambridge University Press, 2005.

CALABRESI, Guido. *The costs of accidents*. New Haven: Yale University Press, 1970.

CALABRESI, Guido. *The future of law and economics*: essays in reform and recollection. New Haven: Yale University Press, 2016.

CALIXTO, Marcelo Junqueira. *A responsabilidade civil do fornecedor de produtos pelos riscos de desenvolvimento*. Rio de Janeiro: Renovar, 2004.

CANARIS, Claus-Wilheim. *Pensamento sistemático e conceito de sistema na ciência do direito*. Lisboa: Fundação Calouste Gulbenkian, 1996.

CANE, Peter. *Tort law and economic interests*. 2. ed. Oxford: Claredon Press, 1996.

CANOTILHO, Joaquim José Gomes. *Direito Constitucional e Teoria da Constituição*. Coimbra: Almedina, 1999.

CARBONE, Vincenzo. La compensatio lucri cum damno tra ambito del danno risarcibile e rapporto di causalità. *Danno e responsabilità*, n. 4, 1996.

CARBONNIER, Jean. *Droit civil*. t. 2. Paris: PUF, 2017, p. 2294).

CARNELUTTI, Francesco. *Il danno e il reato*. Padova: CEDAM, 1926.

CARRÁ, Bruno Leonardo Câmara. *Responsabilidade civil sem dano*: uma análise crítica. São Paulo: Atlas, 2015.

CARVAL, Suzanne. *La responsabilité civile dans sa fonction de peine privée*. Paris: LGDJ, 1995.

CARVALHO, Luiz Gustavo Grandinetti Castanho de. Responsabilidade por dano não patrimonial a interesse difuso (dano moral coletivo). *Revista da Emerj*, v. 3, n. 9, 2000.

CASSESE, Sabino. *La nuova costituzione economica*. 5. ed. Bari: Editori Laterza, 2013.

CASTRO MENDES, João de. *Do conceito jurídico de prejuízo*. Lisboa: Jornal do Fôro, 1953.

CASTRONOVO, Carlo. *La nuova responsabilità civile*. 3. ed. Milano: Giuffrè, 2006.

CAVALCANTI, José Paulo. *Da renúncia no direito brasileiro*. Rio de Janeiro: Forense, 1958.

CAVALIERI FILHO, Sérgio. *Programa de responsabilidade civil*. 11. ed. São Paulo: Atlas, 2014.

CHAMOUN, Ebert. *Instituições de direito romano*. 3. ed. Rio de Janeiro: Forense, 1957.

CHAVES, Antonio. *Tratado de direito civil*: responsabilidade civil. v. 3. São Paulo: Revista dos Tribunais, 1985.

CODERCH, Pablo Salvador. Punitive damages. *Anuario de la Facultad de Derecho de la Universidad Autónoma de Madrid*, v. 4, Madrid, 2000.

COLIN, Ambroise; CAPITANT, Henri. *Cours élementaire de droit civil français*. Paris: Librairie Dalloz, 1915. t. II.

CONAGHAN, Joanne; MANSELL, Wade. *The wrongs of tort*. London: Pluto, 1999.

COOPER, Robert; ULEN, Thomas. *Law & Economics*. 5. Ed. Boston: Pearson, 2008.

COSI, Giovanni; FODDAI, Maria Antonietta. *Lo spazio della mediazione*: conflitti di diritti e confronto di interessi. Milano: Giuffrè, 2003.

COUTO E SILVA, Clóvis do. *A obrigação como um processo*. Rio de Janeiro: Ed. FGV, 2006.

COUTO E SILVA, Clóvis do. *Principes fondamentaux de la responsabilité civile en droit brésilien et comparé* : cours fait à la Faculté de droit et sciences politiques de St. Maur (Paris XII). Paris: Mimeo, 1988.

CRETTELA JÚNIOR, José. *Tratado de direito administrativo*. Rio de Janeiro: Forense, 1972.

CRUZ, Gisela Sampaio da. As excludentes de ilicitude no Código Civi de 2002. In: TEPEDINO, Gustavo (Org.). *A parte geral no novo Código Civil*. Rio de Janeiro: Renovar, 2002.

CRUZ, Gisela Sampaio da. *O problema do nexo causal na responsabilidade civil*. Rio de Janeiro: Renovar, 2005.

DE CELIS, Jacqueline Bernat. La question des 'alternatives'. *Revue de science criminelle et de droit pénal comparée*. v. 4. Paris: Sirey, 1986.

DE CUPIS, Adriano. *Il danno*: teoria generale della responsabilità civile. Milano: Giuffrè, 1966. v. I.

DE PAGE, Henry. *Traité élémentaire de droit civil belge*. Bruxelles: Émile Bruylant, 1948.

DI AMATO, Astolfo. Il rapporto tra responsabilità civile e responsabilità penale. PERLINGIERI, Pietro (Coord.). *Temi e problemi della civilistica contemporanea*. Napoli: ESI, 2005, p. 409.

DI MAJO, Adolfo. Discorso generale sulla responsabilità civile. In: LIPARI, Nicolò; RESCIGNO, Pietro (Coord.). *Diritto civile*. Milano: Giuffrè, 2009. v. IV. t. III.

RESCIGNO, Pietro. Forme e tecniche di tutela. *Foro Italiano*. Roma: Società Editrice Il Foro Italiano, 1952. v. 112.

DI MARTINI, Demetrio. *I fatti produttivi di danno risarsibile*. Padova: CEDAM, 1983.

DIAS, José de Aguiar. *Da responsabilidade civil*. 10. ed. Rio de Janeiro: Forense, 1995. v. 1.

DÍEZ-PICAZO, Luíz. *El escândalo del daño moral*. Pamplona: Thomson-Cívitas, 2008.

DONATI, Benvenuto. *Interesse ed attività giuridica*: contributo alla teoria filosofica del diritto come fenomeno. Bologna, 1909.

DOSTOIÉVSKI, Fiódor. *Os irmãos Karamázov*. Trad. Paulo Bezerra. São Paulo: Ed. 34, 2012.

DUGUIT, Léon. *L'état, le droit objectif et la loi positive*. Paris: Albert Fontemoing, 1901.

DUGUIT, Léon. *Les transformations du droit privé*. Paris: Librairie Félix Alcan, 1912.

DUPICHOT, Jacques. *Des préjudices réfléchis nés de l'atteine à l avie ou à l'intégrité corporelle*. Paris: LGDJ, 1969.

EBERT, Ina. *Pönale Element im deutschen Privatrecht*: von der Renaissance des Privatstrafe im deutschen Recht. Tübingen: Mohr Siebeck, 2004.

ELIOT, Edw. C. Exemplary damages. *The American Law Register*, v. 29, n. 9, Pennsylvania: The University of Pennsylvania Law Review, set. 1881.

ENGLARD, Izhak. *The philosophy of Tort Law*. Aldershot: Dartmouth, 1993.

ENNECCERUS, Ludwig; KIPP, Theodor; WOLFF, Martin. *Tratado de derecho civil*. Barcelona: Bosch Publicaciones Jurídicas, 1948. t. 2, v. 2.

EWALD, François. Philosophie politique du principe de précaution. *Le principe de précaution*. Paris: PUF, 2001.

FACHIN, Luiz Edson. *Teoria crítica do direito civil*: à luz do novo Código Civil brasileiro. 3. ed. Rio de Janeiro: Renovar, 2012.

FACHIN, Luiz Edson; PIANOVSKI, Carlos Eduardo. A dignidade da pessoa humana no direito contemporâneo: uma contribuição à crítica da raiz dogmática do neopositivismo constitucionalista. *Revista Trimestral de Direito Civil*. v. 35. Rio de Janeiro: Padma, jul.-set. 2008.

FALZEA, Angelo. *Ricerche di teoria generali del diritto e di dogmatica giuridica*. Milano: Giuffrè, 1999.

FEMIA, Pasquale. *Interessi e conflitti culturali nell'autonomia privata e nella responsabilità civile*. Napoli: ESI, 1996.

FERRARA, Francesco. *Tratatto di diritto civile italiano*: dottrine generale. Roma: Athenaeum, 1921. v. 1.

FERRARI, Franco. *Atipicità dell'illecito civile*: una comparazione. Milano: Giuffrè, 1992.

FERRINI, Contardo. Delitti e quasi-delitti. *Digesto Italiano*. Torino: UTET, 1926.

FIECHTER-BOULVARD, Frédérique. La notion de vulnérabilité et sa consécration par le droit. COHET-CORDEY, Frédérique (Coord.). *Vulnérabilité et droit*: le développement de la vulnérabilité e ses enjeux en droit. Grenoble: Presses Universitaires de Grenoble, 2000.

FLEMING John G. *The law of torts*. 3. ed. Sydney: The Law Book Co., 1965.

FLORENCE, Tatiana Magalhães. *Danos extrapatrimoniais coletivos por danos ambientais*: a proteção da pessoa humana sob o enfoque dos direitos difusos. 2004. Tese (Doutorado em Direito Civil). Universidade do Estado do Rio de Janeiro, Rio de Janeiro.

FRANZONI, Massimo. *Trattato della responsabilità civile: l'illecito*. ed. Milano: Giuffrè, 2010. v. I e II. 2.

GALGANO, Francesco. Alla ricerca delle sanzioni civili indirette. ALPA, Guido (Org.). *Contratto e impresa*. Milano: CEDAM, 2004.

GALGANO, Francesco. *Diritto privato*. Padova: CEDAM, 2006.

GALLO, Paolo. *Pene private e responsabilità civile*. Milano: Giuffrè, 1996.

GIORGIANNI, Michelle. O direito privado e as suas atuais fronteiras (1961). Trad. Maria Cristina de Cicco. *Revista dos Tribunais*, n. 747, 1998.

GODARD, Olivier. Sur la nature du principe de précaution et ses effets sur la responsabilité. *Revue Esprit*, n. 243, Paris: [s.n], jun. 1998.

GOMES DA SILVA, Manuel. *O dever de prestar e o dever de indemnizar*. Lisboa: Tip. Ramos, 1944. v. 1.

GOMES, Júlio. Uma função punitiva para a responsabilidade civil e uma função reparatória para a responsabilidade penal. *Revista de Direito e Economia*. Coimbra: Ed. Universidade de Coimbra, 1989. v. 15.

GOMES, Orlando. *Contratos*. 26. ed. Rio de Janeiro: Forense, 2007.

GOMES, Orlando. *Responsabilidade civil*. Atual. Edvaldo Brito. Rio de Janeiro: Forense, 2011.

GONÇALVES, Carlos Roberto. *Responsabilidade civil*. 10. ed. São Paulo: Saraiva, 2007.

GRINOVER, Ada Pellegrini. Novas tendências na tutela jurisdicional dos interesses difusos. *Revista do Curso de Direito*, Uberlândia, n. 13, p. 2, 1984.

GROCIUS, Hugo. *The Rights of war and peace, including the Law of Nature and of Nations* (1625). Trad. A. Campbell. New York: M. Walter Dunne, 1901.

GUEDES, Gisela Sampaio da Cruz. *Lucros cessantes*: do bom senso ao postulado normativo da razoabilidade. São Paulo: Ed. RT, 2011.

GUERRA FILHO, Willis Santiago. Breves notas sobre os modos de solução de conflitos. *Revista de Processo*, v. 11, n. 42, São Paulo, abr./jun. 1986.

GUERRA FILHO, Willis Santiago. *O fenômeno da desjudicialização*: uma nova era de acesso à justiça. Rio de Janeiro: Lumen Juris, 2018.

HART, Herbert. *O conceito de direito*. Trad. A. Ribeiro Mendes. 4. ed. Lisboa: Fundação Calouste Gulbenkian, 2005.

HATTENHAUER, Hans. *Conceptos fundamentales del derecho civil*. Barcelona: Ariel, 1987.

HUME, David. *Investigações sobre o entendimento humano e sobre os princípios da moral*. Trad. J. O. A Marques. São Paulo: Ed. Unesp, 2004.

HUSSERL, Gerhart. *Diritto e tempo*: saggi di filosofia del diritto. Milano: Giuffrè, 1998.

IHERING, Rudolf von. *A finalidade do direito*. Trad. Heder Hoffmann. Campinas: Bookseller, 2002. t. I.

IHERING, Rudolf von. *De la faute en droit privé*. Trad. O. de Meulenaere. Paris: A. Marescq Éditeur, 1880.

JAULT, Alexis. *La notion de peine privée*. Paris: LGDJ, 2005.

JOSSERAND, Louis. *De la responsabilité du fait des choses inanimées*. Paris: Ed. Arthur Rousseau, 1897.

JOSSERAND, Louis. Evolução da responsabilidade civil. *Revista Forense*. a. 38. v. 86. Rio de Janeiro, 1941.

JOURDAIN, Patrice. *Les principes de la responsabilité civile*. 4. ed. Paris: Dalloz, 1998.

KANT, Immanuel. *Fundamentação da metafísica dos costumes*. Trad. Guido Antônio de Almeida. São Paulo: Barcarola, 2009.

KELSEN, Hans. *Teoria pura do direito*. São Paulo: Martins Fontes, 2000.

KERN, Bernd-Rüdinger. A função satisfativa na indenização do dano pessoal: um elemento penal na satisfação do dano. *Revista de Direito do Consumidor*, n. 33, São Paulo: Ed. RT, 2000.

KONDER, Carlos Nelson; RENTERIA, Pablo. A funcionalização das relações obrigacionais: interesse do credor e patrimonialidade da prestação. *Civilistica.com*, a. 1, n. 2, 2012, jul./dez. 2012.

KOURILSKY, Philippe. *Du bon usage du principe de précaution*. Paris: Ed. Odile Jacobs, 2001.

KOURILSKY, Philippe; VINEY, Geneviève. *Le principe de précaution*. St-Denis: Odile Jacob, 2000.

LARENZ, Karl. *Metodologia da ciência do direito*. 7. ed. Lisboa: Fundação Calouste Gulbenkian, 2014.

LASCOUMES, Pierre. La précaution: un nouveau standard de jugement. *Revue Esprit*, n. 237, Paris, [s.n], nov. 1997.

LE TOURNEAU, Philippe. *La responsabilité civile*. 2. ed. Paris: Dalloz, 1976.

LIMA, Alvino. *Culpa e risco*. São Paulo: Ed. RT, 1960.

LIMA, Alvino. Da culpa ao risco. *Revista Forense*. v. 84. n. 445. São Paulo: Forense, jul., 1940.

LISBOA, Roberto Senise. *Responsabilidade civil nas relações de consumo*. São Paulo: Ed. Ed. RT, 2001.

LÔBO, Paulo. *Direito civil*: parte geral. São Paulo: Saraiva, 2017.

LÔBO, Paulo. *Direito civil*: contratos. São Paulo: Saraiva, 2012.

LOPES, Teresa Ancona. *Princípio da precaução e evolução da responsabilidade civil*. São Paulo: Quartier Latin, 2010.

LORENZETTI, Ricardo Luis. *Fundamentos do direito privado*. São Paulo: Ed. RT, 1998.

LORRY, Francisci. *D. Justiniani imperatoris p.p. augusti institutionum juris civilis*: expositio methodica. Paris: 1757.

LYRA, Afrânio. *Responsabilidade civil*. Salvador: Editora Bahia, 1977.

MADALENO, Rolf. *Direito de família*. 7. ed. Rio de Janeiro: Forense, 2016.

MAIORCA, Carlo. *I fondamenti della responsabilità*. Milano: Giuffrè, 1990.

MAITRE, Grégory. *La responsabilité civile à l'épreuve de l'analyse économique du droit*. Paris: LGDJ, 2005.

MANCUSO, Rodolfo de Camargo. *Interesses difusos*: conceito e legitimação para agir. São Paulo: Ed. RT, 1997.

MANKIW, N. Gregory. *Introdução à economia*: princípios de micro e macroeconomia. Trad. Alan Vidigal. 6. ed. São Paulo: Cengage Learning, 2014.

MARINONI, Luiz Guilherme. *Curso de Processo Civil*. 3. ed. São Paulo: Ed. RT, 2008. v. 1.

MARKY, Thomas. *Curso elementar de direito romano*. 8. ed. São Paulo: Saraiva, 1995.

MARQUES, Claudia Lima. *Contratos no Código de Defesa do Consumidor*. 5. ed. São Paulo: Ed. RT, 2005.

MARTIN, Gilles. Précaution et evolution du droit. GODARD, Oliver (Coord.). *Principe de précaution*: dans la conduite des affaires humaines. Paris: Ed. Maison des Sciences de L'homme, 1997.

MARTINS-COSTA, Judith. *Comentários ao Novo Código Civil*. In: TEIXEIRA, Sálvio de Figueiredo (Coord.). Rio de Janeiro: Forense, 2003. v. 5. t. 1.

MARTINS-COSTA, Judith; PARGENDLER, Mariana Souza. Usos e abusos da função punitiva (*punitive damages* e o direito brasileiro). *Revista CEJ*, n. 28, Brasília, jan./mar. 2005.

MARTON, Gezá. *Les fondements de la responsabilité civile*. Paris: Recueil Sirey, 1938, p. 102).

MAZEAUD, H. e L.; MAZEAUD, J. *Leçons de droit civil*: obligations – théorie générale. 6. ed. Paris: Éditions Montchrestien, 1978. t. 2. v. 1.

MAZEAUD, Henri; MAZEAUD, Leon. *Traité théorique et pratique de la responsabilité civile délictuelle et contractuelle*. Paris: Recueil Sirey, 1931. t. I.

MAZEAUD, Henri; MAZEAUD, Léon; TUNC, André. *Traité théorique et pratique de la responsabilité civile délictuelle et contractuelle*. Paris: LGDJ, 1959. t. 1.

MEDEIROS NETO, Xisto Tiago. *Dano Moral Coletivo*. São Paulo: LRT, 2004.

MEIRELLES, Hely Lopes. *Direito administrativo brasileiro*. São Paulo: Malheiros, 1999.

MELLO, Marcos Bernardes de. *Teoria do fato jurídico*: plano da existência. São Paulo: Saraiva, 2012.

MENDES, Aluisio Gonçalves de Castro; HARTMANN, Guilherme Kronemberg. A audiência de conciliação ou de mediação no Novo Código de Processo Civil. *Revista de Processo*, n. 253, São Paulo: Ed. RT, mar. 2016.

MENEZES CORDEIRO, António Manuel. *Tratado de direito civil português*. Coimbra: Almedina, 2010. v. II. t. III e IV.

MESSINEO, Francesco. *Manuale di diritto civile*. Milano: Giuffrè, 1947. v. 3.

MIRAGEM, Bruno. *Curso de Direito do Consumidor*. 7. ed. São Paulo: Ed. RT, 2018.

MONATERI, Pier Giuseppe. *La responsabilità civile*. Torino: UTET, 1998.

MONTEIRO FILHO, Carlos Edison do Rêgo. Artigo 944 do Código Civil: o problema da mitigação do princípio da reparação integral. *Revista da Procuradoria Geral do Estado do Rio de Janeiro*, Rio de Janeiro, v. 63, 2008.

MONTEIRO FILHO, Carlos Edison do Rêgo. *Elementos de responsabilidade civil por dano moral*. Rio de Janeiro: Renovar, 2000.

MONTEIRO FILHO, Carlos Edison do Rêgo. Limites ao princípio da reparação integral no direito brasileiro. *Civilistica.com*. Rio de Janeiro, a. 7, n. 1, 2018. Disponível em: http://civilistica.com/wp-content/uploads/2018/05/Monteiro-Filho-civilistica.com-a.7.n.1.2018.pdf]. Acesso em: 25 set. 2018.

MONTEIRO FILHO, Carlos Edison do Rêgo. *Responsabilidade civil contratual e extracontratual*: contrastes e convergências no direito civil contemporâneo. Rio de Janeiro: Ed. Processo, 2016.

MOREIRA ALVES, José Carlos. *Direito romano*. v. II. Rio de Janeiro: Forense, 2000.

MOTA PINTO, Carlos Alberto da. *Teoria geral do direito civil*. 4. ed. Coimbra: Coimbra Editora, 2005.

MULHOLLAND, Caitlin Sampaio. *A responsabilidade civil por presunção de causalidade*. Rio de Janeiro, GZ Editora, 2010.

MÜLLER, Friedrich. *Teoria estruturante do direito*. 3. ed. São Paulo: Ed. RT, 2011. v. I.

NAVARRETA, Emanuela. Il danno ingiusto. In: LIPARI, Nicolò; RESCIGNO, Pietro (Coord.). *Diritto civile*. Milano: Giuffrè, 2009. v. IV, t. III.

NERY JÚNIOR, Nelson; NERY, Rosa Maria de Andrade. *Código Civil comentado*. 5. ed. São Paulo: Ed. RT, 2007.

NEVES, António Castanheira. *A crise actual da filosofia do direito no contexto global da crise da filosofia*: tópicos para uma possibilidade de uma reflexiva reabilitação. Coimbra: Coimbra Editora, 2003.

NEVES, António Castanheira. *Curso de introdução ao estudo do direito*. Coimbra: Almedina, 1976.

NICOLÒ, Rosario. *Istituzione di diritto privato*. Milano: Giuffrè, 1962. v. 1.

NORONHA, Fernando. *Direito das obrigações*. v. 1. São Paulo: Saraiva, 2003.

NUNES, Rizzato. *Curso de direito do consumidor*. São Paulo: Saraiva, 2013.

OLIVA, Milena Donato. O patrimônio no direito civil brasileiro. TEPEDINO, Gustavo (coord.). *O Código Civil na perspectiva civil-constitucional*. Rio de Janeiro: Renovar, 2013.

OWEN, David G. A punitive damages overview: functions, problems and reform. *Villanova Law Review*, v. 39, n. 2, Pennsylvania, [s.n.], 1994.

PADOVANI, Tullio. *L'utopia punitiva*: il problema delle alternative alla detenzione nella sua dimensione storica. Milano: Giuffrè, 1981.

PARDOLESI, Paolo. Danni punitivi: frustrazione da 'vorrei, ma non posso'. Rivista Critica di Diritto Privato, a. 25, n. 2, Bologna: Il Mulino, jun. 2007.

PEREIRA, Caio Mário da Silva. *Instituições de Direito Civil*. 11. ed. Rio de Janeiro: Forense, 2003. v. 3.

PEREIRA, Caio Mário da Silva. *Responsabilidade civil*. 9. ed. Rio de Janeiro: Forense, 1999.

PERLINGIERI, Pietro. La dottrina del diritto civile nella legalità costituzionale. *Revista Trimestral de Direito Civil*. v. 31. Rio de Janeiro: Padma, 2007.

PERLINGIERI, Pietro. *La personalità umana nell'ordinamento giuridico*. Camerino: Jovene, 1972.

PERLINGIERI, Pietro. *O direito civil na legalidade constitucional*. Rio de Janeiro: Renovar, 2008.

PERLINGIERI, Pietro. *Profili del diritto civile*. 3. ed. Napoli: ESI, 1994.

PESSOA JORGE, Fernando. *Ensaio sobre os pressupostos da responsabilidade civil.* Coimbra: Almedina, 1995.

PINTO JÚNIOR, João José. *Curso elementar de Direito Romano.* Recife: Typographia Economica, 1888.

PINTO MONTEIRO, António. *Cláusula penal e indemnização.* Coimbra: Almedina, 1999.

_ PINTO MONTEIRO, António. Contratos de adesão e cláusulas contratuais gerais: problemas e soluções. *Estudos em Homenagem ao Prof. Doutor Rogério Soares.* Coimbra: Ed. Universidade de Coimbra, 2001.

PITAGORAS DE SAMOS. Os pensadores. São Paulo: Nova Cultural, 1999. v. 1.

PLANIOL, Marcel. *Traité élémentaire de droit civil:* conforme au programme officiel des facultes de droit. 9. ed. Paris: LGDJ, 1923. t. II.

POLINSKY, Mitchell; SHAVELL, Steven. Punitive damages: an economic analysis. *Harvard Law Review.* v. 111, n. 4, Cambridge: Harvard Law Review Association, feb.-1998.

PONTES DE MIRANDA, Francisco Cavalcanti. *Tratado de direito civil.* São Paulo: Borsoi, 1968. t. 22.

PONTES DE MIRANDA, Francisco Cavalcanti. *Tratado de direito privado.* t3. ed. São Paulo: Ed. RT, 1984. . LIII e LIV.

PONTES DE MIRANDA, Francisco Cavalcanti. *Tratado de direito privado.* Rio de Janeiro, Borsoi, 1971. v. 25.

PONZANELLI, Giulio. I punitive damages nell'esperienza nordamericana. *Rivista di Diritto Civile,* v. 29, Padova: CEDAM, 1983.

PORTO, Mário Moacyr. *Temas de responsabilidade civil.* São Paulo: Ed. RT, 1989.

POSNER, Richard. *Economic analyses of law.* 7. ed. New York: Aspen Publishers, 2007.

POSNER, Richard. *Economic analysis of law.* 3. ed. Boston: LBC, 1986.

POSNER, Richard. The efficiency and the efficacy of Title VII. *Pennsylvania Law Review,* v. 136, n. 2, dez. 1987.

PUFENDORF, Samuel. *Of the law of nature and nations* (1672). London: J. Walthoe et. al., 1729.

PUGLIATTI, Salvatore. Alterum non laedere. *Enciclopedia del diritto.* Milano: Giuffrè, 1958. v. 2.

PUGLIATTI, Salvatore. *I fatti giuridici.* Milano: Giuffrè, 1996.

PUGLIATTI, Salvatore. *Il trasferimento delle situazioni soggettive.* Milano: Giuffrè, 1964.

PUGLIATTI, Salvatore. *Istituzioni di diritto civile.* 2. ed. Milano: Giuffrè, 1935. v. III.

PUGLIATTI, Salvatore. *La proprietà nel nuovo diritto.* Milao: Giuffrè, 1964.

PUGLIATTI, Salvatore. *Responsabilità civile.* II. Milano: Giuffrè, 1968.

RAMOS, André de Carvalho. A ação civil pública e o dano moral coletivo. *Revista de Direito do Consumidor,* São Paulo, n. 25, jan./mar., 1988.

REALE, Miguel. *Filosofia do direito.* 12. ed. São Paulo: Saraiva, 1987.

REIS JÚNIOR, Antonio dos Reis. O fato jurídico em crise: uma releitura sob as bases do direito civil-constitucional. *Revista de Direito Privado,* v. 67, São Paulo: Ed. RT, jul. 2016.

REIS JÚNIOR, Antonio dos Reis. A metodologia do direito civil-constitucional e a teoria da interpretação unitária do direito: de Friedrich Müller a Pietro Perlingieri. *Revista do Instituto de Hermenêutica Jurídica*, no prelo.

REIS JÚNIOR, Antonio dos Reis. *A promessa de compra e venda de imóveis*: os efeitos do inadimplemento em perspectiva civil-constitucional. São Paulo: Almedina, 2018.

REIS JÚNIOR, Antonio dos Reis. Por uma função promocional da responsabilidade civil. SOUZA, Eduardo Nunes; SILVA, Rodrigo da Guia (Coord.). *Controvérsias atuais em responsabilidade civil*. São Paulo: Almedina, 2018.

REIS, Clayton. *Avaliação do dano moral*. 3. ed. Rio de Janeiro: Forense, 2000.

RÉMOND-GOUILLOUD, Martine. Du risque à la faute. *Revue Risques*, n. 11, Paris: Seddita, jul./set. 1992.

RESCIGNO, Pietro. *Manuale del diritto privato italiano*. Napoli: Jovene, 1990.

RICOUER, Paul. Le concept de responsabilité: essai d'analyse sémantique. *Le juste*. Paris: Ed. Esprit, 1992.

RIPERT, Georges. *A regra moral nas obrigações civis*. Trad. Osório de Oliveira. Campinas: Bookseller, 2000.

RIPERT, Lucienne. *La réparation du préjudice dans la responsabilité délictuelle*. Paris: Dalloz, 1933.

ROBINEAU, Matthieu. *Contribuition à l'ètude du système responsabilité*: les potentialités du droit des assurances. Paris: Defrénois, 2006.

ROCHFELD, Judith. *Les grandes notions du droit privé*. Paris: PUF, 2001.

RODOTÀ, Stefano. *Entrevista à Revista Trimestral de Direito Civil*, RTDC, v. 3, n. 11, jul./set. 2002.

RODOTÀ, Stefano. *Il problema della responsabilità civile*. Milano: Giuffrè, 1967.

RODOTÀ, Stefano. *Il terrible diritto: studi sulla proprietà privata e i beni comuni*. Bologna: Il Mulino, 1981.

RODOTÀ, Stefano. Modelli e funzioni della responsabilità civile. *Rivista Critica di Diritto Privato*. v. 3. Napoli: Jovene, 1984.

RODOTÀ, Stefano. *Solidarietà*: un'utopia necessaria. Roma-Bari: Laterza, 2014.

RODRIGUES, Francisco Luciano Lima; VERAS, Gésio de Lima. Dimensão funcional do dano moral no direito civil contemporâneo. *Civilistica.com*. Rio de Janeiro, a. 4, n. 2, 2015. Disponível em: http://civilistica.com/tracos-positivistas-das-teorias-de-pontes-de-miranda/. Acesso em: 11 jan. 2018.

ROPPO, Enzo. *O contrato*. Trad. Ana Coimbra e Januário Gomes. Coimbra: Almedina, 2009.

ROSENVALD, Nelson. *As funções da responsabilidade civil*: a reparação e a pena civil. 3. ed. São Paulo: Saraiva, 2017.

ROSENVALD, Nelson; FARIAS, Cristiano Chaves de; Felipe Peixoto BRAGA NETO. *Novo tratado de responsabilidade civil*. 3. ed. São Paulo: Saraiva, 2018.

ROSS, Alf. *Direito e justiça*. Bauru, Edipro, 2003.

ROSSEAU, Jean-Jacques. *O contrato social*. São Paulo: RCM, 2002.

RUFFOLO, Ugo. Colpa e responsabilità. In: LIPARI, Nicolò; RESCIGNO, Pietro (Coord.). *Diritto civile*. Milano: Giuffrè, 2009. v. IV. t. III.

SALEILLES, Raymond. *Les accidents de travail et la responsabilité civile*: essai d'une théorie objective de la responsabilitá délictuelle. Paris: Librairie Nouvelle de Droit et de Jurisprudence, 1897.

SALLES, Raquel Bellini. *A cláusula geral de responsabilidade civil objetiva*. Rio de Janeiro: Lumen Juris, 2011.

SALVI, Cesare. Il paradosso della responsabilità civile. *Rivista de Diritto Privato*, a. 1, n.1, Bologna: Il Mulino, 1983.

SALVI, Cesare. Risarcimento del danno extracontrattuale e 'pena privata'. In: BUSNELI, Francesco; SCALFI, Gianguido (Coord.). *Le pene private*. 2 ed. Milano: Giurffrè, 2005.

SANSEVERINO, Paulo de Tarso Vieira. *Princípio da reparação integral*. São Paulo: Saraiva, 2010.

SANTORO-PASSARELI, Francesco. *La transazione*. 2. ed. Napoli: Jovene, 1963. v. 1.

SARLET, Ingo Wolfgang. *A eficácia dos direitos fundamentais*. 12. ed. Porto Alegre: Livraria do Advogado, 2015.

SAVATIER, René. *Traité de la responsabilité civile em droit français*. Paris: LGDJ, 1939. t. I.

SAVATIER, René. *Traité de la Responsabilité Civile*. Paris: LGDJ, 1951. v. II.

SAVIGNY, Friedrich Carl Von. *Le droit des obligations*. Trad. C. Cérardim; P. Jozon. 2. ed. Paris: Ernest Thorin, 1873.

SAVIGNY, Friedrich Carl Von. *Sistema del diritto romano attuale*, I, Torino: Unione Tipografico, 1886.

SCHREIBER, Anderson. As novas tendências da responsabilidade civil brasileira. *Revista Trimestral de Direito Civil*, v. 22, Rio de Janeiro: Padma, arb./jun., 2005.

SCHREIBER, Anderson. *Novas tendências da responsabilidade civil*. Direito civil e constituição. São Paulo: Atlas, 2013.

SCHREIBER, Anderson. *Novos paradigmas da responsabilidade civil*: da erosão dos filtros da reparação à diluição dos danos. 4. ed. São Paulo: Atlas, 2012.

SCHREIBER, Anderson. Reparação não pecuniária dos danos morais. *Direito civil e Constituição*. São Paulo: Atlas, 2013.

SCOGNAMIGLIO, Claudio. Danno morale e funzione deterrente della responsabilità civile. *Responsabilità civile e previdenza*, v. 72, n 12, Milano: Giuffrè, jul./dez. 2007.

SCOGNAMIGLIO, Renato. In tema do 'compensatio lucri cum damno'. Il foro italiano. Roma: Società Editrice Il Foro Italiano, v. LXXV, 1952.

SERPA LOPES, Miguel Maria de. *Curso de direito civil*. Rio de Janeiro: Freitas Bastos, 1995 e 2000. v. 1 e 5.

SILVA JÚNIOR, Antonio dos Reis; BARBOSA-FOHRMANN, Ana Paula. O discurso do ódio na internet. MARTINS, Guilherme (Org.). *Direito privado e internet*. São Paulo: Atlas, 2014.

SILVA, Clóvis do Couto. O conceito de dano no direito brasileiro e comparado (1991). *Doutrinas essenciais*: obrigações e contratos. São Paulo: Ed. RT, 2011. v. II.

SILVA, João Calvão da. *Responsabilidade civil do produtor*. Coimbra: Almedina, 1999.

SILVA, Wilson Melo da. *Responsabilidade sem culpa e socialização do risco*. Belo Horizonte: Ed. Bernardo Alvares, 1962.

SMITH, Adam. *A riqueza das nações*: investigação sobre sua natureza e suas causas. Trad. João Baraúna. São Paulo: Nova Cultural, 1996.

SOUZA, Eduardo Nunes. *Teoria geral das invalidades*: nulidade e anulabilidade no direito civil contemporâneo. São Paulo: Almedina, 2017.

SOUZA, Eduardo Nunes. Em defesa do nexo causal: culpa, imputação e causalidade na responsabilidade civil. In: SOUZA, Eduardo Nunes de; SILVA, Rodrigo da Guia (Coord.). *Controvérsias atuais em responsabilidade civil*. São Paulo: Almedina, 2018.

SOUZA RIBEIRO, Joaquim de. *O problema do contrato*. Coimbra: Almedina, 2007.

STARCK, Boris. *Essai d'une théorie génerále de la responsabilité civile considérée en sa double fonction de garantie et de peine privée*. Paris: Rodstein, 1947.

STOCO, Rui. *Tratado de responsabilidade civil*: doutrina e jurisprudência. 7. ed. São Paulo: Ed. Revista dos Tribunais, 2007.

STOLL, Hans. *Consequences of liability*: remedies. New York, Oceania, 1972.

STOLL, Hans. Penal purposes in the law of torts. *The American Journal Comparative Law*, v. 18, issue 1, London: Oxford, University Press, jan. 1970.

SUNSTEIN, Cass; KAHNEMAN, Daniel; SCHKADE, David. Assessing punitive damages (with notes on cognition and valuation in law). *Yale Law Journal*, v. 107, may. 1998.

SUNSTEIN, Cass; THALER Richard. *Nudge*: improving decisions about health, wealth, and happiness. New Haven: Yale University Press, 2008.

SUNSTEIN, Cass Libertarian Paternalism Is Not an Oxymoron. Civilistica.com. *Revista eletrônica de direito civil*. Rio de Janeiro: a. 4, n. 2, 2015, p. 4. Disponível em: http://civilistica.com/libertarian-paternalism-is-not-an-oxymoron. Acesso em: 02 out. 2018.

TALAMINI, Eduardo. *Tutela relativa aos deveres de fazer e de não fazer e sua extensão aos deveres de entrega da coisa*. São Paulo: Ed. RT, 2003.

TELLA, María José Falcón; TELLA, Fernando Falcón. *Fondamento e finalità della sanzione*: diritto di punire. Milano: Giuffrè, 2008.

TELLES, Inocêncio Galvão. *Das universalidades*. Lisboa: Minerva, 1940.

TELLES, Inocêncio Galvão. *Direito das obrigações*. 7. ed. Coimbra: Coimbra Editora, 1997.

TEPEDINO, Gustavo. A responsabilidade civil por acidentes de consumo na ótica civil-constitucional. *Temas de direito civil*. Rio de Janeiro: Renovar, 2008. v. 1.

TEPEDINO, Gustavo. A tutela da personalidade no ordenamento civil-constitucional brasileiro. *Temas de Direito Civil*. Tomo I. Rio de Janeiro: Renovar, 2008.

TEPEDINO, Gustavo. Liberdades, tecnologia e teoria da interpretação. *Revista Forense*, v. 110, n. 419, Rio de Janeiro: Ed. Forense, jan./jun. 2014.

TEPEDINO, Gustavo. Normas constitucionais e direito civil na construção unitária do ordenamento. *Temas de direito civil*. Rio de Janeiro: Renovar, 2009. v. 3.

TEPEDINO, Gustavo. Notas sobre o nexo de Causalidade. *Temas de Direito Civil*. Rio de Janeiro, Renovar, 2006. t. II.

TEPEDINO, Gustavo. Premissas metodológicas para a constitucionalização do direito civil. In *Temas de Direito Civil*. Rio de Janeiro: Renovar, 2008.

TEPEDINO, Gustavo. Responsabilidade médica na experiência brasileira. *Revista Trimestral de Direito Civil*, a. 1, v. 2, Rio de Janeiro: Padma, 2000.

TEPEDINO, Gustavo; BODIN DE MORAES, Maria Celina; BARBOSA, Heloísa Helena. *Código Civil interpretado conforme a Constituição da República*. Rio de Janeiro: Renovar, 2008. v. I, p. 232.

TEPEDINO, Gustavo; SCHREIBER, Anderson. As penas privadas no direito brasileiro. In: SARMENTO, Daniel; GALDINO, Flavio. *Direitos fundamentais*: estudos em homenagem Ricardo Lobo Torres. Rio de Janeiro: Renovar, 2006.

TEXEIRA, Ana Carolina Brochado; KONDER, Carlos Nélson. Situações jurídicas dúplices: controvérsias na nebulosa fronteira entre patrimonialidade e extrapatrimonialidade. *Diálogos sobre direito civil*. Rio de Janeiro: Renovar, 2012. v. 3.

THANH-BOURGEAIS, Nguyen. Contribution à l'étude de la faute contractuelle: la faute dolosive et sa place actuelle dans la gamme des fautes. *Revue Trimestrielle de Droit Civil*. Paris: Dalloz, 1973.

THIBIERGE, Catherine. Libres propos sur l'évolution du droit de la responsabilité. *Revue Trimestrielle de Droit Civil*, n. 3. Paris: Dalloz, jul./set. 1999.

TRABUCCHI, Alberto. *Istituzioni di diritto civile*. 47. ed. Padova: CEDAM, 2015.

TRIMARCHI, Pietro. *Rischio e responsabilità oggetiva*. Milano: Giuffrè, 1961.

TUNC, André. La pena privata nel diritto francese. In: SCALFI, Gianguido. *Le pene private*. Milano: Giuffrè, 1985.

TUNC, André. *La responsabilité civile*. 2. ed. Paris: Economica, 1989.

URY, William; FISCHER, Roger. *Getting to yes*: negotiating agreement without giving in. 3. ed. New York: Penguin Books, 2011.

VENTURI, Thaís Goveia Pascoaloto. *Responsabilidade civil preventiva*: a proteção contra a violação dos direitos e a tutela inibitória material. São Paulo: Malheiros, 2014.

VINEY, Geneviève. *Le déclin de la responsabilité individuelle*. Paris: LGDJ, 1965.

VINEY, Geneviève. *Traité de droit civil*: les conditions de la responsabilité. 3. ed. Paris: LDGJ, 2006.

VINEY, Geneviève. *Traité de droit civil*: introduction à la responsabilité. Paris: L.G.D.J., 2008.

VINEY, Geneviève. *Traité de droit civil*: la responsabilité – effects. Paris, LGDJ, 1988.

VIOLA, Rafael. O papel da responsabilidade civil na tutela coletiva. *Diálogos sobre direito civil*. Rio de Janeiro: Renovar, 2008. v. II.

VISINTINI, Giovanna. *Cos'è la responsabilità civile*. Napoli: ESI, 2009.

VISINTINI, Giovanna. *Trattato breve della responsabilità civile*. Padova: CEDAM, 1990.

VON TUHR, Andreas. *Partie générale du Code fédéral des obligations*. Trad. Maurice de Torrenté. Laudanne: Vaney-Burnier, 1930. v. I.

WALD, Arnoldo. *Curso de direito civil brasileiro*: introdução e parte geral. São Paulo: Ed. RT, 1989, p. 407.

WALD, Arnoldo. *Direito civil*. São Paulo: Saraiva, 2015. v. 2.

WARAT, Luis Alberto. *Surfando na Pororoca*: o ofício do mediador. Florianópolis: Fundação Boiteux, 2004.

WESTERMANN, Harm Petter. *Código Civil alemão*: direito das obrigações – parte geral. Trad. A. E. Laux. Porto Alegre: Sergio Fabris, 1983.

WIEACKER, Franz. *História do direito privado moderno*. Trad. A. M. B. Hespanha. 3. ed. Lisboa: Fundação Calouste Gulbenkian, 2004.

WILLEMS, Jos. *Essai sur la responsabilité civile*. Paris: A. Fontemoing, 1896.

WINFIELD; JOLOWICZ. *Tort*. 18. ed. London: Sweet & Maxwell, 2010.

ZENO-ZENCOVICH, Vincenzo. *Il problema della pena privata nell'ordinamento italiano*: un approccio comparatistico ai *"punitive damages"* di *"common law"*. Rivista Giurisprudenza Italiana. Torino: UTET, 1985.